kartable

Français

1re

Encore plus d'exercices sur www.kartable.fr

NOUVEAUX PROGRAMMES

FICHES

COURS

MÉTHODOLOGIE

EXERCICES

CORRIGÉS

ellipses

Dans la collection

kartable

Coordination : **Béryl Huba-Mylek, assistée de Marie Pouget**

Illustrations et infographies : **Mélissa Tima, assistée de Safia Naitdaoud**

Relecture ortho-typo : **Marianne Boyer**

ISBN 9782340-031067

32, rue Bargue 75740 Paris cedex 15

www.editions-ellipses.fr

PARTIE I Thèmes littéraires

PARTIE I

THÈMES LITTÉRAIRES

SOMMAIRE

LE ROMAN ET LE RÉCIT
du Moyen Âge au XXIe siècle

SOMMAIRE

L'histoire du roman et du récit du Moyen Âge au XXIe siècle

I Le Moyen Âge : aux origines du roman

A Repères chronologiques et contexte historique

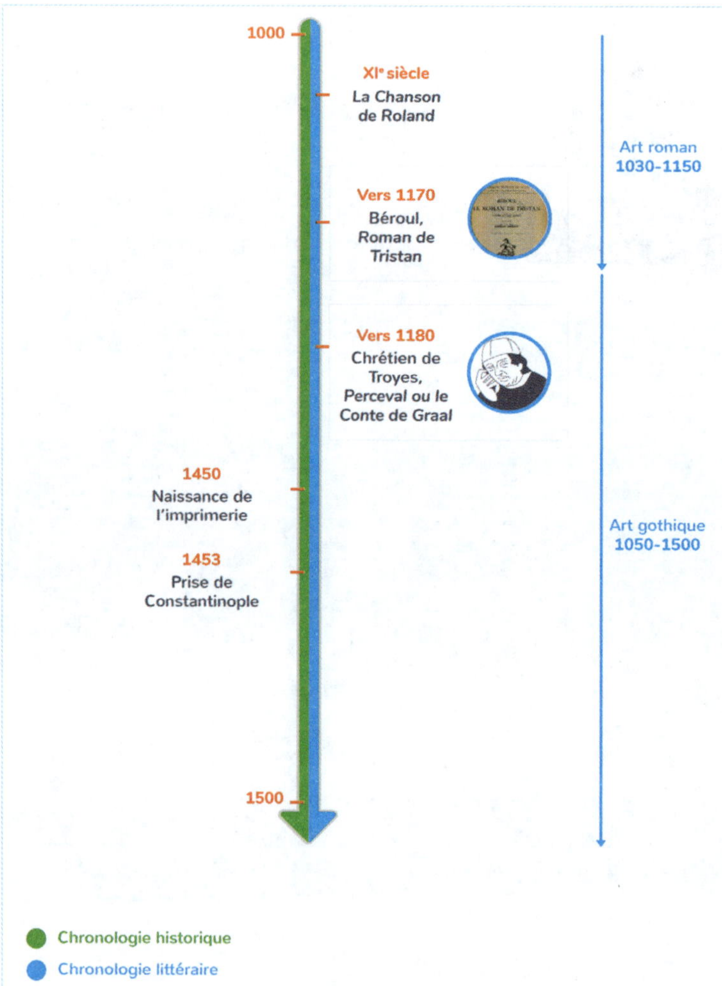

Le Moyen Âge s'étend sur plusieurs siècles, du Vᵉ au XVᵉ siècle. La société est très hiérarchisée. Les paysans travaillent pour les seigneurs, dans des conditions souvent difficiles. Les guerres font rage, à l'image de la guerre de Cent ans qui sévit de 1337 à 1453. Ce siècle voit l'apparition de l'imprimerie, en 1450, qui permet la diffusion des œuvres.

C'est au XIIᵉ **siècle** qu'apparaît **le mot « roman »**, qui désigne d'abord la langue romane (par opposition au latin), puis une adaptation en langue romane d'un récit antique, et plus tardivement un texte narratif en prose relatant les aventures d'un personnage. On dit que la littérature naît à ce moment-là. Les premiers romans sont écrits en vers et servent surtout à divertir les seigneurs. Ils sont lus à voix haute par des poètes ou des troubadours.

Jusqu'à la **fin du Moyen Âge**, les très nombreux **romans chevaleresques et sentimentaux** publiés passionnent les lecteurs.

La prise de Constantinople en 1453 est traditionnellement donnée comme date sonnant la fin du Moyen Âge.

B Œuvres, auteurs et genres majeurs

1. La chanson de geste

La chanson de geste apparaît au XIᵉ siècle. Elle annonce la naissance du genre romanesque.

Définition **La chanson de geste** est un récit épique, composé en vers, qui célèbre des exploits guerriers collectifs. Son nom vient de **geste** qui signifie « action d'éclat ».

■ **Exemple**

La ***Chanson de Roland*** (XIᵉ siècle) est une célèbre chanson de geste qui relate les exploits du chevalier Roland, lors de la bataille de Roncevaux, sous le règne de Charlemagne.

2. Les romans de chevalerie

C'est au **XIIᵉ siècle** qu'apparaît **le mot « roman »**. Il désigne d'abord la langue romane (par opposition au latin), puis une adaptation en langue romane d'un récit antique, et plus tardivement un texte narratif en prose relatant les aventures d'un personnage.

Un grand nombre de ces romans s'inspirent de ce que l'on appelle la « **matière de Bretagne** ». Il s'agit des légendes issues de la tradition celte, en particulier celles qui concernent le roi Arthur et les chevaliers de la Table ronde : la légende de Tristan et Iseult (racontée par Béroul vers 1170 dans le *Roman de Tristan*) et la quête du Graal sont les plus célèbres. On parle ainsi de **romans de chevalerie**, puisqu'ils mettent en scène les aventures de chevaliers.

Chrétien de Troyes (1130-1190) est l'auteur de plusieurs romans de chevalerie. Ses histoires présentent certaines caractéristiques que l'on retrouve dans le genre romanesque :

- récit **centré sur un personnage principal** : le chevalier héroïque ;
- **présence d'un narrateur**, qui utilise la 1re personne du singulier et intervient ponctuellement dans son récit pour le commenter ou s'adresser au lecteur.

■ Exemple

Perceval ou le Conte du Graal (vers 1180) de Chrétien de Troyes relate le parcours initiatique du jeune Perceval depuis son enfance. Devenu chevalier, il accomplit des exploits et affronte de nombreuses épreuves. Une étrange aventure l'amène à découvrir le saint Graal, coupe dans laquelle le Christ a bu avant sa crucifixion, objet de la quête des chevaliers de la Table ronde.

Jusqu'à la **fin du Moyen Âge**, les très nombreux **romans chevaleresques et sentimentaux** publiés passionnent les lecteurs.

II Le XVIe siècle : le roman humaniste

A Repères chronologiques et contexte historique

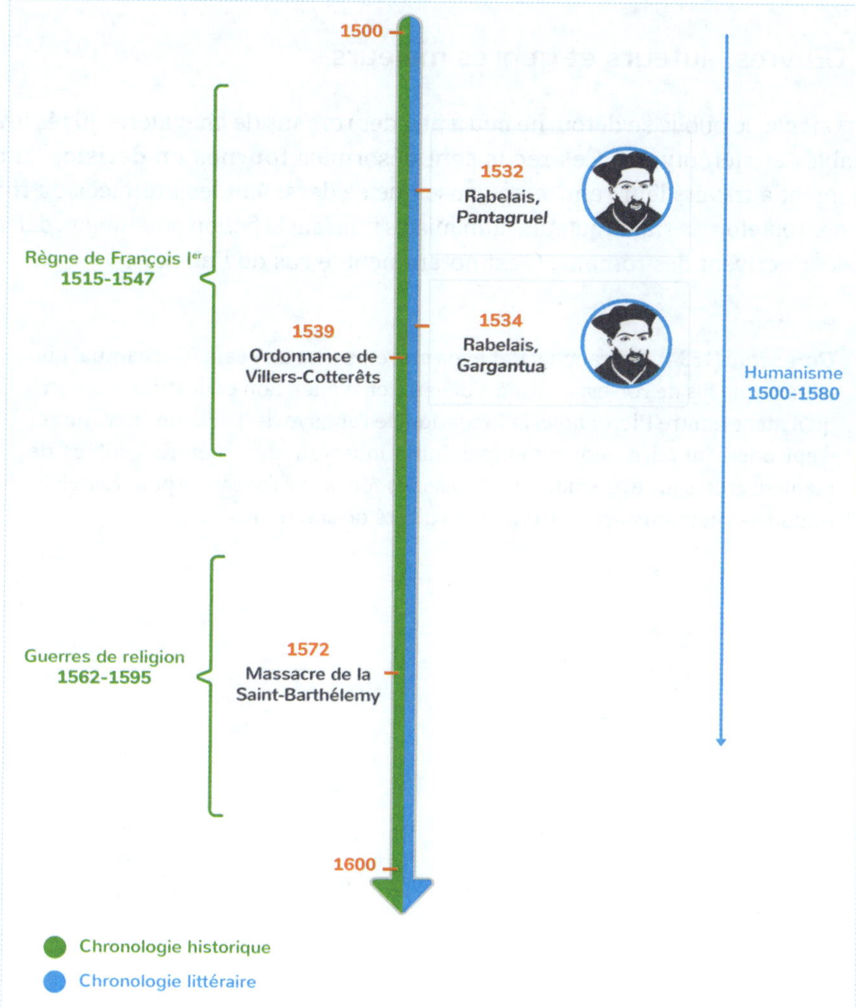

La France participe aux guerres d'Italie de 1499-1512 et 1515-1525. Les Français découvrent alors les arts et les lettres de ce pays. Depuis la fin du XIIIe siècle, l'Italie est entrée dans la **Renaissance** : les idées nouvelles, le raffinement poétique et le perfectionnement des arts se diffusent rapidement en France.

Roi éclairé, **François Ier** joue un rôle majeur dans la naissance de l'**humanisme français**. Il est le protecteur des arts et des lettres. Il reçoit à la cour de nombreux artistes italiens, favorise et protège certains poètes et artistes français. Il écrit lui-même des textes, tout comme sa sœur, Marguerite de Navarre, qui rédige *L'Heptaméron*.

B Œuvres, auteurs et genres majeurs

Au XVIe siècle, le public se détourne peu à peu des romans de chevalerie, jugés invraisemblables et stéréotypés. Ces récits sont désormais **tournés en dérision** et c'est précisément à travers leur remise en cause que se dessinent les prémices du roman moderne. Toutefois, certains auteurs humanistes utilisant la fiction pour mieux défendre leurs idées écrivent des romans. C'est notamment le cas de Rabelais.

- **Exemple**

Gargantua (1534) de François Rabelais met en scène un géant, Gargantua, qui, en tant que fils de roi, est destiné à devenir chevalier. Son éducation, la guerre qu'il mène contre Picrochole, la fondation de l'abbaye de Thélème, sont autant d'épisodes qui parodient les étapes initiatiques du chevalier, ici traitées de manière grotesque et comique. Ces épisodes sont aussi l'occasion pour Rabelais, romancier humaniste, de critiquer la société de son temps.

III Le XVIIe siècle : du roman pastoral au roman d'analyse

A Repères chronologiques et contexte historique

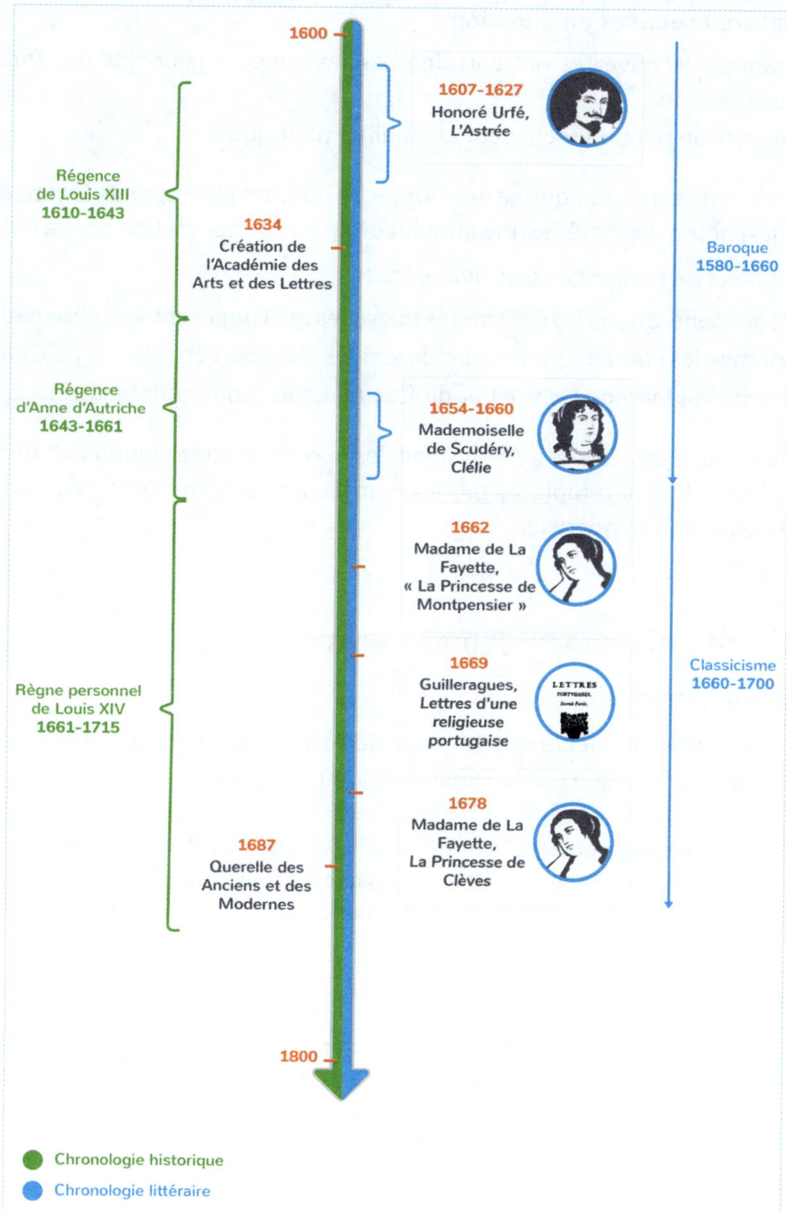

Le XVIIe siècle s'ouvre historiquement en 1598 avec la signature de l'édit de Nantes : le roi Henri IV accorde aux protestants le droit de célébrer librement leur culte. Il met ainsi fin aux guerres de religion qui ont ensanglanté le pays depuis plus de vingt ans. Sa mort en 1610 va cependant affaiblir le pouvoir royal. Les nobles prennent de plus en plus de libertés.

Après l'optimisme des premiers humanistes au XVIe siècle, **les valeurs du monde occidental sont remises en question** :

- Les grandes découvertes ont entraîné l'esclavage et le génocide des Indiens du Nouveau Monde.
- Les guerres de religion menacent la stabilité politique de la France.

Au sein de la religion catholique se développe un courant idéologique, **le jansénisme**, selon lequel l'homme est prédestiné au salut divin ou à la damnation dès sa naissance.

Louis XIV favorise l'essor des arts et des lettres :

- Il protège Molière dans les différentes querelles qui l'opposent à l'Église catholique.
- Il encourage les comédies qui embellissent les fêtes de Versailles et de Chambord.
- Il consacre la gloire de Bossuet et de Racine en les nommant historiographes.

Dans la monarchie autoritaire du Roi-Soleil, les héros romanesques du XVIe siècle n'ont plus leur place : ils sont remplacés par les courtisans. La nouvelle société de cour est faite d'intrigues et d'hypocrisie.

B Œuvres, auteurs et genres majeurs

1. Le roman pastoral

C'est **au cours du XVIIe siècle** que le genre du roman se constitue véritablement. Le début du siècle est marqué par la veine du roman pastoral.

Définition **Le roman pastoral** met en scène des bergers, également appelés pâtres (d'où l'adjectif « pastoral »), qui se consacrent à l'amour. Le décor naturel et idyllique contribue au charme de ce type de roman, de même que la peinture naïve de l'amour.

■ **Exemple**

L'Astrée (1607-1627) d'Honoré d'Urfé est un roman pastoral qui rencontre un très grand succès au XVIIe siècle. Il relate les amours du berger Céladon et de sa bien-aimée Astrée. Autour de ces deux amants gravitent de nombreux personnages secondaires dont les amours sont également racontées dans des récits enchâssés.

2. Le roman héroïque

Plus tard dans le siècle, se détournant de la veine pastorale mais conservant pour sujet principal l'amour, certains auteurs publient des romans héroïques.

Définition **Le roman héroïque** est un roman dont l'action se situe dans l'histoire antique et dont les personnages sont historiques. L'intrigue est néanmoins fictive et tourne principalement autour des amours de ces personnages qui sont représentés comme des héros exceptionnels.

■ Exemple

Le roman héroïque le plus célèbre est ***Clélie, histoire romaine*** (1654-1660) de Madeleine de Scudéry. L'histoire se situe dans la Rome antique et met en scène le personnage de Clélie. L'intrigue donne lieu à une réflexion sur le sentiment amoureux, caractéristique du mouvement de la préciosité auquel appartient l'auteure.

La critique reproche aux romans héroïques comme aux romans pastoraux d'être invraisemblables et de représenter des personnages stéréotypés peu crédibles.

3. La naissance du roman d'analyse

Certains romanciers s'efforcent de s'éloigner des intrigues trop complexes et de donner une plus grande profondeur psychologique à leurs personnages.

La Princesse de Clèves (1678) de **Madame de La Fayette** fait date dans l'histoire du genre : il est considéré comme le **premier roman d'analyse**. L'intérêt de l'intrigue réside moins dans l'action elle-même, assez minimaliste, que dans l'évolution psychologique du personnage principal. La princesse de Clèves découvre les affres de la passion amoureuse et tente en vain de s'en détacher.

IV Le XVIIIe siècle : l'exploration des formes romanesques

A Repères chronologiques et contexte historique

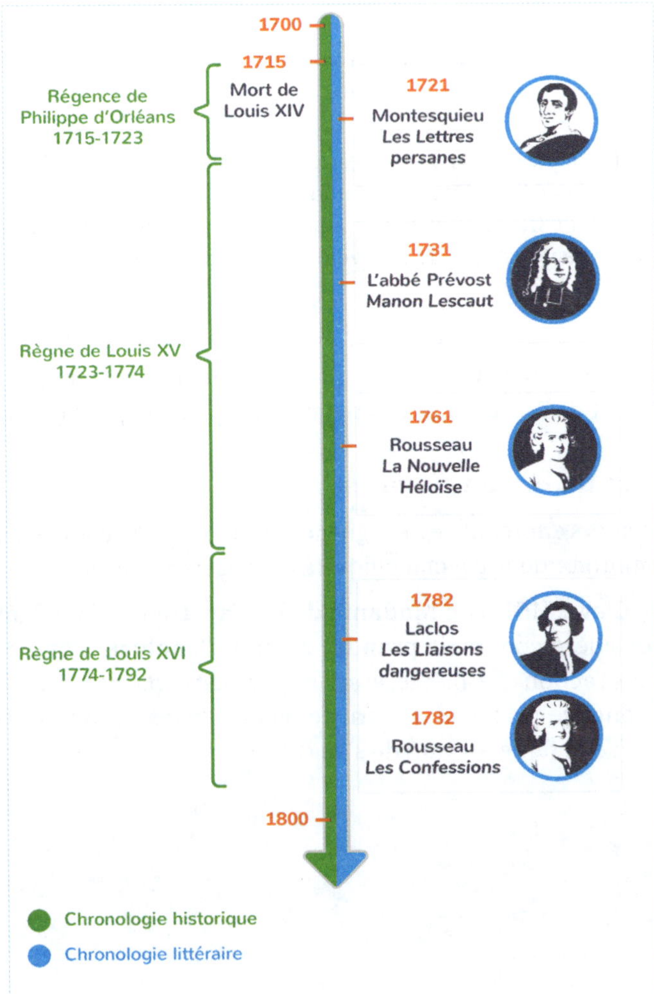

Le XVIIIe siècle est connu comme le « **siècle des Lumières** » : des idées nouvelles se répandent, diffusées et promues par des philosophes tels que Montesquieu, Voltaire, Diderot, Rousseau. La France et l'Europe sortent progressivement de l'obscurantisme religieux, grâce aux « lumières » de la raison. La monarchie absolue est de plus en plus remise en cause, et certaines voix réclament déjà la tolérance religieuse, les libertés d'expression et de pensée, la remise en cause des privilèges, ce qui conduira à la Révolution française de 1789.

C'est au cours du XVIIIe siècle que la bourgeoisie accède peu à peu aux sphères des finances et de la justice. L'**essor de la bourgeoisie** s'accompagne d'un goût accru pour la littérature narrative critiquant l'ordre établi et analysant les réalités sociales, et en particulier pour le roman, qui offre une place privilégiée à l'individu.

Ce siècle est également le siècle du **libertinage**. Sous la Régence de Philippe d'Orléans, les mœurs se libèrent, le libertinage devient un jeu galant à la mode, et la séduction apparaît comme une arme, un moyen de réussir. Sous le règne de Louis XV, le libertinage est moralement condamné, mais les libertins conservent leur mode de vie.

Enfin, un **retour à la sensibilité** annonçant le romantisme se dessine dès le milieu du XVIIIe siècle. Le public s'émeut pour la littérature dite sensible et en particulier pour le genre du roman, qui donne la parole à des personnages animés par des sentiments passionnés et vertueux.

B Œuvres, auteurs et genres majeurs

Depuis le XVIIe siècle, le roman subit de **nombreuses critiques** de la part des gens de lettres et des moralistes. Il est considéré comme un genre bas, vulgaire, destiné à un public peu cultivé et plutôt féminin. On lui adresse les reproches suivants :

- **l'immoralité** : l'amour est souvent le sujet principal des romans et l'on craint que leur lecture ne puisse corrompre les mœurs des jeunes gens influençables ;
- **l'invraisemblance** : le roman, même lorsqu'il s'inscrit dans un cadre prétendument historique, demeure une fiction, et par là même il s'éloigne de la réalité ; de plus, il relate des péripéties jugées parfois invraisemblables.

Les romanciers du XVIIIe siècle s'efforcent de répondre à ces critiques :

- ils donnent à leurs récits une **visée édifiante** : les mésaventures de leurs personnages sont supposées constituer une leçon pour le lecteur et le mettre en garde contre les conséquences de la malhonnêteté ou du manque de vertu ;
- ils explorent des **formes nouvelles** pour s'éloigner en apparence de la fiction et donner l'**illusion de l'authenticité** : **le roman-mémoires**, dans lequel un personnage relate sa propre destinée, supposée réelle (bien que fictive évidemment) ; le **roman épistolaire**, constitué d'un échange de lettres, présentées comme réelles, entre plusieurs personnages.

Remarque

Ces formes romanesques permettent au personnage de s'exprimer à la 1re personne du singulier, ce qui produit une **impression de spontanéité** et donne **plus de place à la subjectivité et à la sensibilité**. Le personnage n'est plus un héros stéréotypé et idéalisé mais un individu dont la psychologie est de plus en plus individualisée et complexe.

■ **Exemple**

Manon Lescaut (1731) de l'abbé Prévost se présente comme un roman-mémoires : le chevalier Des Grieux raconte sa vie romanesque et tragique.
Le personnage-narrateur semble confier au lecteur ses malheurs, notamment sa passion tragique pour Manon, qui lui fait connaître la jalousie, la misère et l'exil.

Citation

> « Il [le public] verra, dans la conduite de M. des Grieux, un exemple terrible de la force des passions. [...] L'ouvrage entier est un traité de morale.
>
> L'abbé Prévost, « Avis de l'auteur », *Manon Lescaut*, 1731

■ **Exemple**

Les Liaisons dangereuses (1782) de Laclos sont un roman épistolaire, dans lequel des libertins échangent des lettres, se racontant mutuellement leurs conquêtes amoureuses. Le lecteur entre ainsi dans l'intimité de ces personnages machiavéliques et manipulateurs, ce qui crée une complicité ambiguë.

La production romanesque est extrêmement abondante et variée au XVIIIe siècle, séduisant un public de plus en plus large. Peu à peu, et malgré les critiques qui subsistent, le roman s'impose comme **un genre littéraire majeur**.

V Le XIXe siècle : l'âge d'or du roman

A Repères chronologiques et contexte historique

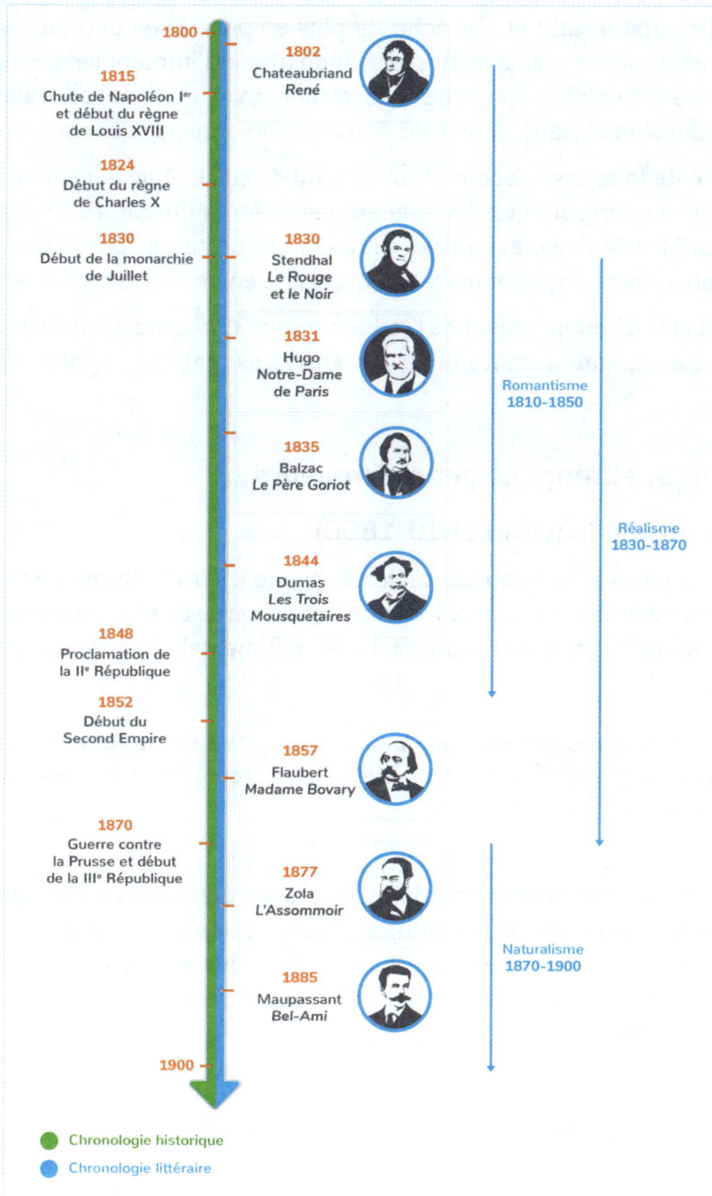

Le XIXe siècle est un **siècle politiquement troublé** : les régimes se succèdent, renversés par plusieurs mouvements révolutionnaires (1830, 1848) ; les idées républicaines et progressistes s'imposent peu à peu, donnant lieu à l'instauration d'une république éphémère en 1848 et à l'établissement définitif de la République en 1870.

Dans la société post-révolutionnaire du XIXe siècle, **la bourgeoisie supplante peu à peu la vieille aristocratie** et s'enrichit de plus en plus. Elle contrôle les domaines de la justice et des finances, investit dans l'industrie et l'immobilier, gagne la sphère politique. Cette bourgeoisie constitue un lectorat nouveau, qui voit ses valeurs (individualisme, ascension sociale) s'incarner dans les personnages des romans réalistes.

La **puissance de la presse** s'accroît tout au long du siècle. Elle joue un rôle politique de plus en plus important et exerce une influence sur la littérature, en intégrant des récits susceptibles de s'insérer dans les périodiques. Le genre court de la nouvelle s'y prête particulièrement, tout comme le roman, divisé en chapitres publiés en feuilleton.

L'exode rural et le développement de l'industrie sont à l'origine d'une **misère urbaine croissante**, qui apparaît dans les récits des écrivains réalistes et naturalistes.

B Œuvres, auteurs et genres majeurs

1. Le romantisme (environ 1810-1850)

Au cours de la période romantique se développe le « **roman du moi** » : écrit à la 1re personne, souvent inspiré du vécu de l'auteur donc en partie autobiographique, ce type de récit explore le cœur humain en exposant la vie sentimentale du personnage-narrateur.

■ Exemple

Dans ***La Confession d'un enfant du siècle*** (1836), Musset transpose sa liaison amoureuse avec George Sand, mais le récit est fictionnel et les personnages sont inventés.

Inspirés par la vogue du roman populaire, de grands écrivains romantiques écrivent des **romans d'aventures** et des **romans historiques** qui connaissent un grand succès. L'intrigue, qui multiplie les péripéties, les analepses et les récits enchâssés, est menée par le narrateur avec un sens aigu du suspens et de la dramatisation de chapitre en chapitre.

■ Exemple

Avec ***Les Trois Mousquetaires*** (1844), Dumas écrit à la fois un roman d'aventures et un roman historique. L'action se passe au XVIIe siècle et met en scène des mousquetaires du roi Louis XIII. Le récit de leurs combats et aventures est mené tambour battant par un narrateur habile à produire des effets de dramatisation.

2. Le réalisme (environ 1830-1870)

Se détournant de l'idéalisme romantique, certains écrivains ambitionnent de donner au roman une visée réaliste. Conçu dès lors comme une **image fidèle de la réalité**, le roman se présente comme une analyse de la société contemporaine. **Le personnage, de plus en plus individualisé et souvent assez commun** (socialement et moralement), incarne les aspirations et les frustrations de la bourgeoisie montante.

Ces romanciers s'inspirent souvent de **faits divers réels** relatés dans la presse, se documentent de manière scrupuleuse avant d'écrire pour donner à leur roman un **caractère documentaire**.

a. Stendhal (1783-1842)

Dans ses romans, Stendhal relate la vie de ses personnages à la manière d'une chronique, s'intéressant particulièrement aux « **petits faits vrais** », aux anecdotes qui donnent un caractère authentique au récit. Ses personnages, des **jeunes hommes idéalistes et ambitieux**, sont, malgré eux, tantôt lâches, tantôt médiocres.

■ **Exemple**

Dans ***Le Rouge et le Noir*** (1830), Stendhal relate le parcours de Julien Sorel, jeune homme de condition sociale modeste qui parvient à gravir les échelons de la société, jusqu'à ce qu'un drame sentimental mette fin à son ascension.

Citation

« Un roman : c'est un miroir qu'on promène le long d'un chemin.

Stendhal, *Le Rouge et le Noir*, 1830

b. Honoré de Balzac (1799-1850)

Balzac entreprend une œuvre monumentale, ***La Comédie humaine***, à laquelle il consacre plus de vingt ans de sa vie (1829-1850). Composée de 95 romans, nouvelles et traités, cette œuvre offre **un tableau global et une analyse de la « comédie » sociale** de son époque.

Les romans de *La Comédie humaine* se caractérisent par :

- l'importance de la description (lieux, personnages, etc.) ;
- la construction de types humains ;
- le système de retour des personnages d'un roman à l'autre ;
- l'observation et l'analyse de la société.

Citation

« La Société française allait être l'historien, je ne devais être que le secrétaire.

Honoré de Balzac, avant-propos de *La Comédie humaine*, 1842

■ Exemple

Dans ***Le Père Goriot*** (1835), Eugène de Rastignac, un jeune homme récemment installé à Paris, rencontre divers personnages dans la pension où il séjourne, parmi lesquels le Père Goriot, abandonné par ses filles pour qui il a tout sacrifié et Vautrin, un ancien bagnard malhonnête et cynique. À leurs côtés, il découvre les dessous de la société.

c. Gustave Flaubert (1821-1880)

L'œuvre de Gustave Flaubert s'inscrit dans le projet réaliste, mais, contrairement à ses prédécesseurs, il cherche à atteindre un réalisme objectif, qui implique **l'impassibilité** de l'auteur. Alors que dans les romans de Stendhal et Balzac, le narrateur intervenait et manifestait sa subjectivité, dans ceux de Flaubert, le narrateur demeure apparemment absent et neutre.

■ Exemple

Dans ***Madame Bovary*** (1857), Flaubert relate la destinée d'Emma, une jeune femme sentimentale et idéaliste, qui épouse un médecin de village auprès duquel elle s'ennuie ferme. Avide de passion amoureuse, elle a des amants, en dépit de la morale de l'époque. Ses amours malheureuses la mèneront à une issue tragique.

Le roman fait scandale et donne lieu à un célèbre procès pour « outrage à la morale » : c'est moins l'adultère en soi que l'absence de jugement désapprobateur du narrateur qui heurte la morale.

Citation

« L'auteur, dans son œuvre, doit être comme Dieu dans l'univers, présent partout, et visible nulle part.

Gustave Flaubert, *Correspondance*, 1852

3. Le naturalisme (environ 1870-1900)

Les naturalistes poursuivent l'ambition des réalistes et la dépassent en assignant au roman une **vocation scientifique** : le « **roman expérimental** » (Zola) est supposé illustrer les théories scientifiques, en matière d'hérédité notamment, et en fournir une expérimentation.

Les naturalistes choisissent en outre certains de leurs personnages dans les **couches les plus basses de la société** : ouvriers, paysans et prostituées accèdent ainsi au rang de personnages littéraires.

a. Émile Zola (1840-1902)

Émile Zola s'inspire du projet de Balzac avec la **série des** *Rougon-Macquart*, qui comporte une vingtaine de romans.

Tous les personnages principaux appartiennent à **une seule et même famille**, issue d'une aïeule commune : la tante Dide, morte folle. La famille se divise en deux branches :

- les **Rougon** (issus du mariage de la tante Dide) qui pour la plupart s'élèvent dans la société ;
- les **Macquart** (issus de l'union de la tante Dide devenue veuve avec un braconnier malhonnête et alcoolique) qui tombent dans la débauche et le crime.

La **folie** de la tante Dide se transmet de génération en génération, sous des formes diverses, aggravée par l'alcoolisme (supposé héréditaire) de son second conjoint.

L'ensemble de cette famille permet à Zola de dresser un **portrait global de la société** de son temps, en représentant toutes les classes sociales et toutes les situations.

■ **Exemple**

Le protagoniste de ***La Bête humaine*** (1890), Jacques Lantier, appartient à la branche des Macquart. La tare héréditaire familiale se manifeste chez lui par des pulsions meurtrières incontrôlables, qu'il tente d'oublier en se consacrant à son métier de cheminot. Mais le moindre contact avec une femme désirable fait ressurgir ces pulsions. Le roman constitue à la fois une peinture fidèle du milieu des ouvriers de chemin de fer et une analyse de la folie héréditaire.

b. Guy de Maupassant (1850-1893)

L'œuvre romanesque de Maupassant est très influencée à la fois par la fréquentation de Flaubert, qui a été son mentor, et par les théories de Zola, dont il est le contemporain. L'influence des milieux, notamment, constitue l'une des lignes de force de ses intrigues.

■ **Exemple**

Bel-Ami (1885) de Maupassant raconte la destinée de Georges Duroy, un jeune homme dévoré par l'ambition, issu du milieu paysan. Avec pour seuls atouts sa belle figure, son arrogance et son absence de scrupules, il parvient à s'élever dans la société, grâce à l'appui des femmes qu'il séduit et manipule.

Citation

> « Les Réalistes de talent devraient s'appeler plutôt des Illusionnistes.
>
> Guy de Maupassant, « Le Roman » (préface de *Pierre et Jean*), 1888

VI Le roman au XXe siècle : du renouvellement à l'ère du soupçon

A Repères chronologiques et contexte historique

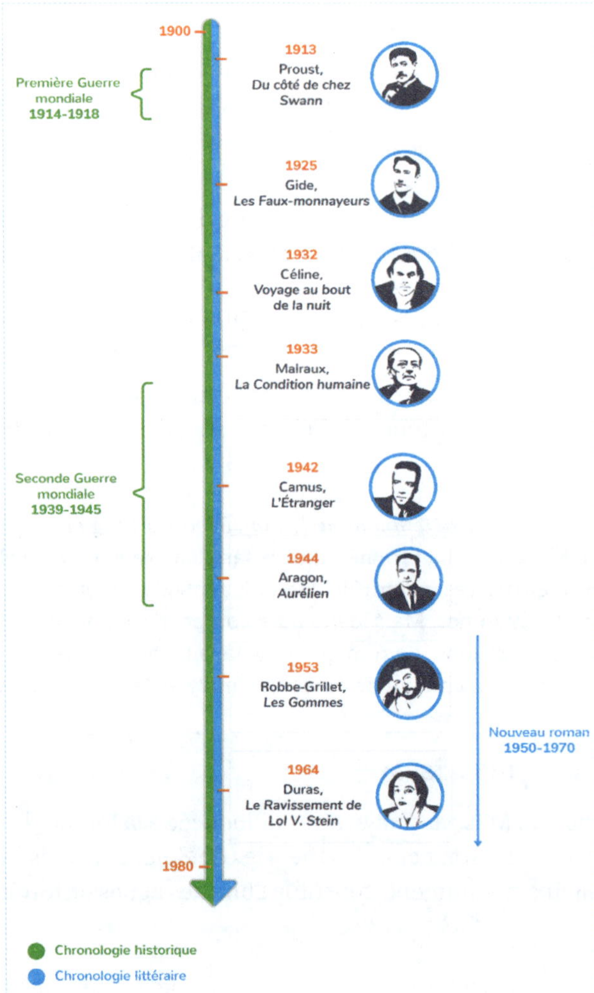

Les deux guerres mondiales du XXe siècle abolissent un ordre du monde jusqu'alors apparemment stable, remettent en question l'idée même de civilisation et révèlent la monstruosité inhérente à l'homme. Ces **traumatismes de l'histoire** affectent durablement la littérature et les arts.

Ces traumatismes engendrent une **crise morale et idéologique** : les croyances et les valeurs morales communément admises et partagées sont désormais remises en question. Non seulement la foi a reculé depuis le XIXe siècle, mais de surcroît les notions de bien et de mal font l'objet de questionnements sans réponses, les idéaux apparaissent vains et illusoires.

Cette période de doute et de questionnement se manifeste également par une **crise du sujet** : la conception de l'individu comme maître de lui-même et de sa destinée est mise à mal, notamment par les découvertes de la psychanalyse qui révèlent l'existence de pulsions inconscientes en l'homme.

Enfin, cette crise affecte également le langage et la notion de sens. Le langage est mis en cause dans sa capacité à constituer un outil de communication et d'échange efficace. La possibilité de trouver un sens au monde et à la vie est questionnée : face à l'**absurdité et à l'étrangeté du réel**, l'homme semble faible et démuni.

B Œuvres, auteurs et genres majeurs

Depuis le XIXe siècle, le roman a conquis une **suprématie littéraire** qui n'a fait que se confirmer au XXe siècle. La production romanesque est extrêmement **vaste et variée**, s'adressant à un lectorat de plus en plus large et diversifié. L'époque n'est plus aux mouvements littéraires et aux groupes, mais plutôt à l'individualisme, si bien que les œuvres romanesques paraissent très distinctes les unes des autres, sans qu'**aucune tendance** nettement marquée ni **aucune théorie commune** (hormis celle du nouveau roman dans les années 1950–1960) ne vienne clairement unifier l'ensemble de cette production.

1. Le roman de 1900 à 1950

Indissociable du genre romanesque depuis le XIXe siècle, **le réalisme est remis en question**. La réalité n'est plus conçue comme extérieure à l'homme, mais comme perçue par l'homme, ce qui implique que le monde ne puisse être connu que de manière personnelle et subjective. Ainsi la démarche réaliste paraît-elle vaine.

Le personnage, jusqu'alors saisi comme un individu à l'identité stable, matérialisée par un « il » qui l'englobait, laisse place à **un « je » instable et mouvant**. L'objet du roman, pris en charge par une voix subjective, devient la trajectoire d'une conscience en construction, à l'intérieur de laquelle le lecteur est projeté.

Citation

> La littérature qui se contente de « décrire les choses », d'en donner seulement un misérable relevé de lignes et de surfaces, est celle qui, tout en s'appelant réaliste, est la plus éloignée de la réalité.
>
> Marcel Proust, *Le Temps retrouvé*, 1927

Marcel Proust (1871–1922) s'attache dans son œuvre romanesque, *À la recherche du temps perdu* (7 tomes, publiés de 1913 à 1927), à rendre compte de la **vie intérieure** de son narrateur-personnage, de son rapport au monde, au temps, à l'écriture. La **structure circulaire** de l'œuvre, les effets d'échos, de symétries et de contrastes, les nombreuses analepses et prolepses, renouvellent en profondeur le genre romanesque jusqu'alors caractérisé par la linéarité du récit.

■ Exemple

Dans le premier tome d'*À la recherche du temps perdu* de Proust, ***Du côté de chez Swann*** (1913), le narrateur-personnage cherche à retrouver le temps passé, qu'il lui semble revivre un instant en goûtant une madeleine trempée dans du thé. Ressurgissent alors des souvenirs d'enfance restitués par une écriture poétique et sensorielle.

Dans l'œuvre romanesque de **Louis-Ferdinand Céline**, le monde est perçu à travers le prisme d'une **conscience meurtrie** par la guerre et la cruauté des hommes. Ses romans donnent à entendre la voix d'un narrateur-personnage, dans une **oralité** qui emprunte souvent à la langue populaire, tout en présentant une très grande musicalité.

■ Exemple

Dans ***Voyage au bout de la nuit*** (1932) de Céline, le narrateur-personnage, Bardamu, raconte son expérience de la guerre des tranchées, ses voyages (en Afrique, en Amérique), puis sa vie de médecin des pauvres en banlieue parisienne. Ce parcours, qui l'amène à voir la misère mais aussi la noirceur intérieure des hommes, apparaît comme un long « voyage au bout de la nuit », à la fois comique, épique et tragique.

À partir des années 1930 et plus encore dans les années 1940, en raison de la montée du fascisme d'une part et de l'idéologie communiste d'autre part, puis de la Seconde Guerre mondiale et de l'Occupation, le roman devient le **support didactique** d'une réflexion politique, idéologique voire philosophique. Les **« romans à thèse »** explorent les questions de la liberté, de l'engagement, de la conscience morale et de la responsabilité.

■ Exemple

Dans ***La Condition humaine*** (1933) d'André Malraux, les protagonistes, des révolutionnaires communistes chinois, organisent une insurrection. Leur combat les amène à tuer, à envisager l'attentat-suicide, à débattre des moyens à employer pour défendre une cause qui leur paraît juste.

Toutefois, dans ce monde en perte de sens, **la notion de héros se délite** et se décompose. Loin d'être un surhomme, le personnage de roman devient **un individu moyen voire médiocre**, parfois même anonyme, et sa trajectoire n'a de sens ni pour lui-même ni pour le lecteur.

■ **Exemple**

Dans ***L'Étranger*** (1942) d'Albert Camus, Meursault, le narrateur-personnage, est un homme sans qualités particulières, un individu moyen, dont l'identité ne paraît pas fixée. Cet être sans affect apparent n'est pas véritablement engagé dans sa vie et ne saisit ses propres actes que de l'extérieur, comme s'il n'en était pas maître. Il semble ainsi irrémédiablement « étranger » à lui-même, au monde, aux autres et par conséquent au lecteur.

À la même époque, Marguerite Yourcenar avec *Mémoires d'Hadrien* (1951) produit un roman historique et poétique bien loin des tendances contemporaines. Elle renoue avec la question de l'étude de soi et de la conscience individuelle.

2. Le nouveau roman (1950-1970)

Dans un monde qui a basculé, dans un contexte de crise du sujet, le roman se remet lui-même en question : c'est l'« **ère du soupçon** » (titre d'un essai de Nathalie Sarraute).

Les « nouveaux romanciers » (Robbe-Grillet, Butor et Sarraute, notamment) déconstruisent toutes les « **notions périmées** » sur lesquelles repose le roman selon eux. Ils contestent ainsi :

- l'omniscience du narrateur ;
- la linéarité chronologique ;
- le réalisme ;
- les notions de personnage et d'intrigue ;
- l'analyse psychologique.

Citation

> « Il s'agit désormais d'autre chose. Raconter est devenu proprement impossible. »
>
> Alain Robbe-Grillet, *Pour un nouveau roman*, 1963

Citation

> Non seulement le romancier ne croit plus guère à ses personnages, mais le lecteur de son côté, n'arrive plus à y croire. Aussi voit-on le personnage de roman, privé de ce double soutien, la foi en lui du romancier et du lecteur, [...] vaciller et se défaire.
>
> Nathalie Sarraute, *L'Ère du soupçon*, 1956

■ **Exemple**

Marguerite Duras, proche du nouveau roman sans pour autant appartenir à ce groupe, publie ***Le Ravissement de Lol V. Stein*** (1964). Dans ce roman, le narrateur reconnaît volontiers le caractère lacunaire et le manque de fiabilité des informations dont il dispose sur Lol, personnage mystérieux et insaisissable. Le récit se construit sur une succession de scènes qui se font écho, dans un jeu de répétitions-variations.

VII Le roman depuis 1980

Après le nouveau roman qui a fait table rase de tous les fondements du genre, le roman **se reconstruit difficilement**. S'il est difficile de dégager les tendances de la littérature contemporaine, faute de recul, on voit toutefois se dessiner quelques lignes de force.

Certains romanciers (Modiano, Quignard, Echenoz), **héritiers du nouveau roman**, écrivent des romans dont l'intrigue est extrêmement minimaliste voire fragmentaire, et dont les personnages paraissent difficiles à saisir, tant leur identité est floue ou indéfinie. Le récit est miné par l'ironie permanente du narrateur ou ses réticences à raconter.

■ **Exemple**

Jean Echenoz raconte dans ***Je m'en vais*** (1999) l'histoire d'un homme qui quitte tout pour se lancer dans l'aventure. Ses tribulations diverses le ramèneront au bout d'un an au point exact d'où il était parti. Dans ce roman à l'allure de polar mais sans aucune tension, le narrateur joue avec les attentes du lecteur et se distancie sans cesse de son personnage, qu'il semble observer de l'extérieur.

Au contraire, d'autres romanciers (Gaudé, Kerangal, Claudel) semblent **renouer avec le plaisir de raconter**, d'inventer des personnages et des intrigues romanesques, de ménager des effets d'attente et de tension dramatique, tout en adoptant des modalités narratives nouvelles, parfois inspirées par le cinéma.

■ **Exemple**

Le roman de Laurent Gaudé, ***La Mort du roi Tsongor*** (2002), situe son action dans une Afrique antique légendaire. L'intrigue se noue autour d'une guerre fratricide et réunit tous les ingrédients d'un romanesque efficace (tension dramatique, scènes de combat, passions tragiques), dans une écriture qui retrouve le souffle de l'épopée antique.

Enfin, le roman s'oriente également vers **l'écriture de soi**, dans des récits mêlant fiction et autobiographie, à des degrés divers, et à travers des formes très variées.

■ **Exemple**

L'œuvre d'Annie Ernaux illustre cette mixité entre romanesque et écriture de soi. Par exemple, dans ***La Femme gelée*** (1981), elle relate sa jeunesse et sa vie de femme mariée, dans un récit où anecdotes autobiographiques et transposition romanesque fusionnent sans qu'il soit clairement possible de les distinguer.

La narration et la focalisation

I La narration

Définition **La narration** est la structure que prend un récit.

Définition **Le narrateur** raconte l'histoire. Il prend en charge et ordonne le récit.

Piège

Le narrateur est une entité fictive. Il n'est pas l'auteur, sauf dans l'autobiographie.

A Le narrateur extérieur

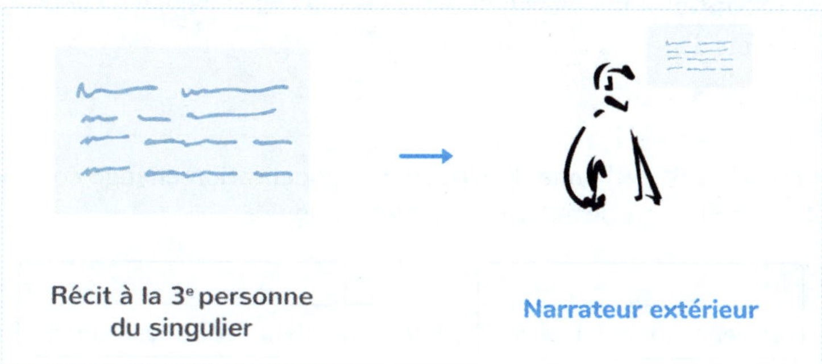

Le narrateur extérieur

B Le narrateur-personnage

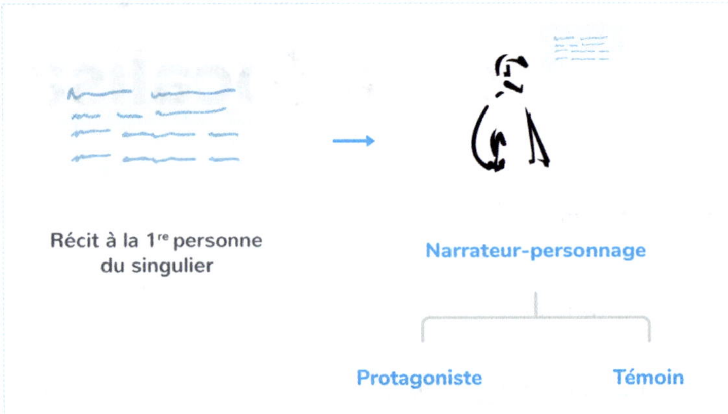

Le narrateur-personnage

Le destinataire du récit peut être un personnage de l'histoire ou une entité anonyme.

II La focalisation

Définition **La focalisation** désigne le point de vue adopté par le narrateur pour raconter une scène. Elle se définit par le champ de perception du narrateur.

Piège

Dans un récit à la 3e personne du singulier, la focalisation change constamment, en fonction des effets que le narrateur souhaite produire.

Conseil

Pour analyser un extrait de récit, il faut toujours identifier la focalisation adoptée et en tirer une interprétation.

A La focalisation zéro

Définition Dans **une focalisation zéro**, le narrateur raconte la scène avec un **champ de vision illimité**, qui lui permet de percevoir une vue d'ensemble et de pouvoir parfois « zoomer » sur des détails précis.

La focalisation zéro rend le **narrateur omniscient**. Il connaît donc :
- les habitudes et aspirations des personnages ;
- le passé et l'avenir (analepses et prolepses).

■ Exemple

Laurent, grand, fort, le visage frais, l'étonnait. Elle contemplait avec une sorte d'admiration son front bas, planté d'une rude chevelure noire, ses joues pleines, ses lèvres rouges, sa face régulière, d'une beauté sanguine. Elle arrêta un instant ses regards sur son cou ; ce cou était large et court, gras et puissant.

Émile Zola, *Thérèse Raquin*, 1867

Astuce

Les jeux vidéo, comme le cinéma, utilisent des procédés équivalents à la focalisation. Dans certains jeux vidéo, le joueur peut choisir et varier son champ de vision en fonction des informations et/ou impressions qu'il souhaite avoir.

Cette image est l'équivalent d'une focalisation zéro : le joueur a une vision d'ensemble, qui lui permet par exemple de savoir si des concurrents se rapprochent de son véhicule ou si un virage se présente.

B La focalisation interne

Dans **une focalisation interne**, le narrateur perçoit la scène **en se projetant momentanément dans un personnage particulier** dont il partage les perceptions. Cela se traduit par des **indices de perception** relatifs au personnage, comme « il vit », « il sentit », « il entendit », « ses yeux se posèrent sur ».

En focalisation interne, le narrateur **sait ce que sait le personnage**. Il connaît :
- les pensées du personnage ;
- les sentiments du personnage.

Exemple

Il montait lentement les marches, le cœur battant, l'esprit anxieux, harcelé surtout par la crainte d'être ridicule ; et, soudain, il aperçut en face de lui un monsieur en grande toilette qui le regardait. Ils se trouvaient si près l'un de l'autre que Duroy fit un mouvement en arrière, puis il demeura stupéfait : c'était lui-même, reflété par une haute glace en pied.

Guy de Maupassant, *Bel-Ami*, 1885

Astuce

Cette image est l'équivalent d'une focalisation interne : le joueur a un champ de vision limité, celui du conducteur du véhicule, et partage ses sensations.

C La focalisation externe

Définition Dans **une focalisation externe**, le narrateur perçoit la scène comme s'il était un **témoin extérieur invisible**. C'est la focalisation la plus neutre, la plus objective. Elle s'apparente à une caméra filmant les personnages de l'extérieur depuis un point fixe.

Le narrateur ne perçoit et ne raconte que **ce qui est visible et audible extérieurement** :

- les paroles ;
- les faits ;
- les gestes.

■ **Exemple**

L'homme élégant est descendu de la limousine, il fume une cigarette anglaise. Il regarde la jeune fille au feutre d'homme et aux chaussures d'or. Il vient vers elle lentement. C'est visible, il est intimidé. Il ne sourit pas tout d'abord. Tout d'abord, il lui offre une cigarette. Sa main tremble.

Marguerite Duras, *L'Amant*, 1984

Astuce

Cette image est l'équivalent d'une focalisation externe : le joueur observe le circuit de l'extérieur, comme un témoin invisible.

Récapitulatif

LES 3 MODES DE FOCALISATION

Narrateur omnicient
champ de vision illimité

FOCALISATION ZÉRO

Narrateur qui voit à travers
les yeux d'un personnage

FOCALISATION INTERNE

Narrateur
=
témoin extérieur invisible

FOCALISATION EXTERNE

Les discours rapportés

Définition **Les discours rapportés** permettent de citer les propos des personnages ou de rapporter leurs pensées dans un récit.

I Le discours direct

Définition	Caractéristiques
Le discours direct rapporte les propos tels quels, sans les modifier.	• Présence d'un verbe de parole introducteur (ou en incise). • Indiqué par des guillemets ou un tiret. • Temps et personnes conservés tels quels. • Marques d'oralité conservées (exclamations, interrogations, interjections expressions orales).

■ Exemple

Elle lui **dit** :

— Je vous remercie, monsieur.

Leurs yeux se rencontrèrent.

— Ma femme, es-tu prête ? cria le sieur Arnoux, apparaissant dans le capot de l'escalier.

Gustave Flaubert, *L'Éducation sentimentale*, 1869

II Le discours indirect

Définition	Caractéristiques
Le discours indirect intègre les propos à la narration par le biais d'une subordonnée.	• Présence d'un verbe de parole dans la proposition principale. • Discours intégré à une proposition subordonnée. • Temps et personnes modifiés par concordance avec la narration. • Marques d'oralité supprimées (exclamations, interrogations, interjections expressions orales).

■ Exemple

Je lui demandai ce qui l'amenait à Amiens, et si elle y avait quelques personnes de connaissance.

L'Abbé Prévost, *Manon Lescaut*, 1731

III Le discours indirect libre

Définition	Caractéristiques
Le discours indirect libre intègre les propos à la narration sans les introduire dans une subordonnée.	• Absence de verbes de parole (en général). • Absence de guillemets. • Temps et personnes modifiés par concordance avec la narration. • Marques d'oralité conservées (exclamations, interrogations, interjections expressions orales).

■ Exemple

Car il ne pensait pas à Blanche. Il ne pensait jamais à Blanche. Avait-il à se venger de Blanche ? Dire qu'il avait cru l'aimer !

Louis Aragon, *Blanche ou l'Oubli*, 1967

Astuce

Pour identifier le discours indirect libre, on peut transposer au discours direct. Si la transposition est possible, le passage relève du discours indirect libre.

■ Exemple

Car il ne pensait pas à Blanche. Il ne pensait jamais à Blanche. Avait-il à se venger de Blanche ? Dire qu'il avait cru l'aimer !

Louis Aragon, *Blanche ou l'Oubli*, 1967.

Interprétation

On transpose ce passage au discours direct pour savoir si la phrase en gras est du discours indirect libre : « Car il ne pensait pas à Blanche. Il ne pensait jamais à Blanche. Il songea : "Ai-je à me venger de Blanche ? Dire que j'ai cru l'aimer !" »

La phrase devient du discours direct, elle est donc bien au discours indirect libre dans l'extrait original.

IV Le discours narrativisé

Définition	Caractéristiques
Le discours narrativisé résume les propos des personnages sans les citer précisément.	• Verbe de parole. • Résumé de propos.

■ Exemple

Ils se racontèrent leurs anciens jours, les dîners du temps de l'*Art industriel*, les manies d'Arnoux, sa façon de tirer les pointes de son faux col.

Gustave Flaubert, *L'Éducation sentimentale*, 1869

Le schéma narratif

Un récit est construit en suivant une structure déterminée par l'auteur :
- si le récit est bref (fable, nouvelle ou conte), la structure peut ne contenir qu'une seule séquence narrative ;
- si le récit est plus long (roman), la structure peut contenir une succession de séquences narratives.

Traditionnellement, une séquence narrative suit les cinq étapes suivantes.

I La situation initiale

La situation initiale est le point de départ du récit, **étape essentielle** qui :
- présente **les personnages** ;
- renseigne sur **le cadre** dans lequel se déroule l'histoire (historique/géographique/culturel).

Remarque

Quand le récit débute au milieu d'une action, on parle de **début *in medias res*.**

Exemple

C'était une de ces jolies et charmantes filles, nées, comme par une erreur du destin, dans une famille d'employés. Elle n'avait pas de dot, pas d'espérances, aucun moyen d'être connue, comprise, aimée, épousée par un homme riche et distingué ; et elle se laissa marier avec un petit commis du ministère de l'Instruction publique.

Guy de Maupassant, « La Parure », 1884

II L'élément perturbateur ou déclencheur

L'élément perturbateur ou déclencheur perturbe l'équilibre décrit dans la situation initiale.

Il peut prendre plusieurs formes :
- l'arrivée ou la disparition d'un personnage ;
- un événement extérieur (historique par exemple) ;
- une décision que prend un personnage (projet/mariage/voyage).

Il est **déterminant pour la suite** du récit : c'est par rapport à lui que se définissent les actions ou les péripéties vécues par les personnages.

Il provoque la surprise, l'étonnement, la désillusion, la déception du lecteur ; il crée un moment de **tension**.

■ Exemple

Elle n'avait pas de toilettes, pas de bijoux, rien. Et elle n'aimait que cela ; elle se sentait faite pour cela. Elle eût tant désiré plaire, être enviée, être séduisante et recherchée.

Elle avait une amie riche, une camarade de couvent qu'elle ne voulait plus aller voir, tant elle souffrait en revenant. Et elle pleurait pendant des jours entiers, de chagrin, de regret, de désespoir et de détresse.

Or, un soir, son mari rentra, l'air glorieux et tenant à la main une large enveloppe.

— Tiens, dit-il, voici quelque chose pour toi.

Elle déchira vivement le papier et en tira une carte qui portait ces mots : « Le ministre de l'Instruction publique et Mme Georges Ramponneau prient M. et Mme Loisel de leur faire l'honneur de venir passer la soirée à l'hôtel du ministère, le lundi 18 janvier. »

Guy de Maupassant, « La Parure », 1884

III Les péripéties ou les actions

Les péripéties/actions sont provoquées par l'élément perturbateur, parce qu'il a rompu un **équilibre initial qu'il s'agit de retrouver**.

Les actions décrivent les tentatives ou les moyens choisis par les personnages **pour parvenir à ce but final**.

La séquence de l'action est centrée sur le personnage et permet :

– de faire valoir ses qualités ;
– de révéler ses faiblesses ;
– d'informer sur les relations entre les personnages.

On parle d'**épreuve qualifiante** car elle permet aux personnages de se doter de différentes caractéristiques.

■ Exemple

— Cela m'ennuie de n'avoir pas un bijou, pas une pierre, rien à mettre sur moi. J'aurai l'air misère comme tout. J'aimerais presque mieux ne pas aller à cette soirée.

Il reprit :

— Tu mettras des fleurs naturelles. C'est très chic en cette saison-ci. Pour dix francs tu auras deux ou trois roses magnifiques.

Elle n'était point convaincue.

— Non… il n'y a rien de plus humiliant que d'avoir l'air pauvre au milieu de femmes riches.

Mais son mari s'écria :

— Que tu es bête ! Va trouver ton amie Mme Forestier et demande-lui de te prêter des bijoux. Tu es bien assez liée avec elle pour faire cela.

Elle poussa un cri de joie.

— C'est vrai. Je n'y avais point pensé.

Le lendemain, elle se rendit chez son amie et lui conta sa détresse. Mme Forestier alla vers son armoire à glace, prit un large coffret, l'apporta, l'ouvrit, et dit à Mme Loisel :

— Choisis, ma chère.

Guy de Maupassant, « La Parure », 1884

■ **Exemple**

Après la soirée Mme Loisel rentre chez elle avec son époux.

Elle ôta les vêtements dont elle s'était enveloppé les épaules, devant la glace, afin de se voir encore une fois dans sa gloire. Mais soudain elle poussa un cri. Elle n'avait plus sa rivière autour du cou !

Son mari, à moitié dévêtu déjà, demanda :

— Qu'est-ce que tu as ?

Elle se tourna vers lui, affolée :

— J'ai… j'ai… je n'ai plus la rivière de Mme Forestier.

Guy de Maupassant, « La Parure », 1884

IV L'élément de résolution

L'élément de résolution permet de retrouver un équilibre. Ce dernier n'est pas le même que dans la situation initiale :

- les personnages se sont révélés ;
- ils ont évolué ou vieilli ;
- certains sont apparus, d'autres ont disparu.

Ce nouvel équilibre permet d'**apaiser la tension dramatique** du récit sans l'éliminer complètement.

Il peut intervenir de différentes façons :

- les choses peuvent rentrer simplement dans l'ordre ;
- les personnages peuvent traverser de grandes épreuves ;
- de façon totalement extérieure, comme par magie, on parle alors de ***deus ex machina***.

■ **Exemple**

Mme Loisel rachète une parure de diamants identique et la rend à son amie sans rien lui dire. Elle met des années à rembourser cet achat.

Or, un dimanche, comme elle était allée faire un tour aux Champs-Élysées pour se délasser des besognes de la semaine, elle aperçut tout à coup une femme qui promenait un enfant. C'était Mme Forestier, toujours jeune, toujours belle, toujours séduisante.
Mme Loisel se sentit émue. Allait-elle lui parler ? Oui, certes. Et maintenant qu'elle avait payé, elle lui dirait tout.

Guy de Maupassant, « La Parure », 1884

V La situation finale

Dans la situation finale, l'équilibre est retrouvé. Cette dernière étape du récit indique quel est **le sort des personnages**, éventuellement quel sera **leur avenir**.

■ **Exemple**

— Tu te rappelles bien cette rivière de diamants que tu m'as prêtée pour aller à la fête du ministère.
— Oui. Eh bien ?
— Eh bien, je l'ai perdue.
— Comment ! puisque tu me l'as rapportée.
— Je t'en ai rapporté une autre toute pareille. Et voilà dix ans que nous la payons. Tu comprends que ça n'était pas aisé pour nous, qui n'avions rien... Enfin c'est fini, et je suis rudement contente.
Mme Forestier s'était arrêtée.
— Tu dis que tu as acheté une rivière de diamants pour remplacer la mienne ?
— Oui. Tu ne t'en étais pas aperçue, hein ! Elles étaient bien pareilles.
Et elle souriait d'une joie orgueilleuse et naïve.
Mme Forestier, fort émue, lui prit les deux mains.
— Oh ! ma pauvre Mathilde ! Mais la mienne était fausse. Elle valait au plus cinq cents francs !...

Guy de Maupassant, « La Parure », 1884

Récapitulatif

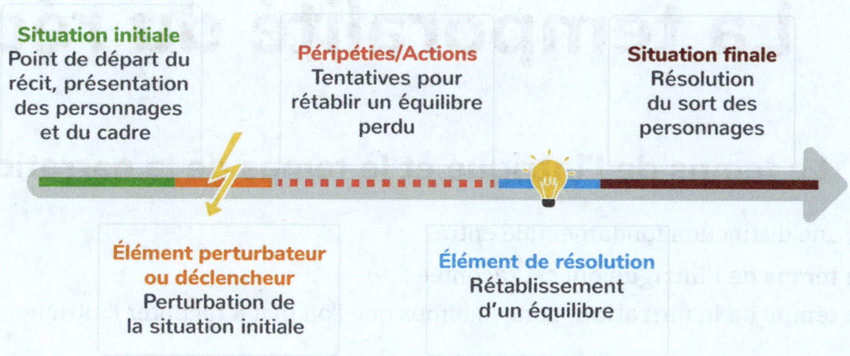

Le schéma narratif

La temporalité du récit

I Le temps de l'intrigue et le temps de la narration

Il y a une distinction fondamentale entre :

- **le temps de l'intrigue** qui est racontée ;
- **le temps de la narration**, donc le temps que l'on met à raconter l'intrigue.

Le temps de l'intrigue	Le temps de la narration
C'est le **temps global** des événements racontés. Il suit une chronologie qui se mesure en **heures, jours, mois, années.**	C'est le **volume de texte** que le narrateur consacre à chaque événement qu'il raconte. Il est compté en **lignes**, en **pages**.
Les événements racontés dans le roman *L'Éducation sentimentale* de Gustave Flaubert se déroulent de 1848 et 1869, soit vingt-et-un ans.	Le narrateur consacre une centaine de lignes à la scène de rencontre entre Colin et Chloé dans *L'Écume des jours* de Boris Vian.

Temps de l'intrigue et temps de la narration

II La vitesse ou le rythme du récit

Quelle que soit la durée évoquée par le narrateur, celui-ci ne peut tout raconter :

- il peut **résumer** ou **occulter** certains moments ou certaines périodes de la vie des personnages ;
- il peut **ralentir le rythme** de son récit quand il relate précisément des **épisodes décisifs**.

A La scène

Définition **La scène** est un passage où le narrateur raconte **en détail la totalité** d'un événement. Cela correspond à **un ralentissement** du rythme du récit.

Remarque

Dans une scène, on trouve souvent des dialogues.

■ **Exemple**

D'Artagnan, furieux, avait traversé l'antichambre en trois bonds et s'élançait sur l'escalier, dont il comptait descendre les degrés quatre à quatre, lorsque, emporté dans sa course, il alla donner tête baissée dans un mousquetaire qui sortait de chez M. de Tréville par une porte de dégagement, et le heurtant du front à l'épaule, lui fit pousser un cri ou plutôt un hurlement.

— Excusez-moi, dit d'Artagnan essayant de reprendre sa course, excusez-moi, mais je suis pressé.

À peine avait-il descendu le premier escalier, qu'un poignet de fer le saisit par son écharpe et l'arrêta.

— Vous êtes pressé ! s'écria le mousquetaire pâle comme un linceul ; sous ce prétexte, vous me heurtez, vous dites : « Excusez-moi » et vous croyez que cela suffit ? Pas tout à fait, mon jeune homme. Croyez-vous, parce que vous avez entendu M. de Tréville nous parler un peu cavalièrement aujourd'hui, que l'on peut nous traiter comme il nous parle ? Détrompez-vous, compagnon ; vous n'êtes pas M. de Tréville, vous.

— Ma foi, répliqua d'Artagnan, qui reconnut Athos, lequel, après le pansement opéré par le docteur, regagnait son appartement ; ma foi, je ne l'ai pas fait exprès, et, ne l'ayant pas fait exprès, j'ai dit : « Excusez-moi. » Il me semble donc que c'est assez. Je vous répète, cependant, et cette fois c'est trop peut-être, parole d'honneur, je suis pressé, très pressé. Lâchez-moi donc, je vous prie, et laissez-moi aller où j'ai affaire.

— Monsieur, dit Athos en le lâchant, vous n'êtes pas poli. On voit que vous venez de loin.

D'Artagnan avait déjà enjambé trois ou quatre degrés, mais à la remarque d'Athos il s'arrêta court.

Alexandre Dumas, *Les Trois Mousquetaires*, 1844

B Le sommaire

Définition **Le sommaire** est un passage où le narrateur **résume** ce qui s'est passé entre deux scènes. Cela correspond à **une accélération** du rythme du récit.

■ **Exemple**

Le mari travaillait, le soir, à mettre au net les comptes d'un commerçant, et la nuit, souvent, il faisait de la copie à cinq sous la page. Et cette vie dura dix ans.

Guy de Maupassant, « La Parure », 1884

C La pause

Définition **La pause** est un passage où le narrateur interrompt le cours de l'histoire pour **décrire et/ou commenter**. Cela correspond à **un ralentissement** du rythme du récit.

■ Exemple

Nous avouerons que notre héros était fort peu héros en ce moment.

Stendhal, *La Chartreuse de Parme*, 1839

D L'ellipse

Définition **L'ellipse** est un passage où le narrateur **ne raconte pas** du tout ce qui a eu lieu entre deux événements (parfois une longue période). Cela correspond à **une accélération** du rythme du récit.

Remarque

Une ellipse est souvent matérialisée par un blanc typographique.

■ Exemple

Loisel revint le soir, avec la figure creusée, pâlie ; il n'avait rien découvert.
— Il faut, dit-il, écrire à ton amie que tu as brisé la fermeture de sa rivière et que tu la fais réparer. Cela nous donnera le temps de nous retourner.
Elle écrivit sous sa dictée.
Au bout d'une semaine, ils avaient perdu toute espérance.

Guy de Maupassant, « La Parure », 1884

Conseil

Dans une étude de texte, pour identifier le rythme du récit, il faut relever les repères temporels et les dates précises.

Récapitulatif

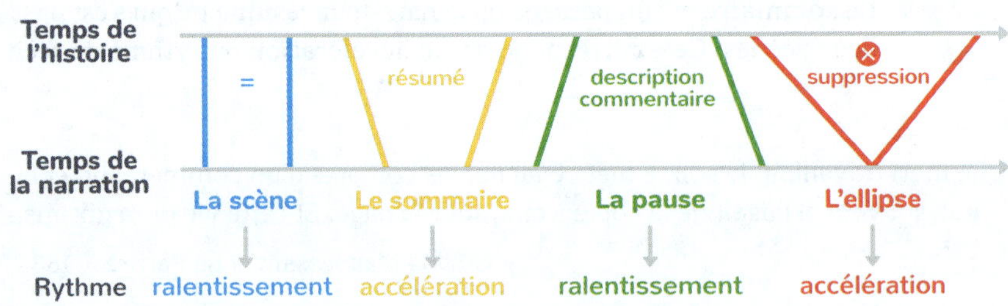

La vitesse ou le rythme du récit

III L'ordre du récit

Le récit n'est pas toujours chronologique. Le narrateur peut procéder à des modifications temporelles de deux sortes : retour en arrière ou anticipation.

A L'analepse

Définition **L'analepse** est un **retour en arrière** pour raconter un événement qui s'est déroulé **avant** l'action principale.

Elle permet :
- de faire comprendre les **tenants et aboutissants** de l'histoire ;
- de compléter le **portrait** d'un personnage.

■ Exemple

Le vieillard que je suis devenu à peine à se représenter le furieux malade que j'étais naguère et qui passait des nuits, non plus à combiner sa vengeance (cette bombe à retardement était déjà montée avec une minutie dont j'étais fier), mais à chercher le moyen de pouvoir en jouir.

François Mauriac, *Le Nœud de vipères*, 1932

B La prolepse

Définition **La prolepse** est une **anticipation**, un saut dans le futur pour raconter un événement qui se déroulera **après** l'action principale.

La prolepse permet de susciter la curiosité du lecteur.

■ Exemple

C'était malgré elle qu'on l'envoyait au couvent, pour arrêter sans doute son penchant au plaisir, qui déjà s'était déclaré, et **qui a causé dans la suite tous ses malheurs et les miens**.

L'abbé Prévost, *Histoire du chevalier Des Grieux et de Manon Lescaut*, 1731

Remarque

L'analepse et la prolepse peuvent être brèves. Quand elles sont longues, on parle de **récit enchâssé**.

Récapitulatif

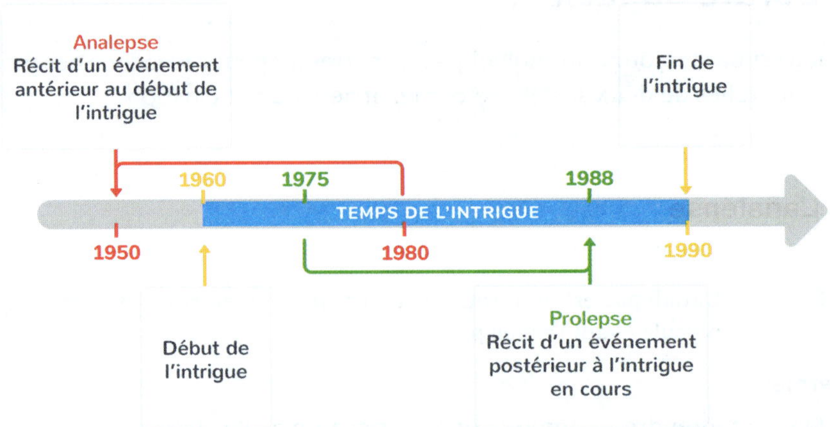

Analepse et prolepse

Les genres narratifs

I Les récits relevant de la fiction

A Le roman

Définition **Le roman** est un récit fictionnel long, écrit en prose, présentant une intrigue complexe et généralement centrée sur la destinée d'un personnage principal.

Le terme **roman,** au Moyen Âge, signifie « langue romane » (langue conçue comme vulgaire, par opposition à la langue noble qu'est le latin) puis « récit écrit en langue romane ». Le roman est donc un genre d'origine basse et vulgaire.

Les caractéristiques du roman sont :

- une intrigue complexe, comportant de nombreuses péripéties ;
- des personnages nombreux avec des psychologies complexes ;
- des passages descriptifs nombreux ;
- une abondance de détails ;
- un déroulement linéaire (en général).

Le genre du roman comporte une grande diversité de **« sous-genres » ou formes spécifiques.**

Piège

Un même roman peut relever de plusieurs « sous-genres », car ces catégories ne sont pas étanches.

1. Le roman d'analyse

Définition **Le roman d'analyse** est un roman dont le sujet est principalement l'analyse de la psychologie des personnages.

■ Exemple

La Princesse de Clèves (1678) de Madame de La Fayette est un roman d'analyse dans lequel les sentiments du personnage principal sont au cœur de l'intrigue. L'héroïne connaît la passion amoureuse et la jalousie, ainsi que le remords qu'elle engendre. Elle analyse ses émois et ses sentiments pour tenter d'y résister.

2. Le roman d'anticipation

Définition **Le roman d'anticipation** est un roman dont l'intrigue se déroule dans un futur plus ou moins éloigné, et qui anticipe des innovations technologiques et scientifiques.

■ Exemple

Dans ***De la Terre à la Lune*** (1865), Jules Verne imagine un projectile capable de faire voyager les hommes jusqu'à la Lune. À l'époque, ce voyage est impossible à faire pour les hommes. C'est en 1969 que la première expédition humaine sur la Lune a lieu.

3. Le roman d'apprentissage

Définition **Le roman d'apprentissage** est un roman dans lequel le personnage principal est généralement un jeune homme qui au fil de ses expériences découvre l'amour et/ou la société.

■ Exemple

Dans ***L'Éducation sentimentale*** (1869) de Gustave Flaubert, le personnage principal, Frédéric Moreau, est un jeune étudiant qui vient faire ses études à Paris. Il fait l'expérience de l'amour en rencontrant Mme Arnoux. Il découvre également la société parisienne, le milieu bourgeois, l'art et la politique.

4. Le roman d'aventures

Définition **Le roman d'aventures** est un roman dont l'intrigue repose sur les multiples aventures vécues par le personnage.

■ Exemple

Dans ***Le Comte de Monte-Cristo*** (1844-1846) d'Alexandre Dumas, Edmond Dantès est incarcéré injustement à la prison du château d'If. Il s'évade et projette de se venger de ceux qui l'ont fait emprisonner. Il vit de multiples aventures, très romanesques, avant de parvenir à accomplir ce projet de vengeance.

5. Le roman épistolaire

Définition **Le roman épistolaire** est un roman composé de lettres fictives supposées être échangées par les personnages.

■ Exemple

Dans ***Lettres persanes*** (1721), Montesquieu prétend publier les lettres échangées par des Persans venus en France et leurs amis restés en Perse. Le roman est composé d'une centaine de lettres, chacune étant datée et adressée à un destinataire en particulier. L'intrigue se noue au fil de cette correspondance.

6. Le roman historique

Définition **Le roman historique** est un roman dont les personnages sont présentés comme historiques et dont l'intrigue est inspirée de faits historiques.

■ Exemple

Dans ***La Reine Margot*** (1845), Alexandre Dumas situe l'intrigue à la fin du XVIe siècle, dans un contexte de guerres de religion. Le mariage entre Marguerite de Valois, sœur du roi, et Henri de Navarre, futur Henri IV, avive les tensions qui culminent lors la nuit de la Saint-Barthélemy. Aux événements historiques se mêlent des intrigues fictives.

7. Le roman-mémoires

Définition **Le roman-mémoires** est un roman dans lequel le narrateur-personnage raconte sa vie depuis sa naissance.

■ Exemple

Dans ***La Vie de Marianne*** (1731-1742), Marivaux donne la parole à une dénommée Marianne qui raconte elle-même sa vie depuis sa naissance.

8. Le roman de mœurs

Définition **Le roman de mœurs** est un roman dont l'intrigue rend compte des modes de vie d'une société.

■ Exemple

Dans ***Madame Bovary*** (1857), Flaubert décrit avec beaucoup de réalisme les mœurs de province au XIXe siècle. Il raconte l'histoire d'Emma Bovary, épouse malheureuse d'un médecin de campagne, et dresse le portrait de différents personnages qui personnifient la bourgeoisie provinciale.

9. Le roman policier

Définition **Le roman policier** est un roman dont l'intrigue est centrée sur une enquête policière.

■ Exemple

Dans ***Pars vite et reviens tard*** (2001) de Fred Vargas, le personnage principal, le commissaire Adamsberg, mène une enquête sur une étrange épidémie de peste à Paris.

B La nouvelle

Définition **La nouvelle** est un récit bref relatant un fait anecdotique présenté comme récent et réel.

Le terme **nouvelle**, *novella* en italien, signifie « récit imaginaire ». En latin (*novella* également) il signifie « fait nouveau, annonce d'un événement récent ». La nouvelle est un genre lié à l'anecdote, à la nouveauté, au fait divers.

Les caractéristiques de la nouvelle sont :

- la brièveté ;
- une intrigue présentée comme inscrite dans le réel ou l'histoire ;
- une intrigue simple, se réduisant souvent à une seule péripétie ;
- un nombre restreint de personnages ;
- des passages descriptifs peu nombreux ;
- l'absence de détails ;
- des dialogues assez brefs ;
- la présence d'ellipses narratives ;
- un effet de chute finale.

■ Exemple

Dans **« Une partie de campagne »** (1881), un récit bref, Guy de Maupassant raconte le dimanche de détente de la famille Dufour en bord de Seine. Il y a peu de personnages et l'auteur concentre son intrigue sur la rencontre amoureuse entre Henriette et Henri. On trouve une ellipse narrative de deux mois à la fin de la nouvelle. La chute finale est inattendue : Henriette épouse un autre homme qu'Henri.

C Le conte

Définition **Le conte** est un récit bref relatant une intrigue présentée comme relevant de l'imaginaire (légendaire, merveilleux, fantastique) et/ou appartenant à un passé lointain.

Le terme **conte**, est dérivé de **conteur**, c'est la personne qui raconte des histoires oralement. Le conte a une origine orale, folklorique et populaire.

Les caractéristiques du conte sont :

- la brièveté ;
- la présence d'éléments surnaturels (merveilleux ou fantastiques) ;
- une intrigue simple, dont les péripéties sont racontées brièvement ;
- un nombre restreint de personnages ;
- des passages descriptifs peu nombreux ;
- l'absence de détails ;
- des dialogues assez brefs ;
- des ellipses narratives ;
- la présence parfois d'une morale qui donne au récit une visée didactique.

■ **Exemple**

Charles Perrault reprend le conte populaire **« Peau d'Âne »** (1694) dans un récit bref autour d'une intrigue simple : une jeune fille cherche à échapper à la demande en mariage de son propre père. Des éléments merveilleux sont présents : une marraine fée et un âne magique.

Il existe également un sous-genre du conte, le conte philosophique.

Définition **Le conte philosophique** est un récit présentant la forme d'un conte et proposant une réflexion morale ou philosophique.

■ **Exemple**

Candide (1759) de Voltaire est un récit philosophique prenant la forme du conte. Au début du récit, les personnages sont décrits avec des traits de caractère très simples. Ils ont des noms étonnants (le baron de Thunder-ten-tronckh) et vivent dans un château dans un pays lointain (la Westphalie). Ce décor est une manière déguisée pour Voltaire de critiquer la société (guerre, fanatisme religieux, esclavage). Au cours du conte, il développe des idées philosophiques, notamment sur l'existence du mal et sur le bonheur.

II Les récits relevant du biographique

A L'autobiographie

Définition **L'autobiographie** est un récit dans lequel l'auteur raconte sa propre vie.

Citation

> « Récit rétrospectif en prose qu'une personne réelle fait de sa propre existence, lorsqu'elle met l'accent sur sa vie individuelle, en particulier sur l'histoire de sa personnalité.
>
> Philippe Lejeune, *Le Pacte autobiographique*, 1975

Le terme **autobiographie** est composé de *auto* qui signifie « soi-même », de *bios* qui signifie « vie » et de *graphein* qui signifie « écrire ».

Les caractéristiques de l'autobiographie sont :

- un récit pris en charge par un « je » qui désigne à la fois l'auteur, le narrateur et le personnage principal ;
- la volonté affirmée de dire la vérité = « pacte autobiographique » ;
- un déroulement linéaire ;
- un caractère rétrospectif (événements racontés après coup).

■ **Exemple**

Jean-Jacques Rousseau écrit ses ***Confessions*** de 1765 à 1770. Elles sont publiées à titre posthume à partir de 1782. Il y relate sa vie personnelle, depuis sa naissance jusqu'au moment de l'écriture. Il évoque des événements qui l'ont marqué enfant, comme le vol du ruban ou la scène du peigne cassé. Cette œuvre est considérée comme la première autobiographie.

B Les autres récits relevant du biographique

1. L'autofiction

Définition **L'autofiction** est un récit racontant des faits vécus par l'auteur de manière plus ou moins romancée.

■ Exemple

Dans ***La Femme gelée*** (1981), Annie Ernaux relate sa jeunesse et sa vie de femme mariée, dans un récit où anecdotes autobiographiques et transposition romanesque fusionnent sans qu'il soit clairement possible de les distinguer.

2. La biographie

Définition **La biographie** est un récit dans lequel la vie d'un personnage réel et généralement illustre est racontée.

■ Exemple

Dans ***Limonov*** (2011), Emmanuel Carrère écrit la biographie de l'écrivain et homme politique russe, à la manière d'une enquête documentaire.

3. La correspondance

Définition **La correspondance** est un ensemble de lettres réelles écrites par un auteur à une ou plusieurs personnes et réunies dans un recueil.

■ Exemple

La ***Correspondance*** (1887-1893) de Gustave Flaubert est composée des lettres écrites par l'écrivain à divers correspondants. Elles rendent compte de son travail d'écriture romanesque, de ses états d'âme, de ses projets.

4. Le journal

Définition **Le journal** est un récit dans lequel l'auteur relate sa vie quotidienne au jour le jour.

■ Exemple

Plusieurs écrivains ont tenu des journaux : Fiodor Dostoïevski, André Gide ou François Mauriac. Les journaux fournissent une clé majeure pour comprendre l'auteur et son œuvre.

5. Les mémoires

Définition **Les mémoires** sont un récit autobiographique dans lequel l'auteur met l'accent sur les événements majeurs de sa vie publique (et non privée).

■ Exemple

De Gaulle relate son action en tant que chef de la Résistance puis président de la République dans ses ***Mémoires de guerre*** (1954-1959). Il n'y est que très peu question de sa vie personnelle.

6. Les pseudo-mémoires

Définition **Les pseudo-mémoires** sont un récit dans lequel l'auteur donne la parole à un personnage historique ou fictif qui raconte sa vie.

■ Exemple

Marguerite Yourcenar imagine les mémoires de l'empereur romain Hadrien dans ***Mémoires d'Hadrien*** (1951). Dans ces pseudo-mémoires, Hadrien dresse le bilan de sa vie et la relate à Marc-Aurèle, destiné à devenir lui aussi empereur.

7. Le récit de voyage

Définition **Le récit de voyage** est un récit dans lequel l'auteur raconte l'un de ses voyages.

■ Exemple

Dans ***Voyage en Orient*** (1851), Gérard de Nerval relate son périple autour de la Méditerranée, détaillant particulièrement son séjour en Égypte et à Constantinople.

8. Le roman autobiographique

Définition **Le roman autobiographique** est un roman dont le personnage principal est proche de l'auteur tout en étant fictif, et dont l'intrigue fictive est en partie inspirée par le vécu de l'auteur.

■ Exemple

Dans son roman autobiographique ***Un barrage contre le Pacifique*** (1950), Marguerite Duras transpose des épisodes de son enfance en Asie et les déboires financiers de sa mère.

La Princesse de Clèves, Madame de La Fayette

I Réflexions sur « Individu, morale et société »

L'intitulé du parcours met en relation l'individu, c'est-à-dire la personne dans sa singularité, et la société, c'est-à-dire le groupe social, la communauté. L'individu s'inscrit dans le groupe social auquel il appartient. Il peut se penser et être pensé comme faisant partie de ce groupe, s'intégrant à ce groupe, ou s'en distinguant.

Le roman est le genre littéraire qui permet de mieux développer le personnage. Le romancier interroge l'individu et illustre de manière privilégiée la relation qu'il entretient avec la société. Ce rapport est pensé de manière différente selon l'époque. Les questions qui se posent sont :

- Comment l'individu s'inscrit-il dans la société ?
- Quelle part y prend-il ?
- Quel regard porte-t-il sur la société ?
- Quel regard la société porte-t-elle sur lui ?

L'intitulé du parcours indique un axe dans l'étude de ces rapports, celui de la morale, terme central de l'intitulé :

- Quelle morale la société impose-t-elle à l'individu ?
- Dans quelle mesure cette morale sociale se présente-t-elle à lui comme une contrainte ?
- Peut-il s'en libérer ?
- En quoi la morale influence-t-elle son rapport aux autres, ses choix, ses décisions, sa destinée ?

II L'œuvre au programme

A L'auteur : Madame de La Fayette (1634-1693)

Marie-Madeleine Pioche de la Vergne naît en 1634, dans une famille de petite noblesse. Elle devient demoiselle d'honneur de la reine Anne d'Autriche à 17 ans, et fréquente ainsi la cour et les salons littéraires. À 21 ans, elle épouse le comte de La Fayette, un homme plus âgé qu'elle, et devient Madame de La Fayette.

Elle se lie d'amitié avec la romancière Madeleine de Scudéry, auteure notamment de Clélie, histoire romaine (1654-1660), représentant du mouvement précieux. Madeleine de Scudéry tient un salon littéraire : Madame de La Fayette y rencontre des personnalités littéraires majeures, en particulier le moraliste La Rochefoucauld, qui devient son ami. Devenue la favorite d'Henriette d'Angleterre, belle-sœur du roi Louis XIV, Madame de La Fayette côtoie les grands seigneurs de la cour et crée son propre salon.

Elle publie anonymement la nouvelle *La Princesse de Montpensier* (1662) qui rencontre un grand succès, puis le roman *Zaïde* (1670-1671), et surtout *La Princesse de Clèves* (1678). Elle écrit également d'autres nouvelles, comme « La Comtesse de Tende » et « Histoire d'Henriette d'Angleterre », qui seront publiées à titre posthume. Elle se retire de la cour et des mondanités pour se tourner vers la religion à la fin de sa vie. Elle meurt en 1693.

B L'œuvre : *La Princesse de Clèves* (1678)

Le roman est **publié anonymement en 1678**. Madame de La Fayette n'a jamais revendiqué clairement la maternité de cette œuvre, à la composition de laquelle La Rochefoucauld a certainement participé.

Le roman rencontre un très grand succès lors de sa publication, mais il suscite aussi une **querelle littéraire**, à propos notamment de la vraisemblance. En effet, certains jugent l'aveu de Mme de Clèves à son mari très inconvenant.

L'action du roman se situe en 1558-1559, époque de la Renaissance, à la **cour de Henri II**. La narratrice en fait longuement l'éloge au début du roman. La cour de Henri II n'est qu'une transposition de la cour de Louis XIV. Si les personnages principaux du roman portent des noms historiques, l'histoire est fictive. Cet ancrage historique inscrit le personnage dans une **société de cour**, où chacun est sous le regard de l'autre et se donne en spectacle en permanence. La société joue donc un rôle primordial.

Ce roman est considéré comme le **premier roman d'analyse** de la littérature française : la peinture du cœur (et notamment de la passion amoureuse) en est le principal objet, et non l'action proprement dite. **L'individu** est par conséquent au cœur de l'intrigue et le récit explore ses émotions intérieures et sa **conscience morale**.

L'héroïne du roman, la jeune Mademoiselle de Chartres, apparaît pour la première fois à la cour au début du roman. Sa beauté fait grande impression et elle est demandée en mariage par le prince de Clèves. Elle l'épouse sans amour, sur les conseils de sa mère Mme de Chartres. Au cours du bal organisé au Louvre pour les fiançailles de la fille du roi, elle rencontre le duc de Nemours. Ils tombent immédiatement amoureux l'un de l'autre, et M. de Nemours ne manque pas de lui faire connaître ses sentiments. Toutefois, Mme de Clèves, épouse fidèle, vertueuse et ayant reçu une éducation morale très stricte de la part de sa mère, refuse de s'abandonner à la passion et lutte contre ses sentiments, qu'elle tente de cacher au départ à M. de Nemours et à son mari.

L'héroïsme n'aura de cesse de lutter contre sa passion, par vertu et par fidélité à son époux. La **morale collective** se heurte ici aux **sentiments individuels**.

C Textes-clés

1. La rencontre au bal, 1re partie

Toute la cour est réunie pour les fiançailles de la fille du roi. C'est à cette occasion que la princesse de Clèves et le duc de Nemours se rencontrent pour la première fois.

Elle passa tout le jour des fiançailles chez elle à se parer, pour se trouver le soir au bal et au festin royal qui se faisaient au Louvre. Lorsqu'elle arriva, l'on admira sa beauté et sa parure ; le bal commença, et comme elle dansait avec M. de Guise[1], il se fit un assez grand bruit vers la porte de la salle, comme de quelqu'un qui entrait, et à qui on faisait place. Mme de Clèves acheva de danser et pendant qu'elle cherchait des yeux **quelqu'un** qu'elle avait dessein de prendre[2], le roi lui cria de prendre celui qui arrivait. Elle se tourna, et vit un homme qu'elle **crut** d'abord[3] ne pouvoir être que M. de Nemours, qui passait par-dessus quelques sièges pour arriver où l'on dansait. Ce prince était fait d'une sorte, qu'il était difficile de n'être pas surprise de le voir quand on ne l'avait jamais vu, surtout ce soir-là, où le soin qu'il avait pris de se parer augmentait encore l'air brillant qui était dans sa personne ; mais il était difficile aussi de voir Mme de Clèves pour la première fois, sans avoir un grand étonnement.

M. de Nemours fut tellement surpris de sa beauté, que, lorsqu'il fut proche d'elle, et qu'elle lui fit la révérence, il ne put s'empêcher de donner des marques de son admiration. Quand ils commencèrent à danser, il s'éleva dans la salle un murmure de louanges. Le roi et les reines[4] se souvinrent qu'ils ne s'étaient jamais vus, et trouvèrent quelque chose de singulier de les voir danser ensemble sans se connaître.

1. Ancien soupirant de Mme de Clèves.
2. Prendre : prendre pour danser.
3. D'abord : immédiatement.
4. Le roi Henri II, son épouse et la reine dauphine, épouse du fils aîné du roi, future reine de France.

- Théâtralisation : préparatifs, entrée en scène, protocole et danse.
- Contexte mondain et officiel (présence de la famille royale).
- Beauté exceptionnelle des personnages.
- Admiration de la cour pour les personnages.
- Caractéristiques du coup de foudre : premier regard, reconnaissance immédiate, surprise et admiration.
- ☐ Périphrases créant un effet d'attente.

Mouvements du texte

- **Premier mouvement, une rencontre théâtralisée** : de « Elle passa » à « qui arrivait ».
- **Deuxième mouvement, un coup de foudre** : de « Elle se tourna » à « de son admiration ».
- **Troisième mouvement, le rôle de la cour** : de « Quand ils commencèrent » à la fin.

L'essentiel à retenir du texte

- **Le spectacle de la société :** La rencontre a lieu dans un contexte mondain et officiel, qui réunit toute la cour pour un événement de la plus haute importance. Les préparatifs, la mise en scène, le respect du protocole, la présence du roi contribuent à donner à cette scène un caractère solennel.
- **Individu et société :** Cette scène de rencontre inscrit d'emblée l'histoire d'amour entre les personnages dans un cadre social déterminé (et non dans un cadre privé). Le roi ordonne en quelque sorte leur rencontre en invitant Mme de Clèves à danser avec M. de Nemours et assiste plus loin à leurs premiers pas de danse. Toute la cour s'extasie devant le couple qu'ils forment : en raison de leur très grande beauté, ils incarnent une sorte de couple idéal, héroïque.
- **Un coup de foudre :** La rencontre présente toutes les caractéristiques de la scène traditionnelle de coup de foudre :
  - échange de regards ;
  - immédiateté ;
  - reconnaissance ;
  - impression de surprise et de ravissement.

L'amour au premier regard est évoqué avec une pudeur caractéristique du style précieux et classique, comme en témoignent les litotes.

2. La lettre, 3e partie

La princesse de Clèves intercepte une lettre d'amour destinée à une autre et croit que M. de Nemours en est l'auteur, ce qui cause en elle un sentiment de jalousie jusqu'alors inconnu. Elle découvre par la suite qu'il s'agissait d'un malentendu, mais garde de cet épisode un souvenir douloureux.

Elle avait ignoré jusqu'alors les inquiétudes mortelles de la défiance[1] et de la jalousie ; elle n'avait pensé qu'à se défendre[2] d'aimer M. de Nemours et elle n'avait point encore commencé à craindre qu'il en aimât une autre. Quoique les soupçons que lui avait donnés cette lettre fussent effacés, ils ne laissèrent pas[3] de lui ouvrir les yeux sur le hasard[4] d'être trompée et de lui donner des impressions de défiance et de jalousie qu'elle n'avait jamais eues. Elle fut étonnée de n'avoir point encore pensé combien il était peu vraisemblable qu'un homme comme M. de Nemours, qui avait toujours fait paraître tant de légèreté avec les femmes, fût capable d'un attachement sincère et durable. Elle trouva qu'il était presque impossible qu'elle pût être contente de sa passion. Mais quand je le pourrais[5] être, disait-elle, qu'en veux-je faire ? Veux-je la souffrir[6] ? Veux-je y répondre ? Veux-je m'engager dans une galanterie[7] ? Veux-je manquer à[8] M. de Clèves ? Veux-je me manquer à moi-même ? Et veux-je enfin m'exposer aux cruels repentirs et aux mortelles douleurs que donne l'amour ? Je suis vaincue et surmontée par une inclination qui m'entraîne malgré moi. Toutes mes résolutions sont inutiles ; je pensai hier tout ce que je pense aujourd'hui et je fais aujourd'hui tout le contraire de ce que je résolus hier.

1. Défiance : méfiance.
2. Se défendre : s'empêcher.
3. Ils ne laissèrent pas : ils ne manquèrent pas.
4. Le hasard : l'éventualité.
5. Quand je pourrais… : si je pouvais…
6. Souffrir : supporter.
7. Galanterie : relation amoureuse.
8. Manquer à : être infidèle à.

- ▶ Analyse de soi.
- ▶ Tournure passive et passivité avec « m » COD du verbe.
- ▶ Souffrance causée par la passion amoureuse.
- ▶ Jalousie et crainte de l'infidélité.
- ▶ Accumulation d'interrogations anaphoriques.
- ▶ Chiasme montrant l'incapacité à se contrôler.

■ *Mouvements du texte*

- **Premier mouvement, l'analyse de la jalouse** : de « Elle avait ignoré » à « contente de sa passion ».
- **Second mouvement, pensées intérieures de Mme de Clèves** : de « Mais quand je le pourrais » à la fin.

■ *L'essentiel à retenir du texte*

- **Un passage d'introspection :** La princesse de Clèves, personnage principal du roman, se trouve face à elle-même : c'est l'individu ici qui doit se regarder en face. Elle est amenée à analyser ses propres sentiments. Pour la première fois, elle connaît la jalousie amoureuse. Les verbes de pensée sont nombreux et la syntaxe rend compte de cette analyse progressive, qui aboutit à un passage de discours direct rapportant les pensées du personnage (ses questions notamment).
- **L'expérience de la jalousie :** La jalousie est l'objet principal de la réflexion, en raison de ce que la princesse de Clèves vient de vivre. Elle craint l'infidélité de M. de Nemours, son inconstance. Progressivement, elle en vient à réaliser, avec lucidité, qu'il n'est pas homme à n'aimer qu'une seule femme éternellement.
- **La passion amoureuse :** Cet épisode fait prendre conscience à la princesse de Clèves des dangers de l'amour. Elle mesure combien il peut faire souffrir, s'interroge sur ses propres intentions et réalise qu'elle ne peut, malgré toutes ses résolutions, vaincre la passion. La fin du passage en particulier rend compte de son état de passivité et de son impuissance face à la passion amoureuse. Cela explique et justifie par avance la décision qu'elle prendra à la fin du récit.

3. Le refus de la princesse, 4e partie

Après la mort de M. de Clèves et une fois la période de deuil passée, M. de Nemours espère que la princesse de Clèves acceptera de l'épouser. Or celle-ci refuse et justifie sa décision dans le passage suivant.

[– [...] Par vanité ou par goût, toutes les femmes souhaitent de vous attacher[1]. Il y en a peu à qui vous ne plaisiez ; mon expérience me ferait croire qu'il n'y en a point à qui vous ne puissiez plaire. Je vous croirais toujours amoureux et aimé et je ne me tromperais pas souvent. Dans cet état néanmoins, je n'aurais d'autre parti[2] à prendre que celui de la souffrance ; je ne sais même si j'oserais me plaindre. On fait des reproches à un amant ; mais en fait-on à un mari, quand on n'a qu'à lui reprocher de n'avoir plus d'amour ?] [Quand je pourrais[3] m'accoutumer à cette sorte de malheur, pourrais-je m'accoutumer à celui de croire voir toujours M. de Clèves vous accuser de sa mort, me reprocher de vous avoir aimé, de vous avoir épousé et me faire sentir la différence de[4] son attachement au vôtre ?] [Il est impossible, continua-t-elle, de passer par-dessus des raisons si fortes : il faut que je demeure dans l'état où je suis et dans les résolutions que j'ai prises de n'en sortir jamais.]

– Hé ! croyez-vous le pouvoir, Madame ? s'écria M. de Nemours. Pensez-vous que vos résolutions tiennent contre un homme qui vous adore et qui est assez heureux pour vous plaire ? Il est plus difficile que vous ne pensez, Madame, de résister à ce qui nous plaît et à ce qui nous aime. Vous l'avez fait par une vertu austère, qui n'a presque point d'exemple ; mais cette vertu ne s'oppose plus à vos sentiments et j'espère que vous les suivrez malgré vous.

– Je sais bien qu'il n'y a rien de plus difficile que ce que j'entreprends, répliqua Mme de Clèves ; je me défie[5] de mes forces au milieu[6] de mes raisons. Ce que je crois devoir à la mémoire de M. de Clèves serait faible s'il n'était soutenu par l'intérêt de mon repos ; et les raisons de mon repos ont besoin d'être soutenues de celles de mon devoir. Mais, quoique je me défie de moi-même, je crois que je ne vaincrai jamais mes scrupules et je n'espère pas aussi de surmonter l'inclination que j'ai pour vous. Elle me rendra malheureuse et je me priverai de votre vue, quelque violence[7] qu'il m'en coûte. Je vous conjure[8], par tout le pouvoir que j'ai sur vous, de ne chercher aucune occasion de me voir.

1. Attacher : séduire.
2. Parti : résolution.
3. Quand je pourrais… : si je pouvais…
4. La différence de : la différence entre.
5. Je me défie : je me méfie.
6. Au milieu de : au plein cœur de.
7. Violence : souffrance.
8. Je vous conjure : je vous supplie.

[] Premier argument.
[] Deuxième argument.
[] Conclusion.

☐ Conditionnel à valeur d'irréel du présent, hypothèse rejetée par Mme de Clèves.
▶ Souffrance causée par la passion amoureuse.
▶ Champ lexical de l'amour.
▶ Difficulté du parti pris de Mme de Clèves.
▶ Questions rhétoriques.
▶ Expression de la vertu, du devoir et de la résolution.

■ *Mouvements du texte*

– **Premier mouvement, argumentation de la princesse de Clèves** : de « Par vanité » à « n'en sortir jamais ».
– **Deuxième mouvement, contre-argumentation de M. de Nemours** : de « Hé ! croyez-vous » à « malgré vous ».
– **Troisième mouvement, confirmation de la princesse de Clèves** : de « Je sais bien » à la fin.

L'essentiel à retenir du texte

- **Le refus motivé de la princesse de Clèves :** La princesse de Clèves justifie son refus d'épouser le duc de Nemours. Elle avance principalement deux arguments :
  - la crainte de ne plus être aimée (et la souffrance que cela lui causerait) ;
  - le devoir de respecter son défunt mari (mort d'avoir cru qu'elle lui était infidèle).

  Ces deux arguments sont présentés comme complémentaires, comme se soutenant l'un l'autre. Ils expliquent le refus catégorique de la princesse, sa détermination à ne plus jamais revoir M. de Nemours.

- **Choix individuels et morale :** La princesse de Clèves en appelle au devoir, utilisant le lexique de la morale et de la vertu. C'est la morale qui dicte ses choix. Elle considère qu'une nécessité impérative s'impose à elle, ce qu'elle souligne par le ton déterminé qu'elle emploie. Le duc de Nemours oppose à la vertu le pouvoir de l'amour et contre-argumente en disant qu'il n'est pas possible de résister à l'amour. Toutefois, ses arguments ne parviennent pas à convaincre la princesse.
- **Une femme héroïque :** La résolution de la princesse de Clèves fait d'elle une véritable héroïne, tant le parti qu'elle prend est difficile à tenir, ce qu'elle reconnaît elle-même. Elle admet que cette décision la fait et la fera souffrir, mais elle demeure résolue. Cette vertu a été jugée invraisemblable à l'époque du roman. Le public ne comprenait pas que la princesse se refuse à l'amour alors que rien ne lui interdisait, aux yeux de la société, d'épouser M. de Nemours. Pourtant, ce refus révèle une crainte très classique de la passion, démesurée, incontrôlable et source de souffrance. En cela, la princesse de Clèves incarne un idéal de mesure et de maîtrise de soi caractéristique de l'éthique classique.

Le Rouge et le Noir, Stendhal

I Réflexions sur « Le personnage de roman : esthétiques et valeurs »

L'intitulé du parcours s'articule en deux parties : la première « Le personnage de roman » s'intéresse à un élément fondamental du genre littéraire. En effet, le personnage, être fictif, artefact né de l'imagination de son auteur, en est une composante centrale et essentielle dans la mesure où il est l'agent de l'action, une force agissante dont le lecteur suit les aventures.

L'intitulé du parcours propose deux axes de réflexion pour étudier les caractéristiques du personnage de roman, pour en proposer une définition comme l'indiquent les deux points qui suivent l'expression « personnage de roman ». Les termes « esthétiques et valeurs » sont au pluriel ce qui impose par ailleurs une réflexion multiple et invite à envisager différentes acceptions de ces termes.

- Le terme « **esthétiques** » désigne l'ensemble des critères qui définissent le beau pour un auteur ou l'ensemble des principes d'un mouvement littéraire. L'intitulé invite donc à s'interroger sur les formes et matériaux employés par un auteur et plus spécifiquement en ce qui concerne le personnage de roman. En effet, l'esthétique peut construire le personnage mais le personnage peut contribuer à nourrir une esthétique ou à la nuancer.
- Le terme « **valeurs** », quand il questionne la notion de personnage de roman, désigne les caractéristiques morales mais aussi intellectuelles, humaines, ou sociales. Il considère toutes les caractéristiques qui rendent un individu digne d'estime. La valeur s'envisage toujours par rapport à une norme ou un modèle idéal.

L'intitulé du parcours invite à se poser diverses **questions** :

- Un personnage de roman est-il révélateur d'une esthétique littéraire ?
- Un personnage de roman n'est-il que l'incarnation d'une esthétique ?
- Comment le romancier façonne-t-il son personnage ?
- Quelles valeurs, quelles idées le personnage défend-il ?
- Quelles valeurs, quelles idées le personnage incarne-t-il ?
- Comment un personnage peut-il incarner des valeurs ?
- Les actions et les paroles d'un personnage permettent-elles d'en mesurer la valeur ?

II L'œuvre au programme

A L'auteur : Stendhal (1783-1842)

Après avoir grandi en province dans une famille de notables, Henri Beyle – dit Stendhal – poursuit ses études à Paris en quête de gloire et d'amour. Il entame une carrière de militaire qu'il abandonne pour devenir écrivain et entrer dans l'administration pour devenir fonctionnaire impérial. Il participe à toutes les grandes campagnes de l'armée de Napoléon en Allemagne, en Autriche et en Russie entre 1800 et 1814. Il occupe les fonctions d'intendant ; il est notamment chargé de l'importante transmission du courrier. Ces années auprès de l'empereur lui inspireront deux essais : *Vie de Napoléon* et *Mémoires sur Napoléon*. La chute de l'empire ruine ses projets.

Il s'installe donc à Milan, côtoie les auteurs romantiques et vit des relations amoureuses passionnées et orageuses. De retour à Paris en 1821, il fréquente les salons parisiens, publie plusieurs essais, *De l'amour* (1822), *Racine et Shakespeare* (1823), et des romans dont *Le Rouge et le Noir* en 1830 et *La Chartreuse de Parme* en 1839.

Il meurt à Paris en 1842.

B L'œuvre : Le Rouge et le Noir, 1830

Le roman suit linéairement le parcours de Julien Sorel, le fils d'un charpentier. Avide d'ascension sociale, le jeune homme entre au service du maire de la ville de Verrières, M. de Rênal, et séduit sa femme. Puis il suit des études afin de devenir prêtre. Il abandonne ce projet quand il est engagé comme secrétaire particulier par un aristocrate parisien, le marquis de La Mole. À cette occasion, il conquiert le cœur de sa fille Mathilde. Tout semble lui réussir. Cependant, son passé ressurgit, et Julien commet l'irréparable.

Stendhal avait d'abord intitulé son roman *Julien* avant de choisir *Le Rouge et le Noir* sans expliquer son choix. Ce titre suscite la curiosité du lecteur par son **caractère énigmatique et polysémique**. Les critiques proposent différentes hypothèses :

- les couleurs rouge et noir seraient emblématiques d'une opposition politique et idéologique entre le libéralisme et le jésuitisme ;
- Musset en fait une lecture plus littéraire : le rouge représenterait l'amour et la passion, le noir la violence et la mort ;
- le noir peut également être associé à la couleur de l'habit religieux que Julien endosse pour parvenir à une reconnaissance sociale.

Stendhal ajoute à son titre un sous-titre, « Chronique de 1830 », et une épitaphe, « La vérité, l'âpre vérité » de Danton. Ces éléments orientent l'horizon d'attente du lecteur : les références historiques renseignent sur le cadre de l'intrigue et l'aspect réaliste de l'œuvre. Le ton sentencieux annonce un registre plutôt tragique.

Le **roman est divisé en deux livres** comprenant respectivement trente et quarante-cinq chapitres :

- **la première partie** se situe principalement à Verrières alors que Julien est précepteur des enfants de M. de Rênal et qu'il devient l'amant de sa femme et à Besançon où il étudie la théologie dans le but de devenir prêtre. Elle s'achève quand il quitte le séminaire pour devenir le secrétaire du marquis de La Mole ;
- **la deuxième partie** se situe principalement à Paris alors que Julien est secrétaire du marquis de La Mole et que sa fille Mathilde s'éprend de lui.

Le Rouge et le Noir s'inscrit dans le genre des romans de formation et d'analyse psychologique. La soif d'ascension sociale de Julien est un des ressorts narratifs les plus présents dans l'œuvre. Les relations amoureuses passionnées du héros occupent également une place centrale dans l'intrigue et sont l'occasion pour Stendhal d'en étudier les mécanismes, mécanismes qu'il a théorisés dans son essai *De l'amour* en 1822. Ce roman permet aussi à son auteur de porter un regard sur la société de son temps et peut être considéré comme un **roman de mœurs réaliste**.

Stendhal met en effet le genre romanesque au service de l'exploration et de l'**analyse de la conscience des individus**. Il pense que l'homme est tributaire de ses passions et de ses sensations. Le roman lui donne l'occasion de montrer des personnages qui se livrent à un examen de conscience minutieux. Le réel est analysé **à travers leurs points de vue**, à travers ce que leurs émotions leur ont permis de percevoir de la situation. C'est pour cela que le **réalisme** de Stendhal est qualifié de **subjectif**.

Les héros de Stendhal sont animés par une énergie, une passion, une noblesse d'âme et un goût de la liberté qui font d'eux **des êtres d'exception** dans la tradition **des héros romantiques**. L'hypocrisie est pourtant souvent le seul moyen qui s'offre à eux pour évoluer dans une société où la plupart des individus sont rongés par la cupidité et la vanité.

Les héros de Stendhal sont souvent considérés comme des **reflets de leur auteur**. Julien Sorel dans *Le Rouge et le Noir*, Fabrice del Dongo dans *La Chartreuse de Parme* et Lucien Leuwen (personnage éponyme) réalisent ses aspirations ou reproduisent ses expériences personnelles. Par ailleurs, Stendhal fait souvent intervenir un narrateur omniscient qui commente le comportement des personnages, on y entend évidemment la voix de l'auteur. Stendhal appelle cette correspondance entre l'œuvre fictive et son créateur **l'égotisme**.

Citation

« Un roman est un miroir qui se promène sur une grande route. Tantôt il reflète à vos yeux l'azur des cieux, tantôt la fange des bourbiers de la route.

Stendhal, *Le Rouge et le Noir*, livre second, chapitre XIX

C Textes-clés

1. Livre premier, chapitre VI

Avec la vivacité et la grâce qui lui étaient naturelles quand elle était loin des regards des hommes, Mme de Rênal sortait par la porte-fenêtre du salon qui donnait sur le jardin, quand elle aperçut, près de la porte d'entrée la figure d'un jeune paysan presque encore enfant, extrêmement pâle et qui venait de pleurer. Il était en chemise bien blanche, et avait sous le bras une veste fort propre de ratine[1] violette.

Le teint de ce petit paysan était si blanc, ses yeux si doux, que l'esprit un peu romanesque de Mme de Rênal eut d'abord l'idée que ce pouvait être une jeune fille déguisée, qui venait demander quelque grâce à M. le maire. Elle eut pitié de cette pauvre créature, arrêtée à la porte d'entrée, et qui évidemment n'osait pas lever la main jusqu'à la sonnette. Mme de Rênal s'approcha, distraite un instant de l'amer chagrin que lui donnait l'arrivée du précepteur. Julien, tourné vers la porte, ne la voyait pas s'avancer. Il tressaillit quand une voix douce dit tout près de son oreille :

– Que voulez-vous ici, mon enfant ?

Julien se tourna vivement, et, frappé du regard si rempli de grâce de Mme de Rênal, il oublia une partie de sa timidité. Bientôt, étonné de sa beauté, il oublia tout, même ce qu'il venait faire. Mme de Rênal avait répété sa question.

– Je viens pour être précepteur, Madame, lui dit-il, tout honteux de ses larmes qu'il essuyait de son mieux.

Mme de Rênal resta interdite[2], ils étaient fort près l'un de l'autre à se regarder. Julien n'avait jamais vu un être aussi bien vêtu et surtout une femme avec un teint si éblouissant, lui parler d'un air si doux. Mme de Rênal regardait les grosses larmes qui s'étaient arrêtées sur les joues si pâles d'abord et maintenant si roses de ce jeune paysan. Bientôt elle se mit à rire, avec toute la gaieté folle d'une jeune fille, elle se moquait d'elle-même et ne pouvait se figurer tout son bonheur. Quoi, c'était là ce précepteur qu'elle s'était figuré comme un prêtre sale et mal vêtu, qui viendrait gronder et fouetter ses enfants.

– Quoi, Monsieur, lui dit-elle enfin, vous savez le latin ?

Ce mot de Monsieur étonna si fort Julien qu'il réfléchit un instant.

– Oui, Madame, dit-il timidement.

Mme de Rênal était si heureuse, qu'elle osa dire à Julien :

– Vous ne gronderez pas trop ces pauvres enfants ?

– Moi, les gronder, dit Julien étonné, et pourquoi ?

– N'est-ce pas, Monsieur, ajouta-t-elle après un petit silence et d'une voix dont chaque instant augmentait l'émotion, vous serez bon pour eux, vous me le promettez ?

S'entendre appeler de nouveau monsieur, bien sérieusement, et par une dame si bien vêtue, était au-dessus de toutes les prévisions de Julien : dans tous les châteaux en Espagne[3] de sa jeunesse, il s'était dit qu'aucune dame comme il faut ne daignerait lui parler que quand il aurait un bel uniforme. Mme de Rênal, de son côté, était complètement trompée par la beauté du teint, les grands yeux noirs de Julien et ses jolis cheveux qui frisaient plus qu'à l'ordinaire, parce que pour se rafraîchir il venait de plonger la tête dans le bassin de la fontaine publique. À sa grande joie, elle trouvait l'air timide d'une jeune fille à ce fatal précepteur, dont elle avait tant redouté pour ses enfants la dureté et l'air rébarbatif[4]. Pour l'âme si paisible de Mme de Rênal, le contraste de ses craintes et de ce qu'elle voyait fut un grand événement. Enfin elle revint de sa surprise. Elle fut étonnée de se trouver ainsi à la porte de sa maison avec ce jeune homme presque en chemise et si près de lui.

– Entrons, Monsieur, lui dit-elle d'un air assez embarrassé.

1. Ratine : étoffe de laine.
2. Interdite : déconcertée.
3. Châteaux en Espagne : expression figée synonyme de « rêve ».
4. Rébarbatif : désagréable.

- Importance du regard.
- Topos de la femme merveilleuse.
- Impressions de douceur et de vulnérabilité.
- Expressions qui traduisent le trouble et la surprise des personnages.
- Expressions du ravissement de Mme de Rênal.
- Proximité des personnages.
- Portrait laudatif.

Mouvements du texte

- **Premier mouvement, Mme de Rênal découvre Julien, portrait** : de « Avec la vivacité » à « l'arrivée du précepteur ».
- **Deuxième mouvement, Julien découvre Mme de Rênal, portrait** : de « Julien, tournée » à « de son mieux ».
- **Troisième mouvement, perceptions croisées des personnages** : de « Mme de Rênal resta interdite » à « vous me le promettez ? ».
- **Quatrième mouvement, émotions confuses de Mme de Rênal, joie et trouble** : de « Mme de Rênal, de son côté » à la fin.

L'essentiel à retenir du texte

- **Une scène de rencontre :** Stendhal **joue avec les codes du topos** de la scène de rencontre. La plupart du temps, c'est le personnage masculin qui pose son regard sur une femme. Chose étonnante ici, Mme de Rênal remarque Julien avant qu'il ne la voie. Par ailleurs, elle se trompe sur son identité, croyant qu'il s'agit d'une jeune fille. Elle éprouve de la compassion quand elle le voit pleurer. Aucun de ces éléments ne laissent présager la naissance du sentiment amoureux. Julien, en revanche, ressent d'emblée des signes d'attirance pour elle : mutisme, étourdissement, émerveillement, ravissement. Il remarque instantanément l'extrême beauté de Mme de Rênal : le topos de la femme merveilleuse se développe. Le lieu de la rencontre est classique et symbolique : Mme de Rênal sort de chez elle, elle passe d'un lieu à un autre mais aussi d'un état à un autre.
- **L'intensité de l'émotion des personnages :** Le rapprochement des personnages semble inévitable et leur attirance irrépressible. Les précisions spatiales sont éloquentes : « tout près de son oreille » ; « fort près l'un de l'autre » ; « si près de lui ». Troublés par la présence de l'autre, envahis par une émotion nouvelle, les deux héros laissent transparaître des traits de caractère qu'ils s'efforçaient habituellement de dissimuler. En cela, cette scène peut être considérée comme **une épreuve qualifiante :** le narrateur suggère que Mme de Rênal fait preuve de réserve devant les hommes. Or, elle prend Julien pour un enfant, elle n'hésite donc pas à se rapprocher de lui, à lui adresser la parole, à rire gaiement. Mais Julien n'est pas un enfant, il est déjà un homme et, qui plus est, un homme très ambitieux et sensible à son charme. Elle ne perçoit que trop tard l'inconvenance de la situation. Julien est un ambitieux qui veut contrôler sa vie et échapper par tous les moyens à sa modeste condition sociale. Il a appris à mentir et à manipuler les autres. C'est du moins l'image que le lecteur se fait de lui au début du roman. Mais il apparaît ici sincèrement troublé.
- **L'élément déclencheur d'un roman d'amour :** La scène de rencontre romanesque a une **fonction précise dans le schéma narratif** d'un récit. C'est un élément déclencheur. En effet, la trajectoire qu'empruntaient les personnages était jusqu'alors incertaine ; elle est à présent évidente pour le lecteur. Stendhal accorde une importance toute particulière à cet événement comme en témoigne le rythme du récit. Il s'agit d'une **scène très détaillée**. Le narrateur s'attarde sur les émotions des héros et leurs manifestations physiques. La **focalisation zéro** lui permet de passer d'un héros à l'autre pour examiner l'évolution de leurs impressions qui sont minutieusement décrites.

2. Livre second, chapitre IX

Mais M. Sorel ne vient point, se dit-elle encore, après qu'elle eut dansé. Elle le cherchait presque des yeux, lorsqu'elle l'aperçut dans un autre salon. Chose étonnante, il semblait avoir perdu ce ton de froideur impassible qui lui était si naturel ; il n'avait plus l'air anglais.

Il cause avec le comte Altamira, mon condamné à mort ! se dit Mathilde. Son œil est plein d'un feu sombre ; il a l'air d'un prince déguisé ; son regard a redoublé d'orgueil.

Julien se rapprochait de la place où elle était, toujours causant avec Altamira ; elle le regardait fixement, étudiant ses traits pour y chercher ces hautes qualités qui peuvent valoir à un homme l'honneur d'être condamné à mort.

Comme il passait près d'elle :

– Oui, disait-il au comte Altamira, Danton était un homme !

O ciel ! serait-il un Danton, se dit Mathilde ; mais il a une figure si noble, et ce Danton était si horriblement laid, un boucher, je crois. Julien était encore assez près d'elle, elle n'hésita pas à l'appeler ; elle avait la conscience et l'orgueil de faire une question extraordinaire pour une jeune fille.

– Danton n'était-il pas un boucher ? lui dit-elle.

– Oui, aux yeux de certaines personnes, lui répondit Julien avec l'expression du mépris le plus mal déguisé, et l'œil encore enflammé de sa conversation avec Altamira, mais malheureusement pour les gens bien nés, il était avocat à Méry-sur-Seine ; c'est-à-dire, Mademoiselle, ajouta-t-il d'un air méchant, qu'il a commencé comme plusieurs pairs que je vois ici. Il est vrai que Danton avait un désavantage énorme aux yeux de la beauté, il était fort laid.

Ces derniers mots furent dits rapidement, d'un air extraordinaire et assurément fort peu poli.

Julien attendit un instant, le haut du corps légèrement penché, et avec un air orgueilleusement humble. Il semblait dire : Je suis payé pour vous répondre, et je vis de ma paye. Il ne daignait pas lever l'œil sur Mathilde. Elle, avec ses beaux yeux ouverts extraordinairement et fixés sur lui, avait l'air de son esclave. Enfin, comme le silence continuait, il la regarda ainsi qu'un valet regarde son maître, afin de prendre des ordres. Quoique ses yeux rencontrassent en plein ceux de Mathilde, toujours fixés sur lui avec un regard étrange, il s'éloigna avec un empressement marqué.

- Indices de focalisation interne.
- Champ lexical de la vue.
- Termes valorisant la noblesse de l'allure de Julien.
- Expressions traduisant le dédain de Julien envers Mathilde.
- Attitudes inconvenantes.
- Attitude ambiguë de Julien envers Mathilde.
- Comparaison traduisant la fascination de Mathilde.

Mouvements du texte

- **Premier mouvement, choix de la focalisation interne, la scène est racontée du point de vue de Mathilde :** de « Mais M. Sorel » à « une jeune fille ».
- **Second mouvement, choix de la focalisation zéro, le regard du narrateur porte sur les attitudes de Julien** : de « Danton n'était-il pas » à la fin.

L'essentiel à retenir du texte

- **L'enjeu psychologique de la scène :** Dans la première partie du texte, le lecteur a connaissance des événements par le biais de la perception qu'en a Mathilde. Son attention est focalisée sur Julien : elle l'attend, le suit du regard dès qu'elle l'aperçoit, commente et interprète ses attitudes et sa physionomie. Dans la seconde partie, le narrateur omniscient retranscrit les paroles échangées entre Mathilde et Julien et s'intéresse à l'attitude du jeune homme qui fait preuve du plus grand mépris à l'égard de son interlocutrice.
- **Une scène déterminante dans la relation entre Julien et Mathilde :** L'attitude dédaigneuse et peu courtoise de Julien envers Mathilde révèle une volonté d'inverser les rapports hiérarchiques qui existent entre eux. Il est au service de son père mais il prend ici l'ascendant sur elle en soulignant la platitude de sa remarque sur Danton. C'est en méprisant la jeune femme qu'il attire son attention et suscite son respect.
- **Un exemple de cristallisation stendhalienne :** Dans son essai *De l'amour*, Stendhal explique quels sont les ressorts du coup de foudre amoureux. « Ce que j'appelle cristallisation, c'est l'opération de l'esprit, qui tire de tout ce qui se présente la découverte que l'objet aimé a de nouvelles perfections. » Mathilde, fascinée par Julien, le pare de toutes les vertus et l'idéalise. Sa présence lui fait oublier ses bonnes manières et la fait s'affranchir des convenances sociales.

3. Livre second, chapitre XXXV

Julien était parti pour Verrières. Dans cette route rapide, il ne put écrire à Mathilde comme il en avait le projet, sa main ne formait sur le papier que des traits illisibles.

Il arriva à Verrières un dimanche matin. Il entra chez l'armurier du pays qui l'accabla de compliments sur sa récente fortune. C'était la nouvelle du pays.

Julien eut beaucoup de peine à lui faire comprendre qu'il voulait une paire de pistolets. L'armurier sur sa demande chargea les pistolets.

Les trois coups sonnaient ; c'est un signal bien connu dans les villages de France, et qui, après les diverses sonneries de la matinée, annonce le commencement immédiat de la messe.

Julien entra dans l'église neuve de Verrières. Toutes les fenêtres hautes de l'édifice étaient voilées avec des rideaux cramoisis. Julien se trouva à quelques pas derrière le banc de Mme de Rênal. Il lui sembla qu'elle priait avec ferveur. La vue de cette femme qui l'avait tant aimé fit trembler le bras de Julien d'une telle façon, qu'il ne put d'abord exécuter son dessein. Je ne le puis, se disait-il à lui-même ; physiquement, je ne le puis.

En ce moment, le jeune clerc qui servait la messe sonna pour l'élévation. Mme de Rênal baissa la tête qui un instant se trouva presque entièrement cachée par les plis de son châle. Julien ne la reconnaissait plus aussi bien ; il tira sur elle un coup de pistolet et la manqua ; il tira un second coup, elle tomba.

- ▶ Manifestations physiques du trouble et de la confusion de Julien.
- ▶ Perceptions de Julien.
- ▶ Parataxe, absence de lien logique, gestes irréfléchis de Julien.
- ▶ Attitude ambiguë de Julien envers Mathilde.
- ▶ Emploi du passé simple : succession d'actions, accélération du rythme.

Mouvements du texte

- **Premier mouvement, le trajet pour Verrières** : de « Julien était parti » à « traits illisibles ».
- **Deuxième mouvement, l'achat de l'arme, la préméditation** : de « Il arriva » à « les pistolets ».
- **Troisième mouvement, l'entrée dans l'église et l'hésitation de Julien** : de « Les trois coups » à « je ne le puis ».
- **Quatrième mouvement, le crime** : de « En ce moment » à la fin.

L'essentiel à retenir du texte

- **Le rythme haletant et la mise en relief de la scène :** Le marquis de La Mole a voulu se renseigner sur Julien avant de lui accorder la main de sa fille. Dans une lettre dictée par son confesseur, Mme de Rênal dénonce son caractère manipulateur et sa convoitise, ce qui ruine les projets de mariage de Julien. À partir du moment où il a pris connaissance du contenu de la lettre de Mme de Rênal, les événements s'enchaînent sur un rythme effréné. Fou de colère, il se précipite à Verrières. Le rythme soutenu et l'aspect lacunaire du récit contribuent à la mise en relief de l'événement majeur : Julien veut se venger de cette trahison. Jusqu'à ce qu'il voie Mme de Rênal, le narrateur ne fait aucune mention du contenu de la lettre pour Mathilde, des circonstances du voyage ou de l'état d'esprit de Julien.
- **Une narration réaliste et subjective :** Le narrateur ne porte pas de jugement moral. Il insiste sur les émotions extrêmes de Julien sans les analyser. Le lecteur le suit pas à pas depuis son départ de Paris jusque chez l'armurier, où il achète des pistolets, et enfin dans l'église de Verrières où il tente d'assassiner Mme de Rênal. Ce choix narratif permet à l'auteur de donner à cette scène fondamentale dans le roman une grande tension dramatique.

– **Le crime et le criminel :** Julien prémédite son crime. Il s'arrête en effet pour acheter une arme avant de se rendre à l'église. Ses intentions sont donc très claires, ce qui accentue la gravité de son geste. Par ailleurs, son crime est blasphématoire car il a lieu dans une église, pendant la messe, alors que la victime est en prière. Stendhal suit la trajectoire de Julien et traduit ce qu'il perçoit de la scène. Le trouble qu'il ressent est perceptible dans des manifestations physiques (tremblements, confusion, inhabileté) qui traduisent ses hésitations avant de commettre un geste désespéré qui va ruiner définitivement tous ses espoirs.

Mémoires d'Hadrien, Marguerite Yourcenar

I Réflexions sur « Soi-même comme un autre »

L'expression « Soi-même comme un autre » renvoie au **titre d'un essai du philosophe Paul Ricœur** publié en 1990. Il reprend une expression d'Aristote, qui définit l'ami comme un autre soi-même (*allos autos* en grec) dans *Éthique à Nicomaque*. Ricœur inverse le sens des termes en définissant le *soi* comme un *autre*. En effet, il étudie la possibilité pour le sujet de s'analyser lui-même comme un autre, de se mettre à distance pour **s'observer comme un autre**. Cette proposition implique également la possibilité de **penser l'autre comme soi-même**, c'est-à-dire être capable de se mettre à la place de l'autre pour le comprendre.

Cet intitulé invite à se poser diverses **questions** :

- Peut-on s'observer et s'analyser soi-même comme un autre ?
- Comment parvenir à la juste distance avec soi-même ?
- Peut-on se mettre à la place de l'autre pour le considérer comme un autre *soi* ?
- Quelles voies la littérature de type autobiographique offre-t-elle pour se penser « soi-même comme un autre » ?

II L'œuvre au programme

A L'auteure : Marguerite Yourcenar (1903-1987)

Marguerite Yourcenar, de son vrai nom Marguerite de Crayencour (Yourcenar est l'anagramme de son nom), naît en 1903 à Bruxelles. Son père est issu d'une famille bourgeoise du Nord de la France et sa mère d'une famille de la noblesse belge. Cette dernière meurt quelques jours après la naissance de Marguerite Yourcenar, qui sera élevée par sa grand-mère paternelle et par son père.

Homme lettré, son père lui donne une éducation classique. Elle développe un **goût pour la culture antique** dès le plus jeune âge. Avec lui, elle voyage dans le Sud de la France, en Suisse, en Grèce, en Italie.

Elle **décide de devenir écrivain** à l'âge de seize ans. Avec l'aval de son père, elle publie un premier long poème en 1920 (à dix-sept ans). Son premier roman, *Alexis ou le Traité du vain combat*, sort en 1929 : son père en fait l'éloge avant sa mort. Dès lors, Marguerite Yourcenar **se consacre entièrement à la littérature** et publie notamment *Nouvelles orientales (*1938) et *Le Coup de grâce* (1939).

Fuyant la guerre en 1939, Marguerite Yourcenar rejoint sa compagne Grace Frick aux États-Unis. Elle s'y installe définitivement et demande la **nationalité américaine** en 1947. Toutes deux s'établissent sur l'île des Monts-Déserts, où Yourcenar vivra jusqu'à sa mort.

Après des années de crise d'inspiration, Yourcenar reprend l'écriture pour rédiger les ***Mémoires d'Hadrien*** entre 1949 et 1950. Le roman est publié en 1951 et rencontre un succès mondial.

Elle publie ensuite ***L'Œuvre au noir*** (1968), roman auquel elle travaillait depuis les années 1920 et qui met en scène un personnage d'alchimiste, Zénon, dans l'Europe de la Renaissance. Elle écrit également son autobiographie, ***Le Labyrinthe du monde***, en deux tomes (*Souvenirs pieux* et *Archives du Nord*), publiés en 1974 et 1977.

En 1980, elle est la **première femme élue à l'Académie française**. Elle meurt sept ans plus tard.

B L'œuvre : Mémoires d'Hadrien (1951)

Lors d'un voyage en Italie en 1922, Marguerite Yourcenar visite la villa Hadriana, villa de l'empereur Hadrien, située non loin de Rome. C'est pour elle une véritable « étincelle » et le « **point de départ** » du roman *Mémoires d'Hadrien* publié près de trente ans plus tard.

Dans les *Carnets de notes de « Mémoires d'Hadrien »*, publiés à la suite du roman, Yourcenar relate **la genèse du roman** :

- entre 1924 et 1929, puis entre 1934 et 1937, elle avait ébauché un texte sur Hadrien et fait de longues recherches, très documentées, mais avait finalement renoncé à ce projet ;
- en 1948, elle reçoit une malle venue de France avec des papiers personnels et retrouve un texte qu'elle avait écrit bien longtemps auparavant qui commençait comme une lettre d'Hadrien adressée à Marc Aurèle. Elle renoue immédiatement avec ce projet, dans l'enthousiasme de l'inspiration créatrice. Le roman est publié en 1951 et connaît un succès immédiat.

Le roman se présente comme une **longue lettre adressée à la fin de sa vie par l'empereur Hadrien, empereur romain du IIe siècle ap. J.-C., au jeune Marc Aurèle**, son petit-fils adoptif qui deviendra lui-même empereur.

Hadrien y relate sa vie, insistant sur les heures glorieuses de son règne mais aussi sur les détails intimes de son existence. Il y développe également une réflexion philosophique sur le pouvoir, la passion amoureuse, le temps, la mort, le divin et les mystères. Ainsi cette œuvre s'inscrit-elle à la fois dans le genre du **roman historique** et dans celui des **mémoires fictifs**, puisque le texte prend l'apparence de mémoires rédigés par le personnage lui-même.

Le roman est composé de **six parties**, portant des titres latins :

- 1re partie : « Anima vagula blandula » (Petite âme vagabonde et câline) ;
- 2e partie : « Varius multiplex multiformis » (Varié, multiple et changeant) ;
- 3e partie : « Tellus stabilata » (La terre stabilisée) ;
- 4e partie : « Saeculum aureum » (Le siècle d'or) ;
- 5e partie : « Disciplina augusta » (Discipline auguste) ;
- 6e partie : « Patientia » (Patience).

Le roman *Mémoires d'Hadrien* illustre le titre du parcours « **Soi-même comme un autre** ». En effet, **Hadrien se regarde et s'analyse lui-même comme un autre** dans ce texte qui s'apparente à une autobiographie ou à des mémoires. Il écrit d'ailleurs à Marc Aurèle : « Je compte sur cet examen des faits pour me définir, me juger peut-être, ou tout au moins pour me mieux connaître avant de mourir. » Le projet de Marguerite Yourcenar consiste également à entrer dans l'intimité d'un autre, à faire le « portrait d'une voix », comme elle l'écrit dans les *Carnets*, et par conséquent la démarche de l'auteure vise à **concevoir « l'autre comme soi-même »**. D'aucuns disent aussi qu'à travers Hadrien, Marguerite Yourcenar s'analyse elle-même dans un autre, ce qu'elle a néanmoins toujours nié.

C Textes-clés

Les références renvoient à la pagination de l'édition Folio du roman *Mémoires d'Hadrien*.

1. Premier extrait

Le texte étudié se trouve aux pages 29-30, de « Peu à peu » à « qui naissent entre leurs lignes. »

Mouvements du texte

- **Premier mouvement** : de « Peu à peu » à « fait scandale. » : **le projet d'Hadrien**.
- **Deuxième mouvement** : de « Je ne m'attends pas » à « qui naissent entre leurs lignes. » : **soi-même comme un autre**.

■ *L'essentiel à retenir du texte*

- **La forme épistolaire :** Hadrien désigne son propre écrit comme une « lettre » à visée informative. Celle-ci est adressée à un destinataire précis, Marc Aurèle, qui est désigné à la deuxième personne du singulier, donc impliqué dans l'écrit. On apprend que Marc Aurèle a dix-sept ans, qu'il est destiné à succéder à Hadrien. Il est éduqué de manière très stricte pour le bien futur de l'État. La lettre se prolonge, gagne en ampleur, Hadrien rend compte de son expérience à Marc Aurèle pour l'éduquer, comme le montrent les mots « t'instruire », « un correctif ». L'épître prend dès lors une portée édifiante, didactique. Elle a une utilité immédiate puisqu'elle contribue à l'éducation d'un jeune homme.
- **Un pacte autobiographique fictif :** Conscient de l'ampleur que prend sa lettre, Hadrien forme un projet plus vaste, celui de « raconter [s]a vie ». Autrement dit, il entame son autobiographie (ou ses « mémoires »). Il a l'intention de raconter ses « souvenirs », mais également de rendre compte de son « expérience » et se livrer à une « méditation ». Hadrien distingue ses mémoires à venir du compte-rendu « officiel » qu'il a rédigé antérieurement. Contrairement à ce compte-rendu destiné au public, cet écrit est privé (puisqu'il s'adresse à un proche), ce qui permet à Hadrien de dire toute la vérité, sans avoir à l'altérer pour satisfaire le jugement du public. Il présente donc dans ce passage un pacte autobiographique, s'engageant à exposer la « vérité ». Ce pacte est bien entendu fictif, puisque Marguerite Yourcenar donne la parole de manière fictive à Hadrien.
- **La connaissance de soi :** Au-delà de la visée édifiante, ces mémoires ont surtout pour vocation de permettre au narrateur de « [se] mieux connaître avant de mourir ». Désormais âgé, Hadrien entreprend de porter un regard rétrospectif sur sa propre vie, de se regarder lui-même comme un autre, pour s'étudier et se juger le cas échéant. Au seuil de ces mémoires, il ne sait pas à quelles conclusions il parviendra. Hadrien évoque trois moyens d'accéder à la connaissance de l'homme : l'analyse de soi, l'observation des autres et les livres. En l'occurrence, l'introspection lui semble la méthode la plus efficace, parce que, contrairement aux deux autres, elle ne s'accommode pas de faux-semblants et de donne pas lieu à des erreurs. C'est donc par ce moyen que l'on peut accéder à la vérité sur soi et sur l'homme.

2. Deuxième extrait

Le texte étudié se trouve aux pages 163-165, de « Une fois dans ma vie » à « ma part consciente d'immortalité. »

■ *Notes*

- Osroès : roi parthe avec lequel Hadrien a négocié une paix durable.
- Tibur : ville antique proche de Rome.

Mouvements du texte

- **Premier mouvement, la nuit syrienne** : de « Une fois dans ma vie » à « et bientôt passé »
- **Deuxième mouvement, une expérience mystique** : de « J'ai essayé de m'unir au divin » à « ma part consciente d'immortalité. »

L'essentiel à retenir du texte

- **Une prose poétique** : L'épisode donne lieu à l'une des pages les plus poétiques du roman, et illustre par là ce qu'est la prose poétique de Yourcenar. La situation du narrateur, dans le désert, sous la voûte céleste infinie, dans un état de paix intérieur et d'abandon, souligne la poésie du passage. L'écrivain utilise différents outils littéraires : la description de la lumière nocturne, l'évocation poétique des constellations aux noms allégoriques, les métaphores, le travail sur le rythme des phrases et les sonorités.
- **La communion avec le cosmos** : Le narrateur évoque un moment de solitude et d'abandon total (« abandonnant pour quelques heures », « je me suis livré »). Le silence, la nuit, la sensation que le temps est suspendu lui permettent une observation des astres d'une grande acuité (« les yeux bien ouverts »), au point d'écrire qu'il a « offert aux constellations le sacrifice d'une nuit entière ». Cette observation donne lieu à une communion avec le cosmos, présentée comme un « voyage » : les constellations se balancent dans le ciel nocturne, se déplacent au cours de la nuit et le narrateur semble accompagner leur mouvement. D'ailleurs, cette expérience « inscri[t] en [lui] le mouvement des astres ». C'est donc une expérience à la fois extérieure et intérieure, un moment de fusion avec l'Univers.
- **L'expérience mystique** : Hadrien fait l'expérience d'une illumination, au sens propre et figuré, d'une « extase », c'est-à-dire d'un moment où l'être sort de lui-même pour accéder au divin. D'ailleurs il en parle comme d'un moment où il est parvenu à « [s'] unir au divin ». Cette expérience mystique lui donne accès à une forme d'« immortalité », comme il l'écrit en conclusion du passage. Il atteint en effet un point de fusion avec l'infini et l'éternel, qui lui permet de vivre intérieurement l'immortalité tout en demeurant mortel, ce qui l'égale au divin. Cette « nuit syrienne » donne lieu à une méditation sur le temps, la finitude, la mort et le mystère que représente l'au-delà de la mort, et annonce la suite du roman, notamment la dernière partie.

3. Troisième extrait

Le texte étudié se trouve aux pages 310-311, de « La méditation sur la mort » à « soulever des mondes. »

Notes

- « Petite figure boudeuse… » : il s'agit d'Antinoüs, l'amant d'Hadrien, qui s'est suicidé.
- Parturitions : accouchements.
- Épicure : philosophe de l'Antiquité, fondateur de l'école épicurienne, qui conçoit la mort comme vide et néant total.
- Tuf : matériau originel.

Mouvements du texte

- **Premier mouvement :** de « La méditation sur la mort » à « le rire d'Épicure. » : **méditation sur la mort**.
- **Deuxième mouvement :** de « J'observe ma fin » à « soulever des mondes. » : **soi-même comme un autre ?**

L'essentiel à retenir du texte

- **Un passage méditatif et philosophique :** Le passage constitue une longue méditation sur la mort, qui présente un caractère général. En témoignent les phrases de portée générale et l'emploi du présent de vérité générale. Hadrien évoque sa propre mort, présentée comme imminente et presque désirée. Il évoque également la mort d'Antinoüs, l'homme qu'il aimait, et le deuil douloureux dont il a fait l'expérience. Il passe en revue les diverses croyances et conceptions de la mort qu'il a pu rencontrer : croyances égyptiennes, croyances romaines soutenues par les prêtres, théories de l'immortalité, conception épicurienne de la mort comme un néant. Aucune ne lui semble résoudre le mystère de la mort. Son expérience personnelle et son intuition philosophique ne peuvent se satisfaire de ces hypothèses. La réflexion philosophique est teintée de poésie, la mort étant évoquée par des métaphores et décrite comme une frontière temporelle.
- **Une réflexion sur la permanence de l'identité :** Au terme de sa vie et de ses mémoires, Hadrien s'interroge sur les changements qui affectent son identité d'homme. Il s'étudie, s'observe et cette observation nourrit sa méditation sur la vie et la mort. Il rappelle des moments marquants de sa vie (enfance, deuil, campagnes militaires) et se désigne lui-même à la 3e personne du singulier, s'observant donc de l'extérieur, comme un autre. Pour autant, il constate la permanence de son identité : les temps verbaux (passé et présent) rendent compte de cette permanence dans le changement (« Je suis ce que j'étais ») et il lui semble que le fondement de son être, évoqué de manière métaphorique, est inchangé en dépit des transformations purement extérieures et superficielles. Il lui semble même possible de vivre encore d'autres vies, dans un autre lui-même, qui, tout en étant autre, serait encore lui.

Quiz 1 L'histoire du roman

1. Qu'est-ce qu'une chanson de geste ?
2. Donnez un exemple de chanson de geste médiévale.
3. Que signifie le mot « roman » à l'origine ?
4. Quel roi est au cœur de ce que l'on appelle la « matière de Bretagne » ?
5. Quel romancier médiéval s'inspire tout particulièrement de la « matière de Bretagne » ?
6. Citez le titre d'un roman inspiré de la « matière de Bretagne ».
7. Citez le titre d'un roman de Rabelais.
8. À quel mouvement littéraire peut-on rattacher Rabelais ?
9. Qu'est-ce qu'un roman pastoral ?
10. Qui a écrit le roman L'Astrée ?
11. Citez le titre d'un roman de Madeleine de Scudéry.
12. À quel sous-genre romanesque le roman *La Princesse de Clèves* de Madame de La Fayette a-t-il donné naissance ?
13. Que reproche-t-on au roman au XVIIIe siècle ?
14. Comment les romanciers du XVIIIe siècle donnent-ils l'illusion de l'authenticité à leurs romans ?
15. Citez le titre d'un roman majeur du XVIIIe siècle.
16. Qu'appelle-t-on le « roman du moi » ?
17. Quel auteur romantique a transposé son histoire d'amour avec George Sand dans un roman ?
18. Quel type de romans Dumas écrit-il ?
19. Citez le titre d'un roman de Stendhal.
20. Comment se nomme l'œuvre de Balzac dans son ensemble ?
21. Quelle place l'auteur doit-il occuper dans son œuvre d'après Flaubert ?
22. Citez le titre d'un roman de Flaubert.
23. Qu'est-ce que le naturalisme ?

24. Comment s'appelle la famille fictive dont Zola raconte l'histoire dans ses romans ?

25. Citez le titre d'un roman de Maupassant.

26. Quel titre général Proust donne-t-il à son œuvre romanesque composée de 7 tomes ?

27. Qu'est-ce qui caractérise le style du romancier Louis-Ferdinand Céline ?

28. Qu'est-ce qu'un « roman à thèse » ?

29. Pourquoi parle-t-on d'« ère du soupçon » à propos du nouveau roman ?

30. Citez deux auteurs du nouveau roman.

31. Citez deux romanciers contemporains.

Quiz 2 La focalisation

1. En focalisation interne, le narrateur en sait :
   a. plus que son personnage.
   b. moins que son personnage.
   c. autant que son personnage.

2. Lorsque le narrateur utilise « je », il est :
   a. un narrateur personnage.
   b. l'auteur.
   c. un narrateur extérieur.

3. La focalisation zéro est :
   a. l'addition de plusieurs focalisations internes à divers personnages.
   b. une absence de focalisation particulière.
   c. une focalisation qui ne donne accès à aucune information.

4. On dit que le narrateur est extérieur lorsqu'il :
   a. adopte la focalisation externe.
   b. raconte à la 3e personne du singulier.
   c. n'intervient pas dans son récit.

5. En focalisation interne, le narrateur connaît :

a. les pensées, les sentiments du personnage.
b. uniquement les faits et gestes du personnage.
c. l'avenir, le passé du personnage.

Quiz 3 Les discours

1. Poursuivez le passage de discours indirect suivant : « Il se demandait… »

a. ce qu'il ferait demain.
b. ce qu'il ferait le lendemain.
c. ce qu'il fera demain.

2. Dans le discours indirect libre, sont conservés :

a. les temps et les personnes du discours.
b. les expressions orales.
c. les exclamations et interrogations.

3. Le discours narrativisé :

a. raconte et résume des propos.
b. rapporte les propos du narrateur.
c. est un récit parlé.

4. Dans l'extrait suivant, transformez le discours direct en discours indirect libre : L'avenir lui semblait brouillé. « Que vais-je faire de ma vie ? » se demandait-il anxieusement.

a. Que ferait-il de sa vie ?
b. Qu'allais-je faire de ma vie ?
c. Qu'allait-il faire de sa vie ?
d. Il se demandait ce qu'il allait faire de sa vie.

Exercices d'entraînement 1 La focalisation

1. Dans l'extrait suivant, qui est le narrateur ? S'agit-il d'un narrateur extérieur ou d'un narrateur-personnage ? Qui est le destinataire du récit ?

> Quand je vous ai fait le récit de quelques accidents de ma vie, je ne m'attendais pas, ma chère amie, que vous me prieriez de vous la donner tout entière et d'en faire un livre à imprimer. Il est vrai que l'histoire est particulière, mais je la gâterai si je l'écris ; car où voulez-vous que je prenne un style ?
>
> Il est vrai que dans le monde on m'a trouvé de l'esprit ; mais, ma chère, je crois que cet esprit-là n'est bon qu'à être dit, et ne vaut rien à être lu.
>
> Nous autres jolies femmes (car j'ai été de ce nombre), personne n'a plus d'esprit que nous quand nous en avons un peu ; les hommes ne savent plus alors la valeur de ce que nous disons : en nous écoutant parler, ils nous regardent, et ce que nous disons profite de ce qu'ils voient.
>
> Marivaux, *La Vie de Marianne*, 1731-1740

2. Dans l'extrait suivant, qui est le narrateur ? S'agit-il d'un narrateur extérieur ou d'un narrateur-personnage ? Qui est le destinataire du récit ?

> Nous avouerons que, suivant l'exemple de beaucoup de graves auteurs, nous avons commencé l'histoire de notre héros une année avant sa naissance. Ce personnage essentiel n'est autre, en effet, que Fabrice Valserra, *marchesino* del Dongo, comme on dit à Milan. Il venait justement de se donner la peine de naître lorsque les Français furent chassés, et se trouvait, par le hasard de la naissance, le second fils de ce marquis del Dongo si grand seigneur, et dont vous connaissez déjà le gros visage blême, le sourire faux et la haine sans bornes pour les idées nouvelles. Toute la fortune de la maison était substituée au fils aîné Ascanio del Dongo, le digne portrait de son père. Il avait huit ans, et Fabrice deux, lorsque tout à coup ce général Bonaparte, que tous les gens bien nés croyaient pendu depuis longtemps, descendit du mont Saint-Bernard. Il entra dans Milan : ce moment est encore unique dans l'histoire ; figurez-vous tout un peuple amoureux fou. Peu de jours après, Napoléon gagna la bataille de Marengo. Le reste est inutile à dire.
>
> Stendhal, *La Chartreuse de Parme*, 1839

3. Quelle focalisation est adoptée dans le texte suivant ? Quels indices précis vous ont permis de l'identifier ?

Pieds nus, sans songer à remettre ses savates tombées, [Gervaise] retourna s'accouder à la fenêtre, elle reprit son attente de la nuit, interrogeant les trottoirs, au loin. [...] Elle regardait à droite, du côté du boulevard de Rochechouart, où des groupes de bouchers, devant les abattoirs, stationnaient en tabliers sanglants ; et le vent frais apportait une puanteur par moments, une odeur fauve de bêtes massacrées. Elle regardait à gauche, enfilant un long ruban d'avenue, s'arrêtant, presque en face d'elle, à la masse blanche de l'hôpital de Lariboisière, alors en construction. Lentement, d'un bout à l'autre de l'horizon, elle suivait le mur de l'octroi, derrière lequel, la nuit, elle entendait parfois des cris d'assassinés ; et elle fouillait les angles écartés, les coins sombres, noirs d'humidité et d'ordure, avec la peur d'y découvrir le corps de Lantier, le ventre troué de coups de couteau. Quand elle levait les yeux, au-delà de cette muraille grise et interminable qui entourait la ville d'une bande de désert, elle apercevait une grande lueur, une poussière de soleil, pleine déjà du grondement matinal de Paris.

Émile Zola, *L'Assommoir*, 1876

4. Quelle focalisation est adoptée dans le texte suivant ? Quels indices précis vous ont permis de l'identifier ?

Fils de la Révolution et spectateur de l'Empire, Minoret-Levrault ne s'était jamais mêlé de politique ; quant à ses opinions religieuses, il n'avait mis le pied à l'église que pour se marier ; quant à ses principes dans la vie privée, ils existaient dans le Code civil : tout ce que la loi ne défendait pas ou ne pouvait atteindre, il le croyait faisable. Il n'avait jamais lu que le journal du département de Seine-et-Oise, ou quelques instructions relatives à sa profession. Il passait pour un cultivateur habile ; mais sa science était purement pratique. Ainsi, chez Minoret-Levrault, le moral ne démentait pas le physique. Aussi parlait-il rarement ; et, avant de prendre la parole, prenait-il toujours une prise de tabac pour se donner le temps de chercher non pas des idées, mais des mots.

Honoré de Balzac, *Ursule Mirouët*, 1842

5. Quelle focalisation est adoptée dans le texte suivant ? Quels indices précis vous ont permis de l'identifier ?

Resté dans l'angle, derrière la porte, si bien qu'on l'apercevait à peine, le nouveau était un gars de la campagne, d'une quinzaine d'années environ [...]. Il avait des cheveux coupés droit sur le front, comme un chantre de village, l'air raisonnable et fort embarrassé. Quoiqu'il ne fût pas large des épaules, son habit-veste de drap vert à boutons noirs devaient le gêner aux entournures et laissait voir, par la fente des parements, des poignets rouges habitués à être nus. Ses jambes, en bas bleus, sortaient d'un pantalon jaunâtre très tiré par les bretelles. Il était chaussé de souliers forts, mal cirés, garnis de clous.

Gustave Flaubert, *Madame Bovary*, 1857

Exercices d'entraînement 2 Les discours

1. Dans les extraits suivants, le discours est-il direct, indirect, indirect libre ou narrativisé ?

Texte A

Quand ils furent arrivés au milieu du boulevard, ils s'assirent, à la même minute, sur le même banc.

Pour s'essuyer le front, ils retirèrent leurs coiffures, que chacun posa près de soi ; et le petit homme aperçut, écrit dans le chapeau de son voisin : Bouvard ; pendant que celui-ci distinguait aisément dans la casquette du particulier en redingote le mot : Pécuchet.

– Tiens, dit-il, nous avons eu la même idée, celle d'inscrire notre nom dans nos couvre-chefs.

– Mon Dieu, oui, on pourrait prendre le mien à mon bureau !

– C'est comme moi, je suis employé.

Alors ils se considérèrent.

Gustave Flaubert, *Bouvard et Pécuchet*, 1880

Texte B

Plantée devant l'Assommoir, Gervaise songeait. Si elle avait eu deux sous, elle serait entrée boire la goutte. Peut-être qu'une goutte lui aurait coupé la faim. Ah ! elle en avait bu des gouttes ! Ça lui semblait bien bon tout de même. Et, de loin, elle contemplait la machine à soûler, en sentant que son malheur venait de là, et en faisant le rêve de s'achever avec de l'eau-de-vie, le jour où elle aurait de quoi.

Émile Zola, *L'Assommoir*, 1877

Texte C

Elle se plaignit d'éprouver, depuis le commencement de la saison, des étourdissements ; [...] elle se mit à causer du couvent, Charles de son collège, les phrases leur vinrent. Ils montèrent dans sa chambre. Elle lui fit voir ses anciens cahiers de musique, les petits livres qu'on lui avait donnés en prix et les couronnes en feuilles de chêne, abandonnées dans un bas d'armoire. Elle lui parla encore de sa mère, du cimetière, et même lui montra dans le jardin la plate-bande dont elle cueillait les fleurs, tous les premiers vendredis de chaque mois, pour les aller mettre sur sa tombe.

Gustave Flaubert, *Madame Bovary*, 1857

2. Dans le texte suivant, identifiez le passage au discours indirect libre.

Pour la première fois depuis huit années, le malheureux homme venait de sentir la saveur amère d'une mauvaise pensée et d'une mauvaise action.

Il la recracha avec dégoût.

Il continua de se questionner. Il se demanda sévèrement ce qu'il avait entendu par ceci : « Mon but est atteint ! » Il se déclara que sa vie avait un but en effet. Mais quel but ? Cacher son nom ? tromper la police ? Était-ce pour une chose si petite qu'il avait fait tout ce qu'il avait fait ? Est-ce qu'il n'avait pas un autre but, qui était le grand, qui était le vrai ? Sauver, non sa personne, mais son âme. Redevenir honnête et bon. Être un juste ! Est-ce que ce n'était pas là surtout, là uniquement, ce qu'il avait toujours voulu, ce que l'évêque lui avait ordonné ?

Victor Hugo, *Les Misérables*, 1862

3. Délimitez et identifiez les différents discours rapportés dans l'extrait suivant.

Claude garda Sandoz dans la salle, pendant que Christine révolutionnait la maison pour le déjeuner. En deux mots, il lui conta leur histoire, qui elle était, comment il l'avait connue, quelles circonstances les avaient fait se mettre en ménage ; et il parut s'étonner, lorsque son ami voulut savoir pourquoi ils ne se mariaient pas. Mon Dieu ! pourquoi ? parce qu'ils n'en avaient même jamais causé, parce qu'elle ne semblait pas y tenir, et qu'ils n'en seraient certainement ni plus ni moins heureux. Enfin, c'était une chose sans conséquence.

– Bon ! dit l'autre. Moi, ça ne me gêne point… Tu l'as eue honnête, tu devrais l'épouser.

– Mais quand elle voudra, mon vieux ! Bien sûr que je ne songe pas à la planter là, avec un enfant.

Ensuite, Sandoz s'émerveilla des études[1] pendues aux murs. Ah ! le gaillard avait joliment employé son temps ! Quelle justesse de ton, quel coup de vrai soleil ! Et Claude, qui l'écoutait, ravi, avec des rires d'orgueil, allait le questionner sur les camarades, sur ce qu'ils faisaient tous, lorsque Christine rentra, en criant :

– Venez vite, les œufs sont sur la table.

On déjeuna dans la cuisine, un déjeuner extraordinaire, une friture de goujons après les œufs à la coque, puis le bouilli de la veille assaisonné en salade, avec des pommes de terre et un hareng saur. […] Et, quand le dessert parut, des fraises cueillies à l'instant, un fromage qui sortait de la laiterie d'une voisine, on causa sans fin, les coudes carrément sur la table. À Paris ? mon Dieu ! à Paris, les camarades ne faisaient rien de bien neuf. Pourtant, dame ! ils jouaient des coudes, ils se poussaient à qui se caserait le premier. Naturellement, les absents avaient tort, il était bon d'y être, lorsqu'on ne voulait pas se laisser trop oublier. Mais est-ce que le talent n'était pas le talent ? est-ce qu'on n'arrivait pas toujours, lorsqu'on en avait la volonté et la force ? Ah ! oui, c'était le rêve, vivre à la campagne, y entasser des chefs-d'œuvre, puis un beau jour écraser Paris, en ouvrant ses malles !

[1] Études : travaux préparatoires à la réalisation de peintures.

Émile Zola, *L'Œuvre*, 1886

4. Délimitez et identifiez les différents discours rapportés dans l'extrait suivant.

On parla d'abord d'un cancan qui courait les rues, l'histoire d'une femme du monde surprise, par un ami de son mari, soupant avec un prince étranger en cabinet particulier.

Forestier riait beaucoup de l'aventure ; les deux femmes déclaraient que le bavard indiscret n'était qu'un goujat et qu'un lâche. Duroy fut de leur avis et proclama bien haut qu'un homme a le devoir d'apporter en ces sortes d'affaires, qu'il soit acteur, confident ou simple témoin, un silence de tombeau. Il ajouta : – Comme la vie serait pleine de choses charmantes si nous pouvions compter sur la discrétion absolue les uns des autres. Ce qui arrête souvent, bien souvent, presque toujours les femmes, c'est la peur du secret dévoilé.

Puis il ajouta, souriant :

– Voyons, n'est-ce pas vrai ? Combien y en a-t-il qui s'abandonneraient à un rapide désir, au caprice brusque et violent d'une heure, à une fantaisie d'amour, si elles ne craignaient de payer par un scandale irrémédiable et par des larmes douloureuses un court et léger bonheur !

Il parlait avec une conviction contagieuse, comme s'il avait plaidé une cause, sa cause, comme s'il eût dit :

– Ce n'est pas avec moi qu'on aurait à craindre de pareils dangers. Essayez pour voir.

Elles le contemplaient toutes les deux, l'approuvant du regard, trouvant qu'il parlait bien et juste, confessant par leur silence ami que leur morale inflexible de Parisiennes n'aurait pas tenu longtemps devant la certitude du secret.

Et Forestier, presque couché sur le canapé, une jambe repliée sous lui, la serviette glissée dans son gilet pour ne point maculer son habit, déclara tout à coup, avec un rire convaincu de sceptique :

– Sacristi oui, on s'en paierait si on était sûr du silence. Bigre de bigre ! les pauvres maris !

Et on se mit à parler d'amour. Sans l'admettre éternel, Duroy le comprenait durable, créant un lien, une amitié tendre, une confiance ! L'union des sens n'était qu'un sceau à l'union des cœurs. Mais il s'indignait des jalousies harcelantes, des drames, des scènes, des misères qui, presque toujours, accompagnent les ruptures.

Quand il se tut, Mme de Marelle soupira :

– Oui, c'est la seule bonne chose de la vie, et nous la gâtons souvent par des exigences impossibles.

Mme Forestier, qui jouait avec un couteau, ajouta :

– Oui… oui… c'est bon d'être aimée…

Guy de Maupassant, *Bel-Ami*, 1885

5. Dans le texte suivant, identifiez les paroles rapportées au discours direct. Transposez-les au discours indirect puis au discours indirect libre en faisant toutes les modifications nécessaires.

Il tressaillit quand une voix douce dit tout près de son oreille :

– Que voulez-vous ici, mon enfant ?

Julien se tourna vivement, et frappé du regard si rempli de grâce de Mme de Rênal, il oublia une partie de sa timidité. Bientôt, étonné de sa beauté, il oublia tout, même ce qu'il venait faire. Mme de Rênal avait répété sa question.

– Je viens pour être précepteur, Madame, lui dit-il enfin, tout honteux de ses larmes qu'il essuyait de son mieux.

Stendhal, *Le Rouge et le Noir*, 1830

Exercice d'entraînement 3 Le schéma narratif

1. Identifiez dans cette fable les cinq étapes du schéma narratif.

Deux coqs vivaient en paix : une poule survint,
Et voilà la guerre allumée.
Amour, tu perdis Troie ; et c'est de toi que vint
Cette querelle envenimée
Où du sang des Dieux même on vit le Xanthe teint.
Longtemps entre nos coqs le combat se maintint.
Le bruit s'en répandit par tout le voisinage,
La gent qui porte crête au spectacle accourut.
Plus d'une Hélène au beau plumage
Fut le prix du vainqueur. Le vaincu disparut :
Il alla se cacher au fond de sa retraite,
Pleura sa gloire et ses amours,
Ses amours qu'un rival, tout fier de sa défaite
Possédait à ses yeux. Il voyait tous les jours
Cet objet rallumer sa haine et son courage ;
Il aiguisait son bec, battait l'air et ses flancs,

Et, s'exerçant contre les vents,
S'armait d'une jalouse rage.
Il n'en eut pas besoin. Son vainqueur sur les toits
S'alla percher, et chanter sa victoire.
Un vautour entendit sa voix :
Adieu les amours et la gloire ;
Tout cet orgueil périt sous l'ongle du vautour
Enfin, par un fatal retour
Son rival autour de la poule
S'en revint faire le coquet :
Je laisse à penser quel caquet ;
Car il eut des femmes en foule.
La fortune se plaît à faire de ces coups ;
Tout vainqueur insolent à sa perte travaille.
Défions-nous du Sort, et prenons garde à nous
Après le gain d'une bataille.

Jean de La Fontaine, « Les deux coqs », *Fables*, 1678

Analyse de texte

Bel-Ami de Guy de Maupassant est un roman d'apprentissage publié en 1885 qui détaille l'ascension de Georges Duroy dans une société gangrenée par les affaires. L'incipit décrit le héros lors d'une soirée parisienne.

Quand la caissière lui eut rendu la monnaie de sa pièce de cent sous, Georges Duroy sortit du restaurant.

Comme il portait beau par nature et par pose d'ancien sous-officier, il cambra sa taille, frisa sa moustache d'un geste militaire et familier, et jeta sur les dîneurs attardés un regard rapide et circulaire, un de ces regards de joli garçon, qui s'étendent comme des coups d'épervier. Les femmes avaient levé la tête vers lui, trois petites ouvrières, une maîtresse de musique entre deux âges, mal peignée, négligée, coiffée d'un chapeau toujours poussiéreux et vêtue toujours d'une robe de travers, et deux bourgeoises avec leurs maris, habituées de cette gargote à prix fixe.

Lorsqu'il fut sur le trottoir, il demeura un instant immobile, se demandant ce qu'il allait faire. On était au 28 juin, et il lui restait juste en poche trois francs quarante pour finir le mois. Cela représentait deux dîners sans déjeuners, ou deux déjeuners sans dîners, au choix. Il réfléchit que les repas du matin étant de vingt-deux sous, au lieu de trente que coûtaient ceux du soir, il lui resterait, en se contentant des déjeuners, un franc vingt centimes de boni, ce qui représentait encore deux collations au pain et au saucisson, plus deux bocks sur le boulevard. C'était là sa grande dépense et son grand plaisir des nuits ; et il se mit à descendre la rue Notre-Dame-de-Lorette.

Il marchait ainsi qu'au temps où il portait l'uniforme des hussards, la poitrine bombée, les jambes un peu entrouvertes comme s'il venait de descendre de cheval ; et il avançait brutalement dans la rue pleine de monde, heurtant les épaules, poussant les gens pour ne point se déranger de sa route. Il inclinait légèrement sur l'oreille son chapeau à haute forme assez défraîchi, et battait le pavé de son talon. Il avait l'air de toujours défier quelqu'un, les passants, les maisons, la ville entière, par chic de beau soldat tombé dans le civil. Quoique habillé d'un complet de soixante francs, il gardait une certaine élégance tapageuse, un peu commune, réelle cependant. Grand, bien fait, blond, d'un blond châtain vaguement roussi, avec une moustache retroussée, qui semblait mousser sur sa lèvre, des yeux bleus, clairs, troués d'une pupille toute petite, des cheveux frisés naturellement, séparés par une raie au milieu du crâne, il ressemblait bien au mauvais sujet des romans populaires.

C'était une de ces soirées d'été où l'air manque dans Paris. La ville, chaude comme une étuve, paraissait suer dans la nuit étouffante. Les égouts soufflaient par leurs bouches de granit leurs haleines empestées, et les cuisines souterraines jetaient à la rue, par leurs fenêtres basses, les miasmes infâmes des eaux de vaisselle et des vieilles sauces.

Les concierges, en manches de chemise, à cheval sur des chaises en paille, fumaient la pipe sous des portes cochères, et les passants allaient d'un pas accablé, le front nu, le chapeau à la main.

Quand Georges Duroy parvint au boulevard, il s'arrêta encore, indécis sur ce qu'il allait faire. Il avait envie maintenant de gagner les Champs-Élysées et l'avenue du bois de Boulogne pour trouver un peu d'air frais sous les arbres ; mais un désir aussi le travaillait, celui d'une rencontre amoureuse.

Guy de Maupassant, *Bel-Ami*, 1885

1. Quelles caractéristiques du personnage principal cet incipit met-il en évidence ?
2. Quels sont les principaux thèmes qui apparaissent dans ce texte et qui annoncent ceux du roman ?
3. En quoi le cadre décrit par Maupassant est-il réaliste ?

LE THÉÂTRE
du XVIe au XXIe siècle

SOMMAIRE

L'histoire du théâtre du XVIIe au XXIe siècle

I Introduction : les origines du théâtre

Étymologiquement, le mot « théâtre » vient du grec *theatron* désignant l'enceinte réservée aux spectateurs dans les théâtres antiques. Originellement, ce terme désigne donc **le lieu d'où l'on regarde**.

- **L'origine religieuse** : le théâtre grec naît des fêtes données en l'honneur de Dionysos. Un poème lyrique est chanté et dansé en l'honneur du dieu du vin par le chœur autour de l'autel.
- **La portée politique** : à partir de 534 av. J.-C., ces fêtes deviennent nationales et les représentations théâtrales sont un moyen de faire participer tout un peuple à la célébration d'un passé légendaire. Le théâtre devient alors l'expression d'une culture populaire.

A Le théâtre grec

1. La tragédie grecque

La tragédie grecque naît à Athènes au Ve siècle av. J.-C. Elle reprend les légendes et les grands mythes :

- la guerre de Troie ;
- les conflits des Atrides ;
- les malheurs d'Œdipe ;
- la malédiction pesant sur une lignée comme celle de Phèdre.

Selon Aristote, la tragédie doit édifier le spectateur selon le principe de la ***catharsis*** en lui inspirant **terreur et pitié**.

Les trois grands auteurs sont :

- Eschyle ;
- Sophocle ;
- Euripide.

Définition La **catharsis** désigne la « **purgation des passions** ». Le spectateur éprouve d'abord de la **compassion** pour le héros auquel il s'identifie. Puis, face aux crimes perpétrés, il ressent de la **terreur**. Elle est telle qu'il se purge de ses mauvaises passions.

■ **Exemple**

Dans *Œdipe roi* (vers 425 av. J.-C.), Sophocle raconte l'enquête que mène le héros, Œdipe, pour découvrir qui est le meurtrier du roi Laïos. En effet, l'oracle lui a annoncé que la ville de Thèbes sera en proie au terrible fléau de la peste tant que le coupable ne sera pas puni.

2. La comédie grecque

La comédie grecque naît à l'occasion des fêtes en l'honneur de Dionysos. Son intrigue est centrée sur l'actualité politique, sociale et littéraire.

Les deux grands auteurs sont :

- Aristophane ;
- Ménandre.

Remarque

Le théâtre latin plagie largement le théâtre grec. Les trois auteurs les plus illustres sont :

- Plaute ;
- Térence ;
- Sénèque.

B Le théâtre médiéval

Le théâtre médiéval est abondant et varié. Théâtre sacré et théâtre profane cohabitent.

Le théâtre sacré retrace l'histoire sainte de la Création à la Résurrection pour instruire les fidèles. Les pièces sont jouées dans les églises et cathédrales ou sur leur parvis.

Le théâtre profane est d'inspiration comique et se joue sous différentes formes :

- la **farce** met en scène deux personnages qui se disputent et en viennent aux coups ;
- la **sotie** met en cause la société et ses institutions. C'est un théâtre plus engagé ;
- la **moralité** a un caractère plus didactique.

■ Exemple

Dans ***La Farce du cuvier*** (XVe siècle, anonyme), Jacquinot subit l'autorité de sa femme et de sa belle-mère qui l'obligent à faire toutes les corvées domestiques du foyer. Il arrive à renverser la situation à son avantage.

II Le XVIIe siècle : de l'irrégularité baroque à l'unité du classicisme

A Repères chronologiques et contexte historique

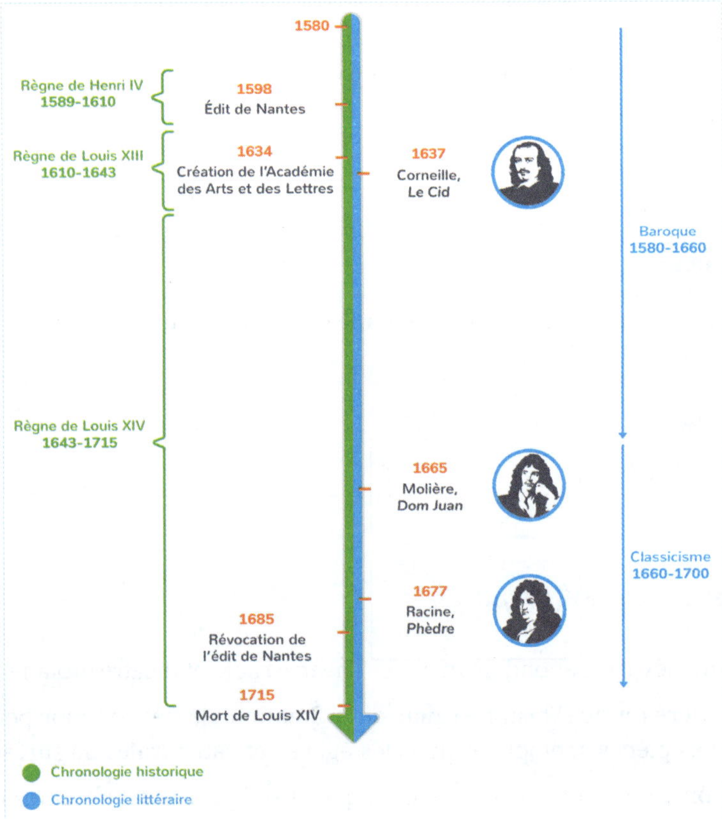

Le XVIIe siècle s'ouvre historiquement en 1598 avec la signature de l'édit de Nantes par lequel le roi Henri IV accorde aux protestants le droit de célébrer librement leur culte. Il met ainsi fin aux guerres de religion qui ont ensanglanté le pays depuis plus de vingt ans. Sa mort en 1610 va cependant affaiblir le pouvoir royal. Les nobles prennent de plus en plus de liberté. Successivement, les ministres Richelieu et Mazarin doivent affronter complots et frondes.

Après l'optimisme des premiers humanistes au XVIe siècle, **les valeurs du monde occidental sont remises en question** : les grandes découvertes ont entraîné l'esclavage et le génocide des Indiens du Nouveau Monde ; les guerres de religion puis la Fronde menacent la stabilité politique de la France. Au sein de la religion catholique se développe un courant idéologique, **le jansénisme**, selon lequel l'homme est prédestiné au salut divin ou à la damnation dès sa naissance.

Louis XIV favorise l'essor des arts et des lettres :

- il protège Molière dans les différentes querelles qui l'opposent à l'Église catholique ;
- il encourage les comédies qui embellissent les fêtes de Versailles et de Chambord ;
- il consacre la gloire de Bossuet ou de Racine en les nommant historiographes.

Mais la monarchie autoritaire du Roi-Soleil a remplacé les héros du début du siècle par les courtisans. La nouvelle société de cour est faite d'intrigues et d'hypocrisie.

Ce contexte politique et religieux trouve un écho en littérature et notamment au théâtre qui reflète à la fois **un goût pour la liberté** et **une volonté de faire régner l'ordre**. En effet, certains auteurs se prononcent en faveur du développement de la liberté d'esprit et refusent de se plier aux règles que tentent d'imposer leurs détracteurs. Ces derniers, profondément marqués par l'héritage antique, composent leurs pièces en suivant les règles des Anciens, notamment celles de la *Poétique* d'Aristote.

Malgré ces oppositions, le Grand Siècle est l'époque la plus brillante du théâtre français. Il suscite l'intérêt d'un public très varié. Plusieurs salles de spectacle s'ouvrent à Paris et accueillent des troupes régulières. Les pièces sont aussi jouées à la cour, au Louvre puis à Versailles.

B Œuvres, auteurs et genres majeurs

1. Le théâtre baroque (1580-1660)

Les inquiétudes, notamment liées aux troubles politiques, s'expriment dans le domaine artistique par une nouvelle esthétique : l'art baroque.

Le terme « baroque » vient du portugais *barrocco* qui désigne une perle irrégulière.

En France, ce mouvement s'exprime surtout dans le genre théâtral. Certains auteurs manifestent la **volonté de s'écarter des règles strictes** qui annoncent celles du théâtre classique. Ils expriment surtout une vision particulière de l'homme et du monde : **le monde n'est qu'une illusion**, un vaste théâtre où l'homme joue un rôle et avance masqué.

La **tragédie baroque** est marquée par les thèmes suivants :

- le macabre ;
- la souffrance ;
- la fragilité et l'inconstance de l'homme ;
- la victoire de la mort.

La **comédie baroque** est marquée par les caractéristiques suivantes :

- la mise en abyme par le principe du « théâtre dans le théâtre » ou les jeux de miroir ;
- la fragilité du destin ;
- le mélange des tons : à la fois trivial et précieux.

Focus

Pierre Corneille commence sa carrière en écrivant des comédies baroques avant de se tourner vers la tragédie. Il accorde une place importante à la peinture des caractères et des mœurs. Peu enclin à se plier aux règles de vraisemblance et de bienséance, il multiplie les intrigues complexes et privilégie l'éloquence et le lyrisme de ses personnages.

La tragi-comédie *Le Cid*, qu'il fait jouer en 1636, va marquer un tournant dans l'histoire du théâtre. Corneille trouve dans ce genre l'occasion de saisir toutes les nuances de l'amour. *Le Cid* remporte un immense succès auprès du public mais Richelieu, défenseur d'un théâtre régulier et respectueux des règles des Anciens, monte une cabale contre lui, connue sous le nom de « querelle du *Cid* ».

Corneille va, pour un temps, se plier aux règles et s'ouvre alors une nouvelle ère : celle du théâtre classique.

■ **Exemple**

Dans ***Le Cid***, Chimène et Rodrigue s'aiment et vont se marier mais une violente querelle éclate entre leurs pères, don Gormas et don Diègue, à l'occasion de laquelle le premier gifle le second. Pour laver cet affront, le père de Rodrigue demande à son fils de le venger. Le jeune homme se retrouve face à un terrible dilemme : pour sauver l'honneur de sa famille, il devra vaincre en duel le père de la femme qu'il aime.

2. Le théâtre classique (1660-1685)

L'esthétique classique s'épanouit entre le début du règne de Louis XIV et la révocation de l'édit de Nantes, c'est-à-dire **l'apogée de la monarchie absolue**. Le roi favorise toute forme d'expression artistique susceptible de le célébrer. En codifiant le spectacle théâtral, il lui assigne également un but moral : **l'honnête homme** doit éviter tout débordement et tempérer ses passions.

Les principes du classicisme sont les suivants :

- **imiter les Anciens** qui sont présentés comme des modèles inégalables ;
- **respecter les règles** établies dans un souci de clarté.

En effet, le pouvoir royal cherche à éviter une nouvelle instabilité politique et à affirmer son autorité. Cela conduit à la création de plusieurs académies, dont l'Académie française. Les règles classiques sont rédigés dans ce contexte et formulées par l'abbé d'Aubignac.

Focus

Dans *L'Art poétique* (1674), Nicolas Boileau détaille les règles classiques.

Citations de Boileau	**Règles classiques**
Le secret est d'abord de plaire et de toucher.	Instruire et plaire (*placere et docere*). Toutes les autres servent celle-là.
Jamais au spectateur n'offrez rien d'incroyable Le vrai peut quelquefois n'être pas vraisemblable.	La vraisemblance : l'action représentée doit être crédible et cohérente.
Ce qu'on ne doit point voir, qu'un récit nous l'expose : Les yeux, en le voyant, saisiront mieux la chose ; Mais il est des objets que l'art judicieux Doit offrir aux oreilles et reculer des yeux.	La bienséance : les spectacles ne doivent pas être choquants. Les démonstrations de violence physique ou d'intimité sont interdites. Ce qui ne peut être représenté est raconté.
Qu'en un lieu, qu'en un jour, un seul fait accompli Tienne jusqu'à la fin le théâtre rempli.	Les trois unités : • unité de temps : la durée de l'intrigue doit se rapprocher le plus possible de la durée du spectacle (pas plus de 24 heures) ; • unité de lieu : l'intrigue doit se dérouler dans un lieu unique ; • unité d'action : l'intrigue doit se concentrer sur un événement majeur.

Piège

Comédie et tragédie sont bien distinctes d'autant que la comédie est toujours considérée comme dangereuse par l'Église qui excommunie les acteurs. Cette distinction vient des Anciens et n'existe pas à l'étranger.

a. La tragédie classique

Les auteurs de la tragédie classique doivent particulièrement respecter les règles classiques, car la tragédie s'impose comme la forme dramatique majeure.

Pierre Corneille s'adapte à l'esthétique classique à partir de 1640, tout en s'accordant quelques libertés. Il traite de sujets antiques dans les dix-sept pièces, **tragédies historiques et politiques** puis **tragédies bibliques**, qu'il compose.

La générosité et l'orgueil vertueux caractérisent les héros cornéliens qui sont **déchirés** entre **l'amour** et **le devoir**.

■ Exemple

Dans ***Cinna*** (1641), Émilie, la fille adoptive d'Auguste, conspire pour faire assassiner l'empereur qui a jadis tué son père. Elle demande à son amant Cinna de l'aider à accomplir son dessein. Malgré l'amour qu'il éprouve pour elle, le jeune homme ne peut se résoudre à assassiner celui qu'il considère comme son père.

Jean Racine, le jeune rival de Corneille, emprunte principalement ses sujets à la mythologie et à l'histoire antique.

Il s'attache à peindre **la fatalité des passions**. Son héros est la proie d'un **déchirement intime** : en éprouvant un amour irrépressible, il se détourne de son devoir moral et court à sa perte. Marqué par le jansénisme, le théâtre de Racine met en scène un héros qui, victime de ses faiblesses, ne peut échapper à son destin.

■ Exemple

Dans ***Britannicus*** (1669), le jeune empereur Néron a fait enlever Junie, l'amante de son frère adoptif Britannicus. Quand il comprend qu'il ne pourra pas la contraindre à l'aimer, il décide de tout mettre en œuvre pour faire souffrir les amants et découvre à cette occasion le plaisir que cela lui procure.

b. La comédie classique

La comédie classique est considérée comme un genre moins noble que la tragédie :

- elle met en scène des **personnages contemporains de l'époque classique, issus de la petite noblesse**, des **bourgeois** et des **valets** ;
- elle a pour finalité de dénoncer les travers de la **société de son temps** (tyrannie des pères, mariages arrangés, etc.). Elle a donc, comme la tragédie, une finalité moralisatrice.

Molière s'attache à peindre les défauts des hommes dont le pire est, à ses yeux, **l'hypocrisie**. Il reprend la formule d'Horace : *Castigat ridendo mores*, « Corriger les mœurs par le rire »

Farces, comédies d'intrigue, de caractère et de mœurs, comédies-ballets sont l'occasion de rire des travers et des vices de la nature humaine. Ses personnages se caractérisent par leurs comportements excessifs, ils sont dominés par leur passion et par leur égoïsme.

Avec Molière, la comédie devient une arme pour **dénoncer les abus** de la société de son temps. Quand il aborde des **sujets graves**, il se heurte à **la censure**. Il est l'auteur qui provoque le plus de contestations dans le paysage littéraire de la seconde moitié du XVIIe siècle.

■ Exemple

Dans ***Dom Juan*** (1665), le héros séduit les femmes et les abandonne sans scrupule. Tout au long de la pièce, il défie le ciel sans jamais se repentir. Il reçoit des avertissements dont il ne fait pas cas et va jusqu'à faire l'éloge de l'hypocrisie.

III Le XVIIIe siècle : le théâtre des Lumières

A Repères chronologiques et contexte historique

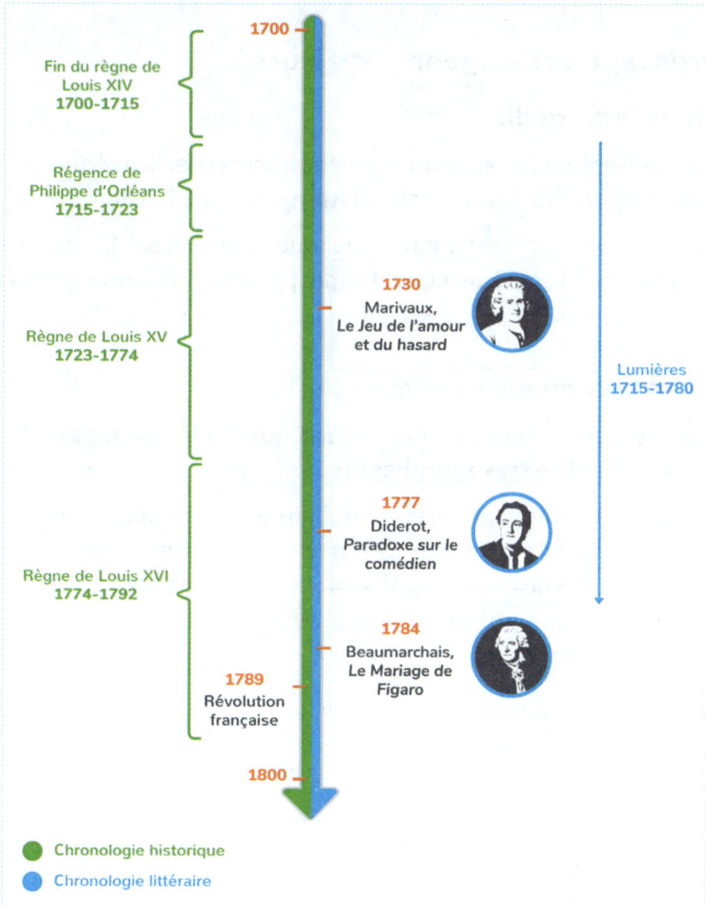

Le XVIIIe siècle est connu comme étant le « **siècle des Lumières** » : des idées nouvelles se répandent, diffusées et promues par des philosophes tels que Montesquieu, Voltaire, Diderot, Rousseau. La France et l'Europe sortent progressivement de l'obscurantisme religieux, grâce aux « lumières » de la raison. La monarchie absolue est de plus en plus remise en cause, et certaines voix réclament déjà la tolérance religieuse, les libertés d'expression et de pensée, la remise en cause des privilèges, ce qui aboutira à la Révolution française de 1789.

Le théâtre reste au XVIIIe siècle le divertissement par excellence : la production d'œuvres dramatiques est très abondante. Les grands chefs-d'œuvre sont joués à la Comédie-Française et de nouvelles salles de spectacle ouvrent leurs portes à Paris et en province, attirant un public très divers.

Les grands dramaturges du XVIIe siècle marquent de leur empreinte les auteurs du XVIIIe siècle. Ces derniers vont peu à peu s'adapter aux goûts d'un public qui réclame **un jeu plus naturel** et **une intrigue libérée du carcan des règles classiques**. Comme dans les autres genres littéraires, les dramaturges exercent **leur liberté de pensée** et développent **leur esprit critique**, ce qui engendre des tensions avec le pouvoir en place.

B Œuvres, auteurs et genres majeurs

1. Le déclin de la tragédie

Sur le modèle de Racine, les auteurs écrivent encore des tragédies en cinq actes, en alexandrins, empruntant leurs sujets à l'Antiquité ou à l'histoire.

Mais le sort des personnages de haut rang ne touche plus le public qui se détourne de la tragédie au profit de la comédie et du drame, plus enclins à refléter ses aspirations personnelles.

2. Marivaux et la comédie « sérieuse »

Le public délaisse également la comédie classique pour s'intéresser à la **comédie sérieuse** qui a une **finalité très moralisante**.

Marivaux compose ses pièces pour les comédiens italiens venus en France en s'inspirant de l'esthétique de la ***commedia dell'arte*** (personnages traditionnels comme Arlequin, vivacité du jeu des acteurs). Il se libère des contraintes classiques et écrit en prose. Les **désordres amoureux** et leur **analyse psychologique** sont au cœur de ses vingt-sept comédies.

Exemple

Dans ***Le Jeu de l'amour et du hasard*** (1730), Silvia refuse, par amour-propre, d'avouer ses sentiments pour Dorante. En effet, elle croit qu'il est un valet. En réalité, il a pris l'apparence de son valet pour mettre ses sentiments à l'épreuve. Sans le savoir, elle utilise le même stratagème que lui et prend l'apparence de sa suivante Lisette. Quand les masques tombent, chacun peut laisser libre cours à ses sentiments et reprendre sa place de valet ou de maître.

3. La naissance d'un nouveau genre : le drame bourgeois

Le drame bourgeois s'adapte au goût du public dans la mesure où il met en scène des **personnages issus de la bourgeoisie** qui affrontent des épreuves quotidiennes. L'étude des passions laisse donc place à celle de la **condition sociale** et des **désordres familiaux**. Diderot théorise et défend ce nouveau genre qui propose une leçon de morale et de vertu.

4. Beaumarchais et la comédie : un instrument de critique sociale

Beaumarchais renouvelle le genre de la grande comédie inspirée par Molière. Il provoque le rire du spectateur grâce au **rythme trépidant** de ses intrigues et grâce à ses **personnages hauts en couleur**. Il renouvelle le type du valet de comédie en lui attribuant le rôle principal pour la première fois dans l'histoire du théâtre. Son œuvre s'inscrit dans le combat des **Lumières** et devient l'instrument d'une **critique sociale** : il remet en cause l'ordre établi, fustige les privilèges, dénonce la censure et l'arbitraire de la justice.

Exemple

Dans ***Le Mariage de Figaro*** (1784), Figaro, valet du comte Almaviva, doit épouser Suzanne. Mais son maître veut exercer son droit de cuissage sur la malicieuse fiancée de Figaro. L'ingénieux valet va tout faire pour dénoncer les agissements du comte et déjouer ses plans. Ses propos révolutionnaires donnent à la comédie une portée satirique.

IV Le XIXe siècle : le théâtre, miroir d'une société en pleine mutation

A Repères chronologiques et contexte historique

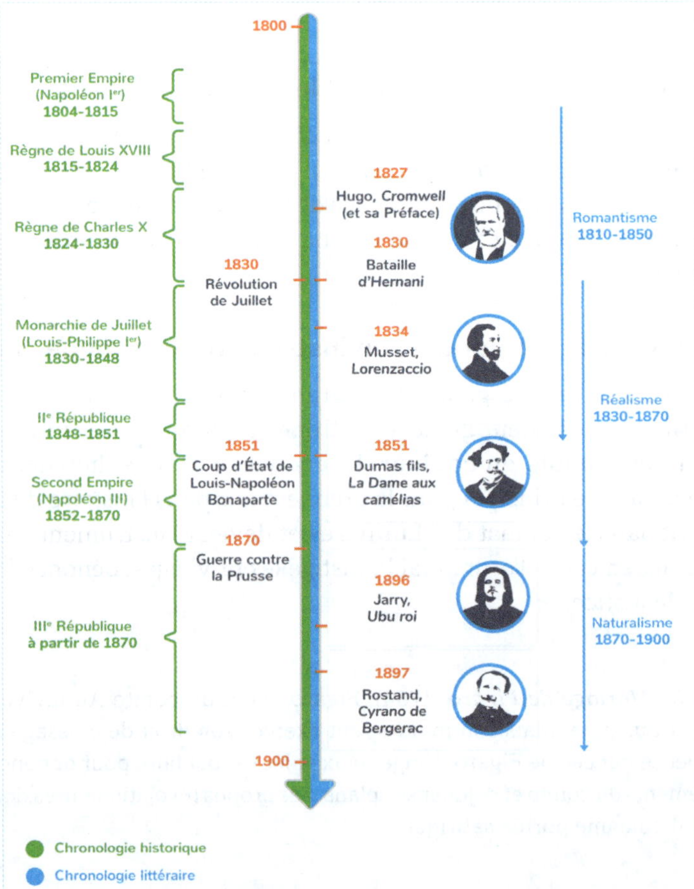

Le XIXe siècle est un **siècle politiquement troublé** : les régimes se succèdent, renversés par plusieurs mouvements révolutionnaires (1830, 1848) ; les idées républicaines et progressistes s'imposent progressivement, donnant lieu à l'instauration d'une éphémère république en 1848 et à l'établissement définitif de la république en 1870.

La crise des valeurs qui marque le XIXe siècle entraîne un repli de l'individu sur lui-même. L'expression des sentiments personnels va dominer. Contrairement aux auteurs des Lumières qui se fondent sur le pouvoir de la raison à travers le discours, les auteurs du XIXe siècle vont se tourner vers un langage propre à exprimer toute la force des passions. Pour rendre compte de la complexité et de la singularité de l'âme, la littérature et notamment le théâtre s'affranchissent logiquement des règles qui les régentent.

Le spectacle théâtral est toujours très apprécié par le public. Les grands acteurs sont adulés et riches et beaucoup d'auteurs doivent une partie de leur succès à ce genre.

B Hugo et la naissance du drame romantique

Influencés par la découverte de Shakespeare, les dramaturges inventent un héros romantique, souvent marginal ou révolté, qui se caractérise par sa sensibilité et son tempérament passionné.

Les principales caractéristiques du drame romantique sont présentées par Victor Hugo dans la **Préface de *Cromwell*** :

- le drame romantique **ne respecte plus les règles** classiques (sauf l'unité d'action) car l'art n'est plus conçu comme l'imitation d'un modèle. L'alexandrin classique est assoupli par l'utilisation du rejet et du contre-rejet. Il est parfois remplacé par la prose ;
- le théâtre permet de saisir le personnage dans **son évolution** pour rendre compte de tous les aspects du monde et de l'homme. Il se fait aussi le reflet de **ses contradictions**, sa beauté et sa laideur, sa dimension **sublime et grotesque**. Pour ce faire, le drame mêle comique et pathétique ;
- ce genre théâtral a également une **portée sociale et politique**. Les héros se font les porte-parole de leurs auteurs, **dénonçant les privilèges** des puissants et clamant leur **idéal républicain**.

Exemple

Dans *Hernani* (1830), l'action se déroule sur plusieurs mois. Elle mêle intrigues sentimentale et politique : trois hommes aiment la même femme, doña Sol : son vieil oncle, don Ruy Gomez qu'elle doit épouser, le roi d'Espagne don Carlos et Hernani, un proscrit. Il est poursuivi par toutes les troupes du royaume parce qu'il a juré la mort du roi. Doña Sol s'est éprise du bandit ; elle est prête à le suivre quel qu'en soit le prix.

Focus

La bataille d'*Hernani* a lieu en 1830. Dès sa première représentation, la pièce fait scandale. Les Classiques, partisans de l'ordre, lui reprochent ses extravagances, font siffler les acteurs et tentent de la tourner en ridicule. Mais la pièce est un succès et les Romantiques triomphent.

Hernani a toutes les caractéristiques du drame romantique :

- l'action se déroule sur plusieurs mois ;
- les lieux sont multiples ;
- des intrigues sentimentale et politique sont mêlées.

Remarque

Sous le Second Empire, la scène théâtrale est surtout dominée par le vaudeville et la comédie de boulevard. Le public bourgeois affectionne les intrigues divertissantes.

V Le théâtre aux XXe et XXIe siècles : la remise en question des formes traditionnelles

A Repères chronologiques et contexte historique

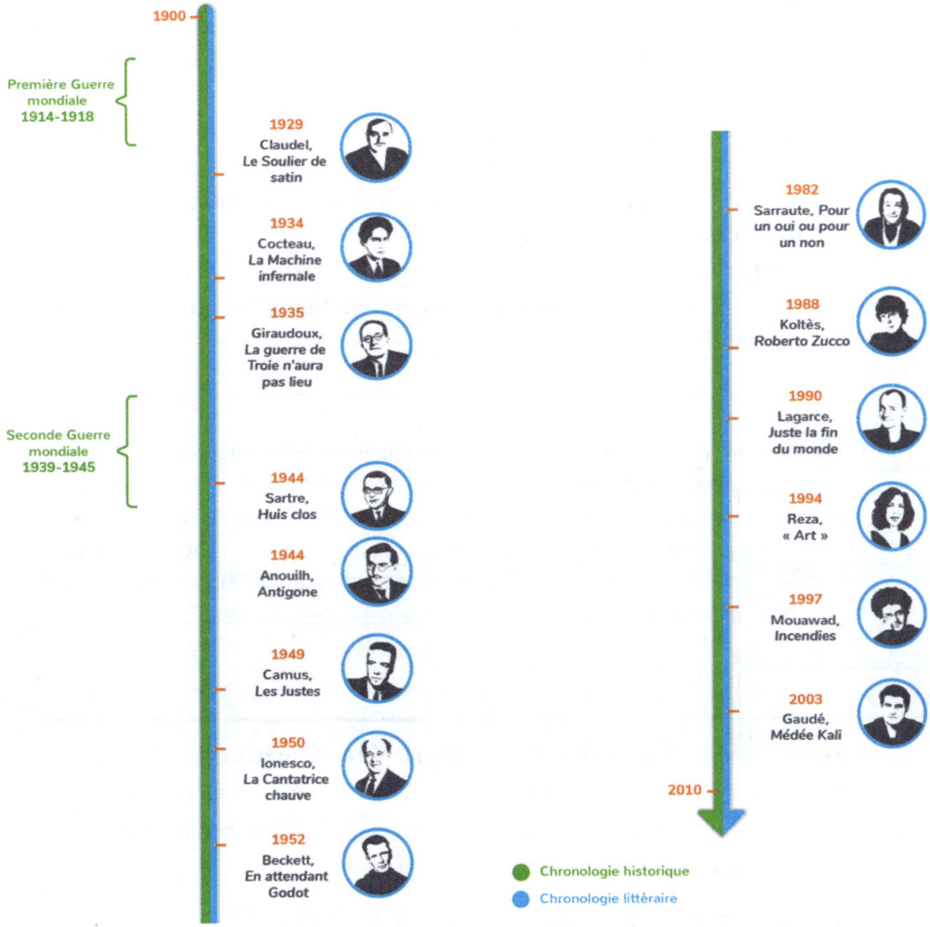

Les deux guerres mondiales du XXe siècle abolissent un ordre du monde jusqu'alors apparemment stable, remettent en question l'idée même de civilisation et révèlent la monstruosité inhérente à l'homme. Ces **traumatismes de l'histoire** affectent durablement la littérature et les arts.

Ces traumatismes engendrent une **crise morale et idéologique** : les croyances et les valeurs morales communément admises et partagées sont désormais remises en question. Non seulement la foi a reculé depuis le XIXe siècle, mais de surcroît les notions de bien et de mal font l'objet de questionnements sans réponses, les idéaux apparaissent vains et illusoires.

Cette période de doute et de questionnement se manifeste également par une **crise du sujet** : la conception de l'individu comme maître de lui-même et de sa destinée est mise à mal, notamment par les découvertes de la psychanalyse qui révèlent l'existence de pulsions inconscientes en l'homme.

Enfin, cette crise affecte également le langage et la notion de sens. Le langage est mis en cause dans sa capacité à constituer un outil de communication et d'échange efficace. La possibilité de trouver un sens au monde et à la vie est questionnée : face à l'**absurdité et l'étrangeté du réel**, l'homme semble faible et démuni.

Les metteurs en scène, qui sont devenus essentiels dans la création des pièces, bouleversent l'**espace théâtral** et exploitent de **nouvelles techniques** lumineuses et sonores. Le théâtre se distingue du cinéma en soulignant la présence vivante de l'acteur et en cherchant plus de contact avec le spectateur. Certains s'installent dans des lieux non conçus pour le théâtre : Ariane Mnouchkine dans une ancienne cartoucherie et Antoine Vitez dans un hangar.

B Œuvres, auteurs et genres majeurs

1. Le retour du tragique d'inspiration mythologique (l'entre-deux-guerres)

Les dramaturges de cette période orientent la scène vers des tendances humanistes et philosophiques. Ils renouent avec la **tragédie** et reprennent les **mythes antiques**. Cette **relecture** est l'occasion d'un débat moral et permet d'inviter l'homme à une **réflexion universelle**.

Les principales caractéristiques de ce théâtre sont :

- les auteurs réécrivent les **textes antiques**, les légendes de la **mythologie grecque et latine** tout en faisant **allusion à l'histoire contemporaine** ;
- le ton n'est pas celui de la tragédie classique : les auteurs mêlent **différents registres**, ont souvent recours à **l'humour** et à **la parodie**. Ils exploitent aussi **différents niveaux de langage** et le vocabulaire est parfois très familier.

■ Exemple

Dans ***La guerre de Troie n'aura pas lieu*** (1935), Giraudoux reprend le mythe de la guerre de Troie. Au début de la pièce, Hector et Andromaque pensent encore que la guerre peut être évitée en rendant Hélène aux Grecs. Mais leur bonne volonté ne permet pas d'éviter le pire. La reprise de cette légende trouve un écho évident dans l'actualité à l'aube de la Seconde Guerre mondiale. Elle est une mise en garde contre la montée du nationalisme en Europe.

2. Le théâtre engagé (dans les années 1940)

Les deux guerres mondiales vont profondément marquer la production littéraire de cette époque. Les philosophies idéalistes sont remises en cause. Les auteurs en appellent à la **prise de conscience** et à la **révolte**. L'homme doit engager sa **responsabilité** et **lutter contre l'angoisse** d'une existence privée de sens **en agissant** individuellement et collectivement.

Le théâtre devient une tribune pour des dramaturges comme Jean-Paul **Sartre** et Albert **Camus**. Il est le reflet de leur vision du monde. Les intrigues de leurs pièces mettent en scène des héros qui exercent leur liberté d'action ou au contraire qui en sont privés et qui constatent cruellement quelles en sont les conséquences.

■ Exemple

Sartre rédige ***Les Mains sales*** (1948) au lendemain de la Seconde Guerre mondiale. C'est la pièce de Sartre qui a remporté le plus de succès. Il y oppose deux conceptions de la révolte : l'idéologie révolutionnaire contre la conscience personnelle.

3. Le théâtre de l'absurde (dans les années 1950)

Au sortir de la Seconde Guerre mondiale, le monde semble avoir perdu toute cohérence. Pour poser la question du **sens de l'existence** de l'homme et témoigner d'une **profonde angoisse**, les dramaturges imaginent un univers menaçant. Le vieillissement, la mort, l'enfermement, la peur et l'attente sont les thèmes récurrents du théâtre de l'absurde.

Eugène Ionesco, Samuel Beckett, Arthur Adamov contestent la logique rationnelle et les règles dramaturgiques. Ils **remettent en cause** :

- la notion de **personnage** : les héros n'ont plus d'épaisseur psychologique ;
- la notion d'**action** : il n'y a plus ni intrigue ni ressort dramatique. Dans la vie des personnages, il ne se passe rien ;
- la notion de **langage** : devenu problématique, il ne permet plus de communiquer avec autrui. Les personnages ne se comprennent plus, n'utilisent pas les mots de la même façon, ce qui accentue encore leur solitude extrême ;

– la notion de **temporalité** : les pièces ne suivent plus une chronologie linéaire. Les scènes s'enchaînent de façon discontinue et sans logique. Le dénouement ne propose aucune résolution.

> ■ Exemple
>
> Dans ***En attendant Godot*** (1952), comme dans les autres pièces de Beckett, les personnages se contentent d'attendre qu'un événement survienne dans leur médiocre existence. Ici, Vladimir et Estragon sont deux vagabonds, des personnages solitaires, égarés et grotesques. Pendant toute la pièce, ils attendent un certain Godot dont on ne sait rien, sinon qu'il ne viendra pas. Leur attente vaine est une métaphore de l'existence humaine dépourvue de sens.

4. Le théâtre contemporain (des années 1980 à nos jours)

La notion de genre perd de sa pertinence avec le théâtre contemporain. Ce qui lui confère aujourd'hui sa spécificité, c'est **la scène** qui met en espace le texte sous toutes ses formes. Le metteur en scène est vu comme un créateur qui en propose une interprétation voire une réécriture.

Les dramaturges s'affranchissent des contraintes et imaginent de nouvelles formes. D'autres genres comme la danse, la musique ou le cinéma s'invitent dans le spectacle théâtral et enrichissent la représentation.

Certains thèmes marquent de façon évidente la production théâtrale contemporaine :

– **l'angoisse existentielle** est au cœur d'un théâtre qui aborde les conflits meurtriers des dernières décennies, les faits divers ou les drames intimes ;

> ■ Exemple
>
> Bernard-Marie Koltès s'inspire d'un fait divers pour écrire ***Roberto Zucco*** (1990) qui raconte l'histoire d'un tueur en série en cavale, du meurtre de ses parents à son suicide.

– le théâtre est aussi l'occasion d'une remise en question des **valeurs de la société contemporaine**, d'un regard critique sur ses aspects conventionnels. Il dénonce par ailleurs la violence d'un monde aux valeurs mercantiles ;

– la **complexité des relations humaines** est une des grandes thématiques du théâtre contemporain. Elle est liée notamment au **problème du langage** dont Ionesco disait qu'il est une « tragédie ». Les personnages, en quête du mot juste, tentent de s'exprimer au mieux face à des interlocuteurs qui ne les entendent pas, ou mal. Par leurs errances verbales, ils disent toute la difficulté qu'il y a à trouver une unité entre l'image que l'on a de soi et celle que les autres nous renvoient. La parole reste problématique et peine à résoudre les conflits.

■ **Exemple**

Dans ***Pour un oui ou pour un non*** (1982), Nathalie Sarraute aborde la fragilité des relations humaines, avec leur rapport de force, leur lot de susceptibilité et de condescendance. Deux hommes, H1 et H2, occupent la scène. Ils sont amis d'enfance mais ne se voient plus depuis quelque temps. H1 vient trouver H2 chez lui pour lui demander des explications. La conversation d'une grande banalité va pourtant occuper les personnages pendant toute la pièce.

■ **Exemple**

Dans ***Juste la fin du monde*** (1990) de Jean-Luc Lagarce, le personnage principal, Louis, est malade. Après dix ans d'absence, il revient dans sa famille pour annoncer à ses parents, à son frère et à sa sœur qu'il va mourir. Leurs retrouvailles s'avèrent problématiques car d'anciennes querelles resurgissent.

Les caractéristiques du texte théâtral

À la différence des autres genres littéraires qui sont complets sous leur forme imprimée, un texte théâtral est conçu pour être représenté. Il est donc composé de deux ensembles complémentaires : **le texte prononcé** par les comédiens et les **didascalies**.

Au théâtre, le comédien s'adresse à un double interlocuteur : le personnage présent en scène avec lui et le public. On parle de **double énonciation**.

I Les didascalies

Définition Les didascalies désignent l'ensemble des indications scéniques qui sont souvent imprimées en italique. Ces indications concernent :

L'espace scénique	• décors • costumes • accessoires • éclairage • bruitage • musique
Le jeu des comédiens	• gestes • déplacements • expressions du visage • intonations • rythme

Piège

Le texte prononcé fournit lui aussi des indications sur l'époque, le lieu, l'attitude des personnages. On parle alors de didascalies internes.

Le nom des personnages fait partie des didascalies.

■ **Exemple**

ROXANE.
Racontez !

CYRANO.
Mais vous, dites la chose
Que vous n'osiez tantôt me dire…

ROXANE, sans quitter sa main.
À présent j'ose,
Car le passé m'encouragea de son parfum !

Edmond Rostand, *Cyrano de Bergerac*, 1897, Acte III, scène 6

Conseil

Dans une étude de texte, il est important d'analyser les didascalies et les informations essentielles qu'elles contiennent.

II Les moments essentiels de l'action théâtrale

Définition L'intrigue est l'enchaînement des faits et des actions qui aboutit au dénouement.

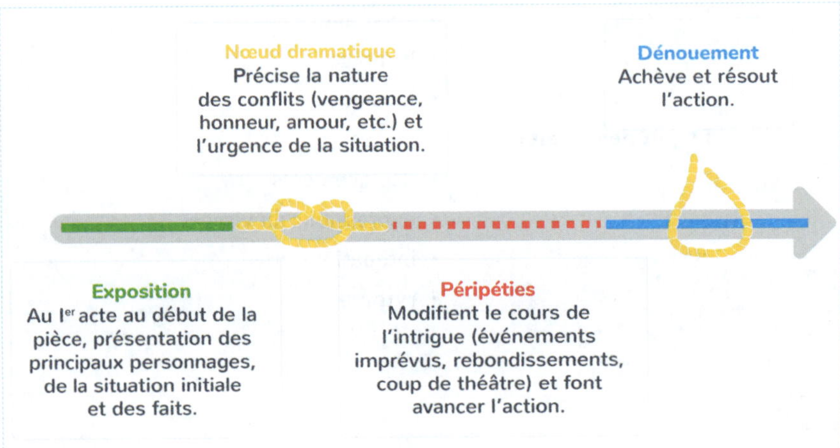

Conseil

Dans une étude de texte, il est important de préciser quelle étape est représentée et d'analyser le texte en conséquence.

III Le texte prononcé

Définition **Une réplique** représente un élément du dialogue que doit prononcer un comédien.

Chaque réplique porte un nom particulier :

Définitions	Exemples
Tirade • **Longue réplique** qui implique un **approfondissement** de la pensée du personnage. • Engendre un **ralentissement du rythme**.	**ALCESTE.** Ciel ! rien de plus cruel peut-il être inventé ? Et jamais cœur fut-il de la sorte traité ? Quoi ? d'un juste courroux je suis ému contre elle, C'est moi qui me viens plaindre, et c'est moi qu'on querelle ! On pousse ma douleur et mes soupçons à bout, On me laisse tout croire, on fait gloire de tout ; Et cependant mon cœur est encore assez lâche Pour ne pouvoir briser la chaîne qui l'attache, Et pour ne pas s'armer d'un généreux mépris Contre l'ingrat objet dont il est trop épris ! Ah ! que vous savez bien ici, contre moi-même, Perfide, vous servir de ma faiblesse extrême, Et ménager pour vous l'excès prodigieux De ce fatal amour né de vos traîtres yeux ! Défendez-vous au moins d'un crime qui m'accable, Et cessez d'affecter d'être envers moi coupable ; Rendez-moi, s'il se peut, ce billet innocent : À vous prêter les mains ma tendresse consent ; Efforcez-vous ici de paraître fidèle, Et je m'efforcerai, moi, de vous croire telle. Molière, *Le Misanthrope*, 1666
Aparté • Réplique que le personnage prononce **pour soi** et que le public est censé être **le seul à entendre**. • Fréquent dans la comédie, ce type de réplique convoque **la connivence du spectateur**.	**EUCLION,** *à part.* Pauvre Euclion ! Ton or est pillé. On veut composer avec toi, c'est sûr. Mais courons voir au plus tôt. Plaute, *La Marmite*

Définitions	Exemples
Stichomythie • Succession de **courtes répliques** de longueur similaire et syntaxiquement symétriques. • Traduisent souvent un **affrontement** entre les personnages et entraînent une **accélération du rythme**.	**LE COMTE.** Et vous me jurez ?... **LA COMTESSE.** Que nous n'avions pas plus dessein de vous offenser l'un que l'autre. **LE COMTE**, *vite.* L'un que l'autre ? C'est un homme. **LA COMTESSE.** Un enfant, monsieur. **LE COMTE.** Hé ! qui donc ? **LA COMTESSE.** À peine osé-je le nommer ! **LE COMTE**, *furieux.* Je le tuerai. **LA COMTESSE.** Grands dieux ! **LE COMTE.** Parlez donc ! **LA COMTESSE.** Ce jeune... Chérubin... **LE COMTE.** Chérubin ! l'insolent ! Voilà mes soupçons et le billet expliqués. Beaumarchais, *Le Mariage de Figaro*, 1781

Définitions	Exemples
Monologue • Discours qu'un personnage **seul en scène** adresse à lui-même. • Récit, confidence, expression d'un dilemme, le monologue permet au personnage de s'exprimer librement, **affranchi de la présence des autres** personnages.	**ÉMILIE**, *seule.* Impatients désirs d'une illustre vengeance Dont la mort de mon père a formé la naissance, Enfants impétueux de mon ressentiment, Que ma douleur séduite embrasse aveuglément, Vous prenez sur mon âme un trop puissant empire ; Durant quelques moments souffrez que je respire, Et que je considère, en l'état où je suis, Et ce que je hasarde, et ce que je poursuis… Pierre Corneille, *Cinna*, 1641

■ **Exemple**

L'exemple suivant est un aparté

DORINE.
Madame va venir dans cette salle basse,
Et d'un mot d'entretien vous demande la grâce.

TARTUFFE.
Hélas ! très volontiers.

DORINE, *(en soi-même).*
Comme il se radoucit !
Ma foi, je suis toujours pour ce que j'en ai dit.

Molière, *Tartuffe*, 1664

IV Le volume et la répartition des répliques

Un dialogue théâtral met en présence plusieurs personnages qui peuvent avoir des intérêts contraires. Il est donc important de cerner **leurs objectifs**, de savoir s'ils parviennent à leurs fins et d'analyser comment ils procèdent.

Questions	Indices
Quel personnage domine l'échange ?	• Un personnage monopolise la parole. • Il coupe la parole à un autre personnage. • Il change brusquement de sujet.
Quel personnage subit l'échange ?	• Un personnage est évincé du dialogue. • Il est interrompu par un autre personnage. • Il pose des questions qui restent sans réponses.
Quel est le but du personnage ?	• **Informer** : donner des indications précises et objectives (**fonction référentielle**) • **Exprimer** : des sentiments, des émotions (**fonction expressive**) • **Agir sur autrui** : ordre, interpellation, persuasion (**fonction injonctive**) • **Produire un effet esthétique** : travail sur les sonorités, le rythme, les figures de style (**fonction poétique**) • **Commenter le fonctionnement de la langue** : définition, etc. (**fonction métalinguistique**) • **Créer ou maintenir le contact** : expressions et termes vidés de leur sens « Bon », « Tu vois », etc. (**fonction phatique**)
Comment les répliques s'enchaînent-elles ?	• Par **continuité** : reprise d'un mot ou d'un thème, question/réponse • Par **rupture** : refus de répondre à une question, changement de sujet de conversation

Les genres théâtraux

Le genre théâtral comporte une grande diversité de **sous-genres ou formes spécifiques.**

I La tragédie

A Définition et caractéristiques

Définition **Une tragédie** est une pièce suscitant la terreur et la pitié du spectateur et mettant en scène des conflits intérieurs douloureux et des événements funestes.

Le terme « tragédie » vient du grec *tragôdia* (de *tragos* signifiant « bouc » et de *odia* signifiant « chant »).

Plusieurs hypothèses sont avancées pour expliquer le sens de ce mot :

- celui qui chantait et dansait le mieux gagnait un prix (un bouc) ;
- le sacrifice du bouc évoquerait le sacrifice mis en scène dans le spectacle tragique.

B Les principaux sous-genres de la tragédie

1. La tragédie baroque

- La tragédie baroque propose la représentation d'un **monde instable** et inquiétant où les **apparences** sont **trompeuses**.
- Elle met donc en scène des **songes**, des **métamorphoses**, des conflits **violents et sanglants**.
- Les personnages de la tragédie baroque sont en proie au doute, à l'inconstance de l'amour, à la folie.
- Sa forme est plus **libre** que celle de la tragédie classique à venir.

■ Exemple

Dans la sanglante tragédie ***Médée*** (1635), Corneille propose une réflexion sur le mécanisme du sacrifice héroïque. Créon, le roi de Corinthe, a exilé la magicienne Médée qui a été répudiée par Jason, le père de ses deux enfants. Créon souhaite marier Jason à sa fille Créuse. Médée, folle de rage, assassine Créuse et ses deux enfants, devenant ainsi à la fois bourreau et victime.

2. La tragi-comédie

- La tragi-comédie propose une **intrigue complexe** et de nombreuses actions secondaires.
- Elle n'emprunte pas son sujet à l'Antiquité.
- Son **dénouement** est **heureux**.

■ Exemple

Le Cid de Corneille (1637) est une tragi-comédie qui reprend le schéma des amours contrariées. Elle met en scène deux jeunes héros, Rodrigue et Chimène. Ils s'aiment et doivent se marier mais une violente querelle entre leurs pères va imposer à Rodrigue un cruel dilemme : il doit venger son père en battant en duel le père de Chimène. Ce faisant, il perd sa fiancée. Mais Rodrigue est un héros généreux qui place l'honneur de sa famille au-dessus de son amour et de sa propre vie. Il part combattre les Maures et sa victoire lui vaut la reconnaissance du roi d'Espagne. Pour reconquérir Chimène, il doit mener un ultime duel contre l'un de ses prétendants.

La pièce contient plusieurs actions secondaires. Elle tient de la tragédie car son héros est en proie à un violent conflit intérieur mais sa fin est heureuse.

3. La tragédie classique

- La tragédie classique met en scène des **personnages illustres** (princes, rois, dieux) qui vivent des événements exceptionnels mais vraisemblables.
- Elle dénoue **une crise dont l'issue est funeste** et presque toujours **sanglante** car la fatalité des dieux ou des passions (l'*hubris*, en grec, désigne la démesure) conduit les personnages à leur perte.
- Elle met en scène un héros confronté à un **dilemme** entre **passion amoureuse** et **raison politique**.
- Elle a une finalité moralisatrice en inspirant **terreur et pitié** selon le principe de la ***catharsis***.
- Elle est composée de cinq actes, en **alexandrins**, dans un style noble.
- Elle se fonde, selon Racine, sur les registres lyrique, épique et pathétique.
- Elle respecte les **règles classiques**.

■ Exemple

Dans ***Phèdre*** de Racine (1677), l'action se déroule dans la Grèce antique. L'héroïne éponyme est tombée amoureuse d'Hippolyte, le fils de son époux Thésée. Elle tente d'étouffer cet amour contre nature par tous les moyens. Ce projet est en vain, puisque Vénus en a décidé autrement. Quand son mari est donné pour mort, elle avoue à Hippolyte horrifié son terrible secret. Mais il en aime une autre et Thésée, qui n'est pas mort, revient. La fureur de la passion de Phèdre va alors engendrer de terribles événements.

Focus

Les règles du théâtre classique

La vraisemblance →	action crédible et cohérente
La bienséance →	pas de démonstrations de violence ou d'intimité
Les trois unités	Unité de temps : (pas plus de 24h) Unité de lieu : un seul lieu Unité d'action : une seule intrigue

4. La tragédie moderne

– La tragédie moderne emprunte souvent son sujet à l'Antiquité et fait parfois allusion à l'histoire contemporaine.
– Elle met en scène des personnages impuissants en proie à une profonde **angoisse métaphysique**, plongés dans un **univers absurde**.
– Elle **mélange les tons**, utilise **différents niveaux de langage** afin de témoigner de la médiocrité de l'existence.
– Son **dénouement** est **funeste ou ambigu**.

■ Exemple

Dans ***La Machine infernale*** (1934), Cocteau revisite le mythe d'Œdipe avec humour et poésie : l'oracle a prédit qu'il tuerait son père et épouserait sa mère. Quand la peste s'abat sur Thèbes, Œdipe découvre son terrible secret et la machine infernale des dieux explose.

II La comédie

A Définition et caractéristiques

Définition

Une comédie est une pièce **divertissante**, suscitant des **émotions plaisantes** et mettant en scène des **personnages de modeste condition**. Son dénouement est le plus souvent **heureux**.

Le terme « comédie » vient du grec *komos* qui désignait une troupe, un cortège, paradant lors de fêtes données en l'honneur du dieu Dionysos.

Piège

Une même comédie peut relever de plusieurs « sous-genres », car ces catégories ne sont pas étanches.

B Les principaux sous-genres de la comédie

Les sous-genres de la comédie sont présentés chronologiquement en fonction de la période à laquelle ils sont apparus. Ils peuvent s'épanouir à différentes époques.

1. La farce

- **La farce** repose sur une **intrigue simple**.
- Elle met en scène des personnages **stéréotypés** (le jaloux, le mari trompé, etc.).
- Elle a pour but de provoquer le **rire** par les moyens les plus simples, voire les plus grossiers, sans souci de la morale.

■ Exemple

Dans ***Le Médecin malgré lui*** (1666) de Molière, l'ivrogne Sganarelle bat sa femme Martine. Le vieux Géronte a besoin d'un médecin pour sa fille. Martine décide alors de se venger de son mari, elle fait croire aux domestiques de Géronte qu'il est médecin mais qu'il faut lui asséner des coups de bâtons pour qu'il accepte de travailler. Roué de coups, Sganarelle accepte de les suivre et de prodiguer des soins dont il ignore tout.

2. La comédie d'intrigue

Définition **La comédie d'intrigue** est centrée sur les **aspects sentimentaux** ou **comiques** de la vie de ses personnages.

- elle contient de multiples **rebondissements** ;
- elle est écrite dans un style **courant**.

■ Exemple

Dans ***Le Barbier de Séville*** (1775) Beaumarchais met en scène un jeune seigneur espagnol, le comte Almaviva. Il est tombé amoureux de Rosine mais la jeune fille est retenue prisonnière par son tuteur, le vieux Bartholo qui veut l'épouser. Il demande à Figaro, le barbier de Bartholo, de lui prêter main forte pour délivrer la belle.

3. La comédie classique

- **La comédie classique** met en scène des personnages **stéréotypés** (valet débrouillard, jeune ingénue, servante insolente, père tyrannique, etc.) issus de la petite noblesse, des bourgeois et des valets.
- Elle est écrite soit dans un style **courant** et utilise la prose, soit dans un style **noble** et en alexandrins.
- Elle emprunte ses sujets à la **vie ordinaire** et traite principalement le thème du **mariage contrarié** quand les pères font passer leurs intérêts avant le bonheur de leurs enfants.
- Elle respecte la règle des trois unités (de façon moins systématique que la tragédie).
- Elle a une **finalité moralisatrice** : elle montre les travers de la société ou d'un trait de caractère en les ridiculisant.
- Son **dénouement** est le plus souvent **heureux** et les obstacles sont surmontés.

■ **Exemple**

Dans *Tartuffe* (1664) de Molière, Orgon s'est laissé berner par Tartuffe, il lui a ouvert les portes de sa maison et il veut lui donner sa fille en mariage. Quand le faux dévot entreprend de séduire sa femme Elmire, tous les membres de sa famille unissent leurs forces pour le démasquer. Cette comédie est l'occasion pour Molière de dénoncer la fausse piété et les excès de la religion.

4. La comédie de mœurs

- **La comédie de mœurs** entend dénoncer **les travers** d'une **époque,** d'une **classe sociale**, d'une **profession**.
- Elle s'attaque aux **valeurs figées** et aux **idées préconçues**.

■ **Exemple**

Dans *« Art »* (1994) de Yasmina Reza, Serge a dépensé une fortune pour acheter un tableau monochrome blanc. Quand son ami Marc vient le voir, une querelle éclate entre les deux amis car Marc ne comprend pas cet achat qu'il juge absurde. Il n'y voit qu'une forme de snobisme. Le thème de l'art n'est au fond qu'un prétexte pour interroger la complexité des rapports humains et les valeurs de la société contemporaine.

5. La comédie de caractère

La comédie de caractère entend montrer les **travers** et les **ridicules** d'un **type humain** qui a un **défaut** particulier qu'il fait subir à son entourage.

■ Exemple

Dans ***L'Avare*** (1668) de Molière, Harpagon est un vieil avare tyrannique. Il fait passer ses intérêts financiers avant le bonheur de ses enfants. Il veut épouser la jeune Mariane qui est tombée amoureuse de son fils Cléante. Quant à sa fille Élise, il veut la marier à Anselme plutôt qu'à celui qu'elle aime.

6. La comédie satirique

- **La comédie satirique** dénonce **la tyrannie des puissants**.
- Elle utilise fréquemment le **travestissement**.
- Elle propose une intrigue centrée sur les **désordres amoureux** qui sont liés au fait que les amants n'appartiennent pas à la même **classe sociale**.

■ Exemple

Le Mariage de Figaro (1784) de Beaumarchais est le second volet de la trilogie de l'auteur (dont le premier volet est *Le Barbier de Séville*). On retrouve les protagonistes trois ans plus tard : le comte Almaviva a épousé Rosine et Figaro doit épouser Suzanne. Mais le premier délaisse sa femme et veut exercer son droit de cuissage sur la fiancée de son valet. L'ingénieux Figaro, qui est le premier homme du peuple à être le héros d'une pièce, va tout faire pour dénoncer les agissements du comte et déjouer ses plans. Ses propos révolutionnaires donnent à la comédie une portée satirique.

7. Le vaudeville

- **Le vaudeville** repose sur une intrigue riche en **quiproquo** et en **coups de théâtre**.
- Elle met en scène des personnages issus de la **bourgeoisie** aux valeurs matérialistes et médiocres.
- Elle propose une situation d'équilibre instable jusqu'au **dénouement heureux**.

■ Exemple

Dans ***On purge bébé*** (1910) de Feydeau, Follavoine fabrique des pots de chambre et compte faire fortune en les vendant au ministère de la Guerre. Il organise donc un dîner d'affaires chez lui pour convaincre un de ses responsables de lui confier ce marché lucratif. Les choses se compliquent quand son fils Toto, qui est constipé, refuse de prendre son traitement.

Récapitulatif

Les principaux procédés comiques sont :

Comique de **caractère**	Manies d'un personnage, obsessions, contradictions
Comique de **situation**	Situation surprenante, inattendue, quiproquo
Comique de **gestes**	Mimiques, mouvements, attitudes ridicules d'un personnage, grimaces, chutes
Comique de **mots** (ou de langage)	Jeux de mots, façons de parler inconvenantes, confusions, répétitions mécaniques

III Le drame

A Définition et caractéristiques

Définition **Le drame** est une pièce au caractère grave, suscitant des sentiments pathétiques et mettant en scène des conflits sociaux ou psychologiques.

Dans une acception plus spécifiquement théâtrale, le drame désigne une pièce de **ton moins élevé que la tragédie**, représentant une **action violente** ou **douloureuse**, où le comique peut se mêler au tragique.

Le drame, du latin *drama* emprunté au grec ancien, signifie « action théâtrale » et étymologiquement « toute action scénique ». Il peut donc désigner, au sens large, toute œuvre dramatique.

B Les principaux sous-genres

1. Le drame bourgeois

- **Le drame bourgeois** met en scène un univers **bourgeois**.
- Les personnages, mis en scène de **façon réaliste**, s'opposent autour d'un **conflit familial**.
- Sa finalité est moralisatrice.
- Il respecte la règle des unités mais mélange de **multiples tonalités** et utilise le langage de la vraie vie.

■ **Exemple**

La Mère coupable de Beaumarchais (1792) est le troisième volet de sa trilogie. Le ton de la pièce est pathétique : Rosine a eu un fils, Léon, avec Chérubin. Il veut épouser Florestine, la fille naturelle du comte Almaviva. Un intrigant,

Bégearss, profite des dissensions au sein de la famille pour tenter de voler la fortune du comte. Figaro réussit, encore une fois, à démasquer le coupable. Sur le thème de l'adultère coupable, ce drame dénonce l'hypocrisie.

2. Le drame romantique

- **Le drame romantique** se caractérise par son **refus des règles classiques** (à l'exception de l'unité d'action) et le fait qu'il mélange de **multiples tonalités** (pathétique, épique, lyrique et comique).
- **L'élément perturbateur** de l'intrigue est le **héros** lui-même (un marginal, un être maudit).
- Le but est de saisir le personnage dans son **évolution** et dans ses **contradictions** (beauté-laideur/sublime-grotesque).
- Le dénouement est **funeste**.

■ Exemple

Dans ***Ruy Blas*** (1838) de Hugo, Ruy Blas, un simple valet, est amoureux de la reine d'Espagne. Don Salluste, son maître, veut se venger d'elle car elle l'a disgracié. Quand il découvre les sentiments de Ruy Blas, il le manipule pour orchestrer sa terrible vengeance. Il l'introduit à la cour sous l'identité de son cousin don César. Ruy Blas gravit en quelques mois toutes les marches du pouvoir jusqu'au poste de Premier ministre. La reine lui avoue alors qu'elle l'aime en secret et qu'elle a favorisé son ascension. Mais don Salluste revient sur le devant de la scène pour confondre les amants. Ruy Blas n'a d'autre choix que de se sacrifier pour sauver la femme qu'il aime.

3. Le drame spirituel

- **Le drame spirituel** propose une intrigue centrée sur un **dilemme** opposant la nature **pécheresse** et corrompue de l'homme à son aspiration à la **pureté**.
- Ses personnages sont en proie au **péché** et aux **tourments** avant d'être guidés par le **renoncement** vers la **grâce** et le spirituel.

■ Exemple

L'intrigue très complexe du ***Soulier de satin*** (1943) de Claudel a lieu au temps de la Renaissance et dure une vingtaine d'années. Don Rodrigue est un jeune capitaine qui souhaite imposer au monde entier la domination espagnole. Il brûle de passion pour doña Prouhèze, l'épouse d'un vieux juge, dont il est aimé en retour. Contraints de s'éloigner l'un de l'autre, les deux héros trouvent refuge dans la foi.

Phèdre, Jean Racine

I Réflexions sur « Passion et tragédie »

L'intitulé du parcours relie ***passion*** et ***tragédie***. Les deux notions sont intimement liées et pourtant paradoxales. En effet, depuis Aristote qui présente les principes de la tragédie antique dans *Poétique*, le spectacle tragique a pour objet les questions relatives au fonctionnement de l'État. Or, la passion est considérée comme **une faiblesse humaine**. Elle domine les hommes et presque tous les héros tragiques en subissent les effets dévastateurs. Elle est une source de conflits et elle impose aux personnages des dilemmes moraux qui nourrissent l'intrigue. Les désordres amoureux sont au cœur de presque toutes les tragédies. On peut donc se demander : **peut-il y avoir tragédie sans passion** ?

La passion joue un **rôle fondamental** dans la construction de l'intrigue d'une tragédie : elle est l'élément déclencheur de la crise qui se joue sous les yeux du spectateur, elle pousse le héros à faire des choix funestes et engendre des péripéties. Elle précipite le dénouement.

Alors que pour Corneille l'amour passionné révèle une grandeur d'âme et implique un dépassement de soi héroïque, Racine condamne ses héros passionnés à un **destin funeste**. **Sa vision de l'amour est pessimiste**, c'est une faute, la transgression d'un interdit : selon lui, **la passion détourne du devoir moral**.

Mettre en scène la passion permet de proposer une **réflexion sur les faiblesses des hommes** et d'inviter le spectateur à l'introspection.

L'intitulé du parcours invite à se poser diverses **questions** :

- Peut-il y avoir tragédie sans passion ?
- Peut-il y avoir passion sans tragédie ?
- La passion est-elle le seul ressort tragique ?
- La passion est-elle nécessairement funeste ?
- Que dit la passion du personnage tragique ?
- Que révèle le personnage tragique de la passion ?

II L'œuvre au programme

A L'auteur : Jean Racine (1639-1699)

Racine est orphelin. Il est élevé par sa grand-mère à l'abbaye janséniste de Port-Royal qui enseigne avec austérité la religion catholique. Cette éducation le marque profondément et influence son œuvre théâtrale.

Racine est un homme du XVIIe siècle et l'un des plus célèbres représentants du classicisme. Dès ses débuts au théâtre, il s'impose comme le meilleur dramaturge de sa génération. En 1664, sa première tragédie, *La Thébaïde*, est un succès. Il compose douze pièces : onze tragédies et une comédie (*Les Plaideurs* en 1664) qui sont principalement jouées à l'Hôtel de Bourgogne à Paris.

Au moment de la première représentation de *Phèdre* en 1677, Racine est au sommet de sa gloire mais il renonce un temps à l'écriture théâtrale. Louis XIV le nomme historiographe en 1677. Il suit le roi et consigne tous ses faits et gestes pour la postérité. En 1689 et 1691, il compose à nouveau deux tragédies bibliques, *Esther* et *Athalie*, à la demande de Mme de Maintenon.

B L'œuvre : Phèdre, 1677

L'intrigue de *Phèdre* est empruntée à Euripide et à Sénèque. Phèdre, fille de Minos – roi de Crète – et de Pasiphaé, a épousé Thésée après qu'il a vaincu le Minotaure. Elle suit son époux à Trézène et tombe amoureuse du fils qu'il a eu d'une précédente union. Elle est victime d'une malédiction des dieux : Vénus se venge sur elle car son grand-père avait révélé son infidélité à son époux. Elle condamne toute sa famille à vivre des amours malheureuses.

La pièce de Racine commence alors que Phèdre se meurt d'amour pour Hippolyte, son beau-fils. Elle tente en vain d'échapper à cette passion qu'elle avoue à sa confidente Œnone puis à Hippolyte lui-même qui la repousse. Lorsqu'elle comprend qu'il en aime une autre, une jalousie terrible s'empare d'elle et la pousse à accuser le jeune homme d'avoir voulu la séduire. Thésée maudit son fils et en appelle à Poséidon pour le punir. Phèdre finit par avouer la vérité à son époux mais il est trop tard pour sauver Hippolyte.

Racine considère *Phèdre* comme la meilleure de ses tragédies : le dramaturge raconte l'histoire d'un amour fou et irrépressible. Mais c'est un amour impossible qui condamne son héroïne à subir les pires souffrances et à commettre les actes les plus monstrueux. Par ailleurs, chacune de ses actions, chacune de ses paroles augmente fatalement sa culpabilité. Car Phèdre, bien que consciente de ses crimes, est incapable d'en assumer la responsabilité. Elle est par ailleurs incapable de maîtriser sa passion pour Hippolyte. Ainsi, par amour, elle court inévitablement à sa perte.

Citation

« Les moindres fautes y sont sévèrement punies ; la seule pensée du crime y est regardée avec autant d'horreur que le crime même ; les faiblesses de l'amour y passent pour de vraies faiblesses ; les passions n'y sont présentées aux yeux que pour montrer tout le désordre dont elles sont cause ; et le vice y est peint partout avec des couleurs qui en font connaître et haïr la difformité.

Jean Racine, préface de *Phèdre*, 1677

C Textes-clés

1. Acte I, scène 3

PHÈDRE.
Mon mal vient de plus loin. À peine au fils d'Égée[1]
Sous les lois de l'hymen[2] je m'étais engagée,
Mon repos, mon bonheur, semblait être affermi,
Athènes mon montra mon superbe ennemi.
Je le vis, je rougis, je pâlis à sa vue ;
Un trouble s'éleva dans mon âme éperdue ;
Mes yeux ne voyaient plus, je ne pouvais parler ;
Je sentis tous mon corps et transir[3] et brûler.
Je reconnus Vénus[4] et ses feux redoutables,
D'un sang qu'elle poursuit, tourments inévitables.
Par des vœux assidus je crus les détourner :
Je lui bâtis un temple et pris soin de l'orner ;
De victimes moi-même à toute heure entourée,
Je cherchais dans leurs flancs ma raison égarée.
D'un incurable[5] amour remèdes impuissants !
En vain sur les autels ma main brûlait l'encens :
Quand ma bouche implorait le nom de la déesse,
J'adorais Hippolyte, et le voyant sans cesse,
Même au pied des autels que je faisais fumer,
J'offrais tout à ce dieu que je n'osais nommer.
Je l'évitais partout. Ô comble de misère !
Mes yeux le retrouvaient dans les traits de son père.
Contre moi-même enfin j'osais me révolter :

J'excitai mon courage à le persécuter.
Pour bannir l'ennemi dont j'étais idolâtre,
J'affectai[6] les chagrins d'une injuste marâtre ;
Je pressai son exil, et mes cris éternels
L'arrachèrent du sein et des bras paternels.
Je respirais, Œnone ; et depuis son absence,
Mes jours moins agités coulaient dans l'innocence ;
Soumise à mon époux, et cachant mes ennuis,
De son fatal hymen je cultivais les fruits[7].
Vaines précautions ! Cruelle destinée !
Par mon époux lui-même à Trézène amenée,
J'ai revu l'ennemi que j'avais éloigné :
Ma blessure trop vive aussitôt a saigné.
Ce n'est plus une ardeur dans mes veines cachée :
C'est Vénus toute entière à sa proie attachée.
J'ai conçu pour mon crime une juste terreur.
J'ai pris la vie en haine et ma flamme en horreur ;
Je voulais en mourant prendre soin de ma gloire,
Et dérober au jour une flamme[8] si noire.
Je n'ai pu soutenir tes larmes, tes combats ;
Je t'ai tout avoué ; je ne m'en repens pas,
Pourvu que de ma mort respectant les approches,
Tu ne m'affliges plus par l'injuste reproche,
Et que tes vains secours cessent de rappeler
Un reste de chaleur tout prêt à s'exhaler[9].

1. Fils d'Égée : Thésée
2. Hymen : mariage.
3. Transir : geler.
4. Vénus : déesse de l'amour dans la mythologie romaine.
5. Incurable : que l'on ne peut soigner.
6. Affecter : feindre, faire semblant.
7. Phèdre et Thésée ont eu deux enfants.
8. Flamme : amour passionné.
9. S'exhaler : s'évaporer.

, ; Parataxe révélant l'intensité du choc et l'incapacité du héros à l'éviter
- ▶ Périphrases pour désigner Hippolyte
- ▶ Dimension épique du combat de Phèdre contre la passion
- ▶ Symptômes du coup de foudre amoureux
- ▶ Violence dirigée contre l'objet de son amour
- ▶ Évocation de la mort comme seule échappatoire

■ *Mouvements du texte*

- **Premier mouvement, le récit de la rencontre avec Hippolyte, le coup de foudre et ses effets** : de « Mon mal » à « tourments inévitables ».
- **Deuxième mouvement, Phèdre lutte en vain contre la passion amoureuse** : de « Par des vœux » à « bras paternels ».
- **Troisième mouvement, un soulagement provisoire** : de « Je respirais » à « sa proie attachée ».
- **Quatrième mouvement, la mort comme seul remède à la passion** : de « J'ai conçu » à la fin.

■ *L'essentiel à retenir du texte*

- **Une scène d'aveux** : Phèdre se meurt, dévorée par la passion coupable qu'elle éprouve pour Hippolyte. Sa nourrice et confidente Œnone, qui ignore les causes de sa détresse, la pousse aux aveux. Phèdre révèle ses sentiments dans une longue tirade. Puis elle annonce qu'elle souhaite mourir pour échapper à ses tourments insupportables.
- **Le récit d'un coup de foudre amoureux** : Phèdre raconte à Œnone dans quelles circonstances elle a rencontré Hippolyte et ce qu'elle a ressenti. Elle subit les effets traditionnels du coup de foudre : le trouble physique, l'altération de ses facultés de raisonnement et l'obsession. La soudaineté et la brutalité du coup de foudre sont décrites comme le serait une maladie incurable qui la condamnerait.
- **Phèdre, une héroïne passionnée et désespérée** : La passion s'abat sur les personnages sans prévenir. Elle crée du chaos dans l'univers théâtral et engendre un conflit qui oppose le héros aux autres forces en présence. Phèdre décrit la passion comme un sentiment destructeur qui la pousse au vice. Elle mène un combat à armes inégales puisque la fureur des dieux et de l'amour s'est abattue sur elle. Consciente du fait qu'elle lutte en vain, elle considère la mort comme la seule échappatoire possible. Son sort inspire terreur et pitié aux spectateurs.

2. Acte II, scène 5

HIPPOLYTE.
Je vois de votre amour l'effet prodigieux.
Tout mort qu'il est, Thésée est présent à vos yeux.
Toujours de son amour votre âme est embrasée.

PHÈDRE.
Oui, Prince, je languis, je brûle pour Thésée.
Je l'aime, non point tel que l'ont vu les Enfers,
Volage[1] adorateur de mille objets divers,
Qui va du dieu des morts déshonorer la couche ;
Mais fidèle, mais fier, et même un peu farouche,
Charmant, jeune, traînant tous les cœurs après soi,
Tel qu'on dépeint nos dieux, ou tel que je vous vois.
Il avait votre port, vos yeux, votre langage.
Cette noble pudeur colorait son visage,
Lorsque de notre Crète il traversa les flots,
Digne sujet des vœux[2] des filles de Minos[3].
Que faisiez-vous alors ? Pourquoi sans Hippolyte
Des héros de la Grèce assembla-t-il l'élite ?
Pourquoi trop jeune encor ne pûtes-vous alors
Entrer dans le vaisseau qui le mit sur nos bords ?
Par vous aurait péri le monstre de la Crète[4]
Malgré tous les détours de sa vaste retraite[5].
Pour en développer l'embarras incertain
Ma sœur[6] du fil fatal[7] et armé votre main.
Mais non, dans ce dessein je l'aurais devancée.
L'amour m'en eût d'abord inspiré la pensée.
C'est moi, Prince, c'est moi dont l'utile secours
Vous eût du labyrinthe enseigné les détours.
Que de soins m'eût coûtés cette tête charmante !
Un fil n'eût point assez rassuré votre amante.
Compagne du péril qu'il vous fallait chercher,
Moi-même devant vous j'aurais voulu marcher,
Et Phèdre au labyrinthe avec vous descendue,
Se serait avec vous retrouvée, ou perdue.

HIPPOLYTE.
Dieux ! Qu'est-ce que j'entends ? Madame, oubliez-vous
Que Thésée est mon père, et qu'il est votre époux ?

1. Volage : changeant.
2. Sujet des vœux : prétendant.
3. Filles de Minos : Phèdre et Ariane.
4. Le monstre de la Crète : le minotaure.
5. Vaste retraite : labyrinthe construit par Dédale.
6. Ma sœur : Ariane.
7. Fil fatal : fil qu'Ariane donne à Thésée et qui lui permet de ressortir du labyrinthe.

- ▶ Omniprésence d'Hippolyte
- ? Modalité interrogative (regret chez Phèdre, horreur chez Hippolyte)
- ▶ Termes laudatifs
- ▶ Évocation des sentiments de Phèdre
- ▶ Subjonctifs plus-que-parfait et conditionnels passés forment l'irréel du passe : ces faits n'ont pas eu lieu au grand regret de Phèdre.

Mouvements du texte

- **Premier mouvement, portrait élogieux de Thésée et implicitement Hippolyte** : de « Oui, Prince » à « filles de Minos ».
- **Second mouvement, la reconstitution d'un passé fantasmé** : de « Que faisiez-vous alors ? » à la fin.

L'essentiel à retenir du texte

- **L'aveu progressif de Phèdre** : l'annonce de la mort de Thésée laisse Phèdre libre d'aimer Hippolyte. Mais elle ignore qu'il aime une autre femme, Aricie, lorsqu'elle lui avoue ses sentiments. Dans son discours, elle confond progressivement le père et le fils dont elle superpose les images. Elle dresse des deux hommes un portrait parallèle très élogieux. Puis elle substitue l'image d'Hippolyte à celle de Thésée.
- **Hippolyte, l'objet d'une passion frénétique :** alors qu'il vient de constater la force de l'amour de Phèdre pour son père, Hippolyte se retrouve au centre de son discours. Elle imagine un passé dans lequel elle l'aurait rencontré à la place de Thésée et où elle aurait joué le rôle de sa sœur pour le sauver du minotaure. Horrifié, il comprend à la fin de sa tirade qu'il est le véritable objet de la passion de Phèdre.
- **L'engrenage de la mécanique tragique** : cet aveu de Phèdre précipite le cours tragique des événements. Hippolyte la repousse et quand Phèdre comprend qu'il en aime une autre, une terrible jalousie va s'emparer d'elle. Elle préfère détruire l'objet de son amour plutôt que de le perdre. Cette démesure de la passion s'appelle l'hubris en grec.

3. Acte V, scène 7

PHÈDRE.
Non, Thésée, il faut rompre un injuste silence :
Il faut à votre fils rendre son innocence.
Il n'était point coupable.

THÉSÉE.
Ah père infortuné !
Et c'est sur votre foi que je l'ai condamné !
Cruelle, pensez-vous être assez excusée…

PHÈDRE.
Les moments me sont chers, écoutez-moi, Thésée.
C'est moi qui sur ce fils chaste et respectueux
Osai jeter un œil profane, incestueux.
Le ciel mit dans mon sein une flamme[1] funeste.
La détestable Œnone a conduit tout le reste.
Elle a craint qu'Hippolyte instruit de ma fureur
Ne découvrît un feu[2] qui lui faisait horreur.
La perfide abusant de ma faiblesse extrême.
S'est hâté à vos yeux de l'accuser lui-même.
Elle s'en est punie, et fuyant mon courroux[3]
A cherché dans les flots un supplice trop doux.
Le fer aurait déjà tranché ma destinée.
Mais je laissais gémir la vertu soupçonnée.
J'ai voulu, devant vous exposant mes remords,
Par un chemin plus lent descendre chez les morts.
J'ai pris, j'ai fait couler dans mes brûlantes veines
Un poison que Médée apporta dans Athènes.
Déjà jusqu'à mon cœur le venin parvenu
Dans ce cœur expirant jette un froid inconnu ;
Déjà je ne vois plus qu'à travers un nuage
Et le ciel, et l'époux que ma présence outrage ;
Et la mort à mes yeux dérobant la clarté
Rend au jour, qu'ils souillaient[4], toute sa pureté.

PANOPE.
Elle expire, Seigneur.

THÉSÉE.

D'une action si noire
Que ne peut avec elle expirer la mémoire ?
Allons de mon erreur, hélas ! trop éclaircis
Mêler nos pleurs au sang de mon malheureux fils.
Allons de ce cher fils embrasser ce qui reste,
Expier la fureur d'un vœu que je déteste.
Rendons-lui les honneurs qu'il a trop mérités.
Et pour mieux apaiser ses mânes[5] irrités,
Que malgré les complots d'une injuste famille
Son amante aujourd'hui me tienne lieu de fille.

1. Flamme : amour passionné.
2. Feu : sentiment amour.
3. Courroux : colère.
4. Souiller : déshonorer.
5. Mânes : esprit des morts.

- ▶ Expressions de la volonté de Phèdre
- ▶ Tonalité pathétique : souffrance de Thésée
- ▶ Les effets du poison
- ▶ Phèdre désigne les coupables
- ▶ Expressions relatives à la mort

■ *Mouvements du texte*

- **Premier mouvement, la révélation de Phèdre à Thésée** : de « Non, Thésée » à « assez excusée… ».
- **Deuxième mouvement, Phèdre désigne les vrais coupables (elle et Œnone)** : de « Les moments » à « toute sa pureté ».
- **Troisième mouvement, la douleur et le repentir de Thésée** : de « Elle expire » à la fin.

■ *L'essentiel à retenir du texte*

- **Le dernier aveu de Phèdre à Thésée :** Phèdre, avant de mourir, déclare à Thésée que son fils est innocent. Elle accuse Œnone (qui vient de se suicider) et les dieux d'être responsables de ses agissements. Elle se considère davantage comme une victime que comme une coupable. Quand elle s'accuse elle-même, son discours prend le ton de la confession. Thésée a le mot de la fin. Il n'est plus aveuglé par sa colère ; il exprime sa souffrance et son amertume. Il reconnaît sa responsabilité et condamne cet excès de colère. Il expie ses fautes en prenant Aricie pour fille.
- **L'agonie de l'héroïne tragique :** La passion a conduit Phèdre au désespoir, à la cruauté et à la mort. Pour échapper à ses tourments, elle choisit de se suicider. Elle opte pour le poison qui lui permet de faire ses aveux et d'expier ses fautes avant de mourir. Cette scène suscite la terreur et la pitié du spectateur qui assiste à son agonie.
- **Le dénouement de la tragédie, la mort comme ultime remède à la passion :** Selon Aristote, la tragédie a une vertu purificatrice qu'il appelle la *catharsis*. La passion est considérée comme une maladie incurable. La mort est donc le dernier recours de Phèdre. Thésée est également puni de ses excès et condamné à la solitude en perdant sa femme et son fils. Le dénouement de la pièce montre au public les ravages de la passion.

Le Mariage de Figaro, Beaumarchais

I Réflexions sur « La comédie du valet »

L'intitulé du parcours s'intéresse au personnage du valet dans le genre théâtral de la comédie. Ce rôle remonte aux origines du théâtre sous les traits de l'esclave dans les comédies antiques. S'il est souvent **ingénieux et loyal**, le valet peut aussi être stupide et grossier dans les comédies italiennes de la *commedia dell'arte*. Il est souvent **dévoué** mais peut également se montrer lâche et fourbe. Cette opposition existe chez Molière mais elle est moins fréquente. Il fait du valet un des personnages essentiels à l'intrigue de ses pièces. En effet, le valet forme avec son maître un couple inséparable, un duo complémentaire ou opposé selon les situations. L'ingéniosité du valet lui permet de venir en aide à un maître en difficulté et de le sauver de situations périlleuses. Il peut également **incarner la voix de la raison** quand il est face à un maître excessif et despotique ou aveuglé par ses passions.

Au théâtre, le valet et son maître forment donc un couple comique traditionnel. À partir du XVIIIe siècle, ce duo offre entre autres aux auteurs l'occasion de proposer une **réflexion sur les injustices sociales**. En effet, Marivaux et Beaumarchais s'inscrivent dans le courant des Lumières et avec eux **le théâtre devient une tribune** qui permet de dénoncer les abus de pouvoir des puissants.

L'intitulé du parcours invite à se poser diverses **questions** :

- Quel rôle le valet joue-t-il dans une comédie ?
- Dans quelle mesure sa place est-elle fondamentale ?
- Quels comportements, quelles actions, quels discours en font un personnage comique ?
- Comment la figure du valet a-t-elle évolué à travers l'histoire littéraire ?
- En quoi le statut du valet permet-il d'en faire le porte-parole d'une révolte sociale et d'une réflexion sur le pouvoir ?
- Comment l'évolution du personnage archétypique du valet permet-elle la remise en question d'un ordre établi ?

II L'œuvre au programme

A L'auteur : Beaumarchais (1732-1799)

Pierre-Augustin Caron de Beaumarchais est le fils d'un horloger et embrasse la même carrière que son père. Il est tour à tour homme d'affaires, professeur de harpe des filles de Louis XV, secrétaire du roi envoyé en missions secrètes à Londres ou à Vienne. C'est un brillant esprit.

Ses premières œuvres littéraires n'ont aucun succès mais, en 1775, sa première pièce, ***Le Barbier de Séville***, est un triomphe qui lui apporte la célébrité.

Il fonde la Société des auteurs et compositeurs dramatiques en 1777 pour défendre les droits et le statut des auteurs. Il refuse l'argent que la Comédie-Française devait lui verser pour une trentaine de représentations du *Barbier de Séville*. Il exige de connaître les recettes exactes rapportées par le spectacle de sa pièce pour être justement rémunéré. Il faut attendre 1791 pour qu'une loi concernant les droits d'auteur soit votée à l'Assemblée nationale. Cette loi forme encore aujourd'hui la base de la législation en matière de droits des auteurs.

Le deuxième volet de la trilogie de Beaumarchais, ***Le Mariage de Figaro*** est une comédie en cinq actes. **Elle est d'abord interdite par Louis XVI** – qui y voit la critique de la monarchie absolue – avant de remporter un grand succès. Sa dernière pièce, ***La Mère coupable***, qui clôt la trilogie, emportera également l'adhésion du public en 1796.

B L'œuvre : Le Mariage de Figaro, 1784

Après le triomphe du *Barbier de Séville* en 1775, Beaumarchais écrit la **suite des aventures du comte Almaviva et de Figaro**. Plusieurs années ont passé, le comte a épousé Rosine et Figaro est rentré à son service. Il est concierge du château, c'est-à-dire intendant. Il doit épouser Suzanne, la première camériste (femme de chambre) de la comtesse. Mais le comte délaisse sa femme et a jeté ses vues sur la fiancée de Figaro. Il est devenu un odieux seigneur qui veut exercer son « **droit de cuissage** » et profiter du fait que les seigneurs pouvaient exiger les faveurs de leurs servantes. Figaro fait tout pour le détourner de ce projet mais il doute parfois de la sincérité de sa fiancée. La comtesse et Suzanne s'allient pour déjouer elles aussi les plans du comte.

Le sous-titre de la pièce, « la folle journée », rend compte du **rythme effréné** de cette comédie. **Le ton de la pièce est plaisant**, l'intrigue emprunte **le schéma traditionnel des amours contrariées**.

Beaumarchais est l'héritier de Molière. Comme pour son prédécesseur, le théâtre permet de montrer et de **ridiculiser les vices des hommes** de son temps. Certains passages de la pièce gagnent d'ailleurs en gravité quand les personnages remettent en question l'ordre social et dénoncent les mœurs de la société de la fin du siècle, quelques années avant la Révolution française. En effet, cette pièce est l'occasion pour son auteur de proposer une critique virulente de l'aristocratie.

Figaro est le personnage principal du *Mariage de Figaro*. **Pour la première fois dans l'histoire du théâtre, un valet tient le premier rôle.** Il est rusé, facétieux, insolent, comme la plupart des valets de comédie. Mais Beaumarchais lui donne une dimension supplémentaire : **Figaro est un révolté**. Il s'insurge contre l'ordre social, dénonce les privilèges des aristocrates et toutes les formes d'injustices.

C Textes-clés

1. Acte III, scène 5

LE COMTE.
Quel motif avait la Comtesse pour me jouer un pareil tour[1] ?

FIGARO.
Ma foi, Monseigneur, vous le savez mieux que moi.

LE COMTE.
Je la préviens[2] sur tout, et la comble de présents.

FIGARO.
Vous lui donnez, mais vous êtes infidèle. Sait-**on** gré du superflu à qui nous prive du nécessaire ?

LE COMTE.
… Autrefois tu me disais tout.

FIGARO.
Et maintenant je ne vous cache rien.

LE COMTE.
Combien la Comtesse t'a-t-elle donné pour cette belle association ?

FIGARO.
Combien me donnâtes-vous pour la tirer des mains du docteur[3] ? Tenez, Monseigneur, n'humilions pas l'homme qui nous sert bien, crainte d'en faire un mauvais valet.

LE COMTE.
Pourquoi faut-il qu'il y ait toujours du louche en ce que tu fais ?

FIGARO.
C'est qu'**on** en voit partout quand **on** cherche des torts.

LE COMTE.
Une réputation détestable !

FIGARO.
Et si je vaux mieux qu'elle ? Y a-t-il beaucoup de seigneurs qui puissent en dire autant ?

LE COMTE.
Cent fois je t'ai vu marcher à la fortune[4], et jamais aller droit.

FIGARO.
Comment voulez-vous ? la foule est là : chacun veut courir : **on** se presse, **on** pousse, **on** coudoie[5], **on** renverse, arrive qui peut ; le reste est écrasé. Aussi c'est fait ; pour moi, j'y renonce.

LE COMTE.
À la fortune ? (*À part.*) Voici du neuf.

FIGARO, *à part.*
A mon tour maintenant. (*Haut.*) Votre Excellence m'a gratifié de la Conciergerie du château ; c'est un fort joli sort : à la vérité, je ne serai pas le courrier Ètrenné[6] des nouvelles intéressantes ; mais, en revanche, heureux avec ma femme au fond de l'Andalousie…

LE COMTE.
Qui t'empêcherait de l'emmener à Londres ?

FIGARO.
Il faudrait là quitter si souvent que j'aurais bientôt du mariage par-dessus la tête.

LE COMTE.
Avec du caractère et de l'esprit, tu pourrais un jour t'avancer dans les bureaux.

FIGARO.
De l'esprit pour s'avancer ? Monseigneur se fit du mien. Médiocre et rampant, et l'**on** arrive à tout.

LE COMTE.
… Il ne faudrait qu'étudier un peu sous moi la politique[7].

FIGARO.
Je la sais.

LE COMTE.
Comme l'anglais, le fond de la langue !

FIGARO.
Oui, s'il y avait ici de quoi se vanter. Mais feindre d'ignorer ce qu'**on** sait, de savoir tout ce qu'**on** ignore ; d'entendre ce qu'**on** ne comprend pas, de ne point ouïr ce qu'**on** entend ; surtout de pouvoir au-delà de ses forces ; avoir souvent pour grand secret de cacher qu'il n'y en a point ; s'enfermer pour tailler des plumes, et paraître profond quand **on** n'est, comme on dit, que vide et creux ; jouer bien ou mal un personnage, répandre des espions et pensionner des traîtres ; amollir des cachets[8], intercepter des lettres, et tâcher d'ennoblir la pauvreté des moyens par l'importance des objets : voilà toute la politique, ou je meure !

LE COMTE.
Et ! C'est l'intrigue que tu définis !

1. Un pareil tour : plus tôt dans la pièce, le comte a cru que sa femme cachait un amant dans sa chambre ; il s'agissait en réalité de Suzanne.
2. Je la préviens : je prends soin d'elle.
3. Figaro fait référence à l'intrigue du premier volet de la trilogie de Beaumarchais, *Le Barbier de Séville*, dans lequel il avait aidé le comte à séduire sa femme retenue prisonnière par Bartholo le docteur.
4. Marcher à la fortune : mener ta vie au hasard.
5. Coudoie : heurte du coude.
6. Courrier étrenné : premier à recevoir des nouvelles.
7. Sous moi : à mon service.
8. Amollir les cachets : ouvrir discrètement les lettres en ramollissant les cachets de cire afin de les lire secrètement.

- Formules proverbiales
- Emploi du conditionnel
- Lexique de la duplicité
- Reproches explicites et implicites adressés par Figaro au comte
- Emploi du pronom indéfini généralisant « on »
- Ton catégorique de Figaro
- Stratégie du comte pour manipuler Figaro en le flattant

Mouvements du texte

- **Premier mouvement, le comte Almavira soupçonne Figaro de servir les intérêts de la comtesse :** de « Quel motif » à « mauvais valet. »
- **Deuxième mouvement, reproches implicites des deux hommes** : de « Pourquoi faut-il » à « Voici du neuf. »
- **Troisième mouvement, le comte tente d'éloigner Figaro du château, Figaro critique les méthodes des ambitieux :** de « À mon tour » à la fin.

L'essentiel à retenir du texte

- **Une scène d'affrontement** : Le comte soupçonne Figaro de tromperie et de dissimulation. Il pense que son valet sert les intérêts de la comtesse et tente de lui faire avouer la vérité. Mais Figaro réplique et lui reproche son infidélité envers sa femme. Il lui rappelle par ailleurs qu'il ne devrait pas remettre en question sa loyauté puisque c'est lui qui l'avait aidé à séduire Rosine quand elle était prisonnière de Bartholo (ce qui constitue l'intrigue principale du *Barbier de Séville*). Figaro sort vainqueur de ce duel verbal comme le montre le fait que le comte change de sujet.
- **Une stratégie inopérante** : Le comte veut séduire Suzanne. Pour cela, il décide d'éloigner Figaro du château. Il lui suggère qu'il pourrait espérer une meilleure situation sociale et financière. Puis, il tente de le flatter en vantant son esprit. Figaro qui connaît ses projets se place dans une position avantageuse : grâce à sa vivacité d'esprit, il parvient à analyser le discours du comte et à lui répondre sans se compromettre.
- **Figaro, un valet de comédie hors du commun** : Figaro est un valet d'un genre nouveau. Il tient tête au comte, lui adresse des reproches et critique son attitude envers sa femme. Selon lui, le comte la comble de cadeaux mais il la délaisse et lui est infidèle. Par ailleurs, il fustige avec beaucoup d'assurance et sur un ton catégorique les moyens douteux qu'il faut utiliser pour réussir dans cette société.

2. Acte V, scène 3

FIGARO, *seul.*

O femme ! femme ! femme ! créature faible et décevante !... nul animal créé ne peut manquer à son instinct : le tien est-il donc de tromper ?... Après m'avoir obstinément refusé quand je l'en pressais devant sa maîtresse ; à l'instant qu'elle me donne sa parole ; au milieu même de la cérémonie... Il riait en lisant, le perfide ! et moi, comme un benêt !... Non, Monsieur le comte, vous ne l'aurez pas... vous ne l'aurez pas. Parce que vous êtes un grand seigneur, vous vous croyez un grand génie !... noblesse, fortune, un rang, des places, tout cela rend si fier ! Qu'avez-vous fait pour tant de biens ? vous vous êtes donné la peine de naître, et rien de plus. Du reste, homme assez ordinaire ! tandis que moi, morbleu ! perdu dans la foule obscure, il m'a fallu déployer plus de science et de calculs pour subsister seulement, qu'on n'en a mis depuis cent ans à gouverner toutes les Espagnes ; et vous voulez jouter... On vient... c'est elle... Ce n'est personne. La nuit est noire en diable, et me voilà faisant le sot métier de mari, quoique je ne le sois qu'à moitié ! (*Il s'assied sur un banc.*) Est-il rien de plus bizarre que ma destinée ! Fils de je ne sais pas qui ; volé par des bandits ; élevé dans leurs mœurs, je m'en dégoûte et veux courir une carrière honnête ; et partout je suis repoussé ! [...]

▶ Éléments biographiques : sort misérable de Figaro
▶ Changement d'énonciation et d'interlocuteur
! ? Modalité interrogative et exclamative : colère et désarroi de Figaro
▶ Expressions et termes péjoratifs
▶ Omniprésence de la 1re personne du singulier : introspection de Figaro

Mouvements du texte

- **Premier mouvement, reproches adressés à Suzanne** : de « O femme ! » à « cérémonie… ».
- **Deuxième mouvement, critique du comte et des privilèges de la naissance** : de « Il riait » à « assez ordinaire ! ».
- **Troisième mouvement, réflexion sur son parcours et son identité** : de « tandis que » à la fin.

L'essentiel à retenir du texte

- **Le désarroi du héros** : Ce monologue étonne par sa longueur. Le ton de la réplique est grave : pour la première fois dans la pièce, Figaro fait part de ses réflexions personnelles et intimes alors qu'il est affranchi de la présence des autres personnages. Son inquiétude s'exprime par de la colère et de l'agitation : il s'adresse à différents interlocuteurs (Suzanne, le comte Almaviva) auxquels il adresse d'importants griefs. Il a découvert que Suzanne a rendez-vous avec le comte et il craint qu'elle ne soit séduite par son maître.
- **Figaro, un nouveau valet de comédie** : Figaro retrace son parcours, celui d'un héros picaresque. Intelligent mais pauvre et orphelin, il se questionne sur son identité car son existence n'a été faite que d'aventures hasardeuses. Ainsi, Figaro a plus qu'un rôle purement dramaturgique servant l'avancée de l'intrigue car cette introspection lui donne de l'épaisseur et enrichit le personnage du valet.
- **Un plaidoyer en faveur des idées des Lumières** : Figaro est furieux contre le comte qui a jeté son dévolu sur sa fiancée. Au-delà de la simple jalousie d'un homme qui se croit trahi (il ignore tout du stratagème mis en œuvre par Suzanne et la comtesse pour déjouer les plans du comte), ce monologue conteste les privilèges de la naissance et comporte une virulente critique des puissants qui réussissent sans mérite.

3. Acte V, scène 7

Dans cette scène, le comte Almaviva croit rencontrer Suzanne alors que c'est sa femme la comtesse qui a pris l'identité de sa servante.

LE COMTE, *prend la main de sa femme.*
Mais quelle peau fine et douce, et qu'il s'en faut que la Comtesse ait la main aussi belle !

LA COMTESSE, *à part.*
Oh ! la prévention !

LE COMTE.
A-t-elle ce bras ferme et rondelet ! ces jolis doigts pleins de grâce et d'espièglerie ?

LA COMTESSE, *de la voix de Suzanne.*
Ainsi l'amour…

LE COMTE.
L'amour… n'est que le roman du cœur : c'est le plaisir qui en est l'histoire ; il m'amène à tes genoux.

LA COMTESSE.
Vous ne l'aimez plus ?

LE COMTE.
Je l'aime beaucoup ; mais trois ans d'union rendent l'hymen si respectable !

LA COMTESSE.
Que vouliez-vous en elle ?

LE COMTE, *la caressant.*
Ce que je trouve en toi, ma beauté…

LA COMTESSE.
Mais dites donc.

LE COMTE.
… Je ne sais : moins d'uniformité peut-être, plus de piquant dans les manières, un je-ne-sais-quoi qui fait le charme ; quelquefois un refus, que sais-je ? Nos femmes croient tout accomplir en nous aimant ; cela dit une fois, elles nous aiment, nous aiment (quand elles nous aiment) et sont si complaisantes et si constamment obligeantes, et toujours, et sans relâche, qu'on est tout surpris, un beau soir, de trouver la satiété où l'on recherchait le bonheur.

LA COMTESSE, *à part.*
Ah ! quelle leçon !

LE COMTE.
En vérité, Suzon, j'ai pensé mille fois que si nous poursuivons ailleurs ce plaisir qui nous fuit chez elles, c'est qu'elles n'étudient pas assez l'art de soutenir notre goût, de se renouveler à l'amour, de ranimer, pour ainsi dire, le charme de leur possession par celui de la variété.

LA COMTESSE, *piquée.*
Donc elles doivent tout ?…

LE COMTE, *riant.*
Et l'homme rien ? Changerons-nous la marche de la nature ? Notre tâche, à nous, fut de les obtenir ; la leur…

LA COMTESSE.
La leur ?…

LE COMTE.
Est de nous retenir : on l'oublie trop.

- ▶ Propos galants du comte pour séduire Suzanne
- ▶ Vive réaction de la comtesse
- ▶ Jeu de la comtesse : elle lui joue la comédie
- ▶ Interrogation et injonction de la comtesse
- ▶ Vision du bonheur selon le comte
- ▶ Vérités générales : les épouses seraient responsables de l'éloignement de leurs maris

Mouvements du texte

- **Premier mouvement, jeu de séduction du comte et dissimulation de la comtesse déguisée en Suzanne** : de « *prend la main de sa femme* » à « tes genoux ».
- **Deuxième mouvement, la comtesse pousse le comte à justifier le fait qu'il la délaisse** : de « Vous ne l'aimez plus ? » à « Mais dites donc ».
- **Troisième mouvement, la vision du bonheur selon le comte et les reproches adressés aux épouses** : de « … Je ne sais » à la fin.

L'essentiel à retenir du texte

- **Une scène de théâtre dans le théâtre :** Le comte Almaviva croit s'adresser à Suzanne alors qu'il dialogue en réalité avec sa femme, la comtesse, qui a pris l'apparence de sa servante. Elle lui joue la comédie pour comprendre pourquoi il la délaisse et pour tenter de le reconquérir.
- **Une scène de comédie, le comte ridiculisé :** Cette scène repose sur le principe du quiproquo, situation comique par excellence. Le spectateur est complice du stratagème orchestré par la comtesse et Suzanne pour déjouer les plans du comte. Il avoue ici son infidélité et la justifie. Les compliments qu'il adresse à celle qu'il croit être Suzanne ont pour but de la flatter donc de la séduire. En réalité, le comte se ridiculise en vantant les charmes de Suzanne alors qu'il ne reconnaît même pas sa femme. Suzanne, cachée, assiste à la scène, ce qui renforce encore le comique de la situation.
- **Une réflexion sur le mariage et les rapports entre hommes et femmes :** Le comte justifie son infidélité et son attirance pour Suzanne. Il s'ennuie avec son épouse. Selon lui, c'est l'attitude attentionnée de la comtesse qui est à l'origine de sa lassitude et de son désintérêt. Il cherche à éprouver du désir et c'est en partie parce que Suzanne se refuse à lui qu'elle lui plaît.

Oh les beaux jours, Samuel Beckett

I Réflexions sur « Un théâtre de la condition humaine »

Si elle ne se limite pas à cette question, **l'expression « condition humaine »** renvoie principalement à la vie et à la mort. L'homme est par nature **voué à mourir**, et la vie ne peut être conçue qu'en fonction de cette **finalité tragique** qu'est la mort :

- Quel sens la vie a-t-elle puisqu'elle mène à la mort ?
- La vie n'est-elle autre chose qu'une longue attente de la mort ?
- Pourquoi s'efforcer de la remplir si elle aboutit au néant ?

La condition mortelle de l'homme implique également une **interrogation sur la liberté humaine et la possibilité d'accéder au bonheur**.

Le théâtre, et en particulier le **théâtre tragique**, permet de représenter la condition tragique de l'homme, de mettre en scène des personnages aux prises avec le destin, de montrer que cette lutte est vaine. Qu'il prenne la forme du *fatum* dans l'Antiquité ou de la fatalité à l'époque classique, qu'il soit imposé par les dieux ou non, le **destin tragique de l'homme** est au cœur de la tragédie.

Au XXIe siècle, dans un contexte de crise morale et idéologique, **le théâtre de l'absurde** des années 1950-1960 renouvelle la représentation théâtrale de la condition humaine. Les dramaturges Ionesco et Beckett illustrent par des moyens théâtraux **l'absurdité de l'existence humaine**. Ils en donnent une image « comico-tragique » comme l'écrit Ionesco dans *Notes et contre-notes* (1962). Leurs personnages, suffisamment dépouillés de toute individualité pour être représentatifs de la condition humaine en général, ne font qu'attendre en vain, tuer l'ennui. Ainsi, l'absurdité de l'action apparaît comme la métaphore de l'absurdité de l'existence, qui s'exprime par la dérision, l'insolite, le rire.

Citation

> « Rien n'est plus drôle que le malheur […]. »
>
> Samuel Beckett, *Fin de partie*, 1957

II L'œuvre au programme

A L'auteur : Samuel Beckett (1906-1989)

Samuel Beckett est **né en Irlande**, dans une famille de la bourgeoisie protestante. Il poursuit des études de littérature française qui le conduisent à séjourner à **Paris, où il s'installe définitivement à la fin des années 1930**. Il y fréquente le monde artistique et littéraire, se lie d'amitié avec son compatriote James Joyce, célèbre romancier. Il commence à écrire lui-même (essais, nouvelles, poèmes) et publie son premier roman en anglais, *Murphy*, en 1938.

Toutefois, Beckett s'aperçoit assez tôt qu'il lui faut **écrire en français**, et non en anglais, afin de se libérer du poids de la tradition littéraire et de parvenir au **style épuré, dépouillé**, qu'il souhaite atteindre.

Il écrit **trois romans en français** : *Molloy*, *Malone meurt* et *L'Innommable* publiés entre 1951 et 1953 par les Éditions de Minuit, maison d'édition à laquelle Beckett restera fidèle toute sa vie.

Mais il se fait surtout connaître au théâtre, avec la pièce ***En attendant Godot***, qui rencontre un très grand succès lors de sa première mise en scène par Roger Blin en 1952. La pièce fait scandale et divise la critique, en raison de **l'absence de personnages et d'intrigue au sens traditionnel du terme**. Dès lors, s'il continue à écrire des textes narratifs, Beckett se tourne principalement vers le théâtre. Parmi ses textes les plus connus, il écrit ***Fin de partie*** en 1957, ***Oh les beaux jours*** en 1961 et ***La Dernière Bande*** en 1960.

L'œuvre théâtrale de Beckett se singularise par **une écriture minimaliste et déroutante**, qui heurte les habitudes et attentes des spectateurs, et tend de plus en plus au fil des ans vers le visuel pur.

S'il refuse obstinément d'éclairer ses propres pièces ou d'en donner les clés, Beckett semble néanmoins traduire dans son œuvre le caractère à la fois tragique et grotesque de la **condition humaine**. Ses personnages, marginaux, isolés, en souffrance, atteints bien souvent d'une forme de décrépitude du corps, passent leur temps à attendre un « Godot » ou une « fin » qui se refuse à eux ; leur existence est vide et vaine, elle s'étire dans une durée infinie, se prolonge dans une souffrance ininterrompue et sans objet véritable.

Beckett reçoit le prix Nobel et littérature en 1969, consécration suprême pour un écrivain, mais ne se rend pas lui-même à la célébration de ce prix à Stockholm. Il ne souhaite pas recevoir ces honneurs et préfère vivre reclus. À la fin de sa vie, il écrit moins mais demeure une **figure majeure de la littérature contemporaine**. Ses pièces sont régulièrement reprises et mises en scène. Il travaille étroitement avec les metteurs en scène, leur fournissant des indications très précises. Il meurt en 1989, quelques mois après son épouse, qui l'a accompagné toute sa vie.

B L'œuvre : Oh les beaux jours (1963)

La pièce *Oh les beaux jours* est **d'abord écrite par Beckett en anglais sous le titre *Happy days*** et créée à New York en septembre 1963. Traduite en français par l'auteur lui-même, elle est ensuite **mise en scène par Roger Blin**, avec **Madeleine Renaud** et **Jean-Louis Barrault** dans les rôles principaux, et présentée au Festival de Théâtre de Venise en septembre 1963. Elle rencontre un très grand succès et arrive à Paris au Théâtre de l'Odéon à partir d'octobre 1963.

Pièce en deux actes pour deux personnages, *Oh les beaux jours* étonne par son **caractère quasi monologique** et par le **dispositif scénique** imaginé par Beckett.

En effet, Winnie, la cinquantaine, interprétée par Madeleine Renaud, est **immergée dans un monticule jusqu'à mi-corps** (puis jusqu'au cou dans le deuxième acte) et s'adresse à son époux, Willie, qui est caché derrière le monticule et se contente de maugréer de temps en temps.

La pièce est donc constituée d'un **long monologue de Winnie**, émaillé de très nombreuses didascalies. Winnie s'extasie devant le jour qui se lève et chaque détail de ce quotidien qui chaque jour recommence à l'identique mais qu'elle s'efforce de toujours regarder avec un œil neuf. Elle pioche dans son sac divers objets plus ou moins insolites, qui donnent lieu à des commentaires, et médite sur la vacuité de l'existence, la souffrance qu'elle cause. Son monologue exprime donc **l'absurdité de la condition humaine**, mais aussi la volonté de trouver en soi la force et l'enthousiasme de poursuivre sans désespérer.

C Textes-clés

Les références renvoient à la pagination de la pièce publiée aux Éditions de Minuit.

1. Premier extrait

Le texte étudié s'étend de la page 11 à la page 13, de « Étendue d'herbe brûlée… » à « Commence ta journée, Winnie. »

■ *Mouvements du texte*

- **Premier mouvement, didascalie initiale** : de « Étendue d'herbe brûlée » à « Un temps long ».
- **Deuxième mouvement, un début de journée** : de « WINNIE. – (*Fixant le zénith.*) » à « Commence ta journée, Winnie ».

L'essentiel à retenir du texte

- **L'importance de la mise en scène :** La didascalie initiale est très longue et détaillée. Au sein du texte, les didascalies prédominent largement. Cela montre l'importance accordée par le dramaturge à la mise en scène : décor, éléments sonores, gestes du personnage sont indiqués au détail près. Parmi ces didascalies, on peut noter la récurrence de « Un temps. » qui révèle la fréquence et l'importance du silence. Le texte semble moins compter que la mise en scène et les silences. Les artifices théâtraux sont mis en valeur pour empêcher toute illusion théâtrale : décor en « trompe-l'œil », sonnerie stridente qui annonce le début de la journée et de la pièce, premiers mots solennels de Winnie qui s'exhorte à « commence[r] [s]a journée », c'est-à-dire aussi commencer à jouer.
- **Un dispositif scénique insolite et symbolique de la condition humaine :** Winnie est encastrée à mi-corps dans un « mamelon », ce qui est improbable d'une part et implique qu'elle reste statique tout au long de la pièce d'autre part. Pourtant, le théâtre est un art du jeu, du mouvement. La situation de Winnie paraît cocasse, mais aussi angoissante en raison de son incapacité à contrôler son corps et à se mouvoir. Elle peut traduire symboliquement l'absence de liberté et le poids de l'existence. Winnie est même dite « enterrée », donc sa situation est celle d'une demi-morte.
- **Winnie, personnage tragique ? :** Malgré son âge, Winnie est décrite comme une femme plutôt jolie, coquette, féminine, pleine de vie. Lorsqu'elle se réveille, ses premiers mots sont très optimistes, hyperboliques même, et font penser au titre de la pièce. Elle semble rendre grâce à Dieu dans une prière dont l'on n'entend que les derniers mots. Pourtant, elle se trouve dans une situation handicapante et angoissante. Son environnement est agressif, comme en témoigne la sonnerie stridente qui la réveille, et elle est quasiment seule puisque Willie est dissimulé derrière le mamelon. Isolement, immobilité et contrainte caractérisent son quotidien. La phrase à l'impératif « Commence, Winnie. [...] Commence ta journée, Winnie. » semble montrer qu'il lui faut du courage pour trouver la force de commencer, que cela ne va pas de soi. Winnie apparaît donc comme un personnage tragique, luttant contre la destinée humaine, représentée par la situation dans laquelle elle se trouve.

2. Deuxième extrait

Le texte étudié s'étend de la page 33 à la page 35, de « WINNIE. – (*Voix normale, d'une traite.*) à « Enfin ça ne fait rien. »

Mouvements du texte

- **Premier mouvement, le doute croissant de Winnie** : de « WINNIE. – (*Voix normale, d'une traite.*) à « Même quand tu seras parti, Willie ».
- **Deuxième mouvement, la solitude dans le couple** : de « (*Elle se tourne un peu vers lui.*) » à « Enfin ça ne fait rien ».

L'essentiel à retenir du texte

- **Un monologue ?** Willie vient de grommeler quelques mots avec agressivité et Winnie lui répond longuement. Elle n'est pas seule sur scène, puisque Willie est présent, et elle s'adresse à lui, donc il ne s'agit pas d'un monologue au sens strict, mais plutôt d'un soliloque. Pourtant, elle parle « d'une traite » au début, sa parole est continue, interrompue seulement par des silences (« Un temps. ») et Willie ne répond pas à ses questions. Winnie avoue que l'important pour elle est que Willie soit « à portée de voix » et qu'il soit susceptible de l'entendre. Elle a besoin de cet interlocuteur, bien que muet et indifférent, pour poursuivre son soliloque, pour continuer tout court. Elle craint le jour où cet interlocuteur ne sera plus là et où il ne lui restera plus qu'à « regarder droit devant [elle], les lèvres fermées. »
- **Le désespoir croissant de Winnie :** Winnie fait preuve d'enthousiasme et même de gratitude à l'égard de Willie au début, le remerciant pour ces quelques mots. Pourtant, très vite, le spectateur sent poindre son désespoir, évoqué par la métaphore « un ver qui me ronge ». Le rythme d'abord haletant de la parole laisse alors place à une parole plus discontinue et hésitante. Winnie se projette dans un avenir douloureux, un « désert » auquel elle se refuse en répétant « Non », le regard fixe. La suite du texte est marquée par de nombreuses questions, qui demeurent sans réponse, et la répétition de « je me le demande ». La didascalie « *la voix se brise* » montre le désespoir de Winnie, qui s'efforce de se reprendre, mais ne peut s'empêcher de supplier Willie de la regarder, en vain. Le passage est donc caractérisé par une gradation du désespoir de Winnie.
- **La solitude de Winnie :** Dans ce passage, Winnie dit sa solitude et son désarroi. Willie n'est pour elle qu'une oreille « à portée de voix », qui risque de la quitter bientôt ; elle se raccroche à son sac et aux objets qu'il contient sans paraître convaincue qu'il pourra combler le vide. Surtout, elle évoque sa relation avec Willie avec amertume, s'interrogeant sur la possibilité de voir l'autre et d'être vu au sein du couple. Cela devient obsessionnel et insistant dans le 2e mouvement du texte. Winnie réclame de Willie un regard qui puisse justifier son existence, sans l'obtenir.

3. Troisième extrait

Le texte étudié s'étend de la page 73 à la page 77, de « WINNIE. – (*Mondaine.*) » à « Ils se regardent. Temps long. »

Mouvements du texte

- **Premier mouvement, une parodie d'échange amoureux** : de « WINNIE. – (*Mondaine.*) » à « je permets ».
- **Deuxième mouvement, un dénouement ambigu :** de « *Il lâche chapeau et gants* » à « Ils se regardent. Temps long ».

L'essentiel à retenir du texte

- **La rencontre du lyrisme et de la trivialité :** comme bien souvent dans la pièce, Winnie rappelle à Willie l'époque de leur rencontre avec une certaine nostalgie, et une pointe d'amertume. Elle cite quelques-uns des mots d'amour qu'il lui a dits dans leur jeunesse (ce qu'elle appelle souvent « le vieux style » dans la pièce), mais regrette que le temps de la séduction ait été si court et si vite expédié (« sois à moi je t'adore et finie fleurette »). D'ailleurs, ces jolies phrases dont elle se souvient sont entrecoupées de détails triviaux, sur l'anthrax de Willie, ses vieux restes, son chapeau qu'il a retiré. Les mots d'amour appartiennent au passé et ce vieux couple n'est plus qu'une parodie de couple, en dépit de l'esprit encore exalté et romantique de Winnie et de ses « beaux restes ». D'ailleurs, le passage souligne une fois de plus l'incommunicabilité entre les êtres, même et peut-être surtout au sein du couple. Le texte est émaillé de silences et de moments où Willie ne répond pas aux questions de Winnie qui s'en agace et lui demande s'il est devenu sourd.
- **Oh les beaux jours** : Winnie se réjouit de cette journée : comme toujours elle fait preuve d'enthousiasme et d'optimisme, et nombreuses sont les expressions et les didascalies qui le traduisent.

  Winnie annonce la fin en se disant : « Plus pour longtemps, Winnie ». Cette phrase peut s'entendre à différents niveaux :

  - fin du jour (puisqu'elle en parle déjà au futur antérieur : « ça aura été quand même un beau jour ») ;
  - fin de la pièce et enfin sans doute fin de la vie.

  Il semble que Winnie soit soulagée par cette perspective. À la fin de la pièce, elle entonne sa chanson, une chanson douce et optimiste, à l'image de son état d'esprit dans toute la pièce, mais en décalage avec la situation et l'état dans lequel elle se trouve.
- **Une fin tragique ?** Willie fait preuve d'un sursaut d'énergie et déploie toutes ses forces, sous les encouragements de Winnie, pour atteindre le revolver. Cette action est ambiguë, et Winnie elle-même ne sait comment l'interpréter : souhaite-t-il tirer sur Winnie ? se suicider ? ou bien atteindre Winnie pour l'embrasser ? Winnie l'encourage, mais semble un instant s'inquiéter lorsqu'elle lui demande s'il a perdu la raison. Le long regard que Winnie et Willie échangent à la toute fin de la pièce laisse planer le doute sur l'issue de cette scène, qui est refusée au spectateur puisque le rideau retombe sans que Winnie ait pu achever son geste.

Quiz L'histoire du théâtre

1. Quel genre la règle des trois unités caractérise-t-elle ?
   - ❒ Le théâtre baroque
   - ❒ La tragi-comédie
   - ❒ Le théâtre classique
   - ❒ Le drame bourgeois
2. Qui est l'auteur du *Cid* ?
3. Quelle bataille célèbre oppose les partisans du théâtre classique aux partisans du drame romantique ?
4. Comment s'intitule l'ouvrage théorique écrit par Boileau au XVIIe siècle ?
5. De quelle pièce Vladimir et Estragon sont-ils les protagonistes ?
6. Quel nouveau genre Denis Diderot théorise-t-il ?
7. Que dénonce principalement Dom Juan de Molière ?
   - ❒ La tyrannie des pères
   - ❒ L'hypocrisie
   - ❒ L'avarice
8. Comment s'achève généralement une tragédie ?
9. Quel auteur de comédie s'inscrit dans le mouvement des Lumières ?
10. À quelle époque le théâtre de l'absurde apparaît-il ?
    - ❒ À la fin du XIXe siècle
    - ❒ Au début du XXe siècle
    - ❒ Au milieu du XXe siècle
    - ❒ À la fin du XXe siècle
11. Quelles émotions la tragédie fait-elle naître chez le spectateur ?
12. Quel auteur s'intéresse à l'analyse psychologique des désordres amoureux ?

13. Quelles sont les principales caractéristiques du théâtre de l'entre-deux-guerres ?

- ❒ La reprise des mythes antiques et les allusions à l'histoire contemporaine.
- ❒ L'appel à l'engagement par l'action individuelle et collective.

14. De quel théâtre Jean-Paul Sartre et Albert Camus sont-ils les principaux auteurs ?

15. De quel genre la Préface de *Cromwell* est-elle le manifeste ?

16. Qui sont les principaux auteurs de tragédies classiques au XVIIe siècle ?

17. De quelle forme de théâtre italienne Marivaux s'inspire-t-il pour composer ses comédies ?

18. À quelle époque le genre du drame apparaît-il ?

- ❒ Au Moyen Âge
- ❒ Au XVIIe siècle
- ❒ Au XVIIIe siècle
- ❒ Au XXe siècle

19. Quelle est la traduction française du terme grec *catharsis* ?

20. Quel auteur est le chef de fil du romantisme ?

Exercices d'entraînement

1. Dans la scène d'exposition suivante :

   a. Identifiez le lien qui unit Madame Pernelle à chacun des personnages.

   b. Quel indice montre de façon évidente que Madame Pernelle domine l'échange ?

MADAME PERNELLE et FLIPOTE, sa servante, ELMIRE, DAMIS, MARIANE, DORINE, CLÉANTE.

MADAME PERNELLE.
Allons, Flipote, allons, que d'eux je me délivre.

ELMIRE.
Vous marchez d'un tel pas qu'on a peine à vous suivre.

MADAME PERNELLE.
Laissez, ma bru, laissez, ne venez pas plus loin :
Ce sont toutes façons dont je n'ai pas besoin.

ELMIRE.
De ce que l'on vous doit envers vous on s'acquitte.
Mais, ma mère, d'où vient que vous sortez si vite ?

MADAME PERNELLE.
C'est que je ne puis voir tout ce ménage-ci,
Et que de me complaire on ne prend nul souci.
Oui, je sors de chez vous fort mal édifiée :
Dans toutes mes leçons j'y suis contrariée,
On n'y respecte rien, chacun y parle haut,
Et c'est tout justement la cour du roi Pétaut.

DORINE.
Si…

MADAME PERNELLE.
Vous êtes, mamie, une fille suivante
Un peu trop forte en gueule, et fort impertinente :
Vous vous mêlez sur tout de dire votre avis.

DAMIS.
Mais…

MADAME PERNELLE.
Vous êtes un sot en trois lettres, mon fils.
C'est moi qui vous le dis, qui suis votre grand'mère ;
Et j'ai prédit cent fois à mon fils, votre père,
Que vous preniez tout l'air d'un méchant garnement,
Et ne lui donneriez jamais que du tourment.

MARIANE.
Je crois…

MADAME PERNELLE.
Mon Dieu, sa sœur, vous faites la discrète,
Et vous n'y touchez pas, tant vous semblez doucette ;
Mais il n'est, comme on dit, pire eau que l'eau qui dort,
Et vous menez sous chape un train que je hais fort.

ELMIRE.
Mais, ma mère…

MADAME PERNELLE.
Ma bru, qu'il ne vous en déplaise,
Votre conduite en tout est tout à fait mauvaise ;
Vous devriez leur mettre un bon exemple aux yeux,
Et leur défunte mère en usait beaucoup mieux.
Vous êtes dépensière ; et cet état me blesse,
Que vous alliez vêtue ainsi qu'une princesse.
Quiconque à son mari veut plaire seulement,
Ma bru, n'a pas besoin de tant d'ajustement.

CLÉANTE.
Mais, Madame, après tout…

MADAME PERNELLE.
Pour vous, Monsieur son frère,
Je vous estime fort, vous aime, et vous révère ;
Mais enfin, si j'étais de mon fils, son époux,
Je vous prierais bien fort de n'entrer point chez nous.

Molière, *Tartuffe* (1664), Acte I, scène 1

2. Lisez attentivement les didascalies de la scène suivante. En quoi sont-elles essentielles à la compréhension de l'intrigue ?

Rosine, prisonnière de Bartholo qui veut l'épouser, tombe amoureuse du Comte Almaviva. Ce dernier a réussi à lui transmettre une lettre. Dans la scène suivante, elle doit échanger cette lettre contre celle de son cousin pour duper Bartholo.

BARTHOLO.
De quelle offense parlez-vous ?

ROSINE.
C'est qu'il est inouï qu'on se permette d'ouvrir les lettres de quelqu'un.

BARTHOLO.
De sa femme ?

ROSINE.
Je ne la suis pas encore. Mais pourquoi lui donnerait-on la préférence d'une indignité qu'on ne fait à personne ?

BARTHOLO.
Vous voulez me faire prendre le change, et détourner mon attention du billet qui, sans doute, est une missive de quelque amant. Mais je le verrai, je vous assure.

ROSINE.
Vous ne le verrez pas. Si vous m'approchez, je m'enfuis de cette maison, et je demande retraite au premier venu.

BARTHOLO.
Qui ne vous recevra point.

ROSINE.
C'est ce qu'il faudra voir.

BARTHOLO.
Nous ne sommes pas ici en France, où l'on donne toujours raison aux femmes ; mais, pour vous en ôter la fantaisie, je vais fermer la porte.

ROSINE, *pendant qu'il y va.*
Ah, Ciel ! que faire ? Mettons vite à la place la lettre de mon cousin, et donnons-lui beau jeu de la prendre.
Elle fait l'échange, et met la lettre du cousin dans sa pochette, de façon qu'elle sorte un peu.

BARTHOLO, *revenant.*
Ah ! j'espère maintenant la voir.

ROSINE.
De quel droit, s'il vous plaît ?

BARTHOLO.
Du droit le plus universellement reconnu, celui du plus fort.

ROSINE.
On me tuera plutôt que de l'obtenir de moi.

BARTHOLO, *frappant du pied.*
Madame ! Madame !

ROSINE *tombe sur un fauteuil, et feint de se trouver mal.*
Ah ! quelle indignité !

BARTHOLO.
Donnez cette lettre, ou craignez ma colère.

ROSINE, *renversée.*
Malheureuse Rosine !

BARTHOLO.
Qu'avez-vous donc ?

ROSINE.
Quel avenir affreux !

BARTHOLO.
Rosine !

ROSINE.
J'étouffe de fureur

BARTHOLO.
Elle se trouve mal.

ROSINE.
Je m'affaiblis, je meurs.

BARTHOLO, *à part.*
Dieux ! la lettre ! Lisons-la sans qu'elle en soit instruite.
Il lui tâte le pouls et prend la lettre qu'il tâche de lire en se tournant un peu.

ROSINE, *toujours renversée.*
Infortunée ! ah !

BARTHOLO *lui quitte le bras, et dit à part.*
Quelle rage a-t-on d'apprendre ce qu'on craint toujours de savoir !

ROSINE.
Ah ! pauvre Rosine !

BARTHOLO.
L'usage des odeurs… produit ces affections spasmodiques.
Il lit par-derrière le fauteuil, en lui tâtant le pouls. Rosine se relève un peu, le regarde finement, fait un geste de tête, et se remet sans parler.

BARTHOLO, *à part.*
Ô Ciel ! c'est la lettre de son cousin. Maudite inquiétude ! Comment l'apaiser maintenant ? Qu'elle ignore au moins que je l'ai lue !
Il fait semblant de la soutenir, et remet la lettre dans la pochette.

Beaumarchais, *Le Barbier de Séville,* (1775) Acte II, scène 15

3. Dans la scène suivante, soulignez les indices qui montrent que les répliques s'enchaînent par continuité.

Ruy Blas, valet d'un grand seigneur, est tombé amoureux de la reine d'Espagne. Son maître, qui veut se venger d'elle, a lui fait endosser les habits de son cousin Don César. C'est sous cette apparence qu'il est devenu premier ministre. La reine vient de l'observer alors qu'il donnait une leçon de politique aux ministres corrompus.

LA REINE.
Pourquoi donc étiez-vous, comme eût été Dieu même,
Si terrible et si grand ?

RUY BLAS.
Parce que je vous aime !
Parce que je sens bien, moi qu'ils haïssent tous,
Que ce qu'ils font crouler s'écroulera sur vous !
Parce que rien n'effraie une ardeur si profonde,
Et que pour vous sauver, je sauverais le monde !
Je suis un malheureux qui vous aime d'amour.
Hélas ! je pense à vous comme l'aveugle au jour.
Madame, écoutez-moi. J'ai des rêves sans nombre.
Je vous aime de loin, d'en bas, du fond de l'ombre ;
Je n'oserais toucher le bout de votre doigt,
Et vous m'éblouissez comme un ange qu'on voit !
– Vraiment, j'ai bien souffert. Si vous saviez, Madame !
Je vous parle à présent. Six mois, cachant ma flamme,
J'ai fui. Je vous fuyais et je souffrais beaucoup.
Je ne m'occupe pas de ces hommes du tout,
Je vous aime. – O mon dieu ! j'ose le dire en face
À votre majesté. Que faut-il que je fasse ?
Si vous me disiez : Meurs ! je mourrais. J'ai l'effroi
Dans le cœur. Pardonnez !

LA REINE.
Oh ! Parle ! ravis-moi !
Jamais on ne m'a dit ces choses-là. J'écoute !
Ton âme en me parlant me bouleverse toute.
J'ai besoin de tes yeux, j'ai besoin de ta voix.
Oh ! c'est moi qui souffrais ! Si tu savais ! cent fois,
Cent fois, depuis six mois que ton regard m'évite…
– Mais non, je ne dois pas dire cela si vite.
Je suis bien malheureuse. Oh ! je me tais, j'ai peur !

RUY BLAS, *qui l'écoute avec ravissement.*
O madame ! achevez ! vous m'emplissez le cœur !

LA REINE.
Eh bien, écoute donc !
Levant les yeux au ciel.
– Oui, je vais tout lui dire.
Est-ce un crime ? Tant pis ! Quand le cœur se déchire,
Il faut bien laisser voir tout ce qu'on y cachait. –
Tu fuis la reine ? Eh bien, la reine te cherchait !
Tous les jours je viens là, – là, dans cette retraite, –
T'écoutant, recueillant ce que tu dis, muette,
Contemplant ton esprit qui veut, juge et résout,
Et prise par ta voix qui m'intéresse à tout.
Va, tu me sembles bien le vrai roi, le vrai maître.

Victor Hugo, *Ruy Blas*, (1838) Acte III, scène 3

Analyse de texte

Dans *Tartuffe* (1664) de Molière, Orgon s'est laissé berner par Tartuffe qui se faire passer pour un homme très pieux. Il lui a ouvert les portes de sa maison et veut même lui donner sa fille en mariage. Son épouse, Elmire, tente de le détourner de ce projet mais Tartuffe entreprend de la séduire et lui déclare son amour.

ELMIRE, TARTUFFE

ELMIRE.
La déclaration est tout à fait galante ;
Mais elle est, à vrai dire, un peu bien surprenante.
Vous deviez, ce me semble, armer mieux votre sein,
Et raisonner un peu sur un pareil dessein.
Un dévot comme vous, et que partout on nomme…

TARTUFFE.
Ah ! pour être dévot, je n'en suis pas moins homme :
Et, lorsqu'on vient à voir vos célestes appas,
Un cœur se laisse prendre, et ne raisonne pas.
Je sais qu'un tel discours de moi paraît étrange :
Mais, Madame, après tout, je ne suis pas un ange ;
Et, si vous condamnez l'aveu que je vous fais,
Vous devez vous en prendre à vos charmants attraits.
Dès que j'en vis briller la splendeur plus qu'humaine,
De mon intérieur vous fûtes souveraine ;
De vos regards divins l'ineffable douceur

Força la résistance où s'obstinait mon cœur ;
Elle surmonta tout, jeûnes, prières, larmes,
Et tourna tous mes vœux du côté de vos charmes.
Mes yeux et mes soupirs vous l'ont dit mille fois ;
Et pour mieux m'expliquer j'emploie ici la voix.
Que si vous contemplez d'une âme un peu bénigne,
Les tribulations de votre esclave indigne ;
S'il faut que vos bontés veuillent me consoler,
Et jusqu'à mon néant daignent se ravaler,
J'aurai toujours pour vous, ô suave merveille,
Une dévotion à nulle autre pareille.
Votre honneur avec moi ne court point de hasard,
Et n'a nulle disgrâce à craindre de ma part.
Tous ces galants de cour, dont les femmes sont folles,
Sont bruyants dans leurs faits et vains dans leurs paroles ;
De leurs progrès sans cesse on les voit se targuer ;
Ils n'ont point de faveurs qu'ils n'aillent divulguer ;
Et leur langue indiscrète, en qui l'on se confie,
Déshonore l'autel où leur cœur sacrifie.
Mais les gens comme nous brûlent d'un feu discret,
Avec qui, pour toujours, on est sûr du secret.
Le soin que nous prenons de notre renommée
Répond de toute chose à la personne aimée ;
Et c'est en nous qu'on trouve, acceptant notre cœur,
De l'amour sans scandale, et du plaisir sans peur.

Molière, *Tartuffe*, 1664, Acte III, scène 3

1. Comment Tartuffe décrit-il les sentiments qu'il éprouve pour Elmire ?
2. Quel portrait Tartuffe fait-il d'Elmire ?
3. Quels arguments Tartuffe emploie-t-il pour convaincre Elmire de céder à ses avances ?

LA POÉSIE
du XIXe au XXIe siècle

SOMMAIRE

L'histoire de la poésie du XIXe siècle au XXIe siècle

I La poésie de l'Antiquité au XVIIIe siècle

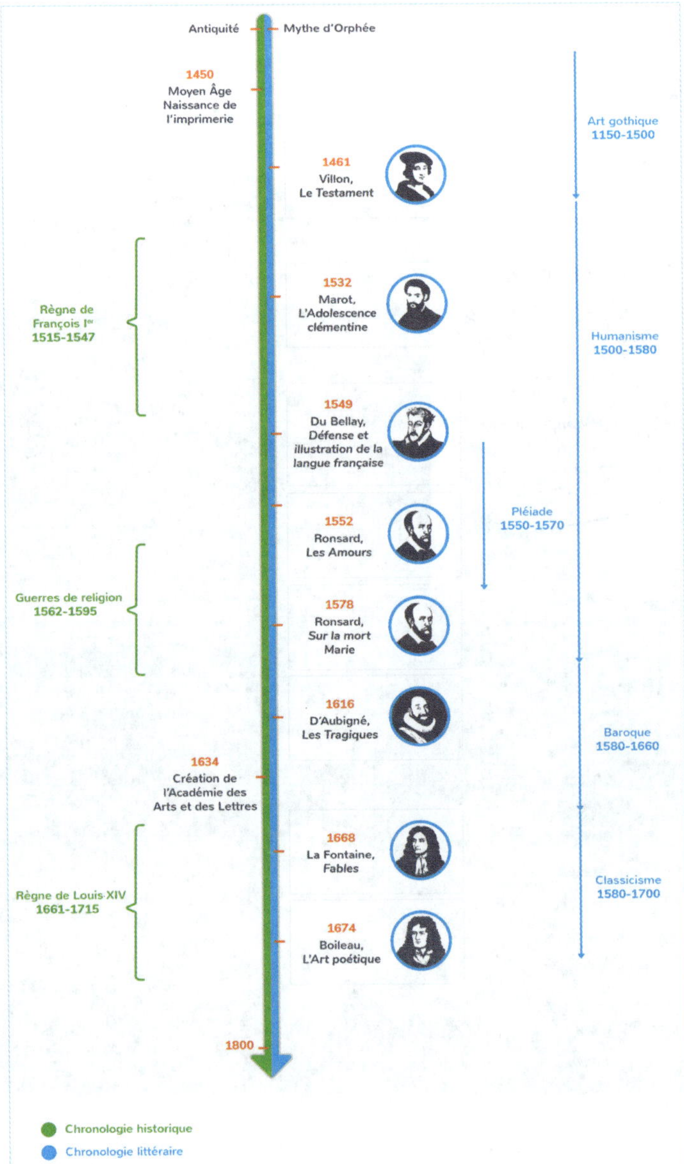

Le mot « poésie » vient du **grec *poiein*** qui signifie « **créer** ». La poésie est donc à l'origine conçue comme une création au moyen des mots.

Dans l'Antiquité, la poésie est incarnée par la figure d'**Orphée**, dieu poète et musicien, dont la destinée malheureuse constitue **l'origine mythique du lyrisme**.

Au Moyen Âge, le développement de l'amour courtois s'accompagne d'une **poésie lyrique** destinée à louer la femme aimée. Les poèmes sont chantés et accompagnés généralement d'un instrument de musique. S'éloignant de la poésie lyrique, certains poètes, tels Rutebeuf ou Villon, se tournent vers une veine poétique satirique ou burlesque.

Au XVIe siècle, Clément Marot renouvelle les formes poétiques. Il emprunte en effet à l'Antiquité la forme de l'épigramme, importe la forme italienne du sonnet et invente le blason. Quant aux **poètes de la Pléiade**, tels Du Bellay et Ronsard, ils apportent un profond renouvellement à la poésie française : ils utilisent la forme du sonnet, privilégient l'alexandrin au détriment du décasyllabe et de l'octosyllabe utilisés au Moyen Âge. Ils établissent des règles de versification.

La poésie du **XVIIe siècle** stabilise les formes poétiques ainsi que les règles formelles établies par les poètes de la Pléiade. Foisonnante, l'œuvre des poètes baroques est caractérisée par sa diversité (goût des extrêmes, de l'ornementation, des effets de langage). Les **classiques**, eux, utilisent surtout la poésie comme support didactique (La Fontaine, *Fables*, 1668-1694) et fixent les règles de versification (Boileau, *L'Art poétique*, 1674).

Dans le prolongement du classicisme, **le XVIIIe, siècle des Lumières**, est peu enclin au lyrisme poétique. Si les auteurs de cette époque écrivent beaucoup en vers, la poésie en tant que telle, peu propice à la diffusion des idées, connaît une crise incontestable.

II La poésie au XIXe siècle : du romantisme au symbolisme

A Repères chronologiques et contexte historique

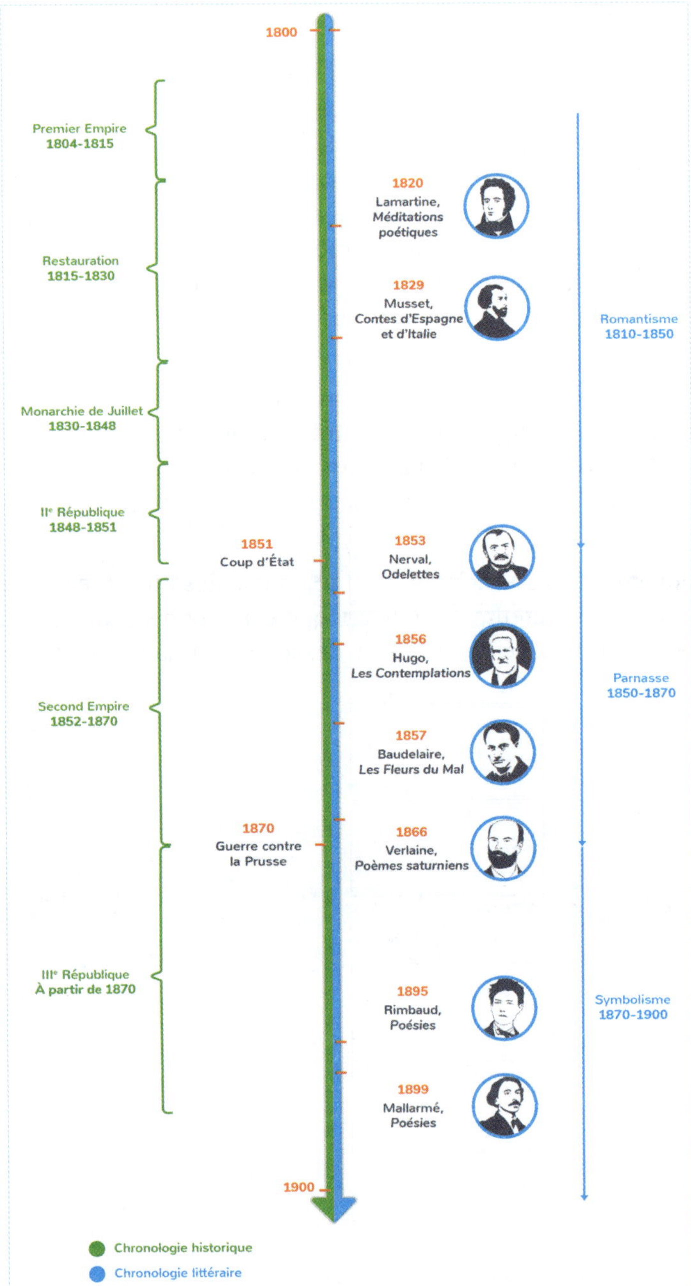

L'empire napoléonien a été marqué par les nombreuses campagnes militaires et les conquêtes. Après la chute de Napoléon, la Restauration est perçue par beaucoup comme un retour en arrière et comme une **période de désillusions**. Dans la société de la Restauration, certains jeunes gens sont en mal d'héroïsme et souffrent du « **mal du siècle** », comme l'écrit Musset. Cette génération mélancolique et désœuvrée se tourne vers la poésie pour confier son mal-être et se livrer à ses rêveries.

Les nombreux **soubresauts politiques** du XIXe siècle et l'avènement progressif des idées républicaines incitent certains poètes à s'engager dans le débat public. On voit ainsi apparaître la figure du **poète prophète**, investi d'une mission.

Dans la deuxième moitié du XIXe siècle, les poètes se désengagent de la vie publique et politique pour se consacrer à la poésie pure.

B Œuvres, auteurs et genres majeurs

1. La poésie romantique

En réaction au rationalisme des Lumières, **la nouvelle génération de poètes français** (Lamartine, Vigny, Hugo, Musset, Gautier, Nerval entre autres) renouvelle la littérature au début du XIXe siècle. Ils sont influencés par les romantiques allemands et anglais dont ils ont lu les œuvres.

Le mouvement littéraire auquel ils appartiennent, **le romantisme**, se caractérise par :

- **le refus de la tradition** : les romantiques assouplissent la versification et abandonnent les formes fixes ;
- **l'épanchement du « moi »** : la poésie romantique est caractérisée par le **lyrisme personnel**. Les poètes évoquent leurs joies et les drames de leur vie sentimentale. Ils méditent sur le destin de l'homme et s'interrogent sur les mystères de la foi. Le « je » lyrique prend une place prépondérante ;
- **le goût pour la nature et l'exotisme** : les poètes se confient à la nature, trouvent en elle des échos de leur propre mélancolie. Ils recherchent également l'exotisme et le pittoresque dans l'évocation de terres lointaines.

Certains poètes romantiques prennent position dans les débats politiques et sociaux de leur époque, comme Lamartine à la fin de sa vie et Hugo.

a. Alphonse de Lamartine (1790-1869)

Alphonse de Lamartine apparaît comme une **figure majeure du romantisme**. Il publie des poèmes à la tonalité lyrique qui marquent toute une génération.

Le recueil ***Méditations poétiques***, publié en 1820, connaît un grand retentissement. Les jeunes gens à l'esprit exalté et mélancolique se reconnaissent dans ce recueil où ils trouvent la résonance de leurs propres peines. Lamartine y exprime son amour de la nature, reflet de ses états d'âme. Il s'inspire de son drame sentimental et de son inquiétude religieuse.

Plus tard, Lamartine se tourne vers l'action politique et s'implique dans la révolution de 1848. Il se porte même candidat à l'élection présidentielle mais n'est pas élu.

b. Victor Hugo (1802-1885)

Victor Hugo est le **chef de file** des romantiques. Autour de lui se forme le « **cénacle** », groupe d'écrivains et d'artistes portés par les mêmes idéaux et le même tempérament exalté.

Si son œuvre littéraire explore et renouvelle tous les genres littéraires (théâtre, roman, poésie, littérature d'idées), il se fait d'abord connaître en tant que poète, avec la publication de **recueils d'inspiration lyrique** : ***Odes et ballades*** (1828) et ***Les Feuilles d'automne*** (1831). Il ne s'éloigne d'ailleurs jamais complètement de cette veine lyrique puisqu'il publie ultérieurement d'autres recueils qui témoignent de cette source d'inspiration majeure.

■ **Exemple**

Hugo publie en 1856 le recueil ***Les Contemplations***. Il s'inspire de sa mélancolie, du deuil de sa fille Léopoldine, morte accidentellement, et du sentiment du temps qui passe et fuit. Ce recueil lyrique et élégiaque constitue un sommet de la poésie romantique.

Citation

« Quand je vous parle de moi, je vous parle de vous.

Victor Hugo, Préface des *Contemplations*, 1856

Hugo est également un **poète engagé**, convaincu d'avoir une mission sacrée, celle d'éclairer les hommes et de préparer l'avenir.

Citation

« Le poète en des jours impies
Vient préparer des jours meilleurs.
Il est l'homme des utopies,
Les pieds ici, les yeux ailleurs.
C'est lui qui sur toutes les têtes,
En tout temps, pareil aux prophètes,
Dans sa main, où tout peut tenir,
Doit, qu'on l'insulte ou qu'on le loue,
Comme une torche qu'il secoue,
Faire flamboyer l'avenir !

Victor Hugo, « Fonction du poète », *Les Rayons et les Ombres*, 1840

Hugo utilise **la poésie comme une arme** pour dénoncer la misère sociale, lutter contre la peine de mort et mener un combat contre Napoléon III. Il surnomme l'empereur « Napoléon le petit » : il le considère comme un usurpateur. Il est contraint à l'exil en raison de ses idées politiques.

■ Exemple

Hugo publie clandestinement le recueil ***Les Châtiments*** en 1853. Ce recueil réunit des poèmes polémiques ou satiriques qui dénoncent avec virulence le coup d'État de Louis-Napoléon Bonaparte.

2. Le cas particulier de Baudelaire (1821-1867)

Le poète Charles Baudelaire est inspiré par les poètes romantiques qui l'ont précédé mais n'appartient à aucun mouvement littéraire. Son œuvre poétique se distingue par sa **grande singularité** et ouvre les voies de la modernité, notamment dans sa **conception nouvelle du beau**. Il recherche la beauté partout, et particulièrement dans le mal.

Citation

> Il m'a paru plaisant, et d'autant plus agréable que la tâche était plus difficile, d'extraire la beauté du mal
>
> Baudelaire, projet de préface des *Fleurs du Mal*, 1857

Son recueil majeur, ***Les Fleurs du Mal*** (1857), explore des thématiques jusqu'alors écartées par la poésie : la laideur, la trivialité, la ville, le vice. Il parvient à en dégager une beauté inédite, aux colorations étranges et parfois morbides. L'image du poète qui se dégage de ce recueil est celle d'un être maudit, voué au « spleen », un état d'angoisse profond qui se manifeste à la fois moralement et physiquement.

Simultanément à l'écriture des poèmes en vers des *Fleurs du Mal*, Baudelaire expérimente la forme du **poème en prose**, qu'il emprunte au poète romantique alors méconnu Aloysius Bertrand, et auquel il donne ses lettres de noblesse.

■ Exemple

Le recueil ***Petits poèmes en prose*** ou ***Le Spleen de Paris***, publié de manière posthume en 1869, réunit les poèmes en prose composés par Baudelaire. Le travail poétique sur la musicalité et les images s'applique à une forme prosaïque et des sujets *a priori* triviaux.

3. Le Parnasse

En pleine période romantique, certains auteurs trouvent ridicule cet épanchement du « moi » romantique et refusent également de mettre la poésie au service de l'engagement politique, convaincus que l'art a pour seule finalité la beauté.

Citation

> Il n'y a de vraiment beau que ce qui ne peut servir à rien : tout ce qui est utile est laid.
>
> Théophile Gautier, préface de *Mademoiselle de Maupin*, 1835

Cette théorie résumée dans la formule « **l'art pour l'art** » séduit le groupe du Parnasse (Leconte de Lisle, Hérédia, Banville) qui en fait sa doctrine. Leurs **principes majeurs** sont les suivants :

- **le culte de la beauté :** ils cultivent la difficulté, privilégient des formes poétiques exigeantes (le sonnet), utilisent des mots rares et des métaphores recherchées ;
- **le refus du lyrisme personnel** et des sentiments intimes : leur poésie est impersonnelle et impassible ;
- **le refus de mettre la poésie au service des idées.**

■ **Exemple**

José-Maria de Hérédia cultive cette poésie particulièrement impersonnelle : dans ***Les Trophées*** (1893), il compose des sonnets sur des pays lointains et des civilisations disparues.

4. Le symbolisme

Les symbolistes ont une conception spirituelle et idéaliste du monde, à l'opposé de la conception matérialiste du naturalisme. Les poètes symbolistes utilisent des images et des analogies pour révéler au lecteur une réalité dissimulée.

a. Paul Verlaine (1844-1896)

Verlaine est d'abord inspiré par *Les Fleurs du Mal* de Baudelaire et par le groupe du Parnasse auquel il appartient pendant un temps. Son recueil poétique de jeunesse, ***Poèmes saturniens***, publié en 1866, rend compte de cette double influence, dont lui-même est d'ailleurs pleinement conscient. Toutefois, il y fait déjà entendre **une voix personnelle, particulièrement musicale**, et un goût de la nuance qui caractérisera toute son œuvre poétique.

L'importance de la musique dans son œuvre poétique **annonce le mouvement symboliste**, auquel il peut être rattaché pour ses œuvres poétiques plus tardives. Dans cette recherche de musicalité, il privilégie les mètres impairs et les formes poétiques courtes, crée des effets de répétitions.

Citation

« De la musique avant toute chose,
Et pour cela préfère l'Impair
Plus vague et plus soluble dans l'air,
Sans rien en lui qui pèse ou qui pose.

Paul Verlaine, « Art poétique », *Jadis et Naguère*, 1884

b. Arthur Rimbaud (1854-1891)

Génie poétique, Arthur Rimbaud a connu une **carrière poétique fulgurante**, tant par sa précocité (il écrit de 16 à 20 ans environ) que par sa brièveté (4 ans tout au plus). Son œuvre poétique comporte des poèmes versifiés (***Poésies***, 1895), ainsi que des poèmes en prose (***Illuminations***, 1886).

Jeune homme rebelle et épris de liberté, il compose des poèmes traduisant son appétit de vivre, son amour de la nature, parfois son ironie cinglante et son mépris des règles et du conformisme.

Il rejette aussi les vieilles contraintes, utilise le vers libre, ne respecte pas le décompte des syllabes et supprime la rime, jusqu'à aboutir au poème en prose.

Il définit le poète comme un **voyant** qui doit révéler un monde inconnu. Cette conception du poète annonce celle des symbolistes.

Citation

« Je dis qu'il faut être *voyant*, se faire *voyant*.

Rimbaud, Lettre à Paul Demeny, 1871

c. Stéphane Mallarmé (1842-1898)

Mallarmé dépasse une conception de la poésie où les symboles peuvent être compris. **L'obscurité**, **l'hermétisme** sont pour lui une nécessité : l'essence de la poésie réside dans le mystère et son accès doit être réservé à une minorité d'initiés. Il est considéré comme le **maître du symbolisme** et réunit autour de lui un cercle de poètes parmi lesquels Jules Laforgue et Paul Valéry.

■ **Exemple**

La lune s'attristait. Des séraphins en pleurs
Rêvant, l'archet aux doigts, dans le calme des fleurs
Vaporeuses, tiraient de mourantes violes
De blancs sanglots glissant sur l'azur des corolles.

Stéphane Mallarmé, « Apparition », *Poésies*, 1899

III La poésie au XXe siècle et au XXIe siècle : de la modernité poétique à un nouveau lyrisme

A Repères chronologiques et contexte historique

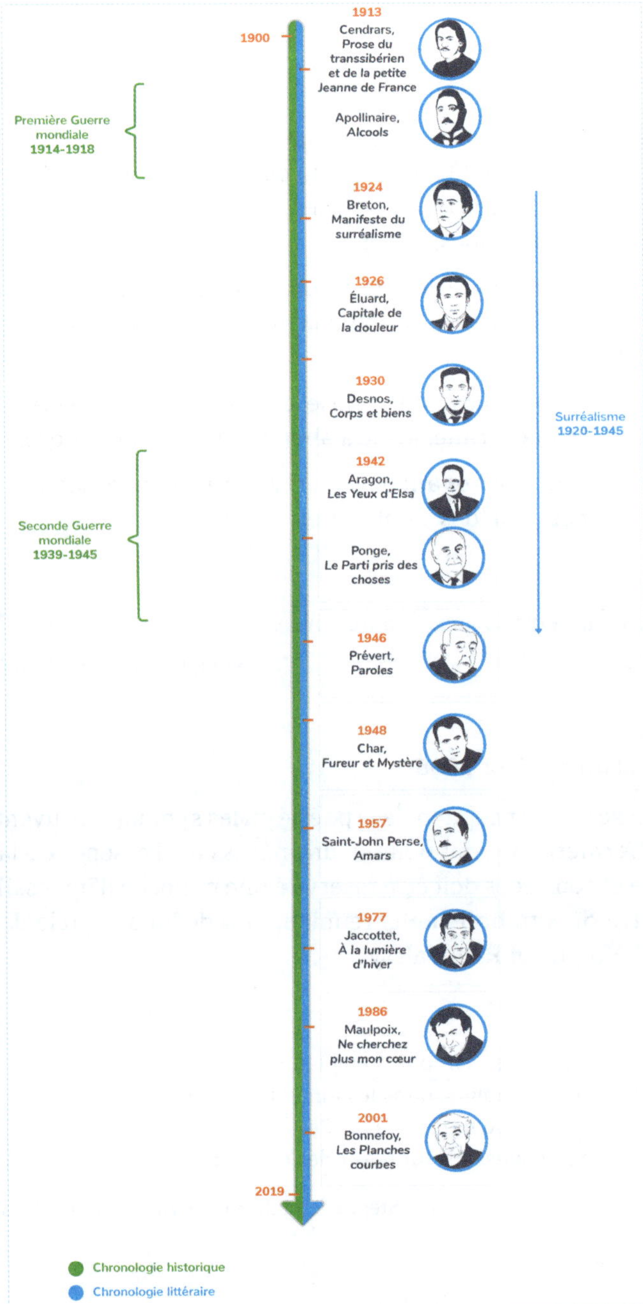

Le traumatisme de la Première Guerre mondiale engendre une **crise morale et idéologique** dans l'entre-deux-guerres : les croyances et les valeurs (morales mais aussi esthétiques) communément admises et partagées sont désormais remises en question. L'art qui se développe rejette les normes et les règles du passé, la liberté et l'imagination créatrice dominent.

La Seconde Guerre mondiale incite également les intellectuels à s'engager dans la **Résistance** contre l'occupant allemand. Les écrivains combattent l'oppression et luttent pour la liberté.

Après la Seconde Guerre mondiale, la vie culturelle et intellectuelle est marquée par le déclin des idéologies et la crise du sens. Une ère « **postmoderne** » s'ouvre, caractérisée par le doute et la désillusion.

B La poésie jusqu'à la Seconde Guerre mondiale

1. La modernité poétique

Au seuil du xxe siècle, dans un contexte d'effervescence culturelle et artistique, les voies de la modernité poétique se dessinent avec des auteurs tels que **Blaise Cendrars** et **Guillaume Apollinaire**. Tout en héritant de ceux qui les ont précédés, ils ouvrent un champ nouveau à la poésie par diverses innovations :

- **abandon de la ponctuation** ;
- utilisation du **vers libre** ;
- **audace et originalité des images poétiques** ;
- **références au monde moderne** ;
- travail sur l'**aspect visuel ou graphique** du poème.

■ Exemple

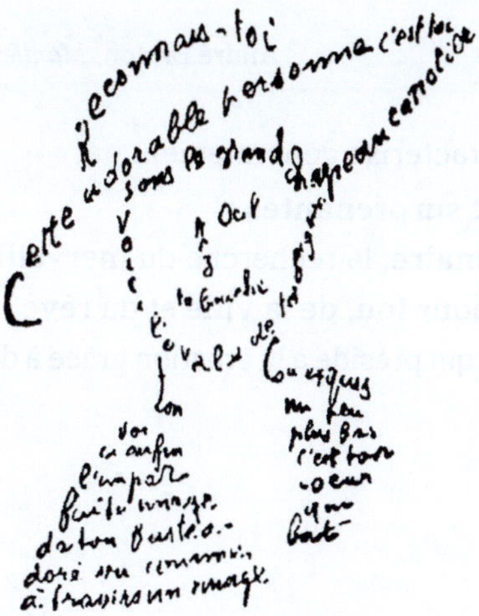

■ **Exemple**

Le recueil ***Alcools*** (1913) d'Apollinaire est très moderne. Dès le poème inaugural, intitulé « Zone », Apollinaire affirme ses choix :

- absence de ponctuation ;
- utilisation du vers libre ;
- références au Paris moderne (la tour Eiffel, les rues encombrées, les affiches placardées etc.).

L'ensemble du recueil renouvelle les sujets poétiques traditionnels en les associant au monde moderne et à une expression libérée de tout carcan formel.

2. Le surréalisme

Le mouvement surréaliste naît au début des années 1920 sous l'impulsion de **Breton**, **Soupault** et **Aragon**, fondateurs et membres actifs du groupe. Rapidement, d'autres poètes, tels que **Desnos** et **Éluard**, ainsi que des artistes viennent s'agréger à ce noyau initial. Ce **groupe très soudé** se réunit régulièrement, travaille collectivement et partage un même esprit de révolte et de créativité.

Inspirés par les travaux de Freud, père de la psychanalyse, les surréalistes sont convaincus que, pour renouveler l'art et la poésie, il est nécessaire de **libérer l'inconscient** dans le processus de création, en favorisant la spontanéité. Pour cela, certains d'entre eux pratiquent l'**écriture automatique**, qui consiste à écrire au fil de la plume, sans idée préconçue.

Citation

> « SURRÉALISME, n.m. Automatisme psychique pur par lequel on se propose d'exprimer, soit verbalement, soit par écrit, soit de toute autre manière, le fonctionnement réel de la pensée. Dictée de la pensée, en l'absence de tout contrôle exercé par la raison, en dehors de toute préoccupation esthétique ou morale.
>
> André Breton, *Manifeste du surréalisme*, 1924

La poésie surréaliste se caractérise généralement par :

- des **images insolites et surprenantes** ;
- l'importance de l'**imaginaire**, la recherche du **merveilleux** ;
- les thématiques de l'**amour fou**, de la **ville** et du **rêve** ;
- l'importance du **hasard**, qui préside à la création grâce à des jeux d'écriture collectifs.

■ **Exemple**

Le « cadavre exquis » est un jeu d'écriture. Il s'agit d'un texte écrit par plusieurs auteurs, qui se transmettent un papier plié où chacun écrit sans voir le mot du précédent. Il tire son nom de la première phrase qui résulta de ce jeu : « Le cadavre – exquis – boira – le vin – nouveau ».

■ **Exemple**

Le recueil ***Capitale de la douleur*** (1926) de Paul Éluard est représentatif de la poésie surréaliste. Évoquant son amour fou pour Gala, le poète multiplie les images poétiques les plus insolites pour la célébrer et faire de la femme une image du monde entier. Tout en utilisant des mètres (principalement octosyllabes et décasyllabes), le poète se libère du carcan de la versification en utilisant peu la ponctuation, en ne recherchant pas systématiquement la rime et en adoptant un rythme assez libre.

Citation

« La courbe de tes yeux fait le tour de mon cœur,
Un rond de danse et de douceur,
Auréole du temps, berceau nocturne et sûr,
Et si je ne sais plus tout ce que j'ai vécu
C'est que tes yeux ne m'ont pas toujours vu.

Paul Éluard, *Capitale de la douleur*, 1926

Le groupe se désunit dans les années 1930, mais les poètes surréalistes continuent à écrire et à publier. Dans les années 1940, sous l'Occupation, certains d'entre eux (Éluard, Desnos, Aragon) s'engagent dans la **Résistance** et utilisent la poésie comme moyen de diffusion de leurs idées.

■ **Exemple**

Dans le recueil ***Les Yeux d'Elsa*** (1942), Aragon célèbre sa compagne et sa muse Elsa dans une poésie amoureuse très lyrique, mais la figure de la femme se confond avec celle de la France. Ainsi, le poète exprime son espoir de voir la France libérée de l'occupant.

C La poésie depuis la Seconde Guerre mondiale

Depuis la fin de la Seconde Guerre mondiale, on ne peut plus parler de courant littéraire en poésie. Les tendances sont multiples et chaque poète exprime son originalité et sa singularité.

L'influence du surréalisme se fait encore sentir chez des poètes comme **Henri Michaux** (***L'Espace du dedans*** en 1944). Certains optent pour un message plus humaniste, comme **René Char** dans ***Fureur et mystère*** en 1948.

Francis Ponge, quant à lui, explore des voies nouvelles en s'attachant aux objets triviaux. Il prend le « parti pris des choses » (titre de l'un de ses recueils, publié en 1942). **Jacques Prévert**, connu d'abord comme dialoguiste de film, compose avec ***Paroles*** (1946) un recueil de poèmes proches de la chanson, à la fois légers et engagés.

Depuis les années 1960, un **retour au lyrisme** se manifeste. De nombreux poètes, comme **Jaccottet**, **Bonnefoy**, **Maulpoix**, renouent avec les sujets poétiques traditionnels : l'amour, le temps qui passe et la mort. Les formes poétiques sont renouvelées :

- par une expression plus libre et personnelle ;
- par un travail sur les mots ;
- par un travail sur l'espace de la page ;
- par une interrogation sur le sens et la fonction même de la poésie.

Les caractéristiques du texte poétique

I Les strophes et les vers

La poésie est traditionnellement versifiée, c'est-à-dire composée en vers, eux-mêmes généralement organisés en strophes.

A La strophe

Définition **La strophe** est un ensemble de vers isolé par des blancs.

Il existe différents types de strophes définies par le nombre de vers qu'elles comportent.

Noms	Nombres de vers
Distique	2 vers
Tercet	3 vers
Quatrain	4 vers
Quintil	5 vers
Sizain	6 vers
Dizain	10 vers

Exemple

Sus debout la merveille des belles.
Allons voir sur les herbes nouvelles
Luire un émail dont la vive peinture
Défend à l'art d'imiter la nature.

François de Malherbe, « Sus debout… », 1627

Interprétation

4 vers = quatrain

B Le vers

Définition **Le vers** est une unité poétique qui correspond à une ligne. Il commence par une majuscule et s'achève généralement par une rime.

1. Les mètres

Il existe différents types de vers (ou mètres), définis par le nombre de syllabes qu'ils comportent. Dans la poésie traditionnelle, les mètres sont généralement pairs.

Types de vers	Nombre de syllabes
Hexasyllabe	6 syllabes
Octosyllabe	8 syllabes
Décasyllabe	10 syllabes
Alexandrin	12 syllabes

■ **Exemple**

Par les soirs bleus d'été, j'irai dans les sentiers,
Picoté par les blés, fouler l'herbe menue :
Rêveur, j'en sentirai la fraîcheur à mes pieds.
Je laisserai le vent baigner ma tête nue.

Arthur Rimbaud, « Sensation », *Poésies*, 1895

Interprétation

Ces vers sont des alexandrins, car ils comportent 12 syllabes.

Définition **Les vers libres** sont des vers de longueur variable qui ne riment pas nécessairement entre eux. Ils sont néanmoins identifiables par le retour à la ligne et la majuscule en début de ligne. Ils apparaissent à la fin du XIXe siècle.

■ **Exemple**

Pourtant, j'étais fort mauvais poète.
Je ne savais pas aller jusqu'au bout.
J'avais faim
Et tous les jours et toutes les femmes dans les cafés et tous les verres
J'aurais voulu les boire et les casser
Et toutes les vitrines et toutes les rues
Et toutes les maisons et toutes les vies

Blaise Cendrars, *La Prose du transsibérien et de la petite Jeanne de France*, 1913

2. Le décompte des syllabes dans le vers

Pour compter les syllabes dans un vers, il faut prendre en compte la **règle de prononciation du « e » muet** :
- devant une consonne, on prononce le « e » muet ;
- devant une voyelle et à la rime, on ne prononce pas le « e » muet.

■ Exemple

Les nuages courai**(ent)** sur la lun**(e)** enflammée
Comme sur l'incendie on voit fuir la fumée

Alfred de Vigny, « La Mort du loup », *Les Destinées*, 1864

La prononciation des **diphtongues doit être prise en compte** : c'est l'association de deux voyelles qui peut être prononcée en une ou deux syllabes.

Noms et définitions	Exemples
Diérèse : prononciation de la diphtongue en deux syllabes	Le temple est en r**ui/**ne au haut du promontoire. José-Maria de Hérédia, « L'Oubli », *Les Trophées*, 1893 La diphtongue se prononce en deux syllabes pour que le vers soit un décasyllabe.
Synérèse : prononciation de la diphtongue en une seule syllabe	Nous sembl**ions** entre les maisons [...] Lui les Hébreux moi Pharaon Guillaume Apollinaire, « La Chanson du mal-aimé », *Alcools*, 1913 La diphtongue se prononce en une syllabe (et non deux) pour que le vers soit un octosyllabe.

3. La césure

Les octosyllabes, décasyllabes et alexandrins comportent une coupe au milieu du vers : la césure. Elle sépare le vers en deux hémistiches.

■ Exemple

Je suis belle, ô mortels ! / comme un rêve de pierre

Charles Baudelaire, « La Beauté », *Les Fleurs du Mal*, 1857

Interprétation

Il s'agit d'un alexandrin, chaque hémistiche est donc constitué de 6 syllabes.

Le mot situé juste avant la césure est mis en valeur par cette place.

Dans la poésie traditionnelle, il est admis que la césure ne doit pas se trouver au milieu d'un mot. Cependant, cette règle tend à être moins respectée à partir de la fin du XIXe siècle.

II Les rimes

Définition **La rime** est la **répétition d'un ou plusieurs sons** à la fin de deux vers (ou plus). Elle contribue au caractère musical de la poésie en créant un effet d'écho sonore. Pour étudier les rimes, on analyse leur qualité, leur disposition et leur genre.

Les mots situés à la rime sont mis en valeur.

A La qualité de la rime

a. Les rimes pauvres

Définition **Les rimes pauvres** comportent un seul son commun.

■ Exemple

Et si je ne sais plus tout ce que j'ai véc**u**
C'est que tes yeux ne m'ont pas toujours v**u**.

Paul Éluard, *Capitale de la douleur*, 1926

1. Les rimes suffisantes

Définition **Les rimes suffisantes** comportent deux sons communs.

■ Exemple

Vienne la nuit sonne l'h**eure**
Les jours s'en vont je dem**eure**

Guillaume Apollinaire, *Alcools*, 1913

2. Les rimes riches

Définition **Les rimes riches** comportent trois sons communs ou plus.

■ Exemple

Vertige ! voici que fri**ss/o/nne**
L'espace comme un grand b**ai/s/er**
Qui, fou de naître pour per**s/o/nne**,
Ne peut jaillir ni s'ap**ai/s/er.**

Stéphane Mallarmé, « Autre éventail », *Poésies*, 1899

B La disposition des rimes

1. Les rimes suivies ou plates

Définition **Les rimes suivies (ou plates)** sont disposées selon le schéma : **AABB**.

■ Exemple

Dans Venise la r**ouge, A**
Pas un bateau qui b**ouge, A**
Pas un pêcheur dans **l'eau, B**
Pas un fa**lot. B**

Alfred de Musset, *Contes d'Espagne et d'Italie*, 1829

2. Les rimes croisées

Définition **Les rimes croisées** sont disposées selon le schéma : **ABAB**.

■ Exemple

Elle était déchaussée, elle était déco**iffée, A**
Assise, les pieds nus, parmi les joncs pen**chants** ; **B**
Moi, qui passais par là, je crus voir une **fée**, **A**
Et je lui dis : Veux-tu t'en venir dans les **champs** ? **B**

Victor Hugo, « Elle était déchaussée, elle était décoiffée… »,
Les Contemplations, 1856

3. Les rimes embrassées

Définition **Les rimes embrassées** sont disposées selon le schéma : **ABBA**.

■ Exemple

Dans ma cervelle se prom**ène**, **A**
Ainsi qu'en son apparte**ment**, **B**
Un beau chat, fort, doux et char**mant**. **B**
Quand il miaule, on l'entend à p**eine**

Charles Baudelaire, « Le Chat (2) », *Les Fleurs du Mal*, 1857

C Le genre des rimes

1. Les rimes féminines

Définition **Les rimes féminines** sont les rimes se terminant par un **« e » muet**.

■ Exemple

Je partirai ! Steamer balançant ta mâ**ture**,
Lève l'ancre pour une exotique na**ture** !

Stéphane Mallarmé, « Brise marine », *Poésies*, 1899

2. Les rimes masculines

Définition Les rimes masculines sont toutes les autres rimes.

■ Exemple

Dans le vieux parc solitaire et gl**acé**,
Deux formes ont tout à l'heure p**assé**.

Paul Verlaine, « Colloque sentimental », *Fêtes galantes*, 1869

Dans la poésie traditionnelle, un **principe d'alternance** des rimes masculines et féminines est respecté. Si la rime A est féminine, la rime B est masculine, la rime C est féminine, etc. Toutefois, à partir de la fin du XIXe siècle, cette règle n'est plus systématiquement respectée.

■ Exemple

Comme je descendais des fleuves impa**ssibles**,
Je ne me sentis plus guidé par les ha**leurs** :
Des Peaux-Rouges criards les avaient pris pour **cibles**,
Les ayant cloués nus aux poteaux de cou**leurs**.
rime féminine/rime masculine

Arthur Rimbaud, « Le Bateau ivre », *Poésies*, 1895

III Les sonorités

Au sein même du vers, le poète peut créer des effets de musicalité par des répétitions de sonorités.

A L'assonance

Définition **Une assonance** est la répétition d'un son vocalique (voyelle).

■ Exemple

Je fais souvent ce rêve étrange et pénétrant

Paul Verlaine, « Mon rêve familier », *Poèmes saturniens*, 1866

Assonances en « **an** » et en « **é** »

B L'allitération

Définition **L'allitération** est la répétition d'un son consonantique (consonne).

■ Exemple

Des cloches tout à coup sautent avec furie

Charles Baudelaire, « Spleen », *Les Fleurs du Mal*, 1857

Allitérations en [**t**] et [**k**]

IV Les discordances

Définition **Une discordance** est un décalage entre la construction grammaticale de la phrase et la structure du vers : lorsque la structure syntaxique ne coïncide pas avec le vers, on parle de discordance.

A L'enjambement

Définition Dans le cas de **l'enjambement, la phrase se prolonge d'un vers à l'autre** de manière continue et fluide.

■ Exemple

Les sanglots longs
Des violons
De l'automne
Blessent mon cœur
D'une langueur
Monotone.

Paul Verlaine, « Chanson d'automne », *Poèmes saturniens*, 1866

B Le rejet

Définition Dans le cas du **rejet**, **un mot ou groupe de mots bref est placé au début d'un vers** alors qu'il dépend grammaticalement du vers précédent.

■ Exemple

C'est un trou de verdure où chante une rivière,
Accrochant follement aux herbes des haillons
D'argent ; où le soleil, de la montagne fière,
Luit : c'est un petit val qui mousse de rayons.

Arthur Rimbaud, « Le Dormeur du val », *Poésies*, 1895

C Le contre-rejet

Définition Dans le cas du **contre-rejet**, **un mot ou groupe de mots bref est placé à la fin d'un vers**, alors qu'il dépend grammaticalement du vers suivant.

■ Exemple

Et de longs corbillards, sans tambours ni musique,
Défilent lentement dans mon âme ; **l'Espoir**,
Vaincu, pleure, et l'Angoisse atroce, despotique,
Sur mon crâne incliné plante son drapeau noir.

Charles Baudelaire, « Spleen », *Les Fleurs du Mal*, 1857

Remarque

Le rejet et le contre-rejet sont souvent marqués par un signe de ponctuation qui les isole au début ou à la fin du vers.

Les formes poétiques du XIXe au XXIe siècle

I Les formes fixes

Une forme fixe, en poésie, est une forme dont la structure est toujours identique : ballade, rondeau, ode, sonnet, etc.

À partir du XIXe siècle, les formes fixes sont employées de manière très libre par les poètes.

> **Exemple**
> Victor Hugo écrit un recueil intitulé ***Odes et ballades*** (1826) dans lequel il prend des libertés avec ces formes.

Seul subsiste véritablement le sonnet, qui est utilisé au XIXe siècle et encore au XXe siècle.

Le sonnet est un poème de forme fixe apparu au XVIe **siècle** et emprunté à la poésie italienne.

Les caractéristiques du sonnet sont :

- une composition en **quatre strophes** : **deux quatrains et deux tercets** ;
- un poème généralement composé en **décasyllabes ou en alexandrins** ;
- **un schéma de rimes précis** : ABBA ABBA CCD EED (dans le sonnet dit « italien ») ou EDE (dans le sonnet dit « français »).

À partir de la fin du XIXe siècle, les poètes s'affranchissent néanmoins de ces règles, en particulier du schéma de rimes.

■ Exemple

Je m'en allais, les poings dans mes poches cre**vées** ; **A**
Mon paletot soudain devenait id**éal** ; **B**
J'allais sous le ciel, Muse ! et j'étais ton f**éal** ; **B**
Oh ! là ! là ! que d'amours splendides j'ai rê**vées** ! **A**

Mon unique culotte avait un large t**rou**. **C**
– Petit-Poucet rêveur, j'égrenais dans ma c**ourse** **D**
Des rimes. Mon auberge était à la Grande-**Ourse**. **D**
– Mes étoiles au ciel avaient un doux frou-f**rou** **C**

Et je les écoutais, assis au bord des r**outes**, **E**
Ces bons soirs de septembre où je sentais des g**outtes** **E**
De rosée à mon front, comme un vin de vigu**eur** ; **F**

Où, rimant au milieu des ombres fantas**tiques**, **G**
Comme des lyres, je tirais les élas**tiques** **G**
De mes souliers blessés, un pied près de mon c**œur** ! **F**

Arthur Rimbaud, « Ma bohème », *Poésies*, 1895

Interprétation

Il s'agit ici d'un sonnet italien, le dernier tercet a comme schéma EED.

II Les formes libres

Une forme libre en poésie est une forme qui n'a pas de structure définie. Certaines formes libres se distinguent par leur sujet, leur registre, leur longueur, selon les cas. À partir du XIXe siècle, les poètes privilégient les formes libres.

A Le blason

Le mot **blason** appartient initialement au vocabulaire de l'héraldique. Il désigne l'écu armorié symbolisant une famille, une ville ou un pays.

Le blason poétique est une forme apparue au XVIe **siècle** mais encore utilisée dans les siècles suivants.

Les caractéristiques du blason sont :

- la forme libre ;
- l'éloge d'une partie du corps féminin.

■ **Exemple**

La courbe de tes yeux fait le tour de mon cœur,
Un rond de danse et de douceur,
Auréole du temps, berceau nocturne et sûr,
Et si je ne sais plus tout ce que j'ai vécu

C'est que tes yeux ne m'ont pas toujours vu.

Feuilles de jour et mousse de rosée,
Roseaux du vent, sourires parfumés,
Ailes couvrant le monde de lumière,
Bateaux chargés du ciel et de la mer,
Chasseurs des bruits et sources des couleurs,

Parfums éclos d'une couvée d'aurores
Qui gît toujours sur la paille des astres,
Comme le jour dépend de l'innocence
Le monde entier dépend de tes yeux purs
Et tout mon sang coule dans leurs regards.

Paul Éluard, « La Courbe de tes yeux », *Capitale de la douleur*, 1926

Interprétation

Le poète fait l'éloge des yeux de la femme aimée dans ce blason poétique.

Remarque

Il existe également des **contre-blasons**, qui font la satire ou le blâme d'une partie du corps féminin.

B Le calligramme

Le calligramme est une forme poétique qui existe depuis l'Antiquité mais reste peu employée, jusqu'à la publication par Guillaume **Apollinaire** d'un recueil intitulé ***Calligrammes*** en 1918.

Le calligramme est un **poème dont la disposition forme un dessin**, qui représente ce que le texte évoque.

■ **Exemple**

S
A
LUT
M
O N
D E
DONT
JE SUIS
LA LAN
GUE É
LOQUEN
TE QUESA
BOUCHE
O PARIS
TIRE ET TIRERA
TOU JOURS
AUX A L
LEM ANDS

Guillaume Apollinaire, *Calligrammes*, 1918

C Le poème en prose

Le poème en prose est inventé par **Aloysius Bertrand** avec le recueil ***Gaspard de la nuit*** (1842). **Baudelaire** lui donne ses lettres de noblesse avec le recueil ***Petits poèmes en prose*** (ou *Le Spleen de Paris*) en 1869.

Citation

> « Quel est celui de nous qui n'a pas, dans ses jours d'ambition, rêvé le miracle d'une prose poétique, musicale sans rythme et sans rime, assez souple et assez heurtée pour s'adapter aux mouvements lyriques de l'âme, aux ondulations de la rêverie, aux soubresauts de la conscience ?
>
> Charles Baudelaire, « À Arsène Houssaye », *Petits poèmes en prose* (ou *Le Spleen de Paris*), 1869

Les caractéristiques du poème en prose sont :
- la composition en **prose** (sans vers, sans strophes, sans rimes) ;
- l'**autonomie** du poème, pouvant fonctionner et être compris seul, indépendamment des poèmes qui le suivent ou le précèdent ;
- **le travail poétique sur les images et les sonorités.**

Piège

Le poème en prose ne doit pas être confondu avec le poème en vers libres, qui se caractérise par des retours réguliers à la ligne.

■ **Exemple**

Il était nuit. Ce furent d'abord, – ainsi j'ai vu, ainsi je raconte, – une abbaye aux murailles lézardées par la lune, – une forêt percée de sentiers tortueux, – et le Morimont grouillant de capes et de chapeaux.

Ce furent ensuite, – ainsi j'ai entendu, ainsi je raconte, – le glas funèbre d'une cloche auquel répondaient les sanglots funèbres d'une cellule, – des cris plaintifs et des rires féroces dont frissonnait chaque feuille le long d'une ramée, – et les prières bourdonnantes des pénitents noirs qui accompagnent un criminel au supplice.

Ce furent enfin, – ainsi s'acheva le rêve, ainsi je raconte, – un moine qui expirait couché dans la cendre des agonisants, – une jeune fille qui se débattait pendue aux branches d'un chêne, – et moi que le bourreau liait échevelé sur les rayons de la roue.

Dom Augustin, le prieur défunt, aura, en habit de cordelier, les honneurs de la chapelle ardente ; et Marguerite, que son amant a tuée, sera ensevelie dans sa blanche robe d'innocence, entre quatre cierges de cire.

Mais moi, la barre du bourreau s'était, au premier coup, brisée comme un verre, les torches des pénitents noirs s'étaient éteintes sous des torrents de pluie, la foule s'était écoulée avec les ruisseaux débordés et rapides, – et je poursuivais d'autres songes vers le réveil.

Aloysius Bertrand, « Un rêve », *Gaspard de la nuit*, 1842

Les Contemplations, Victor Hugo

I Réflexions sur « Mémoires d'une âme »

L'intitulé du parcours « Mémoires d'une âme » est une expression empruntée à la préface des *Contemplations* de Hugo.

Citation

« Qu'est-ce que *Les Contemplations* ? C'est ce qu'on pourrait appeler, si le mot n'avait quelque prétention, les ***Mémoires d'une âme***.

« Ce sont, en effet, toutes les impressions, tous les souvenirs, toutes les réalités, tous les fantômes vagues, riants ou funèbres, que peut contenir une conscience, revenus et rappelés, rayon à rayon, soupir à soupir, et mêlés dans la même nuée sombre. C'est l'existence humaine sortant de l'énigme du berceau et aboutissant à l'énigme du cercueil ; c'est un esprit qui marche de lueur en lueur en laissant derrière lui la jeunesse, l'amour, l'illusion, le combat, le désespoir, et qui s'arrête éperdu « au bord de l'infini ». Cela commence par un sourire, continue par un sanglot, et finit par un bruit du clairon de l'abîme.

« Une destinée est écrite là jour à jour.

Victor Hugo, *Les Contemplations*, préface, 1856

Cette expression indique donc que l'auteur utilise la poésie comme moyen de rendre compte de **sa destinée dans son ensemble**, comme en témoignent les énumérations de la citation : les moments de joie comme ceux de douleur, les chimères et les désillusions, les « combats » de l'auteur sont évoqués dans le recueil.

Il faut donc entendre le mot « mémoires » dans le sens de **récit de vie**, même si en l'occurrence la destinée de l'auteur n'est pas relatée de manière linéaire, comme dans une autobiographie. Le recueil offre le portrait du poète, diffracté en de multiples images constituées des poèmes eux-mêmes. L'auteur est convaincu que sa propre expérience reflète celle du lecteur et de l'humanité en général.

Citation

« Quand je vous parle de moi, je vous parle de vous.

Victor Hugo, *Les Contemplations*, préface, 1856

L'intitulé du parcours invite à se poser les **questions** suivantes :

- De quelle mémoire personnelle la poésie est-elle porteuse ?
- Quels souvenirs, quels moments heureux et malheureux le poète évoque-t-il ?
- La poésie peut-elle être le reflet de l'âme ?
- Quand il nous parle de lui, le poète nous parle-t-il de nous ?
- Le poète peut-il rendre compte de sa destinée dans sa poésie ?

II L'œuvre au programme

A L'auteur : Victor Hugo (1802-1885)

Victor-Marie Hugo naît en 1802. Il est fils d'un général de l'Empire qui participe aux campagnes militaires napoléoniennes. Très jeune, il ambitionne de devenir écrivain et dit à 14 ans : « Je veux être Chateaubriand ou rien. »

Il devient l'ami de l'écrivain romantique Charles Nodier et intègre son cercle d'écrivains et d'artistes : « **le Cénacle** ». C'est au cours de ces réunions qu'il lit ses premiers poèmes, publiés plus tard dans les recueils *Odes et ballades* (1826), *Les Orientales* (1829) et *Les Feuilles d'automne* (1832).

Mais c'est surtout grâce au théâtre qu'il se fait connaître, en particulier à l'occasion de la fameuse « **bataille d'*Hernani*** » en 1830. Le drame romantique *Hernani* occasionne en effet une véritable « bataille » dès ses premières représentations, tant pour la liberté du vers que s'autorise l'auteur que pour le mélange des genres et registres. Il est également vivement controversé pour l'image qu'il donne de la figure royale.

Théoricien du drame romantique (Préface de *Cromwell* en 1827), Hugo écrit beaucoup pour le théâtre (*Lucrèce Borgia* en 1833, *Ruy Blas* en 1838) et devient rapidement le **chef de file de la nouvelle génération romantique**. Il est élu à l'Académie française en 1841.

Il écrit également des **romans**, inspirés par le roman historique et le roman d'aventures. Les plus célèbres sont *Notre-Dame de Paris* (1831) et *Les Misérables* (1862), dans lesquels il décrit et dénonce la misère sociale. Pour autant, il ne s'éloigne jamais de la poésie, publiant des recueils tels que *Les Rayons et les ombres* (1840) et *Les Contemplations* (1856).

Hugo est un **auteur engagé** dans les débats sociaux et politiques de son temps : il combat la peine de mort, la misère ou encore le travail des enfants. Il s'implique même en politique et est élu député sous la IIIe République (1848-1851). Lors du coup d'État de Louis-Napoléon Bonaparte, qui s'autoproclame empereur en 1852, Hugo quitte Paris. En exil sur les îles de Jersey et Guernesey, il écrit le recueil ***Les Châtiments*** (1852), véritable **pamphlet politique** contre celui qu'il surnomme « Napoléon le Petit ». Il lui reproche d'avoir violé la République et de singer son oncle Napoléon Ier. Après la chute du Second Empire (1870), il rentre en France et devient sénateur. Il meurt en 1885. Près de deux millions de personnes viennent à son enterrement.

B L'œuvre : Les Contemplations, livres I à IV, 1856

Le recueil poétique *Les Contemplations* est écrit par Victor Hugo en exil et publié en avril 1856. Il est organisé en **deux parties** :

– **« Autrefois (1830-1843) »** ;
– **« Aujourd'hui (1843-1855) »**.

Cette organisation met en évidence un point de rupture autour duquel le poète conçoit sa destinée. Ce point de rupture, **l'année 1843**, coïncide avec la **mort de Léopoldine**, une des filles de Victor Hugo. Fille chérie de Hugo, elle est morte noyée dans la Seine avec son fiancé Charles Vacquerie, à l'âge de 19 ans. Hugo a été profondément affecté par ce drame, dont il a appris la nouvelle par hasard en lisant le journal, avant de recevoir la lettre de son épouse l'en informant. La destinée de Hugo a basculé ce jour-là, comme le suggère l'organisation du recueil : à propos des deux parties du recueil, Hugo écrit « un abîme les sépare, le tombeau » (préface des *Contemplations*).

L'organisation générale du recueil suit le schéma suivant :

1re partie « Autrefois (1830-1843) » :

– livre I « Aurore » ;
– livre II « L'Âme en fleur » ;
– livre III « Les Luttes et les Rêves ».

2e partie « Aujourd'hui (1843-1855) » :

– livre IV « *Pauca meae* » ;
– livre V « En marche » ;
– livre VI « Au bord de l'infini ».

Le programme se limite aux livres I à IV du recueil :

– **Le livre I, « Aurore »**, évoque les années de jeunesse, d'innocence et d'apprentissage (amoureux et littéraire).
– **Le livre II, « L'Âme en fleur »**, est principalement inspiré par la passion de Hugo pour la comédienne Juliette Drouet.
– **Le livre III, « Les Luttes et les Rêves »**, rend compte des combats de Hugo, en particulier contre la misère et les fléaux de la guerre et de la tyrannie.
– **Le livre IV, « *Pauca meae* »** (titre emprunté au poète latin Virgile et pouvant être traduit par : « Quelques vers pour ma fille »), est un livre de deuil, inspiré par la mort de Léopoldine.

Si le recueil est **principalement de tonalité lyrique**, le poète exprimant tantôt son chagrin, tantôt sa joie passée, il comporte également des poèmes polémiques et épiques. Il rend bien compte de la diversité de l'œuvre hugolienne.

C Textes-clés

1. « Aurore »

Elle était déchaussée, elle était décoiffée
Assise, les pieds nus, parmi les joncs[1] penchants ;
Moi qui passais par là, je crus voir une fée,
Et je lui dis : Veux-tu t'en venir dans les champs ?

Elle me regarda de ce regard suprême
Qui reste à la beauté quand nous en triomphons,
Et je lui dis : Veux-tu, c'est le mois où l'on aime,
Veux-tu nous en aller sous les arbres profonds ?

Elle essuya ses pieds à l'herbe de la rive ;
Elle me regarda pour la seconde fois,
Et la belle folâtre[2] alors devint pensive.
Oh ! comme les oiseaux chantaient au fond des bois !

Comme l'eau caressait doucement le rivage !
Je vis venir à moi, dans les grands roseaux verts,
La belle fille heureuse, effarée[3] et sauvage,
Ses cheveux dans ses yeux, et riant au travers.

1. Joncs : plantes à longue tige poussant près des points d'eau.
2. Folâtre : joyeuse.
3. Effarée : étonnée.

Mont-L'Am., juin 183..

- Liberté, gaité et sensualité de la jeune fille
- Décor naturel idyllique
- Rencontre et invitation amoureuses
- Désignation élogieuse de la jeune fille
- Personnification de la nature
- Apparence d'anecdote autobiographique (Montfort-L'Amaury où a habité Hugo)

Mouvements du texte

- **Premier mouvement, une apparition miraculeuse** : de « Elle était déchaussée » à « arbres profonds ? ».
- **Second mouvement, le bonheur amoureux** : de « Elle essuya » à la fin.

L'essentiel à retenir du texte

- **Le récit d'une anecdote vécue ?** La mention d'un lieu et d'une date à la fin du poème donne l'impression d'une anecdote réellement vécue par l'auteur, de même que l'emploi de la 1re personne. Le poème est narratif et relate avec lyrisme une rencontre amoureuse.
- **Une apparition miraculeuse dans un cadre bucolique** : la jeune femme est rencontrée par hasard et de manière inattendue. Elle ressemble à « une fée », ce qui fait d'elle un être merveilleux, et son aspect sauvage et libre l'apparente aux nymphes, divinités des eaux. De plus, elle semble fusionner avec le cadre naturel dans lequel elle apparaît. Ce décor peut être qualifié de bucolique, il renvoie à l'image d'une nature idéale, agréable et paisible.
- **Une rencontre amoureuse** : dans le premier quatrain, le poète évoque un coup de foudre amoureux, inattendu et soudain. Le jeune homme formule alors une invitation amoureuse, qu'il réitère dans le quatrain suivant. La réponse de la jeune fille n'est pas formulée mais suggérée poétiquement par les personnifications de la nature.

2. « Les Luttes et les Rêves »

Ce poème évoque le travail des enfants, qui peuvent être employés dès l'âge de huit ans d'après la loi de l'époque.

Où vont tous ces enfants dont pas un seul ne rit ?
Ces doux êtres pensifs que la fièvre maigrit ?
Ces filles de huit ans qu'on voit cheminer seules ?
Ils s'en vont travailler quinze heures sous des meules ;
Ils vont, de l'aube au soir, faire éternellement
Dans la même prison le même mouvement.
Accroupis sous les dents d'une machine sombre,
Monstre hideux qui mâche on ne sait quoi dans l'ombre,
Innocents dans un bagne, anges dans un enfer,
Ils travaillent. Tout est d'airain[1], tout est de fer.
Jamais on ne s'arrête et jamais on ne joue.
Aussi quelle pâleur ! la cendre est sur leur joue.
Il fait à peine jour, ils sont déjà bien las.

Ils ne comprennent rien à leur destin, **hélas !**
Ils semblent dire à Dieu : « Petits comme nous sommes,
Notre père, voyez ce que nous font les hommes ! »
Ô servitude infâme imposée à l'enfant !
Rachitisme[2] ! travail dont le souffle étouffant
Défait ce qu'a fait Dieu ; qui tue, œuvre insensée,
La beauté sur les fronts, dans les cœurs la pensée,
Et qui ferait – c'est là son fruit le plus certain –
D'Apollon[3] un bossu, de Voltaire un crétin !
Travail mauvais qui prend l'âge tendre en sa serre[4],
Qui produit la richesse en créant la misère,
Qui se sert d'un enfant ainsi que d'un outil !
Progrès dont on demande : « Où va-t-il ? Que veut-il ? »
Qui brise la jeunesse en fleur ! qui donne, en somme,
Une âme à la machine et la retire à l'homme !
[…]

1. Airain : alliage de métaux.
2. Rachitisme : maladie causée par des carences alimentaires.
3. Apollon : dieu grec de la beauté.
4. Serre : griffe de rapace.

- Tristesse et misère
- Expression de la pitié
- Vocabulaire négatif
- Jeunesse et innocence des enfants
- Discours direct des enfants ! Exclamations traduisant l'indignation
- Métaphores péjoratives
- Déshumanisation par le travail

Mouvements du texte

- **Premier mouvement, évocation pathétique** : de « Où vont » à « Petits comme nous sommes, ».
- **Second mouvement, dénonciation polémique** : de « Ô servitude infâme » à la fin.

L'essentiel à retenir du texte

- **Des enfants soumis à des traitements terribles** : le poète s'appuie sur la réalité pour dénoncer le travail des enfants. L'âge des enfants, la durée de leur journée de travail, l'évocation des conditions de travail dans les usines ou mines de charbon renvoient à des faits bien réels à l'époque. Il emploie des métaphores très péjoratives (la prison, le monstre, le rapace) pour montrer combien le travail est destructeur pour les enfants.
- **La compassion du poète (le pathétique)** : le poète insiste sur la jeunesse et l'innocence des enfants pour mettre en valeur l'injustice qu'ils subissent. Il leur donne la parole, exprime sa pitié, insiste sur leur tristesse et leur misère. Il vise ainsi à provoquer la compassion du lecteur par une tonalité pathétique.
- **La dénonciation** : dans le deuxième mouvement de l'extrait, le ton devient polémique et le poète exprime son indignation, avec véhémence et colère. Il ironise sur le supposé progrès, suggère que le travail dans ces conditions est destructeur plus que fécond et tend même à déshumaniser les hommes. Hugo se bat ici pour une cause dans laquelle il s'est impliqué tout au long de sa vie.

3. « Pauca meae »

Ce poème est inspiré par la mort accidentelle de Léopoldine, la fille de Victor Hugo.

Oh ! je fus comme fou dans le premier moment,
Hélas ! et je pleurai trois jours amèrement.
Vous tous à qui Dieu prit votre chère espérance,
Pères, mères, dont l'âme a souffert ma souffrance,
Tout ce que j'éprouvais, l'avez-vous éprouvé ?
Je voulais me briser le front sur le pavé ;
Puis je me révoltais, et, par moments, terrible,
Je fixais mes regards sur cette chose horrible,
Et je n'y croyais pas, et je m'écriais : Non !
– Est-ce que Dieu permet de ces malheurs sans nom
Qui font que dans le cœur le désespoir se lève ? –
Il me semblait que tout n'était qu'un affreux rêve,
Qu'elle ne pouvait pas m'avoir ainsi quitté,
Que je l'entendais rire en la chambre à côté,
Que c'était impossible enfin qu'elle fût morte,
Et que j'allais la voir entrer par cette porte !

Oh ! que de fois j'ai dit : Silence ! elle a parlé !
Tenez ! voici le bruit de sa main sur la clé !

Attendez ! elle vient ! laissez-moi, que j'écoute !
Car elle est quelque part dans la maison sans doute !

Jersey, Marine-Terrace, 4 septembre 1852.

- ▶ Expression de la douleur
- ▶ Adresse au lecteur
- ▶ Illusion que sa fille est vivante
- ▶ Expression de l'incrédulité et de l'impossibilité
- ☐ Périphrases pour désigner la mort sans la nommer

■ *Mouvements du texte*

- **Premier mouvement, la douleur du deuil** : de « Oh ! je fus » à « cette chose horrible, ».
- **Second mouvement, incrédulité face au drame** : de « Et je n'y croyais pas » à la fin.

■ *L'essentiel à retenir du texte*

- **Un poème de deuil** : le poème, comme de nombreux autres du livre « *Pauca meae* », est inspiré par la mort tragique de Léopoldine. Le poète parle en son nom lorsqu'il emploie la 1re personne du singulier. Il évoque sa première réaction à l'annonce de la nouvelle, les jours qui ont suivi, puis la longue période de deuil et la difficulté à admettre la mort de sa fille.
- **La souffrance à son paroxysme** : de tonalité élégiaque et pathétique, ce poème exprime la souffrance insurmontable d'un père face à la mort de son enfant. Hugo fait allusion à la mort sans pouvoir la nommer, car elle fait partie précisément de « ces malheurs sans nom ». Il dit sa douleur avec insistance et sans pudeur, montrant qu'elle atteint un paroxysme insupportable. Il s'adresse aux lecteurs, en particulier aux pères et mères qui ont également perdu un enfant, pour les inviter à comprendre et partager sa souffrance.
- **L'incrédulité** : la mort de l'enfant est vécue comme un événement inconcevable, impossible, et Hugo exprime son incrédulité face au drame, son déni sans doute également. Il en vient à imaginer la présence de sa fille dans la maison, croit l'entendre et la voir, tant son absence est insupportable. La dernière strophe rend même compte d'hallucinations qui révèlent un état d'effarement et presque de folie.

Les Fleurs du Mal, Charles Baudelaire

I Réflexions sur « Alchimie poétique : la boue et l'or »

L'**alchimie** est une science ésotérique qui s'est développée au Moyen Âge. Le processus a pour but de percer les secrets de la matière pour transformer un métal vil en métal précieux. Dans une perspective métaphorique, l'alchimie permet au poète de **déchiffrer les secrets de l'Univers** grâce au **pouvoir des mots et du langage**.

La deuxième partie de l'intitulé du parcours « **la boue et l'or** » vient d'un vers de Baudelaire. En 1857, il écrit dans l'esquisse d'un poème : « J'ai pétri de la boue et j'en ai fait de l'or » (« Orgueil », *Les Fleurs du Mal*). Puis, dans un projet d'épilogue pour la deuxième édition du recueil *Les Fleurs du Mal* en 1861, le poète s'adresse ainsi à Paris : « Tu m'as donné ta boue et j'en ai fait de l'or ».

Transformer d'ignobles déchets en métal précieux, tel est l'ambition du poète : « Il m'a paru plaisant, et d'autant plus agréable que la tâche était plus difficile, d'**extraire la *beauté* du *Mal***. » (projet de préface pour la deuxième édition des *Fleurs du Mal*). Baudelaire s'intéresse au mal sous toutes ses formes :

- **le mal moral** car le vice et le sadisme hantent les hommes ;
- **le mal physique** car le corps et les nerfs du poète souffrent des douleurs insupportables ;
- **le mal métaphysique** car l'âme est angoissée par l'absence de Dieu mais elle est pourtant assaillie par le tourment du péché.

Pour métamorphoser cette boue en or, Baudelaire en fait un **sujet de poésie**. La sensibilité du poète et sa volonté créatrice l'amènent à porter un **nouveau regard** sur les objets les plus abjects.

L'intitulé du parcours invite à se poser diverses **questions** :

- Faire œuvre de création, est-ce porter un nouveau regard sur un sujet ?
- Comment la voix du poète invite-t-elle le lecteur à porter un nouveau regard sur un sujet ?
- Y a-t-il une beauté propre au mal ?
- Comment la métaphore de la boue et de l'or explique-t-elle le principe de création poétique ?

II L'œuvre au programme

A L'auteur : Charles Baudelaire (1821-1867)

Après une jeunesse tumultueuse, marquée par la mort de son père et le remariage de sa mère avec un homme pour lequel Baudelaire n'a guère d'affection, le poète dilapide l'héritage familial en menant une vie de bohème à Paris. Il fréquente les cercles littéraires, lit beaucoup et devient disciple de Théophile Gautier. Sa famille décide de le mettre sous tutelle pour l'arracher à cette vie qu'elle juge scandaleuse. Baudelaire est donc condamné à une existence miséreuse. Il rencontre le peintre Manet et se consacre à la critique d'art. Il découvre également Edgar Allan Poe, écrivain américain alcoolique et indigent, et entreprend de traduire ses œuvres. Comme Poe, Baudelaire préfère rester en marge de la société. Il rejoint ainsi les nombreux artistes qui refusent d'adhérer aux valeurs d'une société bourgeoise et conformiste.

Sous le Second Empire (1851-1870), époque du règne de Napoléon III, le gouvernement impose un retour à l'ordre moral. Le recueil des *Fleurs du Mal* paraît en juin 1857. Les critiques à son propos sont élogieuses mais le procureur impérial intente un procès à Baudelaire. Ce procès contribue à la malédiction baudelairienne : le poète se sent humilié et incompris. Le procureur, M. Pinard, incrimine treize poèmes du recueil. Ces pièces sont accusées d'outrage aux bonnes mœurs, à la morale religieuse et à la morale publique. Pour les magistrats, parler du corps, de nudité, de volupté, de sexualité et d'homosexualité est condamnable. *Les Fleurs du Mal* sont considérées comme un livre dangereux. Le poète est condamné à payer une lourde amende et doit retirer six poèmes de son recueil s'il veut le faire paraître. Le texte est modifié et réédité en 1861. Il faut attendre 1949 pour que sa version intégrale soit enfin autorisée.

Dès 1855, Baudelaire commence à rédiger un nouveau recueil : *Petits poèmes en prose ou Le Spleen de Paris*. Il prévoit d'écrire cent poèmes mais n'en rédige que cinquante. En effet, la fin de sa vie est marquée par la maladie. Atteint de syphilis, il meurt en 1867. Son dernier recueil est publié à titre posthume en 1869. En 1897 sont également publiées les notes, pensées et anecdotes de l'auteur sous le titre *Mon cœur mis à nu*.

B L'œuvre : *Les Fleurs du Mal*, 1857 (1re édition) ; 1861 (2e édition)

Citation

> « Dans ce livre atroce, j'ai mis toute ma pensée, tout mon cœur, toute ma religion (travestie), toute ma haine.
>
> Charles Baudelaire, Lettre à Maître Ancelle, 1866

Baudelaire voulait retracer la tragédie de l'être humain, cette alternance constante qui le pousse tantôt vers Dieu, tantôt vers Satan.

Le recueil s'appelle d'abord *Les Lesbiennes* en référence aux habitantes de Lesbos, île de la mer Égée, capitale de la poésie lyrique. Puis Baudelaire choisit *Les Limbes*, titre plus mystérieux. La perspective est plus mystique puisque les limbes sont une sorte d'espace intermédiaire, le lieu où séjournent les enfants morts sans baptême. Mais un autre poète utilise ce titre et Baudelaire doit l'abandonner.

Les Fleurs du Mal est le titre définitif choisi par Baudelaire, **troublante alliance** que l'on pourrait considérer comme une provocation, une envie de choquer les bien-pensants. En effet, **fleur** et **mal** sont deux substantifs que la tradition poétique oppose. En poésie, le terme **fleur** connote l'innocence, la pureté, et symbolise souvent la jeune fille désirée. Au **mal** sont associés l'obscurité et l'informe. Baudelaire semble pourtant affirmer qu'il existe **une beauté propre au mal**.

Citation

> « Le seul éloge que je sollicite pour ce livre est qu'on reconnaisse qu'il n'est pas un pur album mais qu'il a un commencement et une fin.
>
> Charles Baudelaire, Lettre à Alfred de Vigny, 1861

Baudelaire considère que les textes de son recueil forment un tout cohérent. Chaque pièce n'a de signification que mise en regard par rapport aux autres.

Les critiques se sont acharnés à trouver un sens à la structure du recueil mais il est plus prudent de proposer des hypothèses : dans la seconde édition, 126 poèmes sont regroupés en six sections de longueurs très inégales. Ces sections peuvent être considérées comme les étapes d'un voyage explorant la misère de l'homme. Les deux premières sections posent un constat et les quatre suivantes proposent des solutions pour combattre le spleen.

Les **six sections** de l'édition de **1861 sont les suivantes** :

1) « Spleen et Idéal » : 85 poèmes. Si l'être est envahi par l'angoisse, c'est parce qu'il aspire au bonheur mais que rien ici-bas ne peut le contenter. Le poète est donc partagé entre un sentiment de spleen, d'ennui, de mélancolie, et son aspiration à l'idéal.

2) « Tableaux parisiens » : 18 poèmes. C'est une section que Baudelaire a ajoutée entre la 1re et la 2de édition. Baudelaire y peint ses errances dans un Paris en pleine mutation. Il y croise des figures insolites et des êtres déchus. Ses flâneries lui font découvrir la modernité urbaine mais accentuent aussi son sentiment de solitude.

3) « Le Vin » : 5 poèmes. L'alcool est présenté comme une échappatoire sombre et dangereuse : il procure un **oubli bienfaiteur** qui n'est que temporaire.

4) « Les Fleurs du Mal » : 9 poèmes. La luxure et les amours interdites sont les thèmes majeurs de cette section. Baudelaire les présente comme une autre forme d'évasion. Cependant, cette démarche est vaine. Il s'abandonne à la débauche mais n'échappe pas à son existence misérable.

5) « La Révolte » : 3 poèmes. Les tentations charnelles étant illusoires, le poète se révolte contre Dieu en se tournant vers Satan, prince des déchus.

6) « La Mort » : 6 poèmes. Les échappatoires ayant été des échecs, la mort reste le seul espoir de l'homme. Elle est une promesse de voyage qui peut soulager les maux.

C Textes-clés

1. « L'Albatros », 1861

Souvent, pour s'amuser, les hommes d'équipage
Prennent des albatros, vastes oiseaux des mers,
Qui suivent, indolents[1] compagnons de voyage,
Le navire glissant sur les gouffres amers.

À peine les ont-ils déposés sur les planches,
Que ces rois de l'azur, maladroits et honteux,
Laissent piteusement[2] leurs grandes ailes blanches
Comme des avirons traîner à côté d'eux.

Ce voyageur ailé, comme il est gauche et veule[3] !
Lui, naguère si beau, qu'il est comique et laid !
L'un agace son bec avec un brûle-gueule[4],
L'autre mime, en boitant, l'infirme qui volait !

Le Poète est semblable au prince des nuées[5]
Qui hante la tempête et se rit de l'archer[6] ;
Exilé sur le sol au milieu des huées,
Ses ailes de géant l'empêchent de marcher.

1. Indolents : insensibles, indifférents.
2. Piteusement : d'une manière qui inspire la pitié.
3. Veule : qui n'a aucune volonté ou aucune force.
4. Brûle-gueule : pipe de marin à tuyau très court.
5. Nuées : gros nuages.
6. Archer : soldat tirant avec un arc.

▶ Cruauté et sadisme des marins
▶ Valorisation de l'albatros : oiseau majestueux
▶ Vision pathétique de l'albatros
▶ Déchéance de l'oiseau
☐ Comparaison oiseau-poète

■ *Mouvements du texte*

- **Premier mouvement, récit d'une anecdote, des marins torturent un albatros pour se divertir** : de « Souvent, pour s'amuser » à « qui volait ! ».
- **Second mouvement, la portée symbolique de l'anecdote** : de « Le Poète est semblable » à la fin.

■ *L'essentiel à retenir du texte*

- **La valeur symbolique de l'albatros** : « L'Albatros » n'est pas un sonnet mais sa composition y ressemble dans sa progression. Baudelaire raconte une anecdote et explique sa portée symbolique dans la dernière strophe. L'albatros est d'abord décrit comme un oiseau, puis il devient une allégorie. Il illustre l'idée que Baudelaire se fait du poète « maudit » : un être supérieur isolé des hommes à cause de son génie. Baudelaire développe ici un des thèmes chers aux romantiques.
- **Un poète déchiré entre spleen et idéal** : ce texte appartient au cycle des poèmes qui célèbrent la grandeur de l'art et du poète dans la section « Spleen et Idéal ». Le poète assoiffé d'idéal au milieu des autres hommes subit l'isolement de l'homme de génie. Pour évoquer ces êtres singuliers que sont les artistes, Baudelaire choisit ici un symbole douloureux : l'albatros représente **la dualité de l'homme** cloué au sol et aspirant à l'infini.
- **« L'Albatros », une fleur du mal** : c'est au-dessus du vide que l'oiseau peut déployer « ses ailes de géant ». **La splendeur émane de la dysphorie** (état de mal-être) comme le rappelle le titre du recueil. De façon paradoxale, l'angoisse et la tristesse **se transforment positivement** : l'albatros était « le roi de l'azur » et devient « le prince des nuées ». Il a gagné en jeunesse et en charme.

2. « Une charogne », 1857

Rappelez-vous l'objet que nous vîmes, mon âme,
Ce beau matin d'été si doux :
Au détour d'un sentier une charogne[1] infâme
Sur un lit semé de cailloux,

Les jambes en l'air, comme une femme lubrique[2],
Brûlante et suant les poisons,
Ouvrait d'une façon nonchalante et cynique[3]
Son ventre plein d'exhalaisons[4].

Le soleil rayonnait sur cette pourriture,
Comme afin de la cuire à point,
Et de rendre au centuple à la grande Nature
Tout ce qu'ensemble elle avait joint ;

Et le ciel regardait la carcasse superbe
Comme une fleur s'épanouir.
La puanteur était si forte, que sur l'herbe
Vous crûtes vous évanouir.

Les mouches bourdonnaient sur ce ventre putride[5],
D'où sortaient de noirs bataillons
De larves, qui coulaient comme un épais liquide
Le long de ces vivants haillons[6].

Tout cela descendait, montait comme une vague,
Ou s'élançait en pétillant ;
On eût dit que le corps, enflé d'un souffle vague,
Vivait en se multipliant.

Et ce monde rendait une étrange musique,
Comme l'eau courante et le vent,
Ou le grain qu'un vanneur d'un mouvement rythmique
Agite et tourne dans son van[7].

Les formes s'effaçaient et n'étaient plus qu'un rêve,
Une ébauche lente à venir,
Sur la toile oubliée, et que l'artiste achève
Seulement par le souvenir.

Derrière les rochers une chienne inquiète
Nous regardait d'un œil fâché,
Épiant le moment de reprendre au squelette
Le morceau qu'elle avait lâché.

– Et pourtant vous serez semblable à cette ordure,
À cette horrible infection,
Étoile de mes yeux, soleil de ma nature,
Vous, mon ange et ma passion !

Oui ! telle vous serez, ô la reine des grâces,
Après les derniers sacrements[8],
Quand vous irez, sous l'herbe et les floraisons grasses,
Moisir parmi les ossements.

Alors, ô ma beauté ! dites à la vermine[9]
Qui vous mangera de baisers,
Que j'ai gardé la forme et l'essence[10] divine
De mes amours décomposés !

1. Charogne : animal en décomposition.
2. Lubrique : qui manifeste une forte attirance pour les plaisirs charnels.
3. Cynique : insolente et immorale.
4. Exhalaisons : odeurs émanant de certains corps.
5. Putride : en état de décomposition.
6. Haillons : vieux vêtements en lambeau.
7. Van : instrument qui permet de séparer les grains de la paille.
8. Sacrements : rite sacré administré à un mourant.
9. Vermine : vers.
10. Essence : substance essentielle.

- ▶ Lexique de la nature, cadre de la promenade amoureuse
- ▶ Oxymores valorisant la charogne
- ▶ Apostrophes galantes
- ▶ Évocation d'une odeur atroce
- ▶ Analogie entre la femme et la charogne
- ▶ Périphrases pour désigner la charogne et rendre compte de son caractère malsain
- ▶ Détails répugnants
- ▶ Métaphore et champ lexical de l'art et de la création

Mouvements du texte

- **Premier mouvement, une scène idyllique troublée par une vision** abjecte : de « Rappelez-vous » à « vous évanouir ».
- **Deuxième mouvement, description plus précise de la charogne** : de « Les mouches » à « en se multipliant ».
- **Troisième mouvement, réflexion sur le processus de création et le pouvoir de la poésie** : de « Et ce monde » à « seulement par le souvenir. »
- **Quatrième mouvement, détail macabr**e : de « Derrière les rochers » à « avait lâché ».
- **Cinquième mouvement, portée symboliques, une leçon cruelle adressée à la femme aimé**e : de « « Et pourtant » à la fin.

L'essentiel à retenir du texte

- **Un poème macabre et ironique** : dans ce poème, Baudelaire détourne avec ironie le topos romantique de la promenade amoureuse. En effet, il en appelle aux souvenirs de la femme aimée puisque la pièce s'ouvre sur un impératif : « Rappelez-vous ». Dans un cadre idyllique, le couple fait une atroce découverte. Avec une certaine complaisance et de très nombreuses précisions abjectes, le poète se remémore la vision repoussante d'une charogne. Aucun détail n'est épargné au lecteur et l'objet central du texte semble exercer une étrange fascination sur le poète.
- **Un poème qui renouvelle le topos du *memento mori*** : les poètes de la Pléiade développent au XVIe siècle le motif du *carpe diem*. Ils invitent la femme à profiter du jour présent, lui rappelant que sa beauté et sa jeunesse sont éphémères. Baudelaire reprend ce motif et rappelle à la femme qui l'accompagne dans cette promenade champêtre qu'elle va mourir (*memento mori* signifie en latin « Souviens-toi que tu vas mourir »). Mais il ne s'arrête pas à l'évocation de la mort comme ses prédécesseurs. Il décrit avec une étonnante précision le processus de décomposition du corps. La leçon à tirer de cette découverte, c'est que grâce à l'écriture, le poète peut reconstruire le réel détruit.
- **Un manifeste poétique, extraire la beauté du mal** : le poète choisit la charogne comme sujet central de cette œuvre, allant à l'encontre de toute une tradition poétique. S'il magnifie, non sans ironie, cet animal en décomposition, c'est que le plaisir du poète est dans l'écriture, dans le processus de création. La beauté est dans la subversion, dans le rejet des convenances, des normes sociales et de la bonne morale de son époque.

3. « À une mendiante rousse », 1857

Blanche fille aux cheveux roux,
Dont la robe par ses trous
Laisse voir la pauvreté
Et la beauté,

Pour moi, poète chétif[1],
Ton jeune corps maladif,
Plein de taches de rousseur,
À sa douceur.

Tu portes plus galamment
Qu'une reine de roman
Ses cothurnes[2] de velours
Tes sabots lourds.

Au lieu d'un haillon[3] trop court,
Qu'un superbe habit de cour
Traîne à plis bruyants et longs
Sur tes talons ;

En place de bas troués
Que pour les yeux des roués[4]
Sur ta jambe un poignard d'or
Reluise encor ;

Que des nœuds mal attachés
Dévoilent pour nos péchés
Tes deux beaux seins, radieux
Comme des yeux ;

Que pour te déshabiller
Tes bras se **fassent** prier
Et chassent à coups mutins[5]
Les doigts lutins[6],

Perles de la plus belle eau,
Sonnets de Maître Belleau[7]
Par tes galants[8] mis aux fers
Sans cesse offerts,

Valetaille[9] de rimeurs
Te dédiant leurs primeurs
Et contemplant ton soulier
Sous l'escalier,

Maint page[10] épris du hasard,
Maint seigneur et maint Ronsard
Épieraient pour le déduit[11]
Ton frais réduit[12] !

Tu compterais dans tes lits
Plus de baisers que de lis[13]
Et rangerais sous tes lois
Plus d'un Valois[14] !

– Cependant tu vas gueusant[15]
Quelque vieux débris gisant
Au seuil de quelque Véfour[16]
De carrefour ;

Tu vas lorgnant en dessous
Des bijoux de vingt-neuf sous
Dont je ne puis, oh ! Pardon !
Te faire don.

Va donc, sans autre ornement,
Parfum, perles, diamant,
Que ta maigre nudité,
Ô ma beauté !

1. Chétif : qui a peu de forces.
2. Cothurnes : chaussures montantes à semelles épaisses.
3. Haillon : vieux vêtement en lambeau.
4. Roués : personnes débauchées, de petite vertu.
5. Mutins : espiègles, malicieux.
6. Lutins : malicieux.
7. Belleau : poète français de la Pléiade.
8. Galants : hommes qui cherchent à plaire aux femmes.
9. Valetaille : terme péjoratif qui désigne l'ensemble des valets d'une maison.
10. Page : jeune homme au service d'un seigneur.
11. Déduit (ancien français) : divertissement, amusement amoureux.
12. Réduit : local exigu, généralement sombre et pauvre.
13. Lis : autre orthographe de « lys », fleur emblème de la monarchie française.
14. Valois : branche de la dynastie capétienne qui régna sur le royaume de France de 1328 à 1589. Elle succède aux Capétiens directs et précède les Bourbons.
15. Gueusant : mendiant.
16. Véfour : restaurant chic parisien.

- ▶ Connotations positives et sensuelles
- ▶ Lexique de la misère
- ▶ Description méliorative valorisant la sensualité de la femme
- ▶ Allusions au libertinage
- ▶ Antithèses
- ▶ Subjonctifs de souhait : comme une formule magique
- ▶ Références historiques à la Renaissance, notamment à la Pléiade
- ☐ Verbes de mouvement qui traduisent la liberté de la mendiante

■ *Mouvements du texte*

- **Premier mouvement, portrait initial de la mendiante, une muse malade dont le poète entrevoit la beauté** : de « Blanche fille » à « sabots lourds ».
- **Deuxième mouvement, processus de métamorphoses et vision onirique d'une femme séduisante et mystérieuse :** de « Au lieu » à « Les doigts lutins ».
- **Troisième mouvement, suite du processus de métamorphose, éloge paradoxal de la mendiante :** de « Perles » à « Valois ».
- **Quatrième mouvement, retour à la réalité et nouveau regard du poète** : de « Cependant » à la fin.

■ *L'essentiel à retenir du texte*

- **La mendiante, une muse pour le poète** : le poème est dédié à un être déchu en marge de la société. Baudelaire en fait un portrait à la fois exact et ambigu. Il évoque de façon réaliste sa situation misérable et douloureuse. Cependant, il émane de cette femme du charme et de la sensualité. Elle exerce un attrait puissant sur le poète car elle est un être à part et mystérieux.
- **L'alchimie poétique** : Baudelaire invite le lecteur à voir au-delà des apparences. Il transforme peu à peu la mendiante en reine de roman. Il la débarrasse de ses haillons pour imaginer ses atours secrets sur un ton malicieux et lui prête de nombreux amants. Le ton du poème se fait incantatoire : le personnage réel devient un personnage fictif par la magie du verbe.
- **Une nouvelle définition de la beauté** : les trois premières strophes du poème et les trois dernières encadrent celles où Baudelaire fantasme la mendiante autrement qu'elle n'est en réalité. Cependant, la vision qu'il en propose à la fin du poème n'est pas identique à celle du début : la mendiante est une femme libre dont la nudité n'est plus honteuse et qui n'a pas besoin d'artifices pour être belle.

Alcools, Guillaume Apollinaire

I Réflexions sur « Modernité poétique ? »

L'intitulé du parcours « Modernité poétique ? » pose une question essentielle dans l'histoire du genre poétique, celle de l'aspect formel du texte poétique.

Dès le milieu du XIXe siècle, les poètes romantiques annoncent la dissolution du vers et remettent en question les règles de versification alors qu'elles étaient les mêmes depuis Malherbe (poète français du XVIe siècle, théoricien de l'art classique et réformateur de la langue française). Toute la poésie post romantique exprime le désir d'inventer une expression loin des modèles classiques pour **créer une forme** propre et originale. L'invention du poème en prose, que Baudelaire rend célèbre grâce à son recueil *Le Spleen de Paris* ou *Petits poèmes en prose*, contribue à une nouvelle définition du genre. Le vers libre fait son apparition à la même époque : il correspond le plus souvent à une unité de sens et de rythme qui suit la voix et la sensibilité du poète. Tout au long du XIXe siècle, la poésie s'affranchit donc des codes traditionnels de la versification et le langage devient un matériau que le poète peut utiliser à sa guise.

L'intitulé « Modernité poétique ? » questionne également les thématiques poétiques. Les auteurs de la fin du XIXe siècle vont trouver de nouveaux motifs poétiques comme les paysages urbains, les métropoles modernes, la foule, etc. Ils souhaitent rendre compte de **l'expérience du monde contemporain**.

Charles Baudelaire est le premier poète de la ville, il met Paris en scène dans les « Tableaux parisiens », section des *Fleurs du Mal* publiée en 1861. Comme lui, Apollinaire conçoit l'écriture poétique comme un **hymne à la modernité**. Il célèbre la **beauté du monde moderne** et de **son mouvement perpétuel**.

L'intitulé du parcours invite à se poser diverses **questions** :

- À quoi tient la modernité d'une œuvre ?
- La modernité est-elle essentiellement formelle ?
- La modernité est-elle essentiellement thématique ?
- Faut-il détruire un monde ancien pour être moderne ?
- L'avant-garde suppose-t-elle une arrière-garde ?
- La tradition et la modernité sont-elles incompatibles ?

II L'œuvre au programme

A L'auteur : Guillaume Apollinaire (1880-1918)

Fils naturel d'un officier italien et d'une aventurière d'origine polonaise, Wilhelm Apollinaris Albertus de Kostrowitzky, dit Guillaume Apollinaire, est un poète du début du XXe siècle. Il naît à Rome et, après une enfance chaotique, il devient précepteur en Allemagne avant de s'installer à Paris en 1902.

Dès 1904, il participe à la création du mouvement pictural cubiste et fréquente les intellectuels et les artistes parisiens. La publication de son premier recueil *Alcools* en 1913 fait de lui le **poète de la modernité**. Inspiré par les audaces formelles du recueil de Rimbaud *Une saison en enfer* et le célèbre poème « Le Bateau ivre », il souhaite inventer de nouvelles formes poétiques. À l'occasion d'une conférence en 1917, Apollinaire défend « **l'esprit nouveau** » et reprend l'injonction de Rimbaud : « Il faut absolument être moderne. » (*Une saison en enfer*, « Adieu », 1873). Le travail de Verlaine sur la musicalité du vers nourrit également sa réflexion.

Profondément marqué par ses ruptures amoureuses (Annie Playden en 1905 et Marie Laurencin en 1913), Apollinaire accorde une place importante aux figures féminines dans son œuvre.

Il participe à la Première Guerre mondiale. Dans les tranchées, il écrit des poèmes-dessins qui formeront le recueil *Calligrammes* publié en 1918. Ces pièces sont principalement inspirées par son nouvel amour pour Madeleine Pagès. Blessé par un obus, il est démobilisé et meurt de la grippe espagnole en 1918.

B L'œuvre : *Alcools*, 1913

Le recueil poétique *Alcools* est écrit par Guillaume Apollinaire entre 1898 et 1913. **Le titre de cette œuvre est polysémique** : en choisissant l'emploi du pluriel sans article, l'auteur suggère que le terme peut être compris dans une acception métaphorique :

- Remède à la douleur causée par des amours malheureuses ?
- Invitation à la fête en référence à Dionysos (dieu du vin et de la poésie) ?
- Ivresse créatrice d'un auteur qui clame sa soif de vivre ?

Quoi qu'il en soit, ce titre énigmatique crée un horizon de lecture étonnant qui invite à la réflexion dans la mesure où la plupart des poèmes ne traitent pas d'alcool.

L'architecture du recueil est fractionnée, à l'image d'une œuvre artistique cubiste. Apollinaire fréquente d'ailleurs les peintres de ce mouvement, notamment Pablo Picasso dont il est très proche. Il **refuse toute unité** pour organiser les cinquante-cinq poèmes du recueil. Il existe néanmoins des **jeux d'échos** entre les textes et certains cycles sont identifiables comme celui des amours malheureuses, de la douleur du poète solitaire ou des « Rhénanes ».

Alcools est la **somme d'un parcours intime**. Apollinaire mêle des œuvres de jeunesse et des poèmes écrits juste avant la parution du recueil. Il entrelace une réflexion sur la création poétique et un regard introspectif sur ses souffrances.

Apollinaire développe une **écriture poétique novatrice** et cherche à surprendre le lecteur :

- par l'emploi d'images insolites ;
- par la juxtaposition d'éléments de différentes natures ;
- par une certaine fantaisie verbale.

Les formes qu'il choisit tendent à abolir les contraintes d'écriture : il supprime toute ponctuation et utilise fréquemment le vers libre.

Citation

> « Le rythme même et la coupe des vers, voilà la véritable ponctuation et il n'en est point besoin d'une autre.
>
> Guillaume Apollinaire, Lettre à Henri Martineau, 1913

La question de la modernité poétique est complexe et ne doit pas être comprise comme un rejet du passé. Apollinaire s'inscrit dans une démarche de renouveau poétique et souhaite **moderniser les caractéristiques traditionnelles**. Certains de ses poèmes respectent encore les règles classiques de versification. Le thème du lyrisme amoureux, topos poétique remontant à la littérature courtoise du Moyen Âge, est omniprésent dans son œuvre. Il s'inspire parfois de légendes anciennes, notamment dans la section « Rhénanes » du recueil *Alcools* : il reprend les motifs et les lieux de la mythologie germanique.

Citation

> « Je ne cherche qu'un lyrisme neuf et humaniste en même temps. Mes maîtres sont loin dans le passé.
>
> Guillaume Apollinaire, Lettre à Toussaint Lucas, 1908

C Textes-clés

1. « Zone »

À la fin tu es las[1] de ce monde ancien
Bergère ô tour Eiffel[2] le troupeau des ponts bêle[3] ce matin
Tu en as assez de vivre dans l'antiquité grecque et romaine

Ici même les automobiles ont l'air d'être anciennes
La religion seule est restée toute neuve la religion
Est restée simple comme les hangars de Port-Aviation[4]

Seul en Europe tu n'es pas antique ô Christianisme
L'Européen le plus moderne c'est vous Pape Pie X[5]
Et toi que les fenêtres observent la honte te retient
D'entrer dans une église et de t'y confesser ce matin
Tu lis les prospectus les catalogues les affiches qui chantent tout haut
Voilà la poésie ce matin et pour la prose il y a les journaux
Il y a les livraisons à vingt-cinq centimes pleines d'aventures policières
Portraits des grands hommes et mille titres divers

J'ai vu ce matin une jolie rue dont j'ai oublié le nom
Neuve et propre du soleil elle était le clairon
Les directeurs les ouvriers et les belles sténo-dactylographes[6]
Du lundi matin au samedi soir quatre fois par jour y passent
Le matin par trois fois la sirène y gémit
Une cloche rageuse y aboie vers midi
Les inscriptions des enseignes et des murailles
Les plaques les avis[7] à la façon des perroquets criaillent[8]
J'aime la grâce de cette rue industrielle
Située à Paris entre la rue Aumont-Thiéville et l'avenue des Ternes

Voilà la jeune rue et tu n'es encore qu'un petit enfant
Ta mère ne t'habille que de bleu et de blanc[9]
Tu es très pieux et avec le plus ancien de tes camarades René Dalize[10]
Vous n'aimez rien tant que les pompes de l'Église
Il est neuf heures le gaz est baissé[11] tout bleu vous sortez du dortoir en cachette […]

1. Las : lassé.
2. Tour Eiffel : la construction de la tour fut achevée en 1889 à l'occasion de l'Exposition universelle qui eut lieu à Paris.
3. Bêle : pousse un cri de mouton.
4. Port-Aviation : premier aérodrome du monde construit en 1909.
5. Pape Pie X : ce pape était connu pour son conservatisme. Apollinaire en fait ici un éloge ironique.
6. Sténo-dactylographes : secrétaires employées dans les bureaux.
7. Les avis : annonces publiques qui étaient affichées dans la rue.
8. Criaillent : poussent des cris de volatiles de basse-cour.
9. Bleu et blanc : couleurs généralement attribuées à la Vierge Marie.
10. René Dalize : romancier et poète (1879-1917) ami d'Apollinaire.
11. Le gaz est baissé : il s'agit ici de la lumière au gaz.

- ▶ Expression de la lassitude
- ▶ Personnifications insolites qui établissent des correspondances entre les sensations auditives et visuelles
- ▶ Éléments du paysage urbain, Paris est un lieu de modernité
- ▶ Champ lexical de la religion
- ▶ Rupture entre deux époques

Mouvements du texte

- **Premier mouvement, volonté de renouveau** : de « À la fin » à « grecque et romaine ».
- **Deuxième mouvement, regard ironique du poète** : de « Ici même » à « ce matin ».
- **Troisième mouvement, déambulation du poète dans la ville moderne** : de « Tu lis » à « des Ternes ».
- **Quatrième mouvement, évocation d'un souvenir d'enfance** : de « Voilà la jeune rue » à la fin.

L'essentiel à retenir du texte

- **Un poème programmatique** : le poème « Zone » ouvre le recueil. Le terme « Zone » vient du grec *zônê* qui signifie « ceinture », ce qui induit d'emblée l'idée de circularité ou d'espace. C'est le dernier poème écrit par Apollinaire avant la parution du recueil en 1913. Il est composé de 161 vers libres dans lequel l'auteur évoque ses déambulations dans Paris avant d'élargir sa vision à l'ensemble des grandes villes françaises et étrangères. Manifeste de la poésie moderne, ce texte mêle des éléments autobiographiques à une réflexion sur la création poétique.
- **Un hymne à la modernité** : dans ce poème qui ouvre le recueil, Apollinaire constate qu'une époque vient de s'achever (le dernier poème du recueil, « Vendémiaire », est un hymne au renouveau). Il décrit Paris comme une cité désormais urbaine en évoquant ses progrès technologiques de façon réaliste et en suggérant sa polyphonie par des sonorités discordantes. Il établit des correspondances entre les sensations visuelles et auditives. Sa forme est résolument moderne. Il utilise

le vers libre. Il construit un poème offrant la vision simultanée d'un monde ancien et d'un univers contemporain. Les ruptures chronologiques sont déroutantes. Les strophes ne sont pas identifiables, en revanche les rimes sont régulières.

– **Un poème de l'errance** : « Zone » est une invitation à la déambulation dans un espace contemporain et urbain. Dans un paysage labyrinthique, le poète tente d'échapper à sa mélancolie. Amoureux délaissé et solitaire, ses tentatives sont vaines car ses voyages le ramènent à sa souffrance.

2. « Le Pont Mirabeau »

Sous le pont Mirabeau[1] coule la Seine
Et nos amours
Faut-il qu'il m'en souvienne[2]
La joie venait toujours après la peine

Vienne la nuit sonne l'heure
Les jours s'en vont je demeure

Les mains dans les mains restons face à face
Tandis que sous
Le pont de nos bras passe
Des éternels regards l'onde si lasse[3]

Vienne la nuit sonne l'heure
Les jours s'en vont je demeure

L'amour s'en va comme cette eau courante
L'amour s'en va
Comme la vie est lente
Et comme l'Espérance est violente

Vienne la nuit sonne l'heure
Les jours s'en vont je demeure

Passent les jours et passent les semaines
Ni temps passé
Ni les amours reviennent
Sous le pont Mirabeau coule la Seine

Vienne la nuit sonne l'heure
Les jours s'en vont je demeure

1. Le pont Mirabeau : pont parisien construit entre 1895 et 1897.
2. Faut-il qu'il m'en souvienne ? : dois-je m'en souvenir ?
3. Lasse : lassée.

- Évocation de la rupture amoureuse
- Motif essentiel de la fuite du temps
- Répétition, mise en valeur de la permanence de l'être
- Plainte du poète solitaire et malheureux
- Répétition, structure circulaire

Mouvements du texte

- **Premier mouvement, l'espoir déçu du poète et le désir de permanence** : de « Sous le pont » à « si lasse ».
- **Deuxième mouvement, refrain** : de « Vienne » à « demeure ».
- **Troisième mouvement, résignation face à la cruauté de l'abandon** : de « L'amour s'en va » à « coule la Seine ».
- **Quatrième mouvement, refrain** : de « Vienne » à « demeure ».

L'essentiel à retenir du texte

- **L'amour malheureux** : thème lyrique par excellence, le topos de l'amour malheureux est omniprésent dans le recueil. Dans ce poème à la tonalité élégiaque, Apollinaire évoque les souffrances causées par l'abandon. Il l'écrit après sa rupture avec Marie Laurencin (une artiste peintre). Il constate douloureusement que l'amour est un sentiment fugace qui cause peine et inquiétude. Le refrain, comme une litanie, suggère que l'échec ne peut que se répéter. Les sentiments s'expriment avec retenue. Résigné, le poète accepte sa condition et renouvelle le lyrisme amoureux en mettant en évidence la permanence de l'être dans le refrain (« je demeure »).
- **Vers une modernité formelle** : l'absence de ponctuation et les nombreux enjambements confèrent une grande modernité au poème. Sa composition strophique est plus classique et alterne quatrains et distiques. Les quatrains sont composés d'un décasyllabe suivi d'un tétrasyllabe puis d'un hexasyllabe et enfin d'un décasyllabe. Le refrain est composé de deux heptasyllabes.
- **Le paysage urbain, un miroir des états d'âme du poète** : le poète, contemplant la Seine, se souvient de son bonheur passé. Ces souvenirs le ramènent à sa tristesse. Le poète évoque avec nostalgie un temps révolu. L'évocation de l'eau qui coule fait écho au temps qui passe irrémédiablement ; c'est un motif récurrent dans le recueil. L'image du pont qui donne son titre au poème symbolise sa séparation : lors de sa rupture avec Marie Laurencin, le poète quitte la rive droite pour s'installer sur la rive gauche de la Seine.

3. « Nuit rhénane »

Mon verre est plein d'un vin trembleur comme une flamme
Écoutez la chanson lente d'un batelier[1]
Qui raconte avoir vu sous la lune sept femmes[2]
Tordre leurs cheveux verts et longs jusqu'à leurs pieds

Debout chantez plus haut en dansant une ronde
Que je n'entende plus le chant du batelier
Et mettez près de moi toutes les filles blondes
Au regard immobile aux nattes repliées

Le Rhin le Rhin est ivre où les vignes se mirent
Tout l'or des nuits[3] tombe en tremblant s'y refléter
La voix chante toujours à en râle-mourir[4]
Ces fées aux cheveux verts qui incantent[5] l'été

Mon verre s'est brisé comme un éclat de rire

1. Batelier : conducteur de bateau sur une rivière.
2. Sept femmes : divinités de la mythologie germaniques appelées Ondines. Elles séjournaient au fond des fleuves et attiraient au fond de l'eau les hommes pour en faire leurs prisonniers.
3. L'or des nuits : référence à l'opéra de Wagner *L'Or du Rhin* (1869) dans lequel des hommes perdent la raison à cause de jeunes déesses.
4. Râle-mourir : néologisme qui désigne un cri d'agonie.
5. Incantent : néologisme qui désigne les charmes et envoûtements des fées.

- ▶ Lexique de l'ivresse
- ▶ Importance des figures féminines
- ▶ Référence à la parole et à la voix, importance de la musicalité
- ▶ Comparaisons, images ambiguës suggérant le mouvement, une forme de joie et de violence
- □ Néologismes
- ▶ Impératifs, invitations à la fête

■ *Mouvement du texte*

La structure du poème est circulaire, on ne délimite pas clairement de mouvement.

L'essentiel à retenir du texte

- **L'inspiration des légendes anciennes :** ce poème est le premier de la section « Rhénanes » qui regroupe neuf poèmes écrits par l'auteur lors de son séjour en Allemagne entre 1901 et 1902. Il tombe alors amoureux d'une jeune anglaise : Annie Playden. Le cadre de la scène rappelle celui de la nuit de Walpurgis, une fête païenne ayant lieu entre le 30 avril et le 1er mai dans les pays du Nord. Fête de la fécondité, elle célèbre l'arrivée du printemps. Apollinaire mêle à une scène de la vie réelle les légendes germaniques. Les fées du poème sont les Ondines, créatures maléfiques qui attirent les hommes au fond de l'eau pour en faire des prisonniers. Le batelier rappelle Charon conduisant la barque pour faire traverser le Styx aux âmes des morts dans la mythologie grecque.
- **L'ivresse du poète :** le thème de ce poème fait écho au titre du recueil. Il est une invitation à la fête pour oublier les souffrances de l'amour. Il rappelle les fêtes données en l'honneur de Dionysos, dieu du vin et de la poésie. Le poète chante ici sa soif de vivre. Mais l'ivresse peut être amoureuse et trompeuse. Les femmes envoûtantes charment le poète avant de l'abandonner à son triste sort. Le dernier vers isolé insiste sur leur dangerosité et la puissance de leur pouvoir : le poète ne peut y échapper que par la violence.
- **Un éloge de la poésie moderne :** dans ce poème, qui prend la forme d'un discours, l'énonciation est complexe. Plusieurs voix semblent s'entremêler sans qu'il soit possible d'en déterminer la provenance. Le rythme se fait incantatoire, la parole poétique devient un pouvoir magique et troublant.

Quiz 1 L'histoire de la poésie

1. Par qui les romantiques français sont-ils influencés ?
2. Comment se traduit le refus de la tradition chez les poètes romantiques ?
3. Quel célèbre recueil poétique Lamartine a-t-il écrit ?
4. À quelle élection Lamartine a-t-il été candidat ?
5. Comment se nomme le cercle littéraire qui se réunit autour de Hugo ?
6. Quel recueil de Hugo est inspiré par la mort de sa fille ?
7. Quel souverain est critiqué dans *Les Châtiments* de Hugo ?
8. Comment s'intitule le recueil de poèmes en vers de Baudelaire ?
9. Qu'est-ce que le spleen, selon Baudelaire ?
10. À quel poète Baudelaire emprunte-t-il la forme du poème en prose ?
11. Complétez la phrase de Gautier : « Il n'y a de vraiment beau que ce qui… » ?
12. À quel mouvement poétique la notion de « l'art pour l'art » est-elle associée ?
13. Quel poète recommande « De la musique avant toute chose » ?
14. Pour Arthur Rimbaud, le poète doit-il se faire : voyant, voyeur, visible, visionnaire ?
15. Quels poètes ont abandonné la ponctuation au début du XXe siècle ?
16. Le principal recueil d'Apollinaire s'intitule-t-il : *Eau-de-vie*, *Opium*, *Alcools*, *Zone* ?
17. Qui a écrit le *Manifeste du surréalisme* ?
18. Quel célèbre scientifique a inspiré les surréalistes ?
19. Citez le nom de deux poètes surréalistes.
20. Quel poète a choisi le « parti pris des choses » ?
21. Quelle tendance se manifeste dans la poésie de la fin du XXe siècle ?

Quiz 2 Les caractéristiques de la poésie

1. Comment appelle-t-on la prononciation d'une diphtongue en deux syllabes ?
2. Quelle est la qualité d'une rime reposant sur un seul son commun ?
3. Quelle est la disposition de rimes qui suivent le schéma ABAB ?

4. Comment appelle-t-on le phénomène consistant à rejeter un mot ou un groupe de mots bref au début d'un vers alors qu'il dépend syntaxiquement du vers précédent ?
5. Comment appelle-t-on la prononciation d'une diphtongue en une seule syllabe ?
6. Combien de syllabes un hexasyllabe comporte-t-il ?
7. Qu'est-ce qu'une rime féminine ?
8. Comment appelle-t-on la répétition d'un son consonantique ?
9. Qu'est-ce que la césure ?
10. Quelle est la qualité d'une rime reposant sur deux sons communs ?

Exercices d'entraînement

1. Quel mètre est employé dans chacun des extraits de poèmes suivants ?

Poème A

Il est un air pour qui je donnerais
Tout Rossini, tout Mozart et tout Weber,
Un air très vieux, languissant et funèbre,
Qui pour moi seul a des charmes secrets.

Gérard de Nerval, « Fantaisie », *Odelettes*, 1853

Poème B

Mon cœur, lassé de tout, même de l'espérance,
N'ira plus de ses vœux importuner le sort ;
Prêtez-moi seulement, vallon de mon enfance,
Un asile d'un jour pour attendre la mort.

Alphonse de Lamartine, « Le Vallon », *Méditations poétiques*, 1820

Poème C

L'Océan sonore
Palpite sous l'œil
De la lune en deuil
Et palpite encore

Paul Verlaine, « Marine », *Poèmes saturniens*, 1866

Poème D

Juin ton soleil ardente lyre
Brûle mes doigts endoloris
Triste et mélodieux délire
J'erre à travers mon beau Paris
Sans avoir le cœur d'y mourir

Guillaume Apollinaire, « La Chanson du mal-aimé », *Alcools*, 1913

2. Dans les extraits précédents, quels « e » muets doivent être prononcés et lesquels ne doivent pas l'être ?

3. Étudiez la qualité, la disposition et le genre des rimes dans les extraits poétiques suivants.

Poème A

A noir, E blanc, I rouge, U vert, O bleu : voyelles,
Je dirai quelque jour vos naissances latentes :
A, noir corset velu des mouches éclatantes
Qui bombinent autour des puanteurs cruelles

Arthur Rimbaud, « Voyelles », *Poésies*, 1895

Poème B

Quand le ciel bas et lourd pèse comme un couvercle
Sur l'esprit gémissant en proie aux longs ennuis,
Et que de l'horizon embrassant tout le cercle
Il nous verse un jour noir plus triste que les nuits

Charles Baudelaire, « Spleen », *Les Fleurs du Mal*, 1857

Poème c

La lune s'attristait. Des séraphins en pleurs
Rêvant, l'archet aux doigts, dans le calme des fleurs
Vaporeuses, tiraient de mourantes violes
De blancs sanglots glissant sur l'azur des corolles.

Stéphane Mallarmé, « Apparition », *Poésies*, 1899

4. Identifiez les rejets dans l'extrait suivant.

Il neigeait. Les blessés s'abritaient dans le ventre
Des chevaux morts ; au seuil des bivouacs désolés
On voyait des clairons à leur poste gelés,
Restés debout, en selle et muets, blancs de givre,
Collant leur bouche en pierre aux trompettes de cuivre.
Boulets, mitraille, obus, mêlés aux flocons blancs,
Pleuvaient ; les grenadiers, surpris d'être tremblants,
Marchaient pensifs, la glace à leur moustache grise.
Il neigeait, il neigeait toujours ! La froide bise
Sifflait ; sur le verglas, dans des lieux inconnus,
On n'avait pas de pain et l'on allait pieds nus.

Victor Hugo, « L'Expiation », *Les Châtiments*, 1852

LA LITTÉRATURE D'IDÉES

du XVIe au XVIIIe siècle

SOMMAIRE

L'histoire de la littérature d'idées du XVIe au XVIIIe siècle

I Le XVIe siècle : développement des idées humanistes

A Repères chronologiques et contexte historique

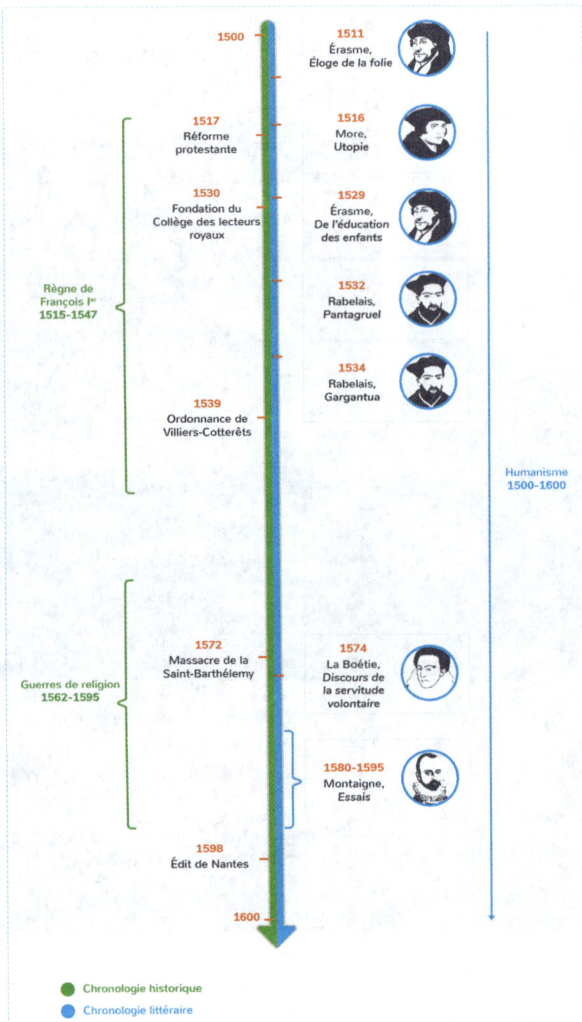

L'invention de l'imprimerie en 1450, dont l'usage se développe rapidement au XVe siècle, contribue à une diffusion plus large et plus rapide des productions écrites et des textes antiques. Cela favorise progressivement l'essor d'idées nouvelles.

Les guerres d'Italie (1499-1512 puis 1515-1525) permettent aux Français de découvrir les arts et les lettres de cette nation, entrée depuis la fin du XIVe siècle dans la **Renaissance**. Les idées nouvelles, le raffinement poétique et le perfectionnement des arts venus d'Italie se diffusent rapidement en France.

Roi éclairé, **François Ier** est le protecteur des arts et des lettres. Il reçoit à la cour de nombreux artistes italiens, favorise et protège certains poètes et artistes français. Il écrit lui-même des textes, tout comme sa sœur, Marguerite de Navarre, auteure de ***L'Héptaméron***. François Ier fonde également le Collège des lecteurs royaux (actuel Collège de France) en 1530, premier institut universitaire indépendant du pouvoir religieux.

L'Europe est divisée par l'essor des idées de la **Réforme** : le protestantisme apparaît au début du XVIe siècle et se répand très rapidement, notamment en Allemagne et dans les États alentour. Les divergences qui opposent catholiques et protestants en France aboutissent aux **guerres de religion**, dont la violence culmine avec le massacre de la Saint-Barthélemy en 1572.

B Œuvres, auteurs et genres majeurs

Les nombreux échanges entre les intellectuels d'Europe favorisent l'émergence d'un courant de pensée à l'échelle européenne : **l'humanisme**.

Définition Du latin *humanitas*, le mot « **humaniste** » désigne au départ celui qui a fait ses « humanités », c'est-à-dire celui qui a appris le grec et le latin et étudié les textes de l'Antiquité. Plus largement, un humaniste est celui qui a foi en l'homme et cherche les moyens de lui permettre de se perfectionner, sur le plan moral notamment.

Les 5 **principes majeurs** de l'humanisme sont :

- **L'homme est au centre du monde :** l'humaniste considère l'homme comme un être perfectible, doué de raison, capable de trouver sa juste place dans un monde en pleine mutation.
- **Le savoir et la raison sont essentiels :** l'humaniste est curieux de tout (sciences naturelles, droit, histoire, littérature, etc.). Ses connaissances lui permettent d'exercer son esprit critique. Ce savoir tend à être encyclopédique. L'humaniste est un lecteur rigoureux et passionné.
- **L'éducation est primordiale :** l'humaniste combat l'ignorance. En développant ses qualités intellectuelles et morales, l'homme peut connaître le bonheur d'une existence libre. L'humaniste cherche donc à être clair et compréhensible : des

dictionnaires, des répertoires, des index se multiplient pour permettre à chaque lecteur de lire efficacement. Il propose également une nouvelle pédagogie moins répétitive que celle qui était pratiquée jusqu'alors.

- **La réflexion politique doit être développée** : l'humaniste condamne toute forme de fanatisme. Il dénonce l'autoritarisme des souverains et l'usage judiciaire de la torture. Il proscrit également les guerres de conquête et invite les princes à la sagesse afin de maintenir les peuples dans la paix. Leurs interrogations sur le fonctionnement de la société les poussent à imaginer un modèle idéal et utopique.
- **La pensée religieuse doit être repensée** : l'humaniste invite à vivre la foi chrétienne de façon plus personnelle. Il est souvent proche de l'évangélisme : il se moque des superstitions, du culte abusif des saints, des rites sans signification. L'humaniste veut accéder au texte de l'Évangile et célébrer personnellement le Créateur de l'Univers.

■ **Exemple**

Le roman ***Gargantua*** (1534) de Rabelais met en scène un géant, Gargantua, fils du roi Grandgousier. Les épisodes de son éducation et de sa destinée sont l'occasion pour Rabelais de proposer une réflexion humaniste sur la société de son temps : l'éducation, la guerre, la religion font partie des thématiques centrales de ce roman.

■ **Exemple**

L'œuvre de Montaigne, intitulée ***Essais*** (1580-1595), constitue une somme de la sagesse humaniste. L'auteur y développe, dans trois volumes successifs, ses réflexions personnelles sur une multitude de sujets : l'éducation, l'altérité, la place de l'homme dans le monde, sa relation aux animaux, le rapport à la vérité, la question de la mort, etc.

II Le XVIIe siècle : le siècle des moralistes

A Repères chronologiques et contexte historique

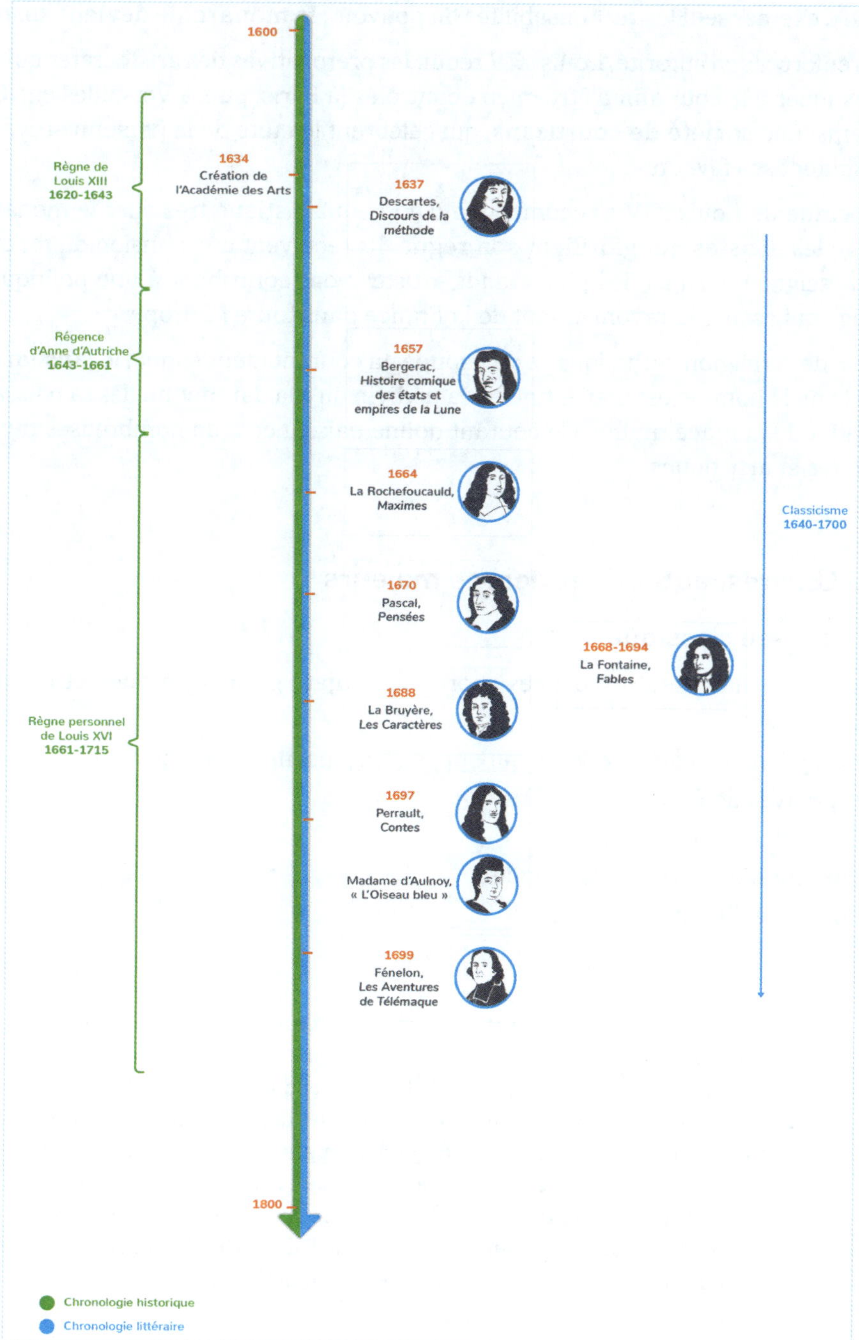

Le roi **Louis XIII**, qui règne de 1610 à 1643, souhaite affermir le pouvoir royal. À sa mort, Louis XIV est trop jeune pour régner et sa mère, Anne d'Autriche, assure la **Régence** jusqu'en 1661. Elle est conseillée par Mazarin. La période est particulièrement troublée sur le plan politique et le pouvoir est affaibli, comme en témoigne l'épisode de la Fronde, révolte des grands seigneurs. Après la mort de Mazarin, **Louis XIV** décide d'exercer seul les responsabilités du pouvoir : **la monarchie devient absolue**.

Pour renforcer son autorité, Louis XIV réduit les prérogatives des aristocrates qui sont domestiqués à la cour afin d'être mieux contrôlés (à Paris, puis à Versailles en 1682). Naît ainsi une **société de courtisans**, qui célèbrent le culte de la personne royale et se disputent ses faveurs.

L'autocratie de Louis XIV s'accompagne d'un goût artistique très sûr : le monarque protège **les artistes qui glorifient son règne**. Ils reçoivent une pension du roi ou de grands seigneurs. Ainsi, les plus grands artistes vont contribuer à une politique de prestige qui assure le rayonnement de la France dans toute l'Europe.

Au sein de la religion catholique se développe un courant idéologique, **le jansénisme**, selon lequel l'homme est prédestiné au salut divin ou à la damnation dès sa naissance par l'effet de la grâce divine. Ce courant donne naissance à de nombreuses œuvres littéraires et artistiques.

B Œuvres, auteurs et genres majeurs

1. La pensée classique

Au XVIIe siècle, la littérature d'idées aborde des **sujets philosophiques et religieux** qui font débat :

- la question de la grâce divine, qui oppose les jansénistes aux jésuites ;
- les preuves de l'existence de Dieu ;
- la nature de l'âme humaine ;
- la question de la vérité du monde ;
- la place de l'homme.

■ Exemple

Blaise Pascal, célèbre mathématicien, décide de se retirer de la vie mondaine pour mener une vie ascétique, consacrée à la religion et à l'écriture. Il se rapproche alors du jansénisme. À partir de 1657, il entreprend la rédaction d'une vaste « apologie de la religion chrétienne » qui l'occupe les dernières années de sa vie. À sa mort, l'œuvre est composée de fragments épars que ses proches publient sous le titre *Pensées* en 1670, après les avoir classés. À la fois philosophique et littéraire, le livre se présente comme une réflexion sur l'homme, à la fois grand et misérable. Pascal se penche sur sa capacité à accéder au bonheur et les motifs qui doivent le conduire à faire le « pari » de l'existence de Dieu.

Les récentes découvertes scientifiques, en particulier la théorie de l'héliocentrisme, ont pour conséquence une remise en question des thèses héritées de l'Antiquité et un **questionnement sur la stabilité des connaissances et la notion de vérité**. Les penseurs de l'époque classique s'interrogent donc sur la question du vrai, comme par exemple **Descartes**, qui formule l'hypothèse que le monde puisse être une illusion des sens dans ses *Méditations métaphysiques* (1641). Sa démarche très rationnelle l'amène néanmoins à dégager une vérité incontestable, celle du *cogito* (« Je pense donc je suis. ») à partir de laquelle il échafaude son système philosophique.

Ces découvertes amènent par ailleurs les scientifiques et philosophes à s'interroger la **place de l'homme dans le monde**, comme en témoignent par exemple les *Entretiens sur la pluralité des mondes* (1686) de Fontenelle, œuvre dans laquelle l'auteur vulgarise les connaissances scientifiques de l'époque et montre combien celles-ci ont renouvelé la conception que les hommes ont de leur place dans le monde : non plus au centre, mais en périphérie.

Parallèlement se développe le courant de pensée du **libertinage**, qui remet en question l'existence de Dieu et la religion, et revendique une totale liberté de pensée.

■ **Exemple**

Cyrano de Bergerac (1619-1655) se rattache au courant libertin. Son œuvre principale, ***Histoire comique des États et empires de la Lune*** (1657), se présente comme un récit de voyage fictif sur la Lune. Les péripéties du personnage sont burlesques mais donnent lieu à de nombreux passages philosophiques sur l'existence de Dieu, la nature de l'Univers ou encore l'immortalité de l'âme. L'auteur défend ses positions relevant du libertinage de pensée.

2. Les moralistes classiques : plaire et instruire

Le précepte classique est « **plaire et instruire** » (formule empruntée au poète latin Horace). Il s'agit de plaire au public et de le divertir pour emporter son adhésion.

a. L'apologue

L'**apologue**, en tant qu'argumentation indirecte, répond parfaitement à cette double exigence : divertissement et instruction. C'est pourquoi la fable et le conte connaissent un véritable renouveau et rencontrent la faveur du public. Ils sont lus et commentés dans les salons littéraires. Les moralistes classiques empruntent souvent ces récits divertissants à la tradition orale ou à des sources antiques et les réécrivent de manière personnelle, en s'adaptant au goût du public aristocratique du XVIIe siècle, à l'exigence de sobriété, de naturel et surtout à la morale classique.

■ **Exemple**

La Fontaine publie plusieurs livres de ***Fables*** de 1668 à 1674. Il s'inspire principalement du poète latin Ésope, mais également du poète grec Phèdre. Ces fables prennent la forme de récits divertissants, mettant généralement en scène des animaux. Elles ont une visée moralisatrice, mais également une portée politique et même philosophique.

■ **Exemple**

Charles Perrault (1628-1703) entreprend de mettre par écrit des contes populaires d'origine médiévale, jusqu'alors transmis oralement. Ces contes, pour la plupart très célèbres, comme ***Le Petit Chaperon rouge***, ***Peau d'Âne***, ou encore ***Le Petit Poucet***, sont réunis sous le titre ***Les Contes de ma mère l'Oye*** (1697). L'auteur retranscrit les contes de manière à « plaire et instruire », en orientant le récit vers une finalité didactique. Une morale, ajoutée par l'auteur, conclut en effet chacun de ces récits.

■ **Exemple**

Madame d'Aulnoy (1651-1705) a écrit de nombreux contes comme **« L'Oiseau bleu »** ou **« La Chatte blanche »**. Ses histoires plaisantes sont principalement destinées aux jeunes filles. Toutefois, l'auteur y critique le mariage arrangé : ses héroïnes remettent souvent en cause les mariages que leur entourage arrange pour des raisons financières ou familiales. Dans ses contes, les jeunes femmes sont souvent enfermées, à l'image de l'héroïne de « L'Oiseau bleu », captive dans une tour. Madame d'Aulnoy remet en cause la place des femmes dans la société et semble favorable à une meilleure éducation pour les femmes, qui leur permettrait d'être préparée à l'entrée dans le monde.

b. Les formes argumentatives brèves : maximes et caractères

Afin de corriger les travers des hommes, les auteurs érigent un modèle, l'idéal de **l'honnête homme** :

- il doit faire preuve de tempérance et s'affranchir de l'emprise des passions ;
- il est aimable en société, cultivé et éloquent ;
- il sait agir avec mesure et générosité.

La **satire** permet de tourner en ridicule les travers et les ridicules des hommes. Les moralistes privilégient également les **formes argumentatives brèves** : maximes, pensées, caractères, portraits, etc. Celles-ci permettent à la pensée de s'exprimer avec efficacité et concision :

- les formules frappent l'esprit du lecteur ;
- le ton est souvent ironique ou satirique ;
- la concision répond à l'exigence classique de sobriété et de retenue.

■ **Exemple**

La Bruyère publie ***Les Caractères*** en 1688. Cette œuvre s'inspire des *Caractères* du poète grec Théophraste. Elle est constituée d'une série de textes courts, pour la plupart des portraits, inspirés par l'observation que La Bruyère a pu faire de la société de cour. Il y tourne en dérision la vanité des courtisans, leurs vices et leurs travers. La plume est acérée, l'humour mordant et la critique touchent au vif pour mieux corriger les mœurs.

Citation

> « On ne doit parler, on ne doit écrire que pour l'instruction.
>
> Jean de La Bruyère, préface des *Caractères*, 1688

■ **Exemple**

La Rochefoucauld publie un recueil de ***Maximes*** en 1664. Cette œuvre est composée de courtes formules, appelées « maximes », très à la mode dans les salons littéraires. On y trouve une morale stricte, influencée par le jansénisme. La Rochefoucauld brosse un tableau assez sévère de l'homme en société et dénonce la vanité humaine en montrant que l'amour-propre guide toutes les actions de l'homme, y compris celles qui semblent les plus désintéressées.

III Le XVIIIe siècle : le siècle des Lumières

A Repères chronologiques et contexte historique

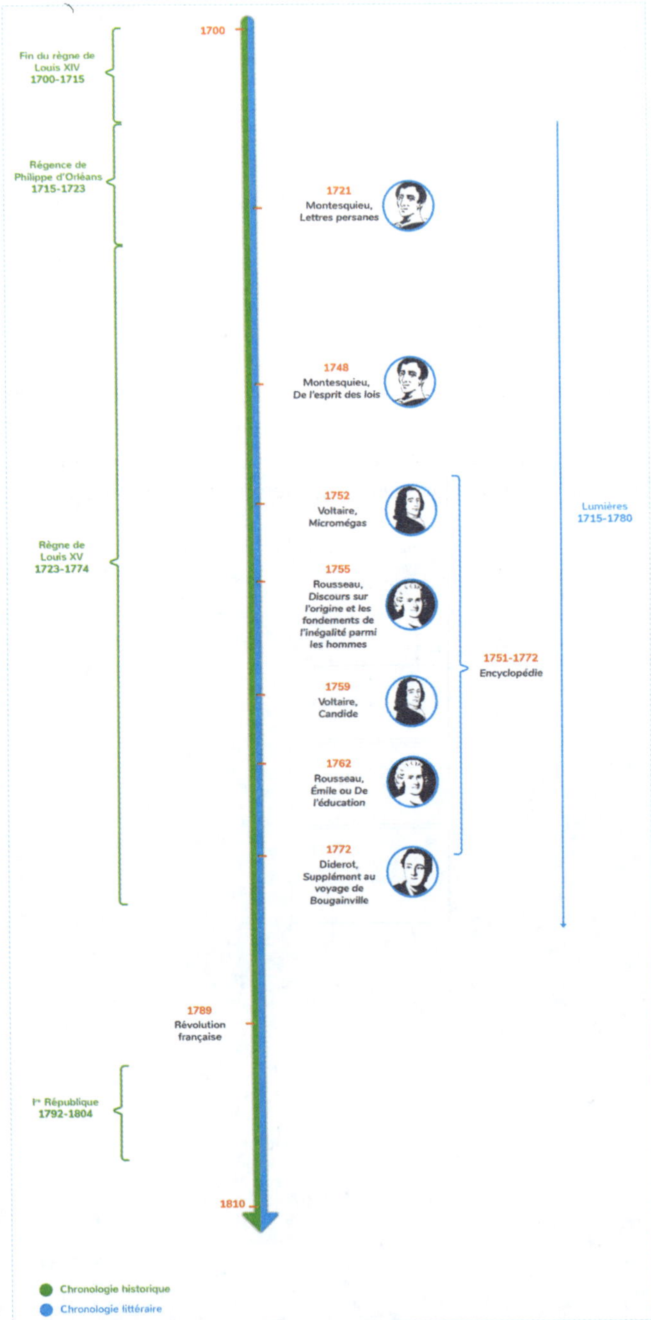

Le courant des Lumières couvre une bonne partie du XVIIIe siècle de la mort de Louis XIV en 1715 à la Révolution française en 1789. Le XVIIIe siècle est incontestablement une **ère de bouleversements majeurs** sur le plan politique, dans l'histoire des idées et des civilisations.

Sur le plan politique, la mort de Louis XIV place sur le trône le duc d'Orléans. Il assure la **Régence** pendant huit ans car Louis XV est trop jeune pour régner. Ces huit années sont marquées par **une politique plus libérale et un relâchement des mœurs** qui attire les critiques des intellectuels. En 1723, **Louis XV** monte sur le trône. **Ses choix politiques et sociaux sont rapidement contestés. Louis XVI** ne parvient pas à résoudre les **difficultés économiques qui** découlent des décisions de son prédécesseur. En protégeant les privilèges de la noblesse et du clergé, il attise la **colère du tiers état** qui revendique une société plus égalitaire. C'est dans ce contexte qu'éclate la **Révolution française en 1789.**

Dans le même temps, de **nombreuses découvertes scientifiques et techniques** favorisent l'idée de progrès. Les voyages permettent de découvrir de nouvelles civilisations et invitent à considérer le monde, le fonctionnement des sociétés et les mœurs des populations sous un nouveau jour.

B Œuvres, auteurs et genres majeurs

Le XVIIIe siècle est connu comme le « **siècle des Lumières** » : des idées nouvelles se répandent, diffusées et promues par des philosophes tels que Montesquieu, Voltaire, Diderot ou encore Rousseau. La France et l'Europe sortent progressivement de l'obscurantisme religieux grâce aux « lumières » de la raison.

De nombreux ouvrages critiques et polémiques sont publiés anonymement ou à l'étranger pour éviter **la censure**. Certains auteurs sont contraints à l'exil pour éviter la prison.

1. L'*Encyclopédie* et la diffusion des connaissances

Les auteurs des Lumières veulent **diffuser les connaissances**, convaincus que le progrès et l'éducation permettront d'établir une société où l'homme vivra plus heureux et plus libre.

L'*Encyclopédie ou Dictionnaire raisonné des sciences et des arts* (1751-1772) est une œuvre somme, supposée réunir toutes les connaissances techniques, scientifiques de l'époque et rendre compte des idées des Lumières. Le projet est conçu par Diderot et de nombreux scientifiques, philosophes, économistes, techniciens y collaborent. C'est aussi une œuvre de combat politique et idéologique, ce qui explique qu'elle ait été interdite : la bourgeoisie se bat au nom de la science et de la raison contre un pouvoir politique lié à l'Église catholique.

■ **Exemple**

L'*Encyclopédie* comporte des articles illustrant les idées des Lumières sur :

- l'esclavage (article « Traite des nègres » de Jaucourt) ;
- la guerre (article « Paix » de Damilaville) ;
- la politique (articles « Autorité politique » de Diderot, et « Peuple » de Jaucourt) ;
- l'économie (article « Économie » de Rousseau).

2. Le détour par la fiction

Pour échapper à la censure et à la prison, les penseurs des Lumières utilisent souvent le détour par la fiction. En effet, **le récit fictif**, d'apparence divertissante, permet à l'auteur de **divulguer implicitement ses idées** sur de nombreux sujets sans craindre d'être condamné. En outre, l'utilisation de ce détour correspond parfaitement à la vocation des Lumières, qui consiste à **amener le lecteur à réfléchir par lui-même**. Or, le récit oblige le lecteur à dégager lui-même le sens implicite. C'est pourquoi le roman, le conte ou encore le dialogue fictif sont souvent utilisés comme supports de réflexion et d'argumentation indirecte.

■ **Exemple**

Première œuvre littéraire de Montesquieu, publiée anonymement à Amsterdam pour éviter la censure, les ***Lettres persanes*** sont un roman épistolaire composé de 161 lettres écrites par des Persans. En donnant la parole à des étrangers venus en France, Montesquieu invite le lecteur à adopter un « regard éloigné » sur la société française. Les Persans s'étonnent, tantôt amusés, tantôt scandalisés, en observant les mœurs françaises, le fonctionnement politique, le rôle de la religion. Ainsi l'auteur peut-il développer une critique implicite et souvent ironique de la société, de la monarchie absolue, de l'Église, en utilisant un détour romanesque suffisamment efficace pour ne pas craindre la censure.

■ **Exemple**

Candide ou l'Optimisme (1759) de Voltaire est un conte philosophique, prenant la forme d'un conte plaisant, inspiré des contes de fées et des contes orientaux. Il permet à l'auteur d'utiliser sa verve ironique pour critiquer la société (guerre, fanatisme religieux, esclavage) et développer des idées philosophiques (réflexion sur l'existence du mal et le bonheur). En effet, dans ce récit, le jeune Candide parcourt le monde, allant de mésaventures en mésaventures, ce qui l'amène progressivement à remettre en cause l'optimisme que lui a inculqué son maître Pangloss. À la fois réflexion philosophique sur l'optimisme et dénonciation des maux de la société, cette œuvre majeure est à l'image des nombreux autres contes philosophiques de Voltaire.

■ Exemple

Dans ***Supplément au voyage de Bougainville*** (1772), Diderot donne la parole de manière fictive aux Tahitiens, victimes d'une colonisation européenne qui les dénature et tend à les corrompre. Le dialogue qui s'engage entre Européens et Tahitiens amène ces derniers à défendre une morale fondée sur la nature et non sur la religion, à laquelle Diderot adhère pleinement.

3. La dénonciation des inégalités et des injustices

Les penseurs des Lumières dénoncent toutes les formes d'injustices et d'inégalités. Ils combattent les privilèges, l'esclavage, la colonisation, la peine de mort ou encore le fanatisme.

Annonçant la Révolution française de 1789, les penseurs des Lumières refusent le modèle monarchique de droit divin qu'ils aspirent à remplacer par un gouvernement éclairé de nature constitutionnelle comme en Angleterre. Ils remettent en question les privilèges aristocratiques et les **inégalités sociales**.

■ Exemple

Les essais de Rousseau (***Discours sur l'origine de l'inégalité parmi les hommes*** en 1755 et ***Du contrat social*** en 1762) témoignent d'une réflexion philosophique et politique sur l'inégalité sociale. Rousseau s'interroge sur l'origine de l'inégalité et émet l'hypothèse que celle-ci n'est pas naturelle et qu'elle a été instituée par la vie en société. Il propose un nouveau « contrat social », plus égalitaire, qui annonce dans une certaine mesure le système démocratique.

Les penseurs des Lumières combattent également l'**obscurantisme et le fanatisme religieux**. Ils dénoncent tous les faux savoirs et toutes les intolérances, en particulier dans le domaine religieux. La conception d'un dieu omnipotent et rédempteur est remplacée par l'image déiste d'un créateur.

■ Exemple

Toute sa vie, Voltaire aura combattu ce qu'il appelle « l'Infâme », c'est-à-dire le fanatisme religieux. Tout en étant déiste, il dénonce fermement toutes les formes de superstition et surtout toutes les manifestations de l'intolérance religieuse. Il s'est impliqué dans l'affaire Calas contre la condamnation injuste dont a été victime Calas. Ce protestant a été accusé à tort d'avoir tué son fils pour l'empêcher de se convertir au catholicisme. Voltaire se passionne pour cette affaire et écrit le ***Traité sur la tolérance*** en 1763, dans lequel il prend la défense de Calas et adresse une « Prière à Dieu » pour plus de tolérance et de fraternité entre les hommes.

Les caractéristiques de l'argumentation

I Le discours argumentatif

Définition **Le discours argumentatif** vise à faire adhérer le destinataire à une idée (ou thèse) défendue par l'auteur.

Dans un texte argumentatif, il convient d'identifier :

- **le thème** : c'est le sujet abordé par le texte ;
- **la thèse** : c'est le point de vue de l'auteur sur le sujet, son opinion ;
- **le raisonnement** : c'est l'enchaînement logique des idées ;
- **les arguments** : ce sont les preuves avancées par l'auteur pour justifier sa thèse ;
- **les exemples** : ce sont les cas particuliers évoqués par l'auteur pour illustrer ses arguments.

Conseils

Pour repérer le thème, il est souvent utile de lire le titre ou de travailler sur les champs lexicaux.
Pour repérer la thèse de l'auteur, il faut relever les verbes d'opinion, les affirmations catégoriques.

Exemple

Tous les hommes recherchent d'être heureux. Cela est sans exception, quelques différents moyens qu'ils y emploient. Ils tendent tous à ce but. Ce qui fait que les uns vont à la guerre et que les autres n'y vont pas est ce même désir qui est dans tous les deux accompagné de différentes vues. La volonté ne fait jamais la moindre démarche que vers cet objet. C'est le motif de toutes les actions de tous les hommes, jusqu'à ceux qui vont se pendre.

Blaise Pascal, *Pensées*, 1670

Interprétation

- Le thème du texte est le bonheur, comme l'indique l'adjectif « heureux », auquel renvoient « ce but » et « cet objet ».
- La thèse de l'auteur est formulée dans une affirmation catégorique : « Tous les hommes recherchent d'être heureux. »

II Les démarches d'argumentation

Pour obtenir l'adhésion du destinataire, le locuteur peut convaincre, persuader ou délibérer.

A Convaincre

Définition **Convaincre** consiste à faire appel à la capacité de raisonnement logique du destinataire, à sa logique.

Les caractéristiques de cette démarche sont :

- l'utilisation du raisonnement déductif ou inductif ;
- l'utilisation d'arguments logiques ;
- les connecteurs de cause et de conséquence ;
- le registre didactique.

■ **Exemple**

Il me paraît presque démontré que les bêtes ne peuvent être de simples machines. Voici ma preuve : Dieu leur a fait précisément les mêmes organes de sentiment que les nôtres ; **donc**, s'ils ne sentent point, Dieu a fait un ouvrage inutile. **Or** Dieu, de votre aveu même, ne fait rien en vain ; **donc** il n'a point fabriqué tant d'organes de sentiment pour qu'il n'y eût point de sentiment ; **donc** les bêtes ne sont point de pures machines.

Voltaire, *Lettres philosophiques*, 1734

B Persuader

Définition **Persuader** consiste à **faire appel aux sentiments, aux émotions** du destinataire davantage qu'à sa raison (attendrir, émouvoir, surprendre, faire rire, révolter, etc.).

Les caractéristiques de cette démarche sont :

- les phrases interrogatives et exclamatives ;
- l'utilisation de la 1re personne du singulier pour exprimer la subjectivité ;
- l'utilisation de la 2e personne du singulier ou du pluriel pour impliquer le destinataire ;
- les termes connotés ;
- le registre pathétique ou polémique.

■ **Exemple**

Celui dont **tu** veux t'emparer comme de la brute, le Tahitien est ton frère. Vous êtes deux enfants de la nature ; quel droit as-tu sur lui qu'il n'ait pas sur toi ? Tu es venu ; nous sommes-nous jetés sur ta personne ? Avons-nous pillé ton vaisseau ? T'avons-nous saisi et exposé aux flèches de nos ennemis ? T'avons-nous associé dans nos champs au travail de nos animaux ? Nous avons respecté notre image en toi.

Denis Diderot, *Supplément au voyage de Bougainville*, 1772

C Délibérer

Définition **Délibérer** consiste à **confronter des thèses opposées** pour aboutir à une prise de position.

Les caractéristiques de cette démarche sont :
- les phrases interrogatives ;
- les connecteurs d'opposition ;
- les modalisateurs exprimant le doute, l'incertitude ;
- les antithèses ;
- les subordonnées circonstancielles d'hypothèse.

■ **Exemple**

Il pensait : « Je ne peux pas *lui* faire ça, je ne peux pas m'en aller pour la deuxième fois sans lui demander son avis. Si je restais pour elle, pensa-t-il, ça serait une preuve d'amour. [...] A-t-on le droit de rester pour rendre une femme heureuse ? Présenté comme ça, je penserais plutôt que non. **Mais** a-t-on le droit de partir, si ça fait le malheur de quelqu'un ? » [...] Il se racla la gorge, entrouvrit les lèvres et attendit. Mais le mot ne vint pas ; « je ne peux pas lui faire cette peine. » Boris comprit qu'il ne voulait pas partir sans avoir consulté Lola.

Jean-Paul Sartre, *La Mort dans l'âme*, 1949

III Les types de raisonnements

Définition **Le raisonnement** est l'enchaînement logique des idées ou des propositions au sein d'un texte argumentatif.

A Le raisonnement déductif

Définition **Le raisonnement déductif** part d'une vérité générale dont il déduit des conséquences particulières.

■ Exemple

Tout est dans un flux continuel sur la terre : rien n'y garde une forme constante et arrêtée [...]. Aussi n'a-t-on guère ici-bas que du plaisir qui passe ; pour le bonheur qui dure je doute qu'il y soit connu.

Jean-Jacques Rousseau, *Les Rêveries du promeneur solitaire*, 1782

Définition **Le syllogisme** est un cas particulier de raisonnement déductif, qui consiste à déduire de deux affirmations initiales (les prémisses) une conclusion logique.

■ Exemple

Tous les hommes sont mortels ; or, Socrate est un homme ; donc Socrate est mortel.

B Le raisonnement inductif

Définition **Le raisonnement inductif** part d'observations particulières pour aboutir à un principe général.

■ Exemple

Quand je m'y suis mis quelquefois à considérer les diverses agitations des hommes et les périls et les peines où ils s'exposent dans la cour, dans la guerre, d'où naissent tant de querelles, de passions, d'entreprises hardies et souvent mauvaises, j'ai dit souvent que tout le malheur des hommes vient d'une seule chose, qui est de ne savoir pas demeurer en repos dans une chambre.

Blaise Pascal, *Pensées*, 1670

C Le raisonnement concessif (ou concession)

Définition **Le raisonnement concessif** (ou concession) consiste à admettre momentanément la thèse ou un argument de l'adversaire, pour mieux contre-argumenter ensuite.

■ Exemple

Supposons, j'y consens, que vous mettiez autant d'adresse à nous vaincre que nous à nous défendre ou à céder, vous conviendrez au moins qu'elle vous devient inutile après le succès.

Pierre Choderlos de Laclos, *Les Liaisons dangereuses*, 1782

D Le raisonnement par analogie

Définition **Le raisonnement par analogie** consiste à établir un rapprochement entre l'objet du discours et une réalité concrète et familière.

■ Exemple

Le fanatisme est à la superstition ce que le transport est à la fièvre, ce que la rage est à la colère.

Voltaire, *Dictionnaire philosophique*, 1764

E Le raisonnement par l'absurde

Définition **Le raisonnement par l'absurde** consiste à faire semblant d'adopter la thèse adverse pour mieux montrer son absurdité ou son incohérence. Il est souvent un outil de l'ironie.

■ Exemple

Si j'avais à soutenir le droit que nous avons eu de rendre les nègres esclaves, voici ce que je dirais : [...] On peut juger de la couleur de la peau par celle des cheveux, qui chez les Égyptiens [...] était d'une si grande conséquence, qu'ils faisaient mourir tous les hommes roux qui leur tombaient entre les mains.

Montesquieu, *De l'esprit des lois*, 1748

IV Les types d'arguments

Définition **Un argument** est une preuve avancée par l'auteur pour montrer la validité de sa thèse.

A L'argument logique

Définition **L'argument logique** s'appuie sur un enchaînement cause-conséquence logique et rationnel.

■ Exemple

L'esclavage doit être aboli, parce qu'aucun être humain ne peut être la propriété d'un autre homme.

Louis de Jaucourt, article « Traite des nègres », *Encyclopédie*, 1766

B L'argument d'expérience

Définition **L'argument d'expérience** s'appuie sur l'expérience, le témoignage, l'observation de l'énonciateur.

■ Exemple

Voulez-vous savoir jusqu'où elle est, la misère ? [...] Voulez-vous des faits ? [...] Ces jours derniers, un homme, mon Dieu, un malheureux homme de lettres, car la misère n'épargne pas plus les professions libérales que les professions manuelles, un malheureux homme est mort de faim, mort de faim à la lettre, et l'on a constaté, après sa mort, qu'il n'avait pas mangé depuis six jours.

Victor Hugo, « Détruire la misère », 1849

C L'argument de valeur

Définition **L'argument de valeur** s'appuie sur des critères de valeur subjectifs, relatifs, culturels.

■ Exemple

Ils changent très fréquemment de femmes, ce qui est un signe très vrai de sauvagerie. Ils ignorent de toute évidence la noblesse et l'élévation du beau sacrement de mariage.

Jean-Claude Carrière, *La Controverse de Valladolid*, 1992

D L'argument d'autorité

Définition **L'argument d'autorité** s'appuie sur les propos, la pensée d'une personne faisant autorité dans un domaine ou considérée comme une référence.

■ Exemple

Cicéron dit que philosopher ce n'est autre chose que s'apprêter à la mort.

Michel de Montaigne, *Essais*, I, 20, « Que philosopher c'est apprendre à mourir », 1580-1595

E L'argument ad hominem

Définition **L'argument ad hominem** (« à/contre l'homme » en latin) consiste à s'attaquer à la personne même de l'adversaire pour le décrédibiliser, au lieu de contre-argumenter véritablement.

■ Exemple

Ceux qui jugent et qui condamnent disent la peine de mort nécessaire. D'abord, – parce qu'il importe de retrancher de la communauté sociale un membre qui lui a déjà nui et qui pourrait lui nuire encore. – S'il ne s'agissait que de cela, la prison perpétuelle suffirait. À quoi bon la mort ? Vous objectez qu'on peut s'échapper d'une prison ? faites mieux votre ronde. Si vous ne croyez pas à la solidité des barreaux de fer, comment osez-vous avoir des ménageries ?

Victor Hugo, *Le Dernier Jour d'un condamné* (préface), 1829

Les genres et les formes de l'argumentation

L'argumentation peut être *directe* ou *indirecte* :

- **l'argumentation directe :** l'auteur expose sa thèse de manière explicite dans un texte exclusivement argumentatif ;
- **l'argumentation indirecte ou oblique :** l'auteur expose sa thèse implicitement, en utilisant un détour littéraire. Le texte est à la fois argumentatif et narratif, poétique ou théâtral.

I Les formes directes de l'argumentation

A L'essai

Définition **L'essai** est un ouvrage de réflexion personnelle dans lequel l'auteur expose ses opinions sur un sujet donné (littéraire, politique, scientifique, etc.). Sa forme est assez libre.

■ Exemple
Les *Essais* de Montaigne paraissent entre 1580 et 1595. Ils regroupent trois livres dans lesquels l'auteur fait part d'observations d'ordre politique et philosophique. Ses réflexions personnelles s'appuient entre autres sur son expérience de voyageur.

B Le discours

Définition **Le discours** est un texte prononcé devant une assemblée.

1. L'éloge

Définition **L'éloge** est un discours qui rend hommage à une personne.

■ Exemple

Dans un des textes les plus connus des ***Essais*** intitulé **« De l'amitié »** (1580), Montaigne rend hommage à son ami La Boétie.

2. Le plaidoyer

Définition **Le plaidoyer** est un discours qui prend la défense d'une personne ou d'une cause.

■ Exemple

Dans ***Traité sur la tolérance*** (1763), Voltaire condamne le fanatisme religieux et défend la tolérance à l'occasion de l'affaire Calas. Jean Calas était injustement accusé d'avoir assassiné son fils afin d'éviter qu'il se convertisse au catholicisme.

3. Le réquisitoire

Définition **Le réquisitoire** est un discours d'accusation adressé à une personne ou une institution.

■ Exemple

L'***Éloge de la folie*** d'Érasme (1511) est une critique ironique des institutions de l'Église romaine et du fanatisme du Moyen Âge. L'auteur critique également la corruption des princes. Il donne la parole à l'allégorie de la Folie qui s'oppose à son adversaire la Raison et critique l'intelligence.

C Le manifeste

Définition **Le manifeste** est un texte bref qui présente les idées d'un groupe (littéraire, politique, scientifique, etc.) et précise ses intentions.

■ Exemple

Défense et illustration de la langue française (1549) est un texte théorique écrit par Du Bellay et considéré comme le manifeste des poètes de la Pléiade. L'auteur y défend la langue française et encourage son enrichissement par l'imitation des auteurs antiques grecs et latins.

D Le pamphlet

Définition **Le pamphlet** est un texte polémique dans lequel l'auteur exprime son indignation. Il dénonce et réfute sur un ton virulent une opinion contraire à la sienne. Sa forme est relativement brève.

■ Exemple

Dans l'article « Torture » du ***Dictionnaire philosophique*** (1764) Voltaire dénonce les traitements infligés aux prisonniers. Ce texte au ton très sarcastique est écrit après la condamnation du chevalier de La Barre dont le sort indigna l'auteur.

E La préface

Définition **La préface** est un texte d'introduction à un ouvrage. Elle en éclaire les enjeux et parfois en justifie la pertinence quand celle-ci est contestée.

■ Exemple

Dans la préface du ***Discours sur l'origine et les fondements de l'inégalité parmi les hommes*** (1755), Rousseau prend position sur la façon dont les hommes doivent être gouvernés et la façon dont les lois doivent être envisagées.

II Les formes indirectes de l'argumentation

A L'apologue

Définition **L'apologue** est un récit bref contenant un enseignement. Il a souvent une dimension allégorique et une portée universelle.

■ Exemple

« La dent d'or », extrait d'***Histoire des oracles*** de Fontenelle (1687), est un récit allégorique qui propose une réflexion sur la démarche scientifique. Le récit tend à discréditer les oracles et les superstitions qui sont une source d'erreurs de jugement.

B Le conte

Définition **Le conte** est une fiction qui se déroule dans un passé lointain et non daté ainsi que dans un lieu imaginaire, souvent un univers féodal. Il met en scène des personnages archétypiques. Le héros doit accomplir une quête, il est confronté à des opposants et est aidé d'adjuvants. La vocation du conte est de distraire le lecteur tout en proposant souvent une morale.

■ Exemple

Charles Perrault dans ***Les Contes de la mère l'Oye*** (1697) s'inspire de contes populaires qu'il adapte à la société de son temps. Les fées, les ogres, les sorcières peuplent ses récits. Ces éléments merveilleux sont au goût du public. Au-delà du divertissement, l'auteur propose à ses lecteurs une réflexion sur les comportements humains.

C Le conte philosophique

Définition **Le conte philosophique** est une parodie burlesque de contes traditionnels. Ce genre est inventé par Voltaire qui construit son récit en suivant un schéma narratif rigoureux dans lequel se déroule une succession de péripéties. Il détourne le genre pour lui donner une portée polémique et didactique.

■ Exemple

Candide de Voltaire (1759) est un conte philosophique publié anonymement. Chacun des trente chapitres raconte une nouvelle forme du mal : mal métaphysique mais aussi mal venant des hommes (guerre, fanatisme, esclavage), de leurs ruses et de leurs fourberies. Voltaire va confronter son héros Candide à diverses situations extrêmes qui servent à illustrer les aspects d'une thèse.

D La fable

Définition **La fable** est une brève fiction qui a une valeur probatoire (elle apporte une preuve) et contient souvent une morale, une leçon ou une adresse au lecteur. Elle met en scène des animaux, des objets, des allégories ou des êtres humains qui ont une valeur universelle et exemplaire.

■ Exemple

Dans les ***Fables***, La Fontaine porte un regard critique sur la société du XVIIe siècle. Il s'inspire des auteurs antiques Phèdre et Ésope pour composer de brefs récits versifiés qui proposent une leçon au lecteur.

E La poésie

Le genre poétique, par sa concision et la précision de ses images, est l'occasion pour les auteurs de faire entendre leurs idées.

■ Exemple

Dans ***Poème sur le désastre de Lisbonne*** publié en 1756, Voltaire met le genre poétique au service des idées des Lumières. Il réfute les thèses optimistes et les raisonnements stériles pour proposer une description juste de la catastrophe et mettre en valeur une émotion sincère.

F Le roman

Le cadre romanesque peut être propice au développement des thèses d'un auteur à travers le destin de ses protagonistes.

■ Exemple

Dans son roman épistolaire ***Lettres persanes*** (1721), Montesquieu critique implicitement et souvent ironiquement la société de son temps, la monarchie absolue et l'Église, en utilisant un détour romanesque suffisamment efficace pour ne pas craindre la censure.

G Le théâtre

Le théâtre peut devenir tribune et montrer, grâce aux trajectoires de ses personnages, une illustration concrète des thèses d'un auteur.

■ Exemple

Dans ***Le Mariage de Figaro*** (1784), Beaumarchais remet en question l'ordre social et dénonce les mœurs de la société de la fin du XVIIIe siècle. Cette pièce est l'occasion pour son auteur de proposer une critique virulente de l'aristocratie, de montrer et de ridiculiser les vices des hommes de son temps.

H L'utopie

Définition **L'utopie** est un récit dans lequel l'auteur invente une société idéale (sur un plan social et politique) qui est souvent l'inverse d'un État dont il veut faire la critique.

■ Exemple

Le roman ***Gargantua*** (1534) de Rabelais met en scène un géant, Gargantua, fils du roi Grandgousier. Il propose une réflexion humaniste sur la société de son temps : l'éducation, la guerre, la religion font partie des thématiques centrales de ce roman. Il invente un lieu (l'abbaye de Thélème) où les hommes et les femmes vivent en parfaite harmonie et dont la devise est : « Fais ce que voudras ».

I La contre-utopie ou dystopie

Définition **La contre-utopie** ou **dystopie** est un récit dans lequel l'auteur invente une société régie par un pouvoir totalitaire privant notamment les citoyens de liberté. Elle se présente comme la dérive du fonctionnement actuel d'un État dont elle veut faire la critique.

■ Exemple

Dans ***Les Voyages de Gulliver*** de Swift, récit publié en 1726, le héros découvre l'île de Laputa où règne le chaos. Elle est dirigée par des despotes obsédés par le progrès. Ils imposent par la menace leurs lois aux plus faibles.

J Les caractères

Définition **Le caractère** est un texte bref qui propose un portrait centré sur un trait de caractère dominant. Il commence souvent par une définition brève, que suit une collection de traits concrets.

■ Exemple

La Bruyère publie ***Les Caractères*** en 1687. Cette œuvre est constituée d'une série de textes courts inspirés par l'observation que La Bruyère a pu faire de la société de cour. Il y tourne en dérision la vanité des courtisans, leurs vices et leurs travers. La plume est acérée, l'humour est mordant et la critique touche au vif pour mieux corriger les mœurs.

K Les maximes

Définition

La maxime est une sentence brève exprimant, sous forme de vérité générale, une expérience morale. Elle a une portée universelle et intemporelle. Elle peut se trouver aussi bien dans un recueil autonome qu'au sein d'un contexte plus vaste (lettre, essai, théâtre, roman).

■ Exemple

La Rochefoucauld publie ***Maximes*** en 1664 qui contient cinq cent quatre formules dans sa version définitive. Ces maximes dressent un portrait du cœur humain. L'auteur y affirme son absence d'illusion sur l'homme. Il dénonce l'empire de l'amour-propre sur toutes les actions humaines qui pousse l'homme à ne poursuivre que son intérêt personnel et à satisfaire ses passions.

Essais, Montaigne

I Réflexions sur « Notre monde vient d'en trouver un autre »

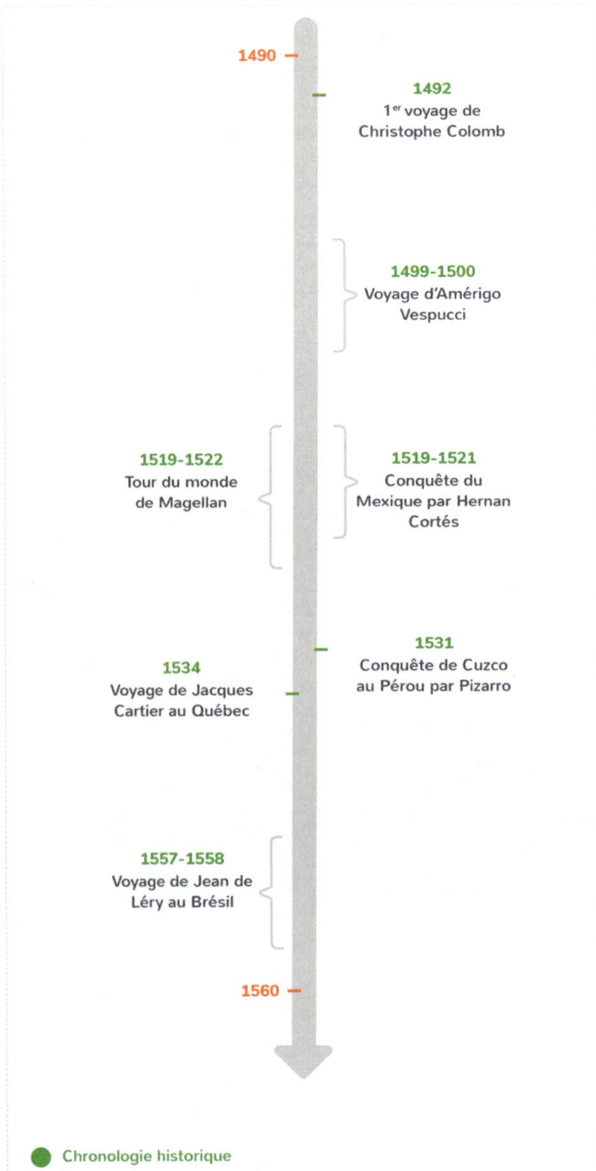

« Notre monde vient d'en trouver un autre » est une **citation de Montaigne**, extraite du chapitre « Des coches » des *Essais*.

Cette formule renvoie à l'expression « **Nouveau Monde** » utilisée pour désigner l'Amérique. Ce continent, dont l'existence était jusqu'alors insoupçonnée, se présente à l'époque comme un monde nouveau que les conquistadors explorent et conquièrent pas à pas, depuis le premier voyage de Christophe Colomb en 1492.

Ces découvertes fascinent les Européens, qui voient débarquer dans leurs ports des navires rapportant des animaux et végétaux jusqu'alors inconnus, des produits comestibles exotiques qui deviendront rapidement luxueux pour certains (comme le cacao), mais également des indigènes.

Entre fascination et répulsion, les Européens s'interrogent sur la nature de ces hommes aux mœurs si éloignées, auxquels on reproche de ne pas être chrétiens, d'être cannibales et sauvages. La **rencontre de l'autre**, autre monde et homme autre, devient dès lors un sujet de réflexion majeur pour les humanistes.

La conquête est une véritable **catastrophe humanitaire et culturelle**. Les civilisations incas et aztèques sont anéanties. La population amérindienne est décimée par les maladies importées par les Européens, les guerres inégales et les mauvais traitements infligés par les conquistadors. Certaines voix s'élèvent contre cette extermination très rapide, mais en vain.

L'intitulé du parcours invite à se poser diverses **questions** :

– À quelles réflexions la découverte du Nouveau Monde a-t-elle donné lieu ?
– Les hommes du Nouveau Monde sont-ils de « bons sauvages » ?
– Quels enseignements le regard du Nouveau Monde peut-il apporter aux Européens ?
– Comment la rencontre de l'autre au XVIe siècle s'inscrit-elle dans la pensée humaniste ?

II L'œuvre au programme

A L'auteur : Montaigne (1533-1592)

Montaigne, de son vrai **Michel Eyquem**, est originaire de la région de Bordeaux. Dans sa jeunesse, il reçoit une **éducation humaniste** de la part de son père, un homme cultivé, inspiré notamment par sa lecture du traité sur l'éducation publié par le penseur humaniste Érasme. Montaigne apprend le latin dès le plus jeune âge, entouré de domestiques et de parents qui s'astreignent à ne lui parler que dans cette langue, conformément à la volonté de son père. Il se familiarise très tôt avec les auteurs de l'Antiquité, auxquels il voue une profonde admiration toute sa vie.

Devenu magistrat, il **abandonne sa carrière à 33 ans**, suite à la mort de son père qui lui permet de vivre de son héritage. Il devient maire de Bordeaux et est amené à voyager, mais il apprécie surtout la solitude qu'il trouve dans son domaine. Il passe la plupart de son temps dans sa bibliothèque et **se consacre à la lecture et l'écriture**.

B L'œuvre : Essais, livre I, chapitre 31 « Des cannibales » et livre III, chapitre 6 « Des coches »

Montaigne consacre 20 ans (1572-1592) à la rédaction des *Essais*. Cette œuvre monumentale, entreprise initialement dans le souci de se peindre lui-même, aborde des sujets extrêmement divers. Montaigne **exerce sa propre pensée**, la confrontant bien souvent à celle des Anciens (les auteurs de l'Antiquité).

Le **titre de l'œuvre** vient du latin *exagium* qui signifie « pesée » : il s'agit pour Montaigne de « peser » sa propre pensée, de l'évaluer et de la mettre à l'épreuve. En français, le mot « essai » désigne également une tentative, une ébauche, ce qui souligne le caractère inachevé de l'œuvre et révèle l'humilité de l'auteur. En intitulant ainsi son œuvre, Montaigne donne également naissance au genre de l'essai.

L'œuvre a connu **trois éditions successives** :

- en **1580**, Montaigne publie les deux premiers livres des *Essais* ;
- tout en composant le troisième livre, il ne cesse de retravailler les chapitres des deux premiers volumes. Il les corrige et y fait de nombreux ajouts. Il publie les trois livres des *Essais* en **1588** ;
- Jusqu'à sa mort, il continue à retravailler et modifier son œuvre, si bien qu'une troisième édition, posthume, est publiée en **1595**.

Les **caractéristiques principales** de l'écriture des *Essais* sont :

- **une liberté formelle et l'apparence de discontinuité :** nombreuses digressions, enchaînement très libre des idées ;
- **la présence du « je »** de l'auteur, qui accorde une grande importance à l'expérience vécue et à la subjectivité ;
- **de nombreuses références aux Anciens :** citations, arguments d'autorité.

Le programme porte sur deux chapitres des *Essais*, dans lesquels Montaigne évoque les Indiens d'Amérique :

- **livre I, chapitre 31, « Des cannibales »** : Le chapitre est consacré aux Indiens d'Amérique, comme le titre l'indique. Sa finalité est présentée dans une sorte d'introduction qui s'achève sur cette phrase : « [...] il faut se garder de s'attacher aux opinions vulgaires, et les faut juger par la voix de la raison, non par la voix commune. » Il s'agit donc d'apprendre à se méfier des idées reçues, à les évaluer au moyen de sa raison, de manière à se faire sa propre idée sur une question.

Le chapitre dans son ensemble s'attache ainsi à démontrer que les hommes du Nouveau Monde ne sont ni des sauvages ni des êtres inférieurs ni des barbares, contrairement aux idées reçues ;

– **livre III, chapitre VI, « Des coches »** : Ce livre des *Essais* ne porte pas en premier lieu sur les Indiens d'Amérique, puisqu'il s'intéresse aux moyens de transport (que l'on nomme alors « coches ») et à leurs désagréments. Toutefois, à l'occasion d'une digression, Montaigne revient sur ce sujet qui lui est cher et qu'il a déjà abordé dans le livre I. Il médite sur la découverte du Nouveau Monde et montre que la conquête de ces terres nouvelles s'est accompagnée d'une destruction scandaleuse des richesses qu'elles recèlent et d'une extermination des populations qui y vivaient.

C Textes-clés

1. Livre I, chapitre 31, « Des cannibales »

Or je trouve, pour revenir à mon propos, qu'il n'y a rien de barbare et de sauvage en cette nation, à ce qu'on m'en a rapporté : sinon que chacun appelle barbarie, ce qui n'est pas de son usage. Comme de vrai nous n'avons autre mire[1] de la vérité, et de la raison, que l'exemple et idée des opinions et usances[2] du pays où nous sommes. Là est toujours la parfaite religion, la parfaite police[3], parfait et accompli usage de toutes choses. Ils sont sauvages de même que nous appelons sauvages les fruits, que nature, de soi et de son progrès ordinaire, a produits : là où à la vérité ce sont ceux que nous avons altérés par notre artifice, et détournés de l'ordre commun, que nous devrions appeler plutôt sauvages. En ceux-là[4] sont vives et vigoureuses, les vraies, et plus utiles et naturelles, vertus et propriétés ; lesquelles nous avons abâtardies en ceux-ci[5], les accommodant au plaisir de notre goût corrompu. Et si pourtant[6] la saveur même et délicatesse se trouve à notre goût excellente, à l'envi des nôtres[7], en divers fruits de ces contrées-là, sans culture : ce n'est pas raison[8] que l'art[9] gagne le point d'honneur sur notre grande et puissante mère nature.

1. Mire : point de mire, référence.
2. Usances : usages.
3. Police : système de gouvernement.
4. « Ceux-là » : les fruits produits par la nature.
5. « Ceux-ci » : les fruits produits par la culture humaine.
6. Et si pourtant : et pourtant.
7. À l'envi des nôtres : plus que dans nos fruits.
8. Ce n'est pas raison : il n'y a pas de raison.
9. Art : artifice.

- ▶ Vérité générale, affirmation catégorique
- ▶ Outil de comparaison qui introduit un raisonnement par analogie
- ▶ Éloge des fruits sauvages
- ▶ Blâme des fruits cultivés par l'homme
- ☐ Réflexion sur l'usage des mots
- ▶ Conclusion générale : supériorité de la nature sur la culture

Mouvements du texte

- **Premier mouvement, thèse** : de « Or » à « rapporté ».
- **Deuxième mouvement, définition de « barbare »** : de « sinon » à « choses ».
- **Troisième mouvement, définition de « sauvage »** : de « Ils sont » à la fin.

L'essentiel à retenir du texte

- **La réflexion humaniste sur les préjugés et l'usage des mots** : dans une perspective très humaniste, et en s'appuyant notamment sur l'étymologie (« sauvage » vient du latin *silua* : « la forêt »), Montaigne remet en question l'usage des mots pour mieux nous inviter à relativiser nos jugements.
- **Le relativisme culturel** : le relativisme culturel consiste à considérer que ses propres mœurs et critères de valeur ne sont que relatifs et que, si les coutumes diffèrent d'une culture à l'autre, il n'existe pour autant aucune hiérarchie entre elles. Montaigne défend dans cet extrait le relativisme culturel en nous invitant à remettre en question nos critères de valeur culturels.
- **La supériorité de la nature sur la culture** : le raisonnement de Montaigne aboutit à l'idée que la nature est supérieure à la culture, contrairement aux idées reçues qui valorisent plutôt les créations humaines.
- **Le « mythe du bon sauvage »** : cette expression désigne la représentation idéalisée des hommes à l'état de nature (dits « sauvages »). Certains penseurs tendent à considérer que l'homme dit sauvage est supérieur à l'homme dit civilisé, parce qu'il est naturellement bon, innocent, proche de la nature. Montaigne annonce ce « mythe du bon sauvage » avec le raisonnement par analogie qu'il développe.

2. Livre I, chapitre 31, « Des cannibales »

Trois d'entre eux, ignorant combien coûtera un jour à leur repos et à leur bonheur la connaissance des corruptions de deçà[1], et que de ce commerce[2] naîtra leur ruine, comme je présuppose qu'elle soit déjà avancée, bien misérables de s'être laissé piper[3] au désir de la nouvelleté, et avoir quitté la douceur de leur ciel pour venir voir le nôtre, furent à Rouen, du temps que le feu roi Charles neuvième y était. Le Roi parla à eux longtemps ; on leur fit voir notre façon, notre pompe, la forme d'une belle ville. Après cela, quelqu'un en demanda leur avis, et voulut savoir d'eux ce qu'ils y avaient trouvé de plus admirable ; ils répondirent trois choses, d'où j'ai perdu la troisième, et en suis bien marri[4] ; mais j'en ai encore deux en mémoire. Ils dirent qu'ils trouvaient en premier lieu fort étrange que tant de grands hommes, portant barbe, forts et armés, qui étaient autour du Roi (il est vraisemblable qu'ils parlaient des Suisses de sa garde), se soumissent à obéir à un enfant[5], et qu'on ne choisisse plutôt quelqu'un d'entre eux pour commander ; secondement (ils ont une façon de leur langage telle, qu'ils nomment les hommes moitié les uns des autres) qu'ils avaient aperçu qu'il y avait parmi nous des hommes pleins gorgés de toutes sortes de commodités, et que leurs moitiés étaient mendiants à leurs portes, décharnés de faim et de pauvreté ; et trouvaient étrange comme ces moitiés ici nécessiteuses pouvaient souffrir une telle injustice, qu'ils[6] ne prissent les autres à la gorge, ou missent le feu à leurs maisons.

1. Deçà : désigne l'Europe.
2. Commerce : relation.
3. Piper : tromper.
4. Marri : ennuyé.
5. Le roi Charles IX n'est alors âgé que de 12 ans.
6. Qu'ils ne prissent… : sans qu'ils ne prissent…

- Récit d'une anecdote
- Annonce de la contagion des mœurs européennes
- Vanité des Européens
- Étonnement de l'étranger
- Oppositions
- Présence de l'auteur
- Injustice et absurdité de la société européenne

Mouvements du texte

- **Premier mouvement, anecdote** : de « Trois d'entre eux » à « y était ».
- **Deuxième mouvement, le sentiment de supériorité des Européens** : de « Le Roi » à « mémoire ».
- **Troisième mouvement, l'étonnement des indigènes** : de « Ils dirent à la fin.

L'essentiel à retenir du texte

- **Le genre de l'essai** : Montaigne part d'une anecdote (témoignage, chose vue, anecdote autobiographique) pour développer une réflexion personnelle, c'est le propre de l'essai. Le « je » est présent, soit pour formuler un avis, soit pour faire un commentaire.
- **La réflexion sur la corruption des mœurs :** Montaigne annonce la déchéance des indigènes au contact des Européens par un phénomène de contagion. Il déplore ce phénomène qu'il suppose déjà avancé.
- **La vanité des Européens rabaissée par la réaction des indigènes :** la démonstration de grandeur des Européens et leurs questions révèlent leur vanité. Ils sont convaincus par avance d'impressionner les indigènes. Or, l'étonnement des indigènes ne se porte pas sur ce que la civilisation européenne a de plus impressionnant ou admirable, mais au contraire sur ses aspects paradoxaux et absurdes. Les indigènes sont sensibles aux inégalités sociales. Le regard de l'étranger devient ainsi un révélateur.

3. Livre III, chapitre 6, « Des coches »

Notre monde vient d'en trouver un autre (et qui nous répond si c'est le dernier de ses frères, puisque les Démons[1], les Sibylles[2], et nous, avons ignoré cettuy-ci[3] jusqu'à cette heure ?) non moins grand, plein, et membru[4] que lui : toutefois si nouveau et si enfant, qu'on lui apprend encore son a, b, c. Il n'y a pas cinquante ans qu'il ne savait ni lettres, ni poids, ni mesure, ni vêtements, ni blés, ni vignes. Il était encore tout nu, au giron[5], et ne vivait que des moyens de sa mère nourrice[6]. Si nous concluons bien de notre fin, et ce poète[7] de la jeunesse de son siècle, cet autre monde ne fera qu'entrer en lumière, quand le nôtre en sortira. L'univers tombera en paralysie ; l'un membre sera perclus[8], l'autre en vigueur. Bien crains-je[9] que nous aurons très fort hâté sa déclinaison[10] et sa ruine par notre contagion, et que nous lui aurons bien cher vendu nos opinions et nos arts[11]. C'était un monde enfant ; si[12] **ne** l'avons-nous **pas** fouetté[13] et soumis à notre discipline par l'avantage de notre valeur et forces naturelles, **ni ne** l'avons pratiqué par notre justice et bonté, **ni** subjugué[14] par notre magnanimité[15]. La plupart de leurs réponses, et des négociations faites avec eux, témoignent qu'ils ne nous devaient rien en clarté d'esprit naturelle et en pertinence. L'épouvantable[16] magnificence des villes de Cusco et de Mexico, et entre plusieurs choses pareilles, le jardin de ce roi, où tous les arbres, les fruits, et toutes les herbes, selon l'ordre et la grandeur qu'ils ont en un jardin, étaient excellement formés en or, comme en son cabinet, tous les animaux qui naissaient en son état et en ses mers ; et la beauté de leurs ouvrages, en pierrerie, en plume, en coton, en la peinture, montrent qu'ils ne nous cédaient non plus en l'industrie[17]. Mais quant à la dévotion, observance des lois, bonté, libéralité, loyauté, franchise, il nous a bien servi de n'en avoir pas tant qu'eux ; ils se sont perdus par cet avantage, et vendus, et trahis eux-mêmes.

1. Démons : êtres surnaturels doués de pouvoirs.
2. Sybilles : prêtresses d'Apollon qui prédisaient l'avenir.
3. Cettuy-ci : celui-ci.
4. Membru : vigoureux.
5. Au giron : auprès de sa mère.
6. Nourrice : nourricière.
7. Allusions au poète latin Lucrèce que Montaigne a cité précédemment.
8. Perclus : infirme.
9. Bien crains-je : je crains fort.
10. Déclinaison : déchéance.
11. Art : savoir-faire, technique.
12. Si + inversion sujet-verbe : cependant.
13. Fouetté : stimulé.
14. Subjuguer : placer sous le joug, asservir.
15. Magnanimité : bonté.
16. Épouvantable : au sens d'extraordinaire ici.
17. Industrie : technique.

- Titre du parcours
- Métaphore des corps
- Innocence du Nouveau Monde
- Vision sombre de l'avenir
- Emploi du futur, projection dans l'avenir
- Négation insistance, blâme implicite des Européens
- Éloge des hommes du Nouveau Monde
- Qualités entraînant paradoxalement la perte
- Indéfinis de tonalité
- Énumérations

Mouvements du texte

- **Premier mouvement, un monde enfant** : de « Notre monde » à « nourrice ».
- **Deuxième mouvement, prophétie pessimiste** : de « Si nous » à « nos arts ».
- **Troisième mouvement, éloge du Nouveau Monde** : de « C'était un monde » à la fin.

L'essentiel à retenir du texte

- **La réflexion sur la découverte du Nouveau Monde** : l'extrait commence avec la phrase « Notre monde vient d'en trouver un autre [...]. », ce qui donne immédiatement lieu à une interrogation sur la possibilité d'en découvrir d'autres à l'avenir. En effet, la découverte du Nouveau Monde bouleverse en profondeur les certitudes, y compris celles supposées valables depuis l'Antiquité.
- **Un « monde enfant »** : Montaigne file la métaphore de l'enfance pour évoquer le Nouveau Monde afin de montrer que les hommes découverts sur ces terres sont innocents, plus proches de la nature, ce qui annonce le « mythe du bon sauvage ». La métaphore du corps permet à Montaigne de montrer que ce monde est destiné à grandir et prospérer tandis que ce que l'on appelle déjà à l'époque « l'Ancien Monde » va connaître le déclin. Montaigne projette que l'Europe risque de corrompre ce Nouveau Monde, naïf et innocent.
- **L'éloge du Nouveau Monde** : Montaigne montre que les hommes du Nouveau Monde possèdent des facultés intellectuelles et techniques égales aux Européens, contrairement aux idées reçues de l'époque. Surtout, à ses yeux, ils s'avèrent supérieurs moralement aux Européens et ce sont précisément leurs qualités morales qui les ont desservis face aux colons corrompus et manipulateurs.

Fables, livres VII à XI, Jean de La Fontaine

I Réflexions sur « Imagination et pensée au XVIIe siècle »

Le terme « imagination » vient du latin *imago* qui présente une racine commune avec *imitari* qui signifie « imiter ». Il désigne donc étymologiquement « l'imitation par les images ». Plus largement, l'imagination est une activité de l'esprit qui permet de construire des représentations. Ces représentations peuvent convoquer des êtres ou des objets absents mais réels. Elles peuvent aussi construire un monde imaginaire. Dans une perspective littéraire le terme renvoie également à l'idée d'invention, au processus de création d'un auteur, à sa capacité à produire ou reproduire des images et à les combiner.

Le terme « pensée » vient du latin *pendere* qui signifie « peser » ou *pensare* qui signifie « juger ». Sa définition recouvre plusieurs acceptions : il désigne toute action de l'esprit comme le doute, la compréhension, le jugement, la connaissance élaborée. La pensée se distingue donc de l'action.

Le parcours se borne au XVIIe siècle, époque qui voit se développer une réflexion sur la nature humaine. Les auteurs classiques, dont La Fontaine fait partie, mettent donc la littérature au service de la réflexion. Pour ce faire, ils s'inspirent des auteurs antiques notamment Platon ou Aristote qui se défiaient de l'imagination – qui peut être trompeuse et mensongère – et entendaient la réguler par l'imitation (la *mimesis*). Les auteurs classiques envisagent donc nécessairement l'imagination en lien avec la raison pour donner une portée morale à leurs œuvres et leur assigner donc une double fonction « **plaire et instruire** » afin de mener l'homme sur la voie de la sagesse.

L'intitulé du parcours invite à se poser diverses **questions** :

- Quelle réflexion d'ordre social, moral ou philosophique une œuvre littéraire, produit de l'imagination d'un auteur, peut-elle proposer ?
- La fiction est-elle un support efficace de l'argumentation ?
- La pensée rationnelle est-elle compatible avec la construction d'un monde imaginaire ?
- Sur quels aspects de la réalité l'auteur fait-il reposer son imagination ?
- L'imitation favorise-t-elle ou entrave-t-elle la création ?

II L'œuvre au programme

A L'auteur : Jean de La Fontaine (1621-1695)

Jean de La Fontaine naît et grandit à Château-Thierry où il mène une existence paisible. Il devient avocat puis succède à son père qui était maître des eaux et forêts.

Il est introduit à la cour de France par Fouquet, le surintendant des Finances, qui apprécie son œuvre et devient son mécène. Il y fait la connaissance des grands auteurs comme Racine, Molière et Mme de Sévigné. Quand Fouquet est arrêté par Louis XIV en 1661, il prend sa défense. La disgrâce du premier entraîne celle du second. Fouquet est accusé d'avoir dilapidé l'argent de l'État et il est condamné à la prison à perpétuité. Il avait amassé une immense fortune et fait construire un magnifique château à Vaux-le-Vicomte. Trop puissant et trop influent, Fouquet sert d'exemple car Louis XIV voulait réduire les prérogatives des aristocrates et détenir tous les pouvoirs. Louis XIV ne pardonne pas à La Fontaine sa loyauté indéfectible envers son protecteur : l'auteur doit s'éloigner un moment de la cour.

La Fontaine se consacre à l'écriture et publie d'abord un recueil de récits d'inspiration libertine intitulé *Contes et Nouvelles*. Cette publication lui vaut un succès immédiat en 1665 puis en 1674. Certains textes sont accusés d'être trop libertins et sont censurés. La Fontaine s'intéresse ensuite au genre de la fable. Les deux publications de ses ouvrages en 1668 et 1693 sont également un immense succès. Il se place successivement sous la protection de la duchesse d'Orléans puis de Madame de la Sablière et enfin d'Hervart, conseiller au Parlement de Paris.

Revenu à Paris, La Fontaine profite d'une vie mondaine. Il fréquente tous les grands auteurs de son temps. Il est élu à l'Académie française en 1683. La fin de sa vie est marquée par une grande austérité religieuse. Il renie ses *Contes* et se retire de la vie mondaine. Il meurt en 1695.

B L'œuvre : *Fables*, livres VII à XI, 1678-1679

La fable est un genre littéraire ancien qui appartient d'abord à la tradition orale. Transmise de génération en génération, elle propose une morale, une leçon de sagesse, **son but est avant tout didactique**. Le poète grec Ésope (VIIe-VIe siècle av. J.-C.) et le poète latin Phèdre (Ier siècle av. J.-C. – Ier siècle ap. J.-C.) sont les deux principales sources d'inspiration de La Fontaine.

La fable est une **brève fiction** qui suit un schéma narratif. Elle a une **valeur probatoire** (elle apporte une preuve) et contient souvent une morale ou une adresse au lecteur.

Elle met en scène des animaux, des objets, des allégories ou des êtres humains qui ont une **portée universelle et exemplaire**.

La Fontaine va donner ses lettres de noblesse à la fable :

- en la versifiant ;
- en jouant sur le rapport entre les événements racontés et la morale proposée ;
- en donnant aux sujets abordés une résonance contemporaine, **sociale ou politique** mais également **philosophique et personnelle**.

L'étude des *Fables* de La Fontaine passe par une **réflexion à la fois sur la forme** et **sur la portée du texte**. Selon son auteur, la fable relève de l'apologue : elle propose le récit d'une aventure assorti d'une morale explicite ou implicite qui l'illustre, qui l'éclaire, qui en propose le contrepoint. Le lecteur est ainsi amené à produire des représentations, à transposer les allégories de la fiction dans le monde des humains pour en comprendre les mécanismes et les travers.

Citation

> Les fables ne sont pas ce qu'elles semblent être ;
> Le plus simple animal nous y tient lieu de maître.
> Une morale nue apporte de l'ennui :
> Le conte fait passer le précepte avec lui.
> En ces sortes de feinte il faut instruire et plaire,
> Et conter pour conter me semble peu d'affaire.
>
> Jean de La Fontaine, « Le Pâtre et le Lion », *Fables*, 1668

Les livres VII à XI des *Fables* de La Fontaine renouvellent particulièrement le genre de la fable et s'éloignent du modèle d'Ésope.

Citation

> Voici un second recueil de Fables que je présente au public. J'ai jugé à propos de donner à la plupart de celles-ci un air et un tour un peu différent de celui que j'ai donné aux premières, tant à cause de la différence des sujets, que pour remplir de plus de variété mon ouvrage. Les traits familiers que j'ai semés avec assez d'abondance dans les deux autres Parties convenaient bien mieux aux inventions d'Ésope, qu'à ces dernières, où j'en use plus sobrement, pour ne pas tomber en des répétitions : car le nombre de ces traits n'est pas infini. Il a donc fallu que j'aie cherché d'autres enrichissements, et étendu davantage les circonstances de ces récits, qui d'ailleurs me semblaient le demander de la sorte.
>
> Jean La Fontaine, Avertissement, *Fables*, 1678

Le second volume propose des fables **plus longues** que dans le premier. La Fontaine détaille davantage les circonstances de l'action et le portrait des personnages. Les animaux y côtoient des hommes et **leurs comportements sont plus humains**.

Ce renouvellement formel s'accompagne d'une évolution thématique : les récits s'inscrivent dans un contexte contemporain de l'auteur. L'ensemble des textes s'adresse donc de façon évidente aux adultes. Les personnages vivent désormais en société, ont un statut social, **développent des réflexions philosophiques ou religieuses**. Les textes présentent une vision critique de la société du XVIIe siècle où règnent l'injustice et l'hypocrisie. Le fabuliste invite le lecteur à la réflexion, à la tempérance et à la prudence.

C Textes-clés

1. « La Fille », livre VII, 1678

Certaine Fille, un peu trop fière
Prétendait trouver un mari
Jeune, bien fait, et beau, d'agréable manière,
Point froid et point jaloux ; notez ces deux points-ci.
Cette Fille voulait aussi
Qu'il eût du bien, de la naissance,
De l'esprit, enfin tout ; mais qui peut tout avoir ?
Le destin se montra soigneux de la pourvoir[1] :
Il vint des partis d'importance.
La Belle les trouva trop chétifs de moitié :
Quoi moi ? quoi ces gens-là ? l'on radote, je pense.
À moi les proposer ! hélas ils font pitié.
Voyez un peu la belle espèce !
L'un n'avait en l'esprit nulle délicatesse ;
L'autre avait le nez fait de cette façon-là ;
C'était ceci, c'était cela,
C'était tout ; car les précieuses
Font dessus tout les dédaigneuses.
Après les bons partis les médiocres gens
Vinrent se mettre sur les rangs.
Elle de se moquer. Ah vraiment, je suis bonne
De leur ouvrir la porte : ils pensent que je suis

Fort en peine de ma personne.
Grâce à Dieu je passe les nuits
Sans chagrin, quoique en solitude.
La Belle se sut gré de tous ces sentiments.
L'âge la fit déchoir ; adieu tous les amants[2].
Un an se passe et deux avec inquiétude.
Le chagrin vient ensuite : elle sent chaque jour
Déloger quelques Ris, quelques Jeux, puis l'Amour ;
Puis ses traits choquer et déplaire ;
Puis cent sortes de fards. Ses soins ne purent faire
Qu'elle échappât au Temps, cet insigne larron :
Les ruines d'une maison
Se peuvent réparer : que n'est cet avantage
Pour les ruines du visage !
Sa préciosité changea lors de langage.
Son miroir lui disait : Prenez vite un mari.
Je ne sais quel désir le lui disait aussi ;
Le désir peut loger chez une précieuse.
Celle-ci fit un choix qu'on n'aurait jamais cru,
Se trouvant à la fin tout aise et tout heureuse
De rencontrer un malotru[3].

1. Pourvoir : l'établir par le mariage.
2. Amants : hommes qui ont déclaré leurs sentiments amoureux.
3. Malotru : homme mal bâti.

- ▶ Expression du dédain
- ▶ Portrait du mari idéal
- ▶ Conséquence de son attitude dédaigneuse
- ▶ Évocation de la vieillesse
- ▶ Expressions relatives à l'écoulement inexorable du temps

■ *Mouvements du texte*

- **Premier mouvement, présentation des circonstances, les prétentions de la fille** : de « Certaine Fille » à « tout avoir ? ».
- **Deuxième mouvement, la fille repousse tous les prétendants** : de « Le destin » à « ces sentiments ».
- **Troisième mouvement, les ravages du temps et leurs conséquences** : de « L'âge la fit » à la fin.

L'essentiel à retenir du texte

- **Une satire de la préciosité :** La préciosité est un art de vivre et une esthétique qui s'épanouit entre 1650 et 1660 au sein de l'aristocratie parisienne. Le mouvement naît en réaction contre la grossièreté des mœurs et le langage de l'époque. Il propose de restaurer l'élégance des propos et des tenues. Dans cette fable, La Fontaine en montre les excès en mettant en scène une femme capricieuse et trop exigeante dont il fait le portrait. Faute d'avoir su apprécier les qualités de ses prétendants, elle se retrouve seule avant de se marier au moins séduisant de tous.
- **La fable, un récit au ton plaisant :** La Fontaine voulait, grâce à ses fables, instruire et plaire. La tonalité d'ensemble de « La Fille » est plaisante. En effet, le fabuliste sollicite la complicité du lecteur et la caricature qu'il peint de la précieuse en fait un personnage plus ridicule qu'inquiétant. L'auteur ménage aussi un effet de chute propre à surprendre le lecteur : son personnage finit par gagner en sagesse et par adopter un comportement modeste tout à fait inattendu.
- **Une leçon de sagesse :** L'histoire de la Fille est exemplaire et a une valeur probatoire. Elle est l'occasion pour le fabuliste d'offrir une leçon philosophique au lecteur : le temps fait son œuvre donc l'homme doit profiter de sa jeunesse. Par ailleurs, il ne doit pas laisser sa vanité guider ses choix mais se satisfaire de son sort.

2. « Les Animaux malades de la peste », livre VII, 1678

Un mal qui répand la terreur,
Mal que le Ciel en sa fureur
Inventa pour punir les crimes de la terre,
La Peste (puisqu'il faut l'appeler par son nom)
Capable d'enrichir en un jour l'Achéron[1],
Faisait aux animaux la guerre.
Ils ne mouraient pas tous, mais tous étaient frappés :
On n'en voyait point d'occupés
À chercher le soutien d'une mourante vie ;
Nul mets n'excitait leur envie ;
Ni Loups ni Renards n'épiaient
La douce et l'innocente proie.
Les Tourterelles se fuyaient :
Plus d'amour, partant[2] plus de joie.
Le Lion tint conseil, et dit : Mes chers amis,
Je crois que le Ciel a permis
Pour nos péchés cette infortune ;
Que le plus coupable de nous

Se sacrifie aux traits du céleste courroux,
Peut-être il obtiendra la guérison commune.
L'histoire nous apprend qu'en de tels accidents[3]
On fait de pareils dévouements :
Ne nous flattons donc point ; voyons sans indulgence
L'état de notre conscience.
Pour moi, satisfaisant mes appétits gloutons
J'ai dévoré force[4] moutons.
Que m'avaient-ils fait ? Nulle offense :
Même il m'est arrivé quelquefois de manger
Le Berger.
Je me dévouerai donc, s'il le faut ; mais je pense
Qu'il est bon que chacun s'accuse ainsi que moi :
Car on doit souhaiter selon toute justice
Que le plus coupable périsse.
– Sire, dit le Renard, vous êtes trop bon Roi ;
Vos scrupules font voir trop de délicatesse ;
Et bien, manger moutons, canaille, sotte espèce,
Est-ce un péché ? Non, non. Vous leur fîtes Seigneur
En les croquant beaucoup d'honneur.
Et quant au Berger l'on peut dire
Qu'il était digne de tous maux,
Étant de ces gens-là qui sur les animaux
Se font un chimérique empire.
Ainsi dit le Renard, et flatteurs d'applaudir.
On n'osa trop approfondir
Du Tigre, ni de l'Ours, ni des autres puissances,
Les moins pardonnables offenses.
Tous les gens querelleurs, jusqu'aux simples mâtins[5],
Au dire de chacun, étaient de petits saints.
L'Âne vint à son tour et dit : J'ai souvenance[6]
Qu'en un pré de Moines passant,
La faim, l'occasion, l'herbe tendre, et je pense
Quelque diable aussi me poussant,
Je tondis de ce pré la largeur de ma langue.
Je n'en avais nul droit, puisqu'il faut parler net.

À ces mots on cria haro[7] sur le baudet. Un Loup quelque peu clerc prouva par sa harangue[8]

Qu'il fallait dévouer ce maudit animal,

Ce pelé, ce galeux, d'où venait tout leur mal.

Sa peccadille[9] fut jugée un cas pendable.

Manger l'herbe d'autrui ! quel crime abominable !

Rien que la mort n'était capable

D'expier son forfait : on le lui fit bien voir.

Selon que vous serez puissant ou misérable,

Les jugements de cour vous rendront blanc ou noir.

1. Achéron : Fleuve des enfers.
2. Partant : par conséquent.
3. Accident : ce qui est imprévisible.
4. Force : de nombreux.
5. Mâtins : gros chiens de garde.
6. J'ai souvenance : je me souviens.
7. Haro : Interjection qui exprime l'indignation et dénonce quelqu'un.
8. Harangue : discours.
9. Peccadille : faute sans gravité.

- ▶ Tonalité tragique
- ▶ Champ lexical de la faute
- ▶ Champ lexical de la justice
- ▶ Éloge du Lion par le Renard qui souligne sa grandeur d'âme
- ▶ Hyperboles, réquisitoire contre l'Âne
- ☐ Prédateurs

■ *Mouvements du texte*

- **Premier mouvement, présentation des circonstances, les animaux ont la peste** : de « Un mal » à « plus de joie ».
- **Deuxième mouvement, aveux successifs du Lion et de l'Âne** : de « Le Lion » à « parler net ».
- **Troisième mouvement, argument fallacieux qui condamne l'Âne** : de « À ces mots » à « bien voir. »
- **Quatrième mouvement, morale** : de « Selon » à la fin.

■ *L'essentiel à retenir du texte*

- **Une fable au ton tragique :** Un terrible fléau s'abat sur les animaux. Alors qu'ils entendent trouver un coupable qui doit être puni, chacun passe aux aveux. Après ceux du lion vient le tour de l'âne qui est finalement condamné pour un fait sans gravité. Le fabuliste met en scène un procès injuste qui condamne un innocent.

- **La stratégie argumentative à l'œuvre :** Le discours du Lion suit une progression logique. Après avoir exposé la situation, il confesse ses torts et les justifie. Puis, il invite les autres à en faire autant avant d'en tirer une conclusion. Il réaffirme son autorité en parlant au nom de la communauté. Il se réclame d'une certaine sagesse, semble vouloir rendre justice de façon équitable. La longueur de son discours et son éloquence sont remarquables. L'éloge du Lion par le Renard contribue à le dédouaner de ses fautes. Le Loup va prononcer un réquisitoire sans appel contre l'Âne. Ses propos le condamnent sans argument logique et valable.
- **Une dénonciation des injustices sociales :** Le pouvoir des puissants est ici présenté comme irréductible. Le discours du Lion minimise son crime (avoir mangé un berger) et celui du Renard lui apporte du crédit. Ses arguments pour défendre le Lion sont fallacieux. Tous les animaux en présence sont des prédateurs et tous se rangent derrière le Lion et le Renard. L'Âne avoue à son tour qu'il a mangé de l'herbe. Alors que son tort est sans commune mesure, il provoque l'indignation des courtisans qui le rendent coupable du fléau. Cette fable illustre l'idée que « la raison du plus fort est toujours la meilleure ». La justice ne condamne pas le criminel mais rend ses jugements en fonction du rang social.

3. « Les Obsèques de la lionne », livre VII, 1678

La femme du Lion mourut :
Aussitôt chacun accourut
Pour s'acquitter envers le Prince
De certains compliments de consolation,
Qui sont surcroît d'affliction.
Il fit avertir sa Province[1]
Que les obsèques se feraient
Un tel jour, en tel lieu ; ses Prévôts[2] y seraient
Pour régler la cérémonie,
Et pour placer la compagnie.
Jugez si chacun s'y trouva.
Le Prince aux cris s'abandonna,
Et tout son antre en résonna.
Les Lions n'ont point d'autre temple.
On entendit à son exemple
Rugir en leurs patois Messieurs les Courtisans.
Je définis la cour un pays où les gens
Tristes, gais, prêts à tout, à tout indifférents,
Sont ce qu'il plaît au Prince, ou s'ils ne peuvent l'être,

Tâchent au moins de le paraître,
Peuple caméléon, peuple singe du maître ;
On dirait qu'un esprit anime mille corps ;
C'est bien là que les gens sont de simples ressorts.
Pour revenir à notre affaire
Le Cerf ne pleura point, comment eût-il pu faire ?
Cette mort le vengeait ; la Reine avait jadis
Étranglé sa femme et son fils.
Bref il ne pleura point. Un flatteur l'alla dire,
Et soutint qu'il l'avait vu rire.
La colère du Roi, comme dit Salomon,
Est terrible, et surtout celle du Roi Lion :
Mais ce Cerf n'avait pas accoutumé[3] de lire.
Le Monarque lui dit : Chétif hôte des bois
Tu ris, tu ne suis pas[4] ces gémissantes voix.
Nous n'appliquerons point sur tes membres profanes
Nos sacrés ongles ; venez Loups,
Vengez la Reine, immolez tous
Ce traître à ses augustes mânes.
Le Cerf reprit alors : Sire, le temps de pleurs
Est passé ; la douleur est ici superflue.
Votre digne moitié couchée entre des fleurs,
Tout près d'ici m'est apparue ;
Et je l'ai d'abord reconnue.
Ami, m'a-t-elle dit, garde que ce convoi,
Quand je vais chez les Dieux, ne t'oblige à des larmes.
Aux Champs Élysiens j'ai goûté mille charmes,
Conversant avec ceux qui sont saints comme moi.
Laisse agir quelque temps le désespoir du Roi.
J'y prends plaisir. À peine on eut ouï la chose,
Qu'on se mit à crier Miracle, apothéose !
Le Cerf eut un présent, bien loin d'être puni.
Amusez les Rois par des songes,
Flattez-les, payez-les d'agréables mensonges,
Quelque indignation dont leur cœur soit rempli,
Ils goberont l'appât, vous serez leur ami.

1. Sa Province : son État.
2. Prévôts : grands officiers.
3. N'avait pas accoutumé : n'avait pas l'habitude.
4. Ne pas suivre : ne pas imiter

- ▶ Expression ostentatoire de la souffrance
- ▶ Portrait négatif des courtisans
- ▶ Expression de la tyrannie du roi
- ▶ Parataxe, absence de lien logique
- ▶ Prosopopée de la défunte reine
- ☐ Impératifs

■ *Mouvements du texte*

- **Premier mouvement, présentation des circonstances, la mort de la Lionne** : de « La femme » à « la cérémonie, ».
- **Deuxième mouvement, l'affliction des courtisans** : de « Et pour » à « les Courtisans ».
- **Troisième mouvement, la définition de la Cour par le fabuliste** : de « Je définis » à « simples ressorts ».
- **Quatrième mouvement, le Cerf justifie son attitude** : de « Pour revenir » à « loin d'être puni ».
- **Cinquième mouvement, morale** : de « Amusez » à la fin.

■ *L'essentiel à retenir du texte*

- **Une satire virulente** : À la mort de la Lionne, le Lion exprime sa douleur de façon très ostentatoire tout comme les courtisans qui calquent leurs attitudes sur la sienne. Le Lion, en monarque absolu, se comporte par ailleurs de façon tyrannique. Il prononce une sentence arbitraire fondée sur des rumeurs et condamne le Cerf sans procès.
- **Une réflexion sur le pouvoir de la parole** : Alors que le Lion condamne le Cerf à une mort certaine, ce dernier prononce un plaidoyer *pro domo* (c'est-à-dire pour défendre ses propres intérêts). Il s'appuie sur l'argument selon lequel la reine lui ait apparue et lui a donné l'ordre de ne pas pleurer. Son raisonnement convainc les courtisans qui crient au miracle. Le Lion lui aussi se range à cette version des faits.
- **La société de cour vue par le fabuliste** : Le narrateur-fabuliste intervient, ce qui est très rare, à deux reprises dans la fable. Il intervient d'abord après l'exposition des faits pour dresser un portrait très négatif des courtisans. Il les décrit comme des comédiens hypocrites et opportunistes, prêts à tout pour plaire au roi. À la fin de la fable, le fabuliste intervient de nouveau avec ironie et donne des conseils au lecteur : le roi est orgueilleux et pour lui plaire il faut lui dire ce qu'il veut entendre. C'est le seul moyen de survivre dans l'univers impitoyable de la cour.

Lettres persanes, Montesquieu

I Réflexions sur « Le regard éloigné »

« Le regard éloigné » est un **regard à distance, suffisamment détaché pour être objectif**. En effet, porter sur quelque chose ou quelqu'un un « regard éloigné » permet de le mettre à distance pour l'observer avec neutralité et objectivité, sans affect et sans *a priori*.

Cette expression renvoie au **titre d'un ouvrage publié en 1983 par Claude Lévi-Strauss**, célèbre ethnologue, anthropologue, philosophe et académicien, connu notamment pour avoir observé et étudié les mœurs de diverses ethnies, en particulier en Amazonie. Lévi-Strauss a montré la nécessité de diriger son regard vers des cultures étrangères éloignées pour se décentrer de ses propres critères culturels. Cela permet de porter sur sa propre culture un regard suffisamment distancié pour la juger objectivement.

L'intitulé du parcours invite à se poser diverses **questions** :

- Que m'apporte le « regard éloigné » de l'autre, de l'étranger ?
- Quel regard l'autre porte-t-il sur moi, sur ma culture, ma société ?
- Le « regard éloigné » est-il toujours un regard critique ?
- Peut-on avoir sur soi un « regard éloigné » ?

La littérature offre diverses occasions de porter ce « regard éloigné » :

- L'observation de mœurs étrangères, notamment dans les récits de voyage et les essais, permet de regarder les autres cultures avec recul et de **relativiser ses jugements et critères de valeurs**.
- La fiction permet d'imaginer le regard porté par des étrangers sur la culture européenne afin de l'observer avec un regard neuf, naïf et plus à même de percevoir les aberrations, les injustices, les paradoxes. Nombreux sont **les auteurs qui ont recours au regard de l'autre pour critiquer indirectement la société**.

■ Exemple

Montaigne critique les colons européens à travers le regard des Indiens d'Amérique dans ses ***Essais***, chapitre « Des cannibales ».

■ **Exemple**

Dans ***Micromégas***, Voltaire adopte le point de vue d'un géant venu d'une autre planète pour critiquer les humains.

II L'œuvre au programme

A L'auteur : Montesquieu (1689-1755)

Charles-Louis de Secondat, dit Montesquieu, est issu d'une riche famille de la noblesse de robe. Il étudie le droit pour devenir magistrat et devient **conseiller au parlement de Bordeaux**. En 1721, il publie son premier roman, *Lettres persanes*, qui le rend célèbre. Il est **élu à l'Académie** en 1728. Il voyage en Europe de 1728 à 1731 et séjourne en Angleterre où il étudie la monarchie constitutionnelle récemment instituée. Il en tire l'**essai politique, économique et philosophique *De l'esprit des lois***, publié en 1748. L'ouvrage rencontre un très grand succès dans toute l'Europe mais est interdit par l'Église en raison des idées anticléricales qui y sont développées. Dès lors, Montesquieu se fait de nombreux ennemis, mais il est aussi révéré par les écrivains des Lumières qui voient en lui un maître à penser. Il est sollicité par Diderot pour rédiger un article de l'*Encyclopédie* sur le goût, mais meurt avant d'avoir pu l'achever.

B L'œuvre : Lettres persanes (1721)

Première œuvre littéraire de Montesquieu, publiée anonymement à Amsterdam pour éviter la censure, les *Lettres persanes* sont un **roman épistolaire** composé de 161 lettres écrites par des Persans. Dans l'introduction de l'œuvre, l'auteur prétend avoir été logé avec des Persans séjournant en France, qui lui auraient communiqué les lettres échangées avec leurs amis restés à Smyrne, en Perse. Ainsi l'auteur aurait recopié ces lettres pour les offrir au public. Le subterfuge, s'il ne trompe personne, confère au roman un goût d'authenticité qui plaît aux lecteurs de l'époque.

L'œuvre s'inscrit dans **la mode orientale du XVIIIe siècle**. Celle-ci s'est particulièrement développée après la publication en 1704 de la première traduction des contes des *Mille et Une Nuits* par Antoine Galland, qui a rencontré un très grand succès. Les nombreux voyages en Orient, les échanges commerciaux, les rencontres diplomatiques ont également contribué à cette mode, que Montesquieu exploite en mettant en scène des Persans.

En donnant la parole à des étrangers venus en France, Montesquieu invite le lecteur à adopter un « **regard éloigné** » sur la société française. Les Persans s'étonnent, tantôt amusés, tantôt scandalisés, en observant les mœurs françaises, le fonctionnement politique, le rôle de la religion. Ainsi l'auteur peut développer une **critique implicite et souvent ironique** de la société, de la monarchie absolue, de l'Église, en utilisant un détour romanesque suffisamment efficace pour ne pas craindre la censure.

C Textes-clés

1. Lettre XXIV

RICA À IBBEN.

À Smyrne.

Nous sommes à Paris depuis un mois, et nous avons toujours été dans un mouvement continuel. Il faut bien des affaires avant qu'on soit logé, qu'on ait trouvé les gens à qui on est adressé, et qu'on se soit pourvu des choses nécessaires, qui manquent toutes à la fois.

Paris est aussi grand qu'Ispahan : les maisons y sont si hautes, qu'on jurerait qu'elles ne sont habitées que par des astrologues[1]. Tu juges bien qu'une ville bâtie en l'air, qui a six ou sept maisons les unes sur les autres, est extrêmement peuplée ; et que, quand tout le monde est descendu dans la rue, il s'y fait un bel embarras.

Tu ne le croirais pas peut-être ; depuis un mois que je suis ici, je n'y ai encore vu marcher personne. Il n'y a point de gens au monde qui tirent mieux partie de leur machine[2] que les Français : ils courent ; ils volent : les voitures lentes d'Asie, le pas réglé de nos chameaux, les feraient tomber en syncope. Pour moi, qui ne suis point fait à ce train[3], et qui vais souvent à pied sans changer d'allure, j'enrage quelquefois comme un chrétien[4] : car encore passe qu'on m'éclabousse depuis les pieds jusqu'à la tête ; mais je ne puis pardonner les coups de coude, que je reçois régulièrement et périodiquement : un homme, qui vient après moi et qui me passe[5], me fait faire un demi-tour ; et un autre, qui me croise de l'autre côté, me remet soudain où le premier m'avait pris ; et je n'ai pas fait cent pas, que je suis plus brisé que si j'avais fait dix lieues.

Ne crois pas que je puisse, quant à présent, te parler à fond des mœurs et des coutumes européennes : je n'en ai moi-même qu'une légère idée, et je n'ai eu à peine que le temps de m'étonner. [...]

1. L'astrologue a besoin d'un point d'observation élevé pour étudier le mouvement des astres.
2. Machine : corps.
3. À ce train : à cette allure.
4. Variante plaisante de l'expression « j'enrage comme un païen ».
5. Me passe : me dépasse.

- Caractéristiques de la forme épistolaire
- Critique
- Expression de l'étonnement
- Agitation de la vie parisienne
- Exagérations
- Comique

Mouvements du texte

- **Premier mouvement, tableau de Paris** : de « Nous sommes » à « embarras ».
- **Second mouvement, critique de Paris et des Parisiens** : de « Tu ne le croirais » à la fin.

L'essentiel à retenir du texte

- **La forme épistolaire** : Le texte se présente comme une lettre. On y trouve :
  - la mention du destinateur et du destinataire ainsi que du lieu d'expédition en en-tête ;
  - l'implication du locuteur et du destinataire au sein de la lettre ;
  - l'évocation des circonstances de rédaction de la lettre.

> Le ton est ainsi assez badin et léger, donnant l'illusion d'une conversation avec un ami intime auquel le personnage fait part de ses observations et confie ses déboires.

- **Le « regard éloigné » du Persan** : Le Persan partage avec son ami son étonnement sur les mœurs des Parisiens. En étranger peu habitué à ce mode de vie, il observe avec stupéfaction, effarement, amusement parfois le train de la vie parisienne. Les exagérations rendent compte de ce regard naïf et font sourire le lecteur, de même que les anecdotes comiques ou les expressions détournées.
- **La critique** : Le regard de l'étranger permet surtout une critique du mode de vie des Parisiens. L'agitation permanente et la surpopulation s'accompagnent d'un manque de civilité et d'une brutalité dont souffre le Persan habitué à un rythme de vie lent et paisible.

2. Lettre XXX

RICA AU MÊME.

À Smyrne.

Les habitants de Paris sont d'une curiosité qui va jusqu'à l'extravagance. Lorsque j'arrivai, je fus regardé comme si j'avais été envoyé du ciel : vieillards, hommes, femmes, enfants, tous voulaient me voir. Si je sortais, tout le monde se mettait aux fenêtres ; si j'étais aux Tuileries, je voyais aussitôt un cercle se former autour de moi ; les femmes mêmes faisaient un arc-en-ciel nuancé de mille couleurs, qui m'entourait ; si j'étais aux spectacles, je voyais aussitôt cent lorgnettes[1] dressées contre ma figure ; enfin, jamais homme n'a tant été vu que moi. Je souriais quelquefois d'entendre des gens qui n'étaient presque jamais sortis de leur chambre, qui disaient entre eux : « Il faut avouer qu'il a l'air bien persan. » Chose admirable ! je trouvais de mes portraits partout ; je me voyais multiplié dans toutes les boutiques, sur toutes les cheminées, tant on craignait de ne m'avoir pas assez vu.

Tant d'honneurs ne laissent pas[2] d'être à charge[3] : je ne me croyais pas un homme si curieux et si rare ; et, quoique j'aie très bonne opinion de moi, je ne me serais jamais imaginé que je dusse troubler le repos d'une grande ville, où je n'étais point connu. Cela me fit résoudre à quitter l'habit persan, et à en endosser un à l'européenne, pour voir s'il resterait encore, dans ma physionomie, quelque chose d'admirable. Cet essai me fit connaître ce que je valais réellement. Libre de tous les ornements étrangers, je me vis apprécié au plus juste. J'eus sujet de me plaindre de mon tailleur, qui m'avait fait perdre, en un instant, l'attention et l'estime publique ; car j'entrai tout à coup dans un néant affreux. Je demeurais quelquefois une heure dans une compagnie[4], sans qu'on m'eût regardé, et qu'on m'eût mis en occasion d'ouvrir la bouche. Mais, si quelqu'un, par hasard, apprenait à la compagnie que j'étais persan, j'entendais aussitôt autour de moi un bourdonnement : « Ah ! ah ! monsieur est persan ? C'est une chose bien extraordinaire ! Comment peut-on être persan ? »

De Paris, le 6 de la lune de Chalval[5] 1712.

1. Lorgnettes : petites jumelles.
2. Ne laissent pas : ne manquent pas.
3. Être à charge : être embarrassant.
4. Compagnie : groupe de personnes.
5. Mois du calendrier lunaire musulman.

- ☐ Verbes « regarder » et « voir »
- ▶ Le Persan, objet de curiosité
- ▶ Importance de l'apparence extérieure
- ▶ Un jugement fondé sur les apparences
- ▶ Utilisation du discours direct

Mouvements du texte

- **Premier mouvement, curiosité des Parisiens** : de « Les habitants » à « assez vu ».
- **Second mouvement, être/paraître** : de « Tant d'honneurs » à la fin.

L'essentiel à retenir du texte

- **Le « regard éloigné » des Parisiens sur le Persan** : Dans cette lettre, le Persan est l'objet de tous les regards, et ce en toutes circonstances. Il s'étonne et s'amuse ironiquement de cette curiosité excessive pour sa personne.
- **L'importance de l'apparence** : Les Parisiens observent avec curiosité et intérêt le Persan précisément parce qu'il est étranger. On devine que son accoutrement suscite l'étonnement et la fascination des Parisiens, au point de vouloir posséder

son portrait. L'expérience du changement d'habit fait connaître au Persan que seule son apparence extérieure lui valait l'intérêt des Parisiens : une fois habillé comme eux, il n'intéresse plus personne. Est ainsi mise en valeur la superficialité des Parisiens, qui jugent sur le paraître uniquement.

- **La réversibilité du « regard éloigné » :** Ce sont les Parisiens qui deviennent l'objet du regard éloigné du Persan, celui-ci analysant leurs comportements et leurs réactions avec distance et ironie. Les exagérations, en particulier dans le 1er paragraphe, les propos cités au discours direct, les remarques ironiques (« Chose admirable ! ») rendent compte de la prise de distance amusée du personnage et de la critique implicite de l'auteur. En témoigne notamment la dernière phrase de la lettre, devenue très célèbre, qui traduit l'égocentrisme et le snobisme des Parisiens.

3. Lettre XXXVII

USBEK À IBBEN.

À Smyrne.

Le roi de France est vieux[1]. Nous n'avons point d'exemple, dans nos histoires, d'un monarque qui ait si longtemps régné. On dit qu'il possède à un très haut degré le talent de se faire obéir : il gouverne avec le même génie[2] sa famille, sa cour, son État. On lui a souvent entendu dire que, de tous les gouvernements du monde, celui des Turcs, ou celui de notre auguste[3] sultan, lui plairait le mieux, tant il fait cas[4] de la politique orientale !

J'ai étudié son caractère, et j'y ai trouvé des contradictions qu'il m'est impossible de résoudre : par exemple, il a un ministre qui n'a que dix-huit ans, et une maîtresse qui en a quatre-vingts[5] ; il aime sa religion, et il ne peut souffrir ceux qui disent qu'il la faut observer à la rigueur ; quoiqu'il fuie le tumulte des villes, et qu'il se communique[6] peu, il n'est occupé, depuis le matin jusqu'au soir, qu'à faire parler de lui ; il aime les trophées et les victoires, mais il craint autant de voir un bon général à la tête de ses troupes, qu'il aurait sujet de le craindre à la tête d'une armée ennemie. Il n'est, je crois, jamais arrivé qu'à lui, d'être, en même temps, comblé de plus de richesses qu'un prince n'en saurait espérer, et accablé d'une pauvreté qu'un particulier ne pourrait soutenir[7].

Il aime à gratifier[8] ceux qui le servent ; mais il paie aussi libéralement les assiduités[9], ou plutôt l'oisiveté[10] de ses courtisans, que les campagnes[11] laborieuses de ses capitaines : souvent il préfère un homme qui le déshabille12, ou qui lui donne la serviette lorsqu'il se met à table, à un autre qui lui prend des villes ou lui gagne des batailles. Il ne croit pas que la grandeur souveraine doive être gênée[13] dans la distribution des grâces, et, sans examiner si celui qu'il comble de biens est homme de mérite, il croit que son choix va le rendre tel : aussi lui a-t-on vu donner une petite pension à un homme qui avait fui deux lieues, et un beau gouvernement à un autre qui en avait fui quatre.

Il est magnifique, surtout dans ses bâtiments : il y a plus de statues dans les jardins de son palais que de citoyens dans une grande ville. Sa garde est aussi forte que celle du prince devant qui les trônes se renversent ; ses armées sont aussi nombreuses, ses ressources aussi grandes, et ses finances aussi inépuisables.

De Paris, le 7 de la lune de Maharram[14] 1713.

1. Louis XIV a 75 ans.
2. Génie : talent.
3. Auguste : majestueux, vénérable.
4. Faire cas : accorder de l'importance.
5. Allusion à Madame de Maintenon, qui a 78 ans.
6. Se communiquer : faire des déclarations publiques
7. Allusion à la pauvreté de la France à la fin du règne de Louis XIV.
8. Gratifier : récompenser.
9. Assiduités : empressements, prévenances.
10. Oisiveté : inaction.
11. Campagnes : campagnes militaires.
12. Allusion au protocole de l'habillage du roi au lever.
13. Gênée : embarrassée.
14. Mois du calendrier lunaire musulman.

☐ Connecteurs à valeur d'opposition
▶ Regard éloigné
▶ Faux éloge ironique
▶ Séries d'antithèses

Mouvements du texte

– **Premier mouvement, portrait du roi :** de « Le roi de France » à « orientale ! ».
– **Deuxième mouvement, observation des contradictions du roi :** de « J'ai étudié » à « quatre ».
– **Troisième mouvement, faux éloge :** de « il est magnifique » à la fin.

L'essentiel à retenir du texte

– **Le « regard éloigné » d'un étranger sur le roi de France :** Montesquieu tire parti dans ce texte du regard éloigné de l'étranger pour décrire le roi de France avec distance. La naïveté et la spontanéité du Persan sont révélateurs de l'éloignement de son regard : il s'étonne de l'âge du roi, ignore les usages et le protocole, relève des incohérences.
– **L'observation des contradictions :** le Persan note « des contradictions ». Dans le texte, elles prennent la forme de nombreuses antithèses. Celles-ci rendent compte d'incohérences dans la manière de gouverner du roi, du moins pour un regard étranger. Ainsi sont mises en valeur des aberrations : la jeunesse (donc l'incompétence supposée) des ministres, la distribution peu rationnelle des gratifications, la pauvreté du peuple eu égard à la richesse du roi, etc. Le regard du Persan permet à Montesquieu de critiquer implicitement et ironiquement le monarque, par le détour de la fiction.
– **Un faux éloge :** le portrait du roi se présente comme un éloge, comportant de nombreux termes mélioratifs. Toutefois, de nombreux procédés signalent l'ironie et laissent percevoir derrière ce pseudo-éloge un blâme implicite. Se dessine ainsi implicitement le portrait d'un roi tyrannique.

Quiz L'histoire de la littérature d'idées

1. Quel roi « éclairé » a marqué le XVIe siècle en France ?
2. Quel massacre lié aux guerres de religion a lieu à la fin du XVIe siècle ?
3. Dans quelle nation est née la Renaissance ?
4. Que signifie le mot « humaniste » à l'origine : qui aime les hommes, qui a fait ses « humanités », qui étudie le corps humain ?
5. Les penseurs humanistes s'intéressent-ils à autre chose qu'à la littérature ?
6. Dans le roman *Gargantua* de Rabelais, le personnage principal est-il : un nain, un géant, un aveugle, un monstre ?
7. Quel titre Montaigne donne-t-il à son œuvre ?
8. Quel roi règne à la fin du XVIIe siècle ?
9. Quel courant religieux est particulièrement influent au XVIIe siècle ?
10. Quel est le projet initial de Pascal dans les *Pensées* ?
11. Sur quelle vérité incontestable Descartes fonde-t-il son système philosophique ?
12. Citez le nom d'un auteur libertin du XVIIe siècle.
13. Quel est le précepte classique majeur ?
14. Comment appelle-t-on les auteurs du XVIIe siècle qui critiquent les mœurs ?
15. Qui est l'auteur des *Fables* ?
16. Quel idéal social les classiques prônent-ils ?
17. Quel défaut humain La Rochefoucauld critique-t-il particulièrement ?
18. Comment s'intitule l'œuvre de La Bruyère ?
19. Poursuivez cette phrase de La Bruyère : « On ne doit parler, on ne doit écrire que pour… ».
20. Quel nom donne-t-on généralement au XVIIIe siècle ?
21. Quelle œuvre collective est représentative des Lumières ?
22. Qui est à l'initiative de cette œuvre ?
23. Citez le nom de deux penseurs des Lumières.
24. Les auteurs des Lumières peuvent-ils publier leurs œuvres librement ?
25. De quel genre littéraire relève Candide de Voltaire ?

26. Qui a écrit les *Lettres persanes* ?

27. À quel sujet politique Rousseau s'intéresse-t-il particulièrement ?

28. Dans quelle célèbre affaire Voltaire s'est impliqué ?

Exercices d'entraînement

1. Dans l'extrait suivant, identifiez le thème de l'argumentation et la thèse de l'auteur.

> L'expérience a fait remarquer que, dans les pays où les peines sont douces, l'esprit du citoyen en est frappé, comme il l'est ailleurs par les grandes.
>
> Quelque inconvénient se fait-il sentir dans un état ? un gouvernement violent veut soudain le corriger ; et, au lieu de songer à faire exécuter les anciennes lois, on établit une peine cruelle qui arrête le mal sur le champ. Mais on use le ressort du gouvernement ; l'imagination se fait à cette grande peine, comme elle s'était faite à la moindre ; et, comme on diminue la crainte pour celle-ci, l'on est bientôt forcé d'établir l'autre dans tous les cas. Les vols sur les grands chemins étaient communs dans quelques états ; on voulut les arrêter : on inventa le supplice de la roue, qui les suspendit pendant quelque temps. Depuis ce temps, on a volé, comme auparavant, sur les grands chemins. [...]
>
> Il ne faut point mener les hommes par les voies extrêmes ; on doit être ménager des moyens que la nature nous donne pour les conduire. Qu'on examine la cause de tous les relâchements ; on verra qu'elle vient de l'impunité des crimes, et non pas de la modération des peines.
>
> Montesquieu, « De la puissance des peines », *De l'esprit des lois*, 1748

2. Quel type de raisonnement est utilisé dans les extraits suivants ?

> **A.**
>
> La grâce de la nouveauté est à l'amour ce que la fleur est sur les fruits ; elle y donne un lustre qui s'efface aisément, et qui ne revient jamais.
>
> François de La Rochefoucauld, *Maximes*, 1664

B.

Quand le roi Pyrrhus passa en Italie, après qu'il eut reconnu l'ordonnance de l'armée que les Romains lui envoyaient au-devant : « Je ne sais, dit-il, quels barbares sont ceux-ci (car les Grecs appelaient ainsi toutes les nations étrangères), mais la disposition de cette armée que je vois, n'est aucunement barbare. » Autant en dirent les Grecs de celle que Flaminius fit passer en leur pays et Philippe, voyant d'un tertre l'ordre et distribution du camp romain en son royaume, sous Publius Sulpicius Galba. Voilà comment il se faut garder de s'attarder aux opinions vulgaires, et les faut juger par la voix de la raison, non par la voix commune.

Michel de Montaigne, « Des cannibales », *Essais*, I, 31, 1595

C.

Mais supposons, pour un moment, que les passions fassent plus de malheureux que d'heureux, je dis qu'elles seraient encore à désirer ; parce que c'est la condition sans laquelle on ne peut avoir de grands plaisirs ; or, ce n'est la peine de vivre que pour avoir des sentiments et des sensations agréables, et plus les sentiments agréables sont vifs, plus on est heureux. Il est donc à désirer d'être susceptible de passions.

Madame du Châtelet, *Discours sur le bonheur*, 1779

D.

C'est un dénommé Joussouf Chéribi qui est supposé écrire cette loi anti-lecture.

Il a semblé bon à Mahomet et à nous de condamner, proscrire, anathématiser ladite infernale invention de l'imprimerie, pour les causes ci-dessous énoncées :

1° Cette facilité de communiquer ses pensées tend évidemment à dissiper l'ignorance, qui est la gardienne et la sauvegarde des États bien policés.

2° Il est à craindre que, parmi les livres apportés d'Occident, il ne s'en trouve quelques-uns sur l'agriculture et sur les moyens de perfectionner les arts mécaniques, lesquels ouvrages pourraient à la longue, ce qu'à Dieu ne plaise, réveiller le génie de nos cultivateurs et de nos manufacturiers, exciter leur industrie, augmenter leurs richesses, et leur inspirer un jour quelque élévation d'âme, quelque amour du bien public, sentiments absolument opposés à la saine doctrine.

3° Il arriverait à la fin que nous aurions des livres d'histoire dégagés du merveilleux qui entretient la nation dans une heureuse stupidité. On aurait dans ces livres l'imprudence de rendre justice aux bonnes et aux mauvaises actions, et de recommander l'équité et l'amour de la patrie, ce qui est visiblement contraire aux droits de notre place.

4° Il se pourrait, dans la suite des temps, que de misérables philosophes, sous le prétexte spécieux, mais punissable, d'éclairer les hommes et de les rendre meilleurs, viendraient nous enseigner des vertus dangereuses dont le peuple ne doit jamais avoir de connaissance.

Voltaire, *De l'horrible danger de la lecture*, 1765

3. Quel type d'argument est utilisé dans les extraits suivants ?

A.

Je vis avant-hier un enfant que deux hommes et une nourrice [...] conduisaient, pour tirer quelque sou de le montrer, à cause de son étrangeté. Il était en tout le reste d'une forme commune, et se soutenait sur ses pieds, marchait et gazouillait, environ comme les autres de même âge [...] ; il était pris et collé à un autre enfant sans tête et qui avait le conduit du dos estouppé, le reste entier [...] ; ils étaient joints face à face, et comme si un plus petit enfant en voulait accoler un plus grandelet [...]. Ceux que nous appelons monstres ne le sont pas à Dieu, qui voit en l'immensité de son ouvrage l'infinité des formes qu'il y a comprises. Et est à croire que cette figure qui nous étonne se rapporte et tient à quelque autre figure d'un même genre, inconnue à l'homme.

Michel de Montaigne, « D'un enfant monstrueux »,
Essais, livre II, chapitre 30, 1580-1595

B.

J'entends corner sans cesse à mes oreilles : *l'homme est un animal raisonnable.* Qui vous a passé cette définition ? sont-ce les loups, les singes et les lions, ou si vous vous l'êtes accordée à vous-mêmes ? C'est déjà une chose plaisante que vous donniez aux animaux, vos confrères, ce qu'il y a de pire, pour prendre pour vous ce qu'il y a de meilleur. Laissez-les un peu se définir eux-mêmes, et vous verrez comme ils s'oublieront et comme vous serez traités.

Jean de La Bruyère, *Les Caractères*, 1688

C.

Sganarelle – Oh ! la grande fatigue que d'avoir une femme ! et qu'Aristote a bien raison, quand il dit qu'une femme est pire qu'un démon !

Molière, *Le Médecin malgré lui*, 1666

D.

La principale raison, selon moi, qui peut nous persuader que les bêtes sont privées de raison, est que, bien que parmi celles d'une même espèce les unes soient plus parfaites que les autres, comme dans les hommes, [...] on n'a point cependant encore observé qu'aucun animal fut parvenu à ce degré de perfection d'user d'un véritable langage, c'est-à-dire qui nous marquât par la voix, ou par d'autres signes, quelque chose qui pût se rapporter plutôt à la seule pensée qu'à un mouvement naturel. Car la parole est l'unique signe et la seule marque assurée de la pensée cachée et renfermée dans les corps [...].

René Descartes, « Lettre à Morus », 1649

LES OUTILS D'ANALYSE LITTÉRAIRE

SOMMAIRE

Les fonctions du langage

Communiquer suppose :

– un **contexte** ;
– un **émetteur** (qui s'exprime) réel ou fictif ;
– un **récepteur** (qui reçoit l'information) réel ou fictif ;
– un **message** ;
– un **canal** de transmission (voix, papier, écran).

Quand il s'exprime, l'émetteur poursuit un **but**, son message a une fonction. Selon le linguiste Roman Jakobson, il existe **six fonctions du langage**. Tout acte de parole ou de communication correspond à une de ces six fonctions : **référentielle, expressive, poétique, conative, phatique ou métalinguistique**.

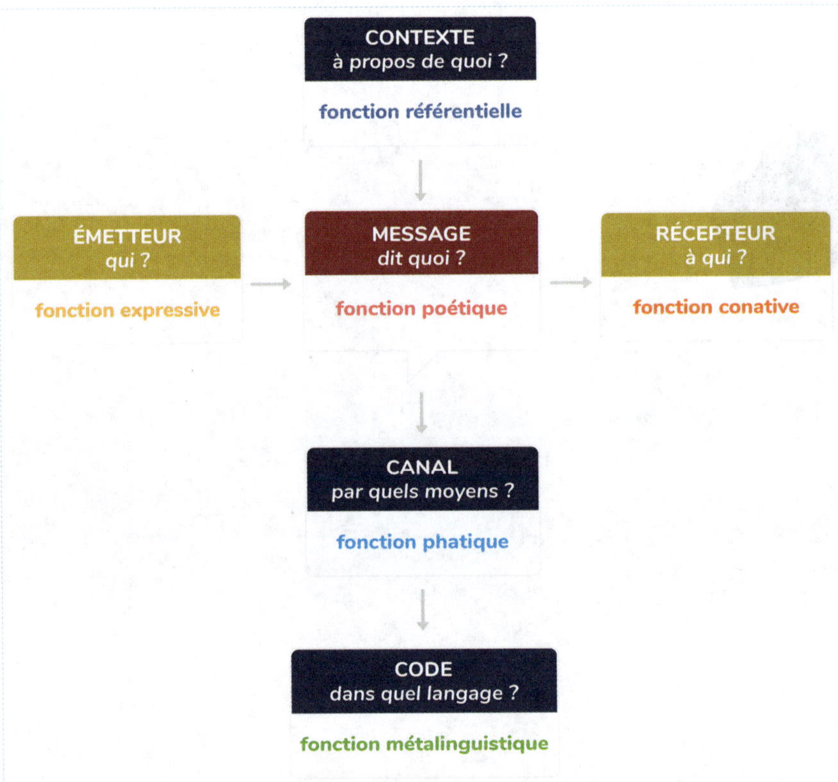

Schéma de communication de Jakobson

– **La fonction référentielle** :

- **But** : décrire objectivement, transmettre une information.
- **Outils** : indications précises et objectives.

■ Exemple

Figaro comunnique à Suzanne les mesures qu'il a prises.

FIGARO.
Dix-neuf pieds sur vingt-six.

Beaumarchais, *Le Mariage de Figaro*, 1784

– **La fonction expressive ou émotive** :

- **But** : exprimer un ressenti par rapport au sujet abordé.
- **Outils** : expression d'un sentiment, d'une émotion ou d'une sensation.

■ Exemple

Sans toi, toute la nature
N'est plus qu'un cachot fermé,
Où je vais à l'aventure,
Pâle et n'étant plus aimé.

Victor Hugo, *Les Contemplations*, 1856

– **La fonction conative ou impressive** :

- **But** : agir sur autrui, convaincre ou persuader, provoquer un effet.
- **Outils** : usage de l'impératif (ordre), interpellation, modalité interrogative.

■ Exemple

MADAME PERNELLE.
Allons, Flipote, allons, que d'eux je me délivre.

Molière, *Tartuffe*, 1664

– **La fonction poétique** :

- **But** : produire un effet esthétique grâce à la forme du message.
- **Outils** : travail sur les sonorités, le rythme, les images.

Exemple

La courbe de tes yeux fait le tour de mon cœur,
Un rond de danse et de douceur,
Auréole du temps, berceau nocturne et sûr,
Et si je ne sais plus tout ce que j'ai vécu
C'est que tes yeux ne m'ont pas toujours vu.

Paul Éluard, *Capitale de la douleur*, 1926

– **La fonction métalinguistique** :

- **But** : veiller à l'intelligibilité, à la compréhension du message.
- **Outils** : définition, règle d'orthographe, de syntaxe.

Exemple

— Qu'est-ce qu'optimisme ? disait Cacambo.
— Hélas, dit Candide, c'est la rage de soutenir que tout est bien quand on est mal.

Voltaire, *Candide*, 1759

– **La fonction phatique** :

- **But** : créer ou maintenir le contact avec le récepteur.
- **Outils** : expressions ou termes vidés de leur sens (« bon », « d'accord », « tu vois »), interjection, modalité exclamative.

Exemple

Figurez-vous tout cela et si vous vous récriez, et si vous doutez, et si vous niez... **Ah !** Vous niez ! **Eh bien**, dérangez-vous quelques heures, venez avec nous, incrédules, et nous vous ferons voir de vos yeux, toucher de vos mains, les plaies, les plaies saignantes de ce Christ qu'on appelle le peuple !

Victor Hugo, « Discours à l'Assemblée nationale », 1850

Piège

Le message n'est pas véhiculé par le langage seul. L'attitude de l'émetteur, le ton qu'il emploie, le contexte dans lequel le message est transmis sont aussi à prendre en compte.

Conseil

Quand on étudie un dialogue dans un récit ou dans un texte théâtral, on interroge les intentions des personnages en fonction de ces six catégories.

■ Exemple

Isis le secoua pour le faire tenir tranquille.

– Voulez-vous être sage, à la fin ?

Il en guettait déjà une autre et tirait sur la main de sa conductrice.

– C'est Colin, dit Isis. Colin je vous présente Chloé.

Colin avala sa salive. Sa bouche lui faisait comme du gratouillis de beignets brûlés.

– **Bonjour** ! dit Chloé…

Boris Vian, *L'Écume des jours*, 1947

Conseil

Dans les études de texte, on cherche des précisions à propos du ton ou de l'attitude qui confirment ou nuancent le discours des personnages.

■ Exemple

Elle ne souriait plus. Elle avait un visage calme et froid, et elle dit en appuyant sur chaque mot.

– Je ne serai jamais, jamais votre maîtresse, entendez-vous. Il est donc absolument inutile, il serait même mauvais pour vous de persister dans ce désir… Et maintenant que… l'opération est faite… voulez-vous que nous soyons amis, bons amis, mais là, de vrais amis, sans arrière-pensée ?…

Il avait compris que toute tentative resterait stérile devant cette sentence sans appel. Il en prit son parti tout de suite, franchement, et, ravi de pouvoir se faire cette alliée dans l'existence, il lui tendit les deux mains :

– Je suis à vous, Madame, comme il vous plaira.

Elle sentit la sincérité de la pensée dans la voix, et elle donna ses mains.

Il les baisa, l'une après l'autre, puis il dit simplement en relevant la tête :

– Cristi, si j'avais trouvé une femme comme vous, avec quel bonheur je l'aurais épousée !

Elle fut touchée, cette fois, caressée par cette phrase comme les femmes le sont par les compliments qui trouvent leur cœur, et elle lui jeta un de ces regards rapides et reconnaissants qui nous font leurs esclaves.

Puis, comme il ne trouvait pas de transition pour reprendre la conversation, elle prononça, d'une voix douce, en posant un doigt sur son bras :

– Et je vais commencer tout de suite mon métier d'amie. Vous êtes maladroit, mon cher…

Guy de Maupassant, *Bel-Ami*, 1885

L'énonciation

I La situation d'énonciation

Définition **L'énonciation** est le fait de produire un énoncé oral ou écrit.

Définition La **situation d'énonciation** est la situation dans laquelle l'énoncé est produit. Elle est définie par :

- **l'énonciateur** : celui qui parle ou écrit ;
- **le destinataire** : celui auquel l'énoncé est adressé ;
- **les circonstances spatiales et temporelles** : le lieu et le moment où l'énoncé est produit.

■ **Exemple**

Je ne suis pas, Messieurs, de ceux qui croient qu'on peut supprimer la souffrance en ce monde ; la souffrance est une loi divine ; mais je suis de ceux qui pensent et qui affirment qu'on peut détruire la misère.

Remarquez-le bien, Messieurs, je ne dis pas diminuer, amoindrir, limiter, circonscrire, je dis détruire.

Victor Hugo, « Détruire la misère » (Discours à l'Assemblée nationale législative), 9 juillet 1849

Analyse de la situation d'énonciation :

- **Énonciateur** : Victor Hugo (« Je »).
- **Destinataire** : Députés de l'Assemblée nationale législative (« Messieurs », 2e personne du pluriel).
- **Circonstances spatiales** : tribune de l'Assemblée nationale législative.
- **Circonstances temporelles** : date du 9 juillet 1849.

II Les systèmes du discours et du récit

L'énoncé peut être **ancré dans la situation d'énonciation**, à laquelle il se réfère, ou **coupé de la situation d'énonciation**, à laquelle il ne fait pas référence.

A Le discours : énoncé ancré dans la situation d'énonciation

Dans le système du discours, l'énoncé est ancré dans la situation d'énonciation. L'énonciateur, le destinataire, les circonstances spatiales et temporelles sont identifiables.

Types d'écrits	Marqueurs spécifiques
• Récits à la 1re personne • Lettres • Discours • Dialogues	**Personnes** : • pronoms personnels et déterminants possessifs de 1re personne (je/moi, nous, mon/ma/mes, notre, nos) • pronoms personnels et déterminants possessifs de 2e personne (tu/toi, vous, ton/ta/tes, votre, vos)
	Indicateurs de temps et lieu se référant à la situation d'énonciation : • ici, là-bas • aujourd'hui, hier, demain • maintenant, de nos jours, tout à l'heure, etc. • la semaine dernière/prochaine
	Temps verbaux du discours : • présent • passé composé • futur
	Expression de la subjectivité : • lexique évaluatif : termes péjoratifs ou mélioratifs révélant un jugement de l'énonciateur • interrogations et exclamations

Exemple

Vous me demandez, frère, si j'ai aimé ; oui. – C'est une histoire singulière et terrible, et, quoique j'aie soixante-six ans, j'ose à peine remuer la cendre de ce souvenir. Je ne veux rien vous refuser, mais je ne ferais pas à une âme moins éprouvée un pareil récit. Ce sont des événements si étranges, que je ne puis croire qu'ils me soient arrivés. J'ai été pendant plus de trois ans le jouet d'une illusion singulière et diabolique. Moi, pauvre prêtre de campagne, j'ai mené en rêve toutes les nuits (Dieu veuille que ce soit un rêve !) une vie de damné, une vie de mondain et de Sardanapale.

Théophile Gautier, *La Morte amoureuse*, 1836

Interprétation

Marqueurs spécifiques du système du discours dans l'extrait :

Emploi de pronoms personnels de la 1re personne du singulier désignant l'énonciateur, un « prêtre de campagne »

Emploi de pronoms personnels de la 2e personne du pluriel désignant le destinataire, un « frère », qui a posé une question à l'énonciateur

Utilisation des temps verbaux du discours : présent et passé composé

Lexique évaluatif exprimant l'horreur

B Le récit : énoncé coupé de la situation d'énonciation

Dans le système du récit, l'énoncé ne permet pas de connaître la situation d'énonciation car il ne comporte aucun indice qui permette de l'identifier.

Types d'écrits	Marqueurs spécifiques
Récits à la 3e personne	**Personnes** : • Pronoms personnels et déterminants possessifs de 3e personne (il/elle, ils/elles, eux, leur/leurs)
	Indicateurs de temps et de lieu sans référence à la situation d'énonciation : • là • la veille, le lendemain • à cette époque, en ce temps-là, auparavant • la semaine précédente/suivante
	Temps verbaux du récit : • imparfait • passé simple • plus-que-parfait • conditionnel

Exemple

Le moulin du père Merlier, par cette belle soirée d'été, était en grande fête. Dans la cour, on avait mis trois tables, placées bout à bout, et qui attendaient les convives. Tout le pays savait qu'on devait fiancer, ce jour-là, la fille Merlier, Françoise, avec Dominique, un garçon qu'on accusait de fainéantise, mais que les femmes, à trois lieues à la ronde, regardaient avec des yeux luisants, tant il avait bon air.

Émile Zola, *L'Attaque du moulin*, 1880

Interprétation

Marqueurs spécifiques du système du récit dans l'extrait :

Absence de pronoms personnels de la 1re ou de la 2e personne donc impossibilité d'identifier l'énonciateur et le destinataire

- Emploi de pronom personnel de la 3e personne du singulier
- Indicateur de temps sans référence à la situation d'énonciation
- Temps verbaux du récit : imparfait et plus-que-parfait

III La modalisation dans le discours

L'énonciateur peut signifier son **degré de certitude ou d'incertitude** par divers indicateurs.

Modalisateurs	**Adverbes** : peut-être, certainement, assurément, probablement, etc.
	Verbes : croire, penser, douter, pouvoir (quand il exprime la possibilité), devoir (quand il exprime la possibilité), sembler, paraître.
	Adjectifs : sûr, certain, douteux, incertain, etc.
Modes verbaux	• conditionnel présent et passé • subjonctif plus-que-parfait à valeur d'irréel dans le passé • futur catégorique exprimant la certitude
Subordonnées circonstancielles d'hypothèse	Propositions subordonnées d'hypothèse et de comparaison-hypothèse (comme si, etc.)
Types de phrase	Interrogations

■ Exemple

Je portai à mes lèvres une cuillerée du thé où j'avais laissé s'amollir un morceau de madeleine. Mais à l'instant même où la gorgée mêlée des miettes du gâteau toucha mon palais, je tressaillis, attentif à ce qui se passait d'extraordinaire en moi. […] D'où avait pu me venir cette puissante joie ? Je sentais qu'elle était liée au goût du thé et du gâteau, mais qu'elle le dépassait infiniment, ne devait pas être de même nature. D'où venait-elle ? Que signifiait-elle ? Où l'appréhender ? Je bois une seconde gorgée où je ne trouve rien de plus que dans la première, une troisième qui m'apporte un peu moins que la seconde. Il est temps que je m'arrête, la vertu du breuvage semble diminuer. Il est clair que la vérité que je cherche n'est pas en lui, mais en moi.

Marcel Proust, *Du côté de chez Swann*, 1913

Les figures de style

Définition

Les figures de style appartiennent à la rhétorique, qui est la science du bien dire, du bien écrire. Elles manifestent la volonté d'utiliser le discours à des fins esthétiques. Pour ce faire, l'écrivain ou l'orateur use de tournures qui, pour la plupart, ont été répertoriées.

I Les figures d'insistance et d'amplification

A L'accumulation

Définition	Exemple
Succession de plusieurs termes ayant la même fonction dans la phrase	Quand on m'aura jeté, vieux flacon **désolé,** **Décrépit, poudreux, sale, abject, visqueux, fêlé.** Baudelaire, « Le Flacon », *Les Fleurs du Mal*, 1857

B La gradation

Définition	Exemple
Succession de termes dans un ordre croissant ou décroissant	Je meurs, je suis mort, je suis enterré. Molière, *L'Avare*, 1668

C L'hyperbole

Définition	Exemple
Exagération qui produit un effet d'amplification excessif par rapport à la réalité.	Je couche d'un revers **mille ennemis** à bas. Pierre Corneille, *L'Illusion comique*, 1634

D La litote

Définition	Exemple
Renforcement de la réalité décrite par une tournure très atténuée : elle consiste à dire peu pour exprimer beaucoup dans un souci de retenue ou d'élégance. Elle contient en général une négation.	Vous n'étiez pas vilaine. **(= Vous étiez jolie.)** Edmond Rostand, *Cyrano de Bergerac*, 1897

E Le parallélisme

Définition	Exemple
Répétition d'une structure grammaticale dans une phrase ou dans un texte	Nous aimons toujours ceux qui nous admirent ; et nous n'aimons pas toujours ceux que nous admirons. François de La Rochefoucauld, *Maximes*, 1665

F Le pléonasme

Définition	Exemple
Redondance superflue d'une même idée	Et la bouche, fiévreuse et d'**azur bleu** vorace. Stéphane Mallarmé, « Les Fenêtres », *Vers et prose*, 1893

G La prétérition

Définition	Exemple
Fait de prétendre refuser ne pas vouloir dire quelque chose alors même qu'on le dit.	**Nous n'essaierons pas** de donner au lecteur une idée de ce nez tétraèdre. Victor Hugo, *Notre-Dame de Paris*, 1831

II Les figures de répétition

A L'anaphore

Définition	Exemple
Répétition d'un mot ou d'une expression en début de phrase, de vers ou de proposition	**Marcher** à jeun, **marcher** vaincu, **marcher** malade. Victor Hugo, *La Légende des siècles*, 1859

B Le polyptote

Définition	Exemple
Emploi successif de plusieurs formes grammaticales du même mot	Madame **se meurt**, Madame **est morte** ! Jacques-Bénigne Bossuet, *Oraison funèbre de Henriette-Anne d'Angleterre, duchesse d'Orléans*, 1670

C La répétition

Définition	Exemple
Reprise d'un terme ou d'une expression	Elle rencontra Candide en revenant au château et **rougit** ; Candide **rougit** aussi. Voltaire, *Candide*, 1759

III La figure d'atténuation : l'euphémisme

Définition	Exemple
Atténuation qui voile une réalité choquante, douloureuse, désagréable grâce à une expression adoucie ou implicite.	Je répandis **la terre du sommeil** sur un front de dix-huit printemps. François-René de Chateaubriand, *Atala*, 1801

IV Les figures d'analogie et de substitution

A L'allégorie

Définition	Exemple
Représentation d'une idée ou d'une notion abstraite de manière concrète	Je vis **cette faucheuse**. Elle était dans son champ. Elle allait à grands pas moissonnant et fauchant. Victor Hugo, « Mors », *Les Contemplations*, 1856

B La comparaison

Définition	Exemple
Mise en relation de deux éléments (le comparé et le comparant) qui ont un point commun, à l'aide d'un **outil comparatif** (comme, ainsi que, semblable à, pareil, ressembler, etc.).	Il était seul **comme une barque abandonnée au milieu de l'océan**. Stendhal, *Le Rouge et le Noir*, 1830

C La métaphore

Définition	Exemple
Analogie entre un comparé et un comparant sans outil comparatif. La métaphore est filée quand elle se poursuit sur plusieurs lignes ou vers.	Ma jeunesse ne fut qu'**un ténébreux orage** Traversé çà et là par de brillants soleils. Charles Baudelaire, « L'Ennemi », *Les Fleurs du Mal*, 1857

D La métonymie

Définition	Exemple
Substitution d'un terme par un autre qui entretient avec lui un rapport logique.	Elle nous quitta pour **la tombe**. **(= pour la mort)** Victor Hugo, « Trois ans après », *Les Contemplations*, 1856

E La périphrase

Définition	Exemple
Substitution d'un terme par une expression plus développée	Ce **voyageur ailé** **(= l'albatros)** comme il est gauche et veule ! Charles Baudelaire, « L'Albatros », *Les Fleurs du Mal*, 1857

F La personnification

Définition	Exemple
Procédé qui donne des traits humains à un objet ou à un élément concret, inanimé.	Voilà ce **chêne solitaire**, Dont le rocher s'est couronné, Parlez à ce tronc séculaire, Demandez comment il est né. Alphonse de Lamartine, « Le Chêne », *Harmonies poétiques et religieuses*, 1830

G La prosopopée

Définition	Exemple
Mise en scène et discours de personnages absents, morts, ou d'êtres surnaturels	Je suis belle, ô mortels ! comme un rêve de pierre. **(= c'est la beauté qui parle.)** Charles Baudelaire, « La Beauté », *Les Fleurs du Mal*, 1857

H La réification

Définition	Exemple
Procédé qui donne les caractéristiques d'une chose à une personne.	Laisse-moi devenir l'ombre de ton ombre Jacques Brel, « Ne me quitte pas », 1959

I La synecdoque

Définition	Exemple
Variété de métonymie, elle joue sur un rapport d'inclusion. Une partie évoque un tout ou un tout évoque une partie.	Je ne regarderai ni l'or du soir qui tombe Ni **les voiles (= pour les bateaux)** au loin descendant vers Harfleur. Victor Hugo, « Demain, dès l'aube », *Les Contemplations*, 1856

V Les figures de construction

A L'antanaclase

Définition	Exemple
Répétition d'un mot pris dans des sens différents	Le cœur a ses raisons **(= motifs)** que la raison **(= faculté de raisonner)** ne connaît point. Blaise Pascal, *Pensées*, 1670

B L'asyndète

Définition	Exemple
Absence de conjonction de coordination normalement attendue	Dieu est l'auteur de la pièce ; Satan est le directeur du théâtre. Victor Hugo, *Océan*, 1897

C Le chiasme

Définition	Exemple
Association de termes selon un schéma croisé	Le **jour** dans mes pensées, dans mes rêves la **nuit** Paul Verlaine, « Lettre », *Fêtes galantes*, 1869

D La polysyndète

Définition	Exemple
Répétition d'une conjonction plus souvent que ne l'exige la syntaxe.	Mais tout dort, **et** l'armée, **et** les vents, **et** Neptune. Jean Racine, *Iphigénie en Aulide*, 1674

VI Les figures d'opposition

A L'antiphrase

Définition	Exemple
Procédé qui consiste à dire le contraire de ce qu'on pense, en faisant comprendre qu'on ne pense pas ce qu'on dit.	Vous vivrez trop contente avec un tel mari. Molière, *Tartuffe*, 1664 **Le mari en question est vieux et possède de nombreux défauts.**

B L'antithèse

Définition	Exemple
Rapprochement de deux termes de sens contraires	J'ai dit **le bien** et **le mal** avec la même franchise. Jean-Jacques Rousseau, *Les Confessions*, 1782

C L'hypallage

Définition	Exemple
Attribution à certains mots d'une phrase d'autres mots de cette phrase (sans qu'il soit possible de se méprendre sur le sens.)	**Un vieillard en or** avec **une montre en deuil.** **(= pour « Un vieillard en deuil avec une montre en or. »)** Jacques Prévert, *Paroles*, 1946

D L'oxymore

Définition	Exemple
Variété d'antithèse où les deux termes de sens inconciliables sont rattachés par la syntaxe.	Cette **obscure clarté** qui tombe des étoiles. Pierre Corneille, *Le Cid*, 1637

E Le zeugma

Définition	Exemple
Coordination de deux éléments différents sur le plan grammatical ou sémantique	Nous étions seul à seul et marchions en rêvant, Elle et moi **les cheveux et la pensée au vent**. Paul Verlaine, « Nevermore », *Poèmes saturniens*, 1866

VII Les figures de diction

A L'allitération

Définition	Exemple
Retour d'un même son consonantique	Pour qui sont ces serpents qui sifflent sur vos têtes ? Jean Racine, *Andromaque*, 1667

B L'assonance

Définition	Exemple
Retour d'un même son vocalique	Les couch**an**ts l**an**goureux des p**en**sives zél**an**des Guillaume Apollinaire, « Souvenir des Flandres », *Alcools*, 1913

C La paronomase

Définition	Exemple
Jeu sur des mots aux sonorités identiques ou voisines	Sans rien en lui qui **pèse** ou **pose** Paul Verlaine, « Art poétique », *Jadis et Naguère*, 1884

Les registres et les tonalités

Définition **Le registre, ou tonalité**, est défini par l'effet global (impression ou émotion) produit par un texte littéraire.

Piège

Dans une même œuvre, le registre n'est pas unique. Il peut varier régulièrement en fonction des effets recherchés par l'auteur.

I Le registre pathétique

Définition	Procédés littéraires utilisés
Le registre pathétique, du grec *pathos* qui signifie « souffrance », a pour but de faire ressentir de la compassion au lecteur.	• Interjections • Exclamations • Questions rhétoriques • Champ lexical de la souffrance • Métaphores et comparaisons • Hyperboles

■ **Exemple**

Gervaise, cependant, se retenait pour ne pas éclater en sanglots. Elle tendait les mains, avec le désir de soulager l'enfant ; et, comme le lambeau de drap glissait, elle voulut le rabattre et arranger le lit. Alors, le pauvre petit corps de la mourante apparut. Ah ! Seigneur ! quelle misère et quelle pitié !

Émile Zola, *L'Assommoir*, 1877

II Le registre tragique

Définition	Procédés littéraires utilisés
Le registre tragique a pour but de susciter l'effroi et la pitié face à la fatalité qui s'abat sur un personnage.	• Interrogations et exclamations • Constructions passives • Expression de la nécessité • Champ lexical du destin, de la fatalité, de la mort • Métaphores et comparaisons

■ Exemple

Où vais-je ? je ne sais. Mais je me sens poussé
D'un souffle impétueux, d'un destin insensé.
Oh ! fuis ! détourne-toi de mon chemin fatal.
Hélas ! sans le vouloir, je te ferais du mal !

Victor Hugo, *Hernani*, 1830

III Le registre dramatique

Définition	Procédés littéraires utilisés
Le registre dramatique, du latin *drama* qui signifie « action », a pour but de produire un effet de suspens par des ralentissements et accélérations pour tenir le lecteur en haleine.	• Succession rapide de verbes d'action • Champ lexical de la vitesse ou de la lenteur • Champ lexical de la peur, de la panique • Hyperboles

■ Exemple

Et la machine, libre de toute direction, roulait, roulait toujours. […] La chaudière était pourvue d'eau, le charbon dont le foyer venait d'être rempli, s'embrasait ; et, pendant la première demi-heure, la pression monta follement, la vitesse devint effrayante. […] C'était le galop tout droit, la bête qui fonçait tête basse et muette, parmi les obstacles. Elle roulait, roulait sans fin, comme affolée de plus en plus par le bruit strident de son haleine.

Émile Zola, *La Bête humaine*, 1890

IV Le registre lyrique

Définition	Procédés littéraires utilisés
Le registre lyrique, du grec *lyrikos* qui signifie « lyre », a pour but d'exprimer des sentiments personnels de manière spontanée et poétique.	• 1re personne du singulier • Exclamations • Interjections • Questions rhétoriques • Champ lexical des sentiments • Répétitions • Métaphores et comparaisons • Hyperboles

■ **Exemple**

Nous étions seuls, la croisée ouverte ; il y avait au fond du jardin une petite fontaine dont le bruit arrivait jusqu'à nous. Ô Dieu ! je voudrais compter goutte par goutte toute l'eau qui en est tombée, tandis que nous étions assis, qu'elle parlait et que je lui répondais. C'est là que je m'enivrai d'elle jusqu'à en perdre la raison. […]

Quelle douceur infinie dans les premiers regards près d'une femme qui vous attire !

Alfred de Musset, *La Confession d'un enfant du siècle*, 1836

V Le registre élégiaque

Définition	Procédés littéraires utilisés
Le registre élégiaque, du grec *elegos* qui signifie « chant funèbre », a pour but d'exprimer une plainte causée par un deuil, une séparation douloureuse, une réflexion sur la mort.	• Interjections • Questions rhétoriques • Champ lexical de la souffrance, du regret, de la plainte • Champ lexical de la mort, du deuil • Hyperboles

■ Exemple

Je lamente sans réconfort,
Me souvenant de cette mort
Qui déroba ma douce vie :
Pensant en ces yeux qui soulaient
Faire de moi ce qu'ils voulaient,
De vivre je n'ai plus d'envie.

Pierre de Ronsard, *Sur la mort de Marie*, 1578

VI Le registre épique

Définition	Procédés littéraires utilisés
Le registre épique, du grec *epicos* qui signifie « qui concerne l'épopée », a pour but de décrire une scène de manière à produire un effet d'agrandissement, de spectaculaire, à la manière des épopées.	• Verbes d'action • Champ lexical du combat • Personnifications • Accumulations • Hyperboles • Superlatifs • Pluriels • Métaphores et comparaisons

■ Exemple

Alors on vit un spectacle formidable.

Toute cette cavalerie, sabres levés, étendards et trompettes au vent, formée en colonne par division, descendit, d'un même mouvement et comme un seul homme, avec la précision d'un bélier de bronze qui ouvre une brèche, la colline de la Belle-Alliance.

Victor Hugo, *Les Misérables*, 1862

VII Le registre fantastique

Définition	Procédés littéraires utilisés
Le registre fantastique a pour but de créer une atmosphère angoissante dans laquelle le lecteur doute de la véracité de phénomènes d'ordre surnaturel.	• Champ lexical de la peur et de l'étrange • Modalisateurs exprimant le doute • Questions • Subordonnées circonstancielles d'hypothèse

■ Exemple

Or, ayant dormi environ quarante minutes, je rouvris les yeux sans faire un mouvement, réveillé par je ne sais quelle émotion confuse et bizarre. Je ne vis rien d'abord, puis tout à coup, il me sembla qu'une page du livre resté ouvert sur ma table venait de tourner toute seule.

Guy de Maupassant, *Le Horla*, 1887

VIII Le registre réaliste

Définition	Procédés littéraires utilisés
Le registre réaliste a pour but de produire un effet de réel, une illusion de réalité.	• Indications chiffrées • Expansions du nom (adjectifs) • Niveau de langue familier • Termes techniques • Noms propres réels ou réalistes

■ Exemple

À sept heures, le matin, puis à midi, puis à six heures, le soir, les ménagères réunissaient leurs mioches pour donner la pâtée, comme des gardeurs d'oies assemblent leurs bêtes. [...] On posait devant eux l'assiette creuse pleine de pain molli dans l'eau où avaient cuit les pommes de terre, un demi-chou et trois oignons ; et toute la ligne mangeait jusqu'à plus faim.

Guy de Maupassant, « Aux champs », 1882

IX Le registre comique

Définition	Procédés littéraires utilisés
Le registre comique a pour but de susciter le rire du lecteur.	• Répétitions • Hyperboles • Jeux de mots • Niveau de langue familier • Situation comique (quiproquo)

■ Exemple

PÈRE UBU.

Ah ! Mère Ubu, vous me faites injure et vous allez passer tout à l'heure par la casserole.

MÈRE UBU.

Eh ! pauvre malheureux, si je passais par la casserole, qui te raccommoderait tes fonds de culotte ?

PÈRE UBU.

Eh vraiment ! et puis après ? N'ai-je pas un cul comme les autres ?

MÈRE UBU.

À ta place, ce cul, je voudrais l'installer sur un trône. Tu pourrais augmenter indéfiniment tes richesses, manger fort souvent de l'andouille et rouler carrosse par les rues.

Alfred Jarry, *Ubu roi*, 1896

X Le registre satirique

Définition	Procédés littéraires utilisés
Le registre satirique a pour but de critiquer quelqu'un ou quelque chose en s'en moquant.	• Vocabulaire péjoratif • Antiphrases • Métaphores et comparaisons dévalorisantes • Hyperboles

■ Exemple

Il est grave : il est maire et père de famille.
Son faux col engloutit son oreille. Ses yeux
Dans un rêve sans fin flottent insoucieux,
Et le printemps en fleurs sur ses pantoufles brille.

Paul Verlaine, « Monsieur Prudhomme », *Poèmes Saturniens*, 1866

XI Le registre ironique

Définition	Procédés littéraires utilisés
Le registre ironique a pour but de critiquer de manière implicite en sous-entendant le contraire de ce qui est exprimé explicitement.	• Exclamations • Antithèses et oxymores • Litotes • Antiphrases • Hyperboles

■ Exemple

Un artiste habile en cette partie, un massacreur de génie, M. de Moltke, a répondu un jour, aux délégués de la paix, les étranges paroles que voici : « La guerre est sainte, d'institution divine, c'est une des lois sacrées du monde. »

Guy de Maupassant, *Gil Blas,* article « Guerre », 1883

XII Le registre didactique

Définition	Procédés littéraires utilisés
Le registre didactique, du grec *didaskein* qui signifie « enseigner », a pour but d'apporter un enseignement au lecteur de manière logique, claire et pédagogique.	• Présent de vérité générale • Indéfinis • Connecteurs logiques • Comparaisons • Raisonnements par analogie • Questions

■ Exemple

Ainsi, si le toucher semble offrir à lui seul une garantie suffisante de réalité, […] c'est que, dans notre expérience, cet accord du toucher avec les autres sens peut être toujours raisonnablement présumé. Vous marchez dans la nuit noire, vous vous heurtez à des objets invisibles, mais vous êtes assuré que, la lumière intervenant, vous verriez les objets et que vous les verriez dans l'ordre, avec les formes et les proportions que le toucher vous indique.

Jean Jaurès, *De la réalité du monde sensible,* 1891

XIII Le registre polémique

Définition	Procédés littéraires utilisés
Le registre polémique, du grec *polemos* qui signifie « combat », a pour but d'indigner le lecteur afin de le faire réagir.	• Exclamations • Questions rhétoriques • Vocabulaire violent • Hyperboles • Accumulations • Répétitions • Gradations

■ **Exemple**

Vous n'avez rien fait, rien fait, tant que dans cette œuvre de destruction et de ténèbres, qui se continue souterrainement, l'homme méchant a pour collaborateur fatal l'homme malheureux !

Victor Hugo, « Détruire la misère », 1849

Exercice d'entraînement 1 Les fonctions du langage

1. Quelle(s) fonction(s) du langage identifiez-vous dans les textes suivants ?

Texte A

MAÎTRE DE PHILOSOPHIE.
Que voulez-vous donc que je vous apprenne ?

MONSIEUR JOURDAIN.
Apprenez-moi l'orthographe.

MAÎTRE DE PHILOSOPHIE.
Très volontiers.

MONSIEUR JOURDAIN.
Après, vous m'apprendrez l'almanach, pour savoir quand il y a de la lune et quand il n'y en a point.

MAÎTRE DE PHILOSOPHIE.
Soit. Pour bien suivre votre pensée et traiter cette matière en philosophe, il faut commencer selon l'ordre des choses, par une exacte connaissance de la nature des lettres, et de la différente manière de les prononcer toutes. Et là-dessus j'ai à vous dire que les lettres sont divisées en voyelles, ainsi dites voyelles parce qu'elles expriment les voix ; et en consonnes, ainsi appelées consonnes parce qu'elles sonnent avec les voyelles, et ne font que marquer les différentes articulations des voix. Il y a cinq voyelles ou voix : A, E, I, O, U.

Molière, *Le Bourgeois gentilhomme,* 1670

Texte B

Figurez-vous ces caves dont rien de ce que je vous ai dit ne peut donner l'idée ; figurez-vous ces cours qu'ils appellent des courettes, resserrées entre de hautes masures, sombres, humides, glaciales, méphitiques, pleines de miasmes stagnants, encombrées d'immondices, les fosses d'aisance à côté des puits ! Hé mon Dieu ! ce n'est pas le moment de chercher des délicatesses de langage ! [...]

Figurez-vous tout cela et si vous vous récriez, et si vous doutez, et si vous niez... Ah ! Vous niez ! Eh bien, dérangez-vous quelques heures, venez avec nous, incrédules, et nous vous ferons voir de vos yeux, toucher de vos mains, les plaies, les plaies saignantes de ce Christ qu'on appelle le peuple !

Victor Hugo, « Discours à l'Assemblée nationale », 1850

Texte c

Il pleure dans mon cœur
Comme il pleut sur la ville ;
Quelle est cette langueur
Qui pénètre mon cœur ?

Ô bruit doux de la pluie
Par terre et sur les toits !
Pour un cœur qui s'ennuie,
Ô le chant de la pluie !

Il pleure sans raison
Dans ce cœur qui s'écœure.
Quoi ! nulle trahison ? …
Ce deuil est sans raison.

C'est bien la pire peine
De ne savoir pourquoi
Sans amour et sans haine
Mon cœur a tant de peine !

Paul Verlaine, *Romances sans paroles*, 1874

Exercices d'entraînement 2 L'énonciation

1. Dans le texte suivant, qui sont l'énonciateur et le destinataire ? Quels indices des circonstances temporelles et spatiales de l'énonciation peut-on relever ?

Cécile Volanges à Sophie Carnay, aux Ursulines de…

Tu vois, ma bonne amie, que je te tiens parole, et que les bonnets et les pompons ne prennent pas tout mon temps ; il m'en restera toujours pour toi. J'ai pourtant vu plus de parures dans cette seule journée que dans les quatre ans que nous avons passés ensemble […]. Maman m'a consultée sur tout, et elle me traite beaucoup moins en pensionnaire que par le passé. J'ai une femme de chambre à moi ; j'ai une chambre et un cabinet dont je dispose, et je t'écris à un secrétaire très joli, dont on m'a remis la clef, et où je peux renfermer tout ce que je veux. […]

Il n'est pas encore cinq heures ; je ne dois aller retrouver maman qu'à sept ; voilà bien du temps, si j'avais quelque chose à te dire ! Mais on ne m'a encore parlé de rien ; et sans les apprêts que je vois faire, et la quantité d'ouvrières qui viennent toutes pour moi, je croirais qu'on ne songe pas à me marier, et que c'est un radotage de plus de la bonne Joséphine. Cependant maman m'a dit si souvent qu'une demoiselle devait rester au couvent jusqu'à ce qu'elle se mariât, que puisqu'elle m'en fait sortir, il faut bien que Joséphine ait raison.

Pierre Choderlos de Laclos, *Les Liaisons dangereuses*, 1782

2. Dans le poème suivant, quelles sont les marques de présence de l'énonciateur et de la destinatrice ?

Mignonne, allons voir si la rose
Qui ce matin avait déclose[1]
Sa robe de pourpre au soleil
A point perdu cette vêprée[2]
Les plis de sa robe pourprée,
Et son teint au vôtre pareil.

Las ! voyez comme en peu d'espace,
Mignonne, elle a dessus la place,
Las ! las ! ses beautés laissé choir[3] !
Ô vraiment marâtre Nature,
Puisqu'une telle fleur ne dure
Que du matin jusques au soir !

Donc, si vous me croyez, mignonne,
Tandis que votre âge fleuronne[4]
En sa plus verte nouveauté,
Cueillez, cueillez votre jeunesse :
Comme à cette fleur, la vieillesse
Fera ternir votre beauté.

Pierre de Ronsard, *Odes*, 1545

1. Déclose : ouverte.
2. Vêprée : soir.
3. Choir : tomber.
4. Fleuronne : fleurit.

3. Dans le texte suivant, quels procédés traduisent l'incertitude, le doute du narrateur ?

Je m'assoupis en rêvant ainsi au vent frais du soir.

Or, ayant dormi environ quarante minutes, je rouvris les yeux sans faire un mouvement, réveillé par je ne sais quelle émotion confuse et bizarre. Je ne vis rien d'abord, puis tout à coup, il me sembla qu'une page du livre resté ouvert sur ma table venait de tourner toute seule. Aucun souffle d'air n'était entré par ma fenêtre. Je fus surpris et j'attendis. Au bout de quarante minutes environ, je vis, je vis, oui, je vis de mes yeux une autre page se soulever et se rabattre sur la précédente, comme si un doigt l'eût feuilletée. Mon fauteuil était vide, semblait vide ; mais je compris qu'il était là, lui, assis à ma place, et qu'il lisait. D'un bond furieux, d'un bond de bête révoltée, qui va éventrer son dompteur, je traversai ma chambre pour le saisir, pour l'étreindre, pour le tuer !... Mais mon siège, avant que je l'eusse atteint, se renversa comme si on eût fui devant moi... ma table oscilla, ma lampe tomba et s'éteignit, et ma fenêtre se ferma comme si un malfaiteur surpris se fût élancé dans la nuit, en prenant à pleines mains les battants.

Guy de Maupassant, *Le Horla*, 1887

4. Dans l'extrait de théâtre suivant, comment le personnage modalise-t-il son propos ?

Mais lui, il peut en déduire, il pourrait en déduire, il en déduit certainement, il peut en déduire que sa vie ne vous intéresse pas ou si vous préférez – je ne voudrais pas avoir l'air de vous faire un mauvais procès – il croit probablement, je pense qu'il en est ainsi et il ne devait pas être différent plus jeune, vous devez vous en souvenir, il croit probablement que ce qu'il fait n'est pas intéressant ou digne, le mot exact, ou digne de vous intéresser.

Jean-Luc Lagarce, *Le Pays lointain*, 1995

Exercices d'entraînement 3 Les figures de style

1. Dans le texte suivant, la description de l'autodafé est en apparence élogieuse mais en réalité très ironique. Par quel procédé la prison est-elle évoquée ?

Après le tremblement de terre qui avait détruit les trois quarts de Lisbonne, les sages du pays n'avaient pas trouvé un moyen plus efficace pour prévenir une ruine totale que de donner au peuple un bel autodafé ; il était décidé par l'université de Coïmbre que le spectacle de quelques personnes brûlées à petit feu, en grande cérémonie, est un secret infaillible pour empêcher la terre de trembler. [...] On vint lier après le dîner le docteur Pangloss et son disciple Candide, l'un pour avoir parlé, et l'autre pour avoir écouté avec un air d'approbation : tous deux furent menés séparément dans des appartements d'une extrême fraîcheur, dans lesquels on n'était jamais incommodé du soleil [...].

Voltaire, *Candide*, chapitre VI, 1759

2. Identifiez une figure de style dans ces vers extraits de *Cyrano de Bergerac* d'Edmond Rostand :

1. Réfléchis, voyons. Il m'interdit
   Le rêve d'être aimé même par une laide,
   Ce nez qui d'un quart d'heure en tous lieux me précède.
2. Elle fait de la grâce avec rien, elle fait
   Tenir tout le divin dans un geste quelconque.
3. Et tu ne saurais pas, Vénus, monter en conque,
   Ni toi, Diane, marcher dans les grands bois fleuris,
   Comme elle monte en chaise et marche dans Paris !
4. S'il se pouvait, parfois, que de loin, j'entendisse
   Rire un peu le bonheur né de mon sacrifice !
5. [...] je vous aime, j'étouffe,
   Je t'aime, je suis fou, je n'en peux plus, c'est trop.
6. Ton nom est dans mon cœur comme dans un grelot
   Et comme tout le temps, Roxane, je frisonne,
   Tout le temps, le grelot s'agite, et le nom sonne !

Edmond Rostand, *Cyrano de Bergerac*, 1897

3. Trouvez dans la fable suivante :

- un parallélisme de construction ;
- une métaphore ;
- une litote.

Maître Corbeau, sur un arbre perché,
Tenait en son bec un fromage.
Maître Renard, par l'odeur alléché,
Lui tint à peu près ce langage :
Et bonjour, Monsieur du Corbeau,
Que vous êtes joli ! que vous me semblez beau !
Sans mentir, si votre ramage
Se rapporte à votre plumage,
Vous êtes le Phénix des hôtes de ces bois.
À ces mots le Corbeau ne se sent pas de joie,
Et pour montrer sa belle voix,
Il ouvre un large bec, laisse tomber sa proie.
Le Renard s'en saisit, et dit : Mon bon Monsieur,
Apprenez que tout flatteur
Vit aux dépens de celui qui l'écoute.
Cette leçon vaut bien un fromage sans doute.
Le Corbeau honteux et confus
Jura, mais un peu tard, qu'on ne l'y prendrait plus.

Jean de La Fontaine, « Le Corbeau et le Renard », *Fables*, 1668

4. Identifiez les figures de style en rouge :

La raison du plus fort est toujours la meilleure :
Nous l'allons montrer tout à l'heure.
Un Agneau se désaltérait
Dans le courant d'une onde pure.
Un Loup survient à jeun, qui cherchait aventure,
Et que la faim en ces lieux attirait.
Qui te rend si hardi de troubler mon breuvage ?
Dit cet animal plein de rage :
Tu seras châtié de ta témérité.
Sire, répond l'Agneau, que Votre Majesté
Ne se mette pas en colère ;
Mais plutôt qu'elle considère
Que je me vais désaltérant
Dans le courant,
Plus de vingt pas au-dessous d'elle ;
Et que par conséquent, en aucune façon,
Je ne puis troubler sa boisson.
Tu la troubles, reprit cette bête cruelle,
Et je sais que de moi tu médis l'an passé.
Comment l'aurais-je fait si je n'étais pas né ?
Reprit l'Agneau ; je tette encor ma mère
Si ce n'est toi, c'est donc ton frère.
Je n'en ai point. C'est donc quelqu'un des tiens :
Car vous ne m'épargnez guère,
Vous, vos Bergers et vos Chiens.
On me l'a dit : il faut que je me venge.
Là-dessus, au fond des forêts
Le loup l'emporte et puis le mange,
Sans autre forme de procès.

Jean de La Fontaine, « Le Loup et l'Agneau », *Fables*, 1668

5. Quelle figure d'analogie l'auteur emploie-t-il pour traduire son accablement ?

Quand le ciel bas et lourd pèse comme un couvercle
Sur l'esprit gémissant en proie aux longs ennuis,
Et que de l'horizon embrassant tout le cercle
Il nous verse un jour noir plus triste que les nuits

Charles Baudelaire, « Spleen », *Les Fleurs du Mal*, 1857

Exercices d'entraînement 4 Les registres et les tonalités

1. Vrai ou faux ?

   a. Un texte de registre tragique appartient forcément à une pièce du genre de la tragédie.
   - ❒ Vrai
   - ❒ Faux

   b. Des textes d'un même registre utilisent des procédés stylistiques, grammaticaux ou lexicaux similaires.
   - ❒ Vrai
   - ❒ Faux

   c. Il n'y a qu'un seul registre dans une œuvre littéraire.
   - ❒ Vrai
   - ❒ Faux

   d. C'est la réaction, l'impression que provoque le texte sur le lecteur qui permet de définir le registre dominant.
   - ❒ Vrai
   - ❒ Faux

   e. Le registre littéraire équivaut au niveau de langue.
   - ❒ Vrai
   - ❒ Faux

   f. Le registre d'un texte littéraire est comparable à la tonalité d'une composition musicale (triste, gaie, solennelle etc.).
   - ❒ Vrai
   - ❒ Faux

2. Quels procédés caractéristiques du registre réaliste rencontre-t-on dans le texte suivant ?

> Jean, ce matin-là, un semoir de toile bleue noué sur le ventre, en tenait la poche ouverte de la main gauche, et de la droite, tous les trois pas, il y prenait une poignée de blé, que d'un geste, à la volée, il jetait. [...]

La parcelle de terre, d'une cinquantaine d'ares à peine, au lieu-dit des Cornailles, était si peu importante, que M. Hourdequin, le maître de la Borderie, n'avait pas voulu y envoyer le semoir mécanique, occupé ailleurs. Jean, qui remontait la pièce du midi au nord, avait justement devant lui, à deux kilomètres, les bâtiments de la ferme. Arrivé au bout du sillon, il leva les yeux, regarda sans voir, en soufflant une minute.

C'étaient des murs bas, une tache brune de vieilles ardoises, perdue au seuil de la Beauce, dont la plaine, vers Chartres, s'étendait. Sous le ciel vaste, un ciel couvert de la fin d'octobre, dix lieues de cultures étalaient en cette saison les terres nues, jaunes et fortes, des grands carrés de labour, qui alternaient avec les nappes vertes des luzernes et des trèfles ; et cela sans un coteau, sans un arbre, à perte de vue, se confondant, s'abaissant, derrière la ligne d'horizon, nette et ronde comme sur une mer.

Émile Zola, *La Terre*, 1887

3. Quels procédés caractéristiques du registre comique rencontre-t-on dans l'extrait suivant ?

SGANARELLE.
Va, fille ingrate, je ne te veux plus parler, et je te laisse dans ton obstination.

LUCINDE.
Mon père, puisque vous voulez que je vous dise la chose…

SGANARELLE.
Oui, je perds toute l'amitié que j'avais pour toi.

LISETTE.
Monsieur, sa tristesse…

SGANARELLE.
C'est une coquine qui me veut faire mourir.

LUCINDE.
Mon père, je veux bien…

SGANARELLE.
Ce n'est pas la récompense de t'avoir élevée comme j'ai fait.

LISETTE.
Mais, Monsieur…

SGANARELLE.
Non, je suis contre elle dans une colère épouvantable.

LUCINDE.
Mais, mon père…

SGANARELLE.
Je n'ai plus aucune tendresse pour toi.

LISETTE.
Mais…

SGANARELLE.
C'est une friponne.

LUCINDE.
Mais…

SGANARELLE.
Une ingrate.

LISETTE.
Mais…

SGANARELLE.
Une coquine qui ne me veut pas dire ce qu'elle a.

LISETTE.
C'est un mari qu'elle veut.

SGANARELLE, *faisant semblant de ne pas entendre.*
Je l'abandonne.

LISETTE.
Un mari.

SGANARELLE.
Je la déteste.

LISETTE.
Un mari.

SGANARELLE.
Et la renonce pour ma fille.

LISETTE.
Un mari.

SGANARELLE.
Non, ne m'en parlez point.

LISETTE.
Un mari.

SGANARELLE.
Ne m'en parlez point.

LISETTE.
Un mari.

SGANARELLE.
Ne m'en parlez point.

LISETTE.
Un mari, un mari, un mari.

Molière, *L'Amour médecin*, 1665

4. Quels sont les deux registres utilisés dans le poème suivant pour dénoncer le travail des enfants ?

Où vont tous ces enfants dont pas un seul ne rit ?
Ces doux êtres pensifs, que la fièvre maigrit ?
Ces filles de huit ans qu'on voit cheminer seules ?
Ils s'en vont travailler quinze heures sous des meules ;
Ils vont, de l'aube au soir, faire éternellement
Dans la même prison le même mouvement.
Accroupis sous les dents d'une machine sombre,
Monstre hideux qui mâche on ne sait quoi dans l'ombre,
Innocents dans un bagne, anges dans un enfer,
Ils travaillent. Tout est d'airain, tout est de fer.
Jamais on ne s'arrête et jamais on ne joue.
Aussi quelle pâleur ! la cendre est sur leur joue.
Il fait à peine jour, ils sont déjà bien las.
Ils ne comprennent rien à leur destin, hélas !
Ils semblent dire à Dieu : « Petits comme nous sommes,
« Notre père, voyez ce que nous font les hommes ! »
Ô servitude infâme imposée à l'enfant !
Rachitisme[1] ! travail dont le souffle étouffant
Défait ce qu'a fait Dieu ; qui tue, œuvre insensée,
La beauté sur les fronts, dans les cœurs la pensée,
Et qui ferait – c'est là son fruit le plus certain –
D'Apollon un bossu, de Voltaire un crétin !
Travail mauvais qui prend l'âge tendre en sa serre,
Qui produit la richesse en créant la misère,
Qui se sert d'un enfant ainsi que d'un outil !
Progrès dont on demande : « Où va-t-il ? Que veut-il ? »
Qui brise la jeunesse en fleur ! qui donne, en somme,
Une âme à la machine et la retire à l'homme !

Victor Hugo, « Melancholia », *Les Contemplations,* 1856

[1] rachitisme : maladie liée à la misère.

5. Quel est le registre dominant dans l'extrait suivant ?

Vous seule étiez mon bien, ma toute, et ma première,
Et le serez toujours : tant la vive lumière
De vos yeux, bien que morts, me poursuit, dont je vois
Toujours leur simulacre errer autour de moi.
Puisse Amour que je sens par mes veines s'épandre[1],
Passe dessous la terre, et rattise la cendre
Qui froide languissait dessous votre tombeau,
Pour rallumer plus vif en mon cœur son flambeau,
Afin que vous soyez ma flamme morte et vive,
Et que par le penser en tous lieux je vous suive.
Pourrai-je raconter le mal que je sentis,
Oyant[2] votre trépas ? mon cœur fut converti
En rocher insensible, et mes yeux en fontaines :
Et si bien le regret s'écoula par mes veines,
Que pâmé[3] je me fis la proie du tourment,
N'ayant que votre nom pour confort[4] seulement.

Pierre de Ronsard, *Sur la mort de Marie*, 1578

1. S'épandre : se répandre.
2. Oyant : entendant.
3. Pâmé : évanoui.
4. Confort : réconfort.

6. Quel est le registre dominant dans l'extrait suivant ?

Bientôt la veuve se montre, attifée de son bonnet de tulle sous lequel pend un tour de faux cheveux mal mis ; elle marche en traînassant ses pantoufles grimacées. Sa face vieillotte, grassouillette, du milieu de laquelle sort un nez à bec-de-perroquet ; ses petites mains potelées, sa personne dodue comme un rat d'église, son corsage trop plein et qui flotte, sont en harmonie avec cette salle où suinte le malheur, où s'est blottie la spéculation, et dont Madame Vauquer respire l'air chaudement fétide, sans en être écœurée.

Honoré de Balzac, *Le Père Goriot*, 1834

LES MOUVEMENTS LITTÉRAIRES

SOMMAIRE

L'humanisme (1480-1580)

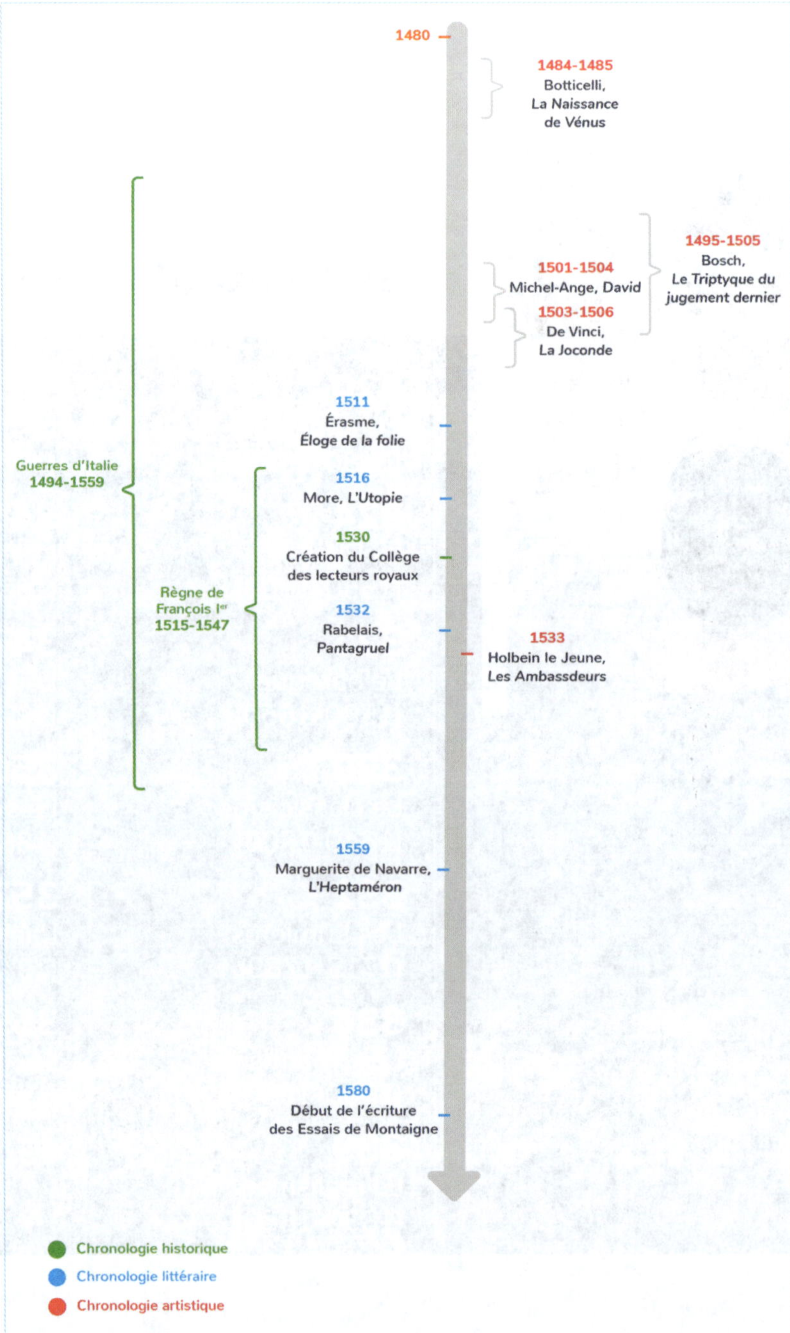

I Le contexte historique et les origines de l'humanisme

Les guerres d'Italie (1494-1559) mettent les Français au contact d'un pays qui vient de connaître un siècle de Renaissance. L'Italie a renoué avec la culture antique (latine et grecque), sa civilisation est considérée comme cultivée et raffinée. L'influence italienne est grande en littérature, en peinture et en architecture. Ainsi, Léonard de Vinci et le Titien sont reçus à la cour du roi François Ier à Chambord.

La Renaissance française s'intéresse aux textes des auteurs grecs et latins de l'Antiquité (Homère, Platon, Virgile, etc.). Elle prolonge leur art pour permettre à l'homme de mieux comprendre le monde qui l'entoure. L'étude des textes antiques conduit à de nouvelles conceptions politiques, morales et religieuses. François Ier crée un Collège des lecteurs royaux (actuel Collège de France) en 1530 où l'on enseigne le latin, le grec et l'hébreu.

Le développement des techniques et les progrès scientifiques influencent largement les penseurs :

- **invention de l'imprimerie en 1453** par Gutenberg : diffusion des idées et des œuvres littéraires ;
- **progrès des techniques de navigation** permettant les grands voyages de découverte ;
- **progrès de la médecine** : meilleure connaissance de l'anatomie ; pratique de la dissection ; développement de la chirurgie ;
- **progrès de l'astronomie** : travaux de Copernic imposant le concept de l'héliocentrisme.

Les querelles religieuses qui déchirent l'Europe compromettent le développement de l'humanisme. La faculté catholique de la Sorbonne combat toutes les idées nouvelles tandis que les protestants condamnent les œuvres de Rabelais et d'Érasme.

II Les principes majeurs de l'humanisme

L'homme au centre du monde	L'humaniste considère l'homme comme un être perfectible, doué de raison, capable de trouver sa juste place dans un monde en pleine mutation.
Le savoir et la raison	L'humaniste est curieux de tout (sciences naturelles, droit, histoire, littérature, etc.). Ses connaissances lui permettent d'exercer son esprit critique. Ce savoir qui tend à être encyclopédique fonde un véritable art de vivre : l'humaniste est un lecteur rigoureux et passionné.
L'importance de l'éducation	L'humaniste combat l'ignorance. En développant ses qualités intellectuelles et morales, l'homme peut connaître le bonheur d'une existence libre. Il cherche donc à être clair et compréhensible : des dictionnaires, des répertoires, des index se multiplient pour permettre à chaque lecteur de lire efficacement. Il propose également une nouvelle pédagogie moins répétitive que celle qui était pratiquée jusqu'alors.
Une réflexion politique	L'humaniste condamne toute forme de fanatisme. Il dénonce l'autoritarisme des souverains et l'usage judiciaire de la torture. Il proscrit également les guerres de conquête et invite les princes à la sagesse afin de maintenir les peuples dans la paix. Leurs interrogations sur le fonctionnement de la société les poussent à imaginer un modèle idéal et utopique.
Une nouvelle pensée religieuse	L'humaniste invite à vivre la foi chrétienne de façon plus personnelle. Il est souvent proche de l'évangélisme : se moquant des superstitions, du culte abusif des saints, des rites sans signification, il veut accéder au texte de l'Évangile et célébrer personnellement le Créateur de l'Univers.

III Les œuvres littéraires et auteurs essentiels

- Érasme : *Éloge de la folie*, 1511 (essai).
- Thomas More : *L'Utopie*, 1516 (essai).
- François Rabelais : *Pantagruel*, 1532 (roman), *Gargantua*, 1534 (roman).
- Michel de Montaigne : *Essais*, 1580-1595 (essai).
- Marguerite de Navarre : *L'Heptaméron*, 1559 (roman).

IV Histoire des arts

La Renaissance est une époque révolutionnaire dans le domaine des idées et l'art est le support de leur expression. Elle trouve sa source en Italie qui reste, durant toute cette période, un foyer central et un modèle pour tous les artistes européens. Sculpteurs, peintres, architectes rivalisent de talent pour transmettre leurs savoirs et leur savoir-faire. Ils ont l'occasion de voyager et d'enrichir leurs techniques au contact des artistes étrangers qu'ils rencontrent. Ils manifestent une curiosité permanente pour tous les domaines de la connaissance.

Inspirés par les auteurs et les sujets antiques, les artistes accordent une place centrale à l'homme au détriment de la figure divine qui jusqu'alors était prédominante ; ils s'émancipent de la décoration religieuse. Le désir de style devient également une préoccupation majeure. Bien que les sujets restent idéalisés, les œuvres tendent vers davantage de réalisme : les artistes s'intéressent au dessin, manifestent la volonté de donner de la profondeur et du volume à leurs sujets. La perspective fait son apparition et suit des techniques précises.

■ *Œuvres d'art-clés*

- Fra Filippo Lippi : *Vierge à l'enfant*, 1465 (peinture).
- Sandro Botticelli : *La Naissance de Vénus*, 1484 ; *Le Printemps ;* 1478-1482 (peinture).
- Jérôme Bosch : *Le Triptyque du Jugement dernier*, 1495-1505 (peinture).
- Michel-Ange : *David*, 1501-1504 (sculpture).
- Léonard de Vinci : *La Joconde*, 1503-1506 (peinture) ; *La Cène*, 1495-1498 (peinture).
- Hans Holbein le Jeune : *Les Ambassadeurs*, 1533 (peinture).

La Pléiade (1550-1600)

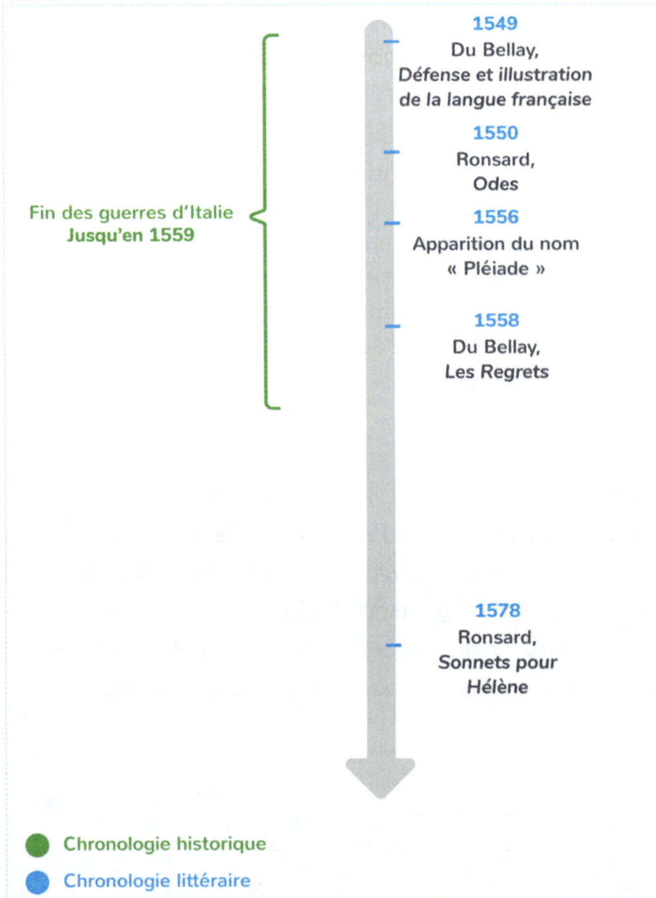

I Le contexte historique et les origines de la Pléiade

Le mouvement de Pléiade s'inscrit dans le même contexte historique que celui de l'humanisme. Pour concurrencer l'art italien, François Ier protège et soutient de nombreux artistes français. Il les envoie parfaire leurs techniques à la cour de Rome et invite d'éminents artistes italiens à la cour de France.

Afin d'unifier le royaume, François Ier impose l'utilisation de la langue française pour tous les actes administratifs par l'édit de Villers-Cotterêts en 1539. Dans les faits, toutefois, la langue française subit la concurrence des langues régionales et des langues étrangères comme l'espagnol et l'italien.

Au XVIe siècle, la France connaît une véritable effervescence poétique :

- à partir de 1530, à Lyon, un foyer poétique se développe ;
- à Paris, c'est autour d'un professeur charismatique, Dorat, au collège de Coqueret, que prend forme le mouvement de la Pléiade.

Remarque

Le mouvement de la Pléiade est exclusivement littéraire et essentiellement poétique.

On date la naissance de ce mouvement en 1549 avec la parution de *Défense et illustration de la langue française* de Du Bellay. Dès 1553, Ronsard désigne parmi ses compagnons six poètes, mais ce n'est qu'en 1556 qu'il parle de Pléiade. Ce nom est une allusion à la légende des sept filles d'Atlas : dans la mythologie grecque, les filles d'Atlas, « les pléiades », furent métamorphosées en étoiles. La Pléiade est d'abord une grande aventure de l'esprit qui contribue à faire du français une langue littéraire.

II Les principes majeurs de la Pléiade

La mission du poète	Le courant de la Pléiade a contribué à élaborer les principes fondateurs de la poésie classique. Le poète n'est plus un amuseur, un rimailleur, c'est un porte-parole des Dieux dont il reçoit son inspiration. Le souci majeur de ce mouvement est de faire reculer l'ignorance par la diffusion de la culture antique.
La défense et l'enrichissement de la langue française	Pour les poètes de la Pléiade, la langue française mérite d'être défendue car elle est appauvrie par la tutelle du latin. Il faut donc l'utiliser dans les œuvres nouvelles et l'enrichir en clarifiant les principes d'écriture, par l'invention de néologismes et par dérivation du grec ou du latin. Du Bellay explique ces principes dans *Défense et illustration de la langue française*, un texte théorique qui devient le manifeste du mouvement.
Un nouvel art poétique	La poésie nouvelle doit pouvoir rivaliser avec celle de l'Antiquité. Pour cela, il faut renoncer à la facilité et effectuer un travail minutieux, exploiter de nouvelles ressources. Les auteurs préconisent l'imitation des textes anciens et s'en inspirent pour élaborer des écrits personnels. Ils renouvellent les formes poétiques et rejettent les genres médiévaux (rondeau, ballade) auxquels ils préfèrent les genres antiques (ode, hymne, épopée) et le sonnet.

III Les œuvres littéraires et auteurs essentiels

- Pierre de Ronsard : *Odes*, 1550 ; *Sonnets pour Hélène*, 1578 (recueils poétiques).
- Joachim Du Bellay : *Défense et illustration de la langue française*, 1549 (texte théorique) ; *Les Regrets*, 1558 (recueil poétique).

Le baroque (1580-1650)

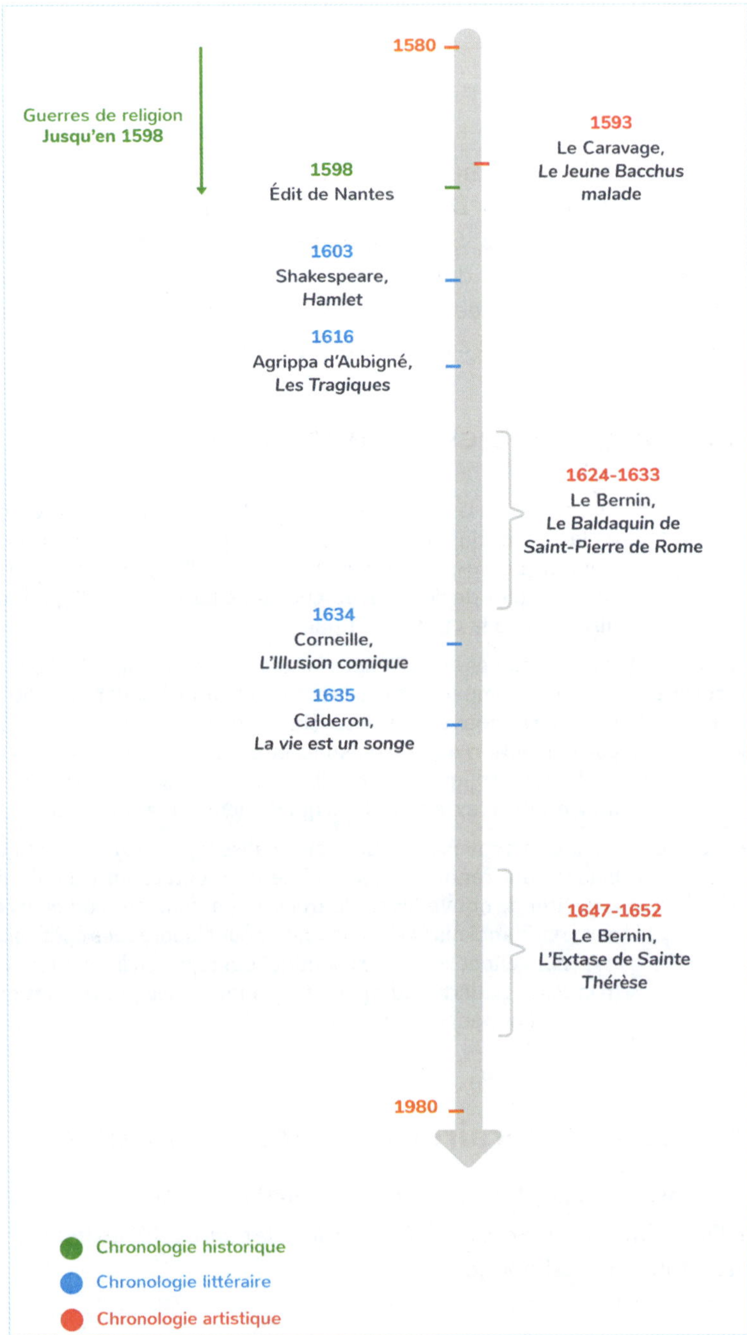

I Le contexte historique et les origines du baroque

Si le mouvement humaniste a célébré l'équilibre et la raison, le mouvement baroque, qui apparaît à la fin du XVIe siècle, va refléter une vision du monde bien plus inquiétante. En effet, les tensions politiques qui agitent la France après la mort de François Ier et les guerres de religion (1562-1598) qui ensanglantent la France et l'Europe marquent profondément les esprits. Avec la signature de l'édit de Nantes (1598), le roi Henri IV met fin aux conflits en accordant aux protestants le droit de célébrer librement leur culte.

Alors que le protestantisme se développe en Europe, l'Église catholique entend affirmer sa supériorité et reconquérir les fidèles. Elle encourage donc les artistes à magnifier les lieux de cultes par des ornementations monumentales et spectaculaires.

Mouvement européen, le terme baroque s'applique aux domaines littéraire, pictural, musical et architectural. Il emprunte son nom au portugais *barroco* qui désigne une perle irrégulière. Par cette métaphore, les artistes traduisent leur goût pour l'ornementation ou l'insolite.

II Les principes majeurs du baroque

L'instabilité du monde	Par la présence des thèmes de l'eau, du feu, du miroir et de la lumière, les artistes baroques peignent un monde en perpétuel mouvement. Les frontières entre la réalité et le rêve s'estompent. Les illusions et les métamorphoses rappellent aux hommes, ébranlés dans leurs certitudes, qu'il n'existe plus rien de fiable ou de saisissable dans l'Univers. Les artistes baroques considèrent que l'homme est inconstant, que le monde est un théâtre où chacun avance masqué et joue un rôle. Ils invitent le public à se méfier des apparences notamment par les procédés du trompe-l'œil ou du théâtre dans le théâtre.
La violence et la mort	Les artistes baroques rendent compte du caractère éphémère et fragile de la vie par les motifs réalistes du sang qui coule, du cadavre, du squelette, et par l'expression de la souffrance. Ce goût du macabre invite à une réflexion sur la vanité humaine. Puisque tout est voué à disparaître, certains auteurs comme Bossuet pensent que le salut de l'homme ne peut qu'être divin.
Le désordre et la démesure	L'art baroque prône la libération de l'imagination et des émotions. L'esthétique du spectaculaire est largement partagée par les auteurs qui accordent une place significative à la figure fantastique du monstre. Cet art s'affranchit également des règles et refuse toute codification, notamment au théâtre.

III Les œuvres littéraires et auteurs essentiels

- William Shakespeare : *Hamlet*, 1603 (théâtre – tragédie).
- Théodore Agrippa d'Aubigné : *Les Tragiques*, 1616 (recueil de poèmes).
- Pedro Calderón de la Barca : *La vie est un songe*, 1635 (théâtre – tragédie).
- Pierre Corneille : *Médée*, 1635 (théâtre – tragédie) ; *L'Illusion comique*, 1634 (théâtre – comédie).
- Cyrano de Bergerac : *Histoire comique des états et empires de la Lune*, 1657 (roman fantastique).

IV Histoire des arts

Prenant le contre-pied de la sobriété protestante, l'esthétique baroque italienne est marquée par la profusion et l'exubérance. Les artistes italiens restent une source d'inspiration et un modèle pour un grand nombre d'artistes européens. Les artistes français font exception et sont plus enclins à adopter une esthétique classique.

L'esthétique baroque s'intéresse essentiellement aux thèmes de la mort, de la souffrance et de la fragilité de la vie. Elle joue sur les contrastes d'ombres et de lumières grâce à des éclairages changeants. Elle représente les corps des personnages en mouvement. Leurs visages reflètent leurs états d'âme et la démesure de leur passion. Cette façon de représenter l'homme témoigne d'une inquiétude par rapport au divin.

Remarque

En musique, la période baroque est plus tardive qu'en littérature et en peinture.

■ *Œuvres d'art-clés*

- Le Caravage : *Le Jeune Bacchus malade*, 1593 (peinture).
- Le Bernin : Le Baldaquin de Saint-Pierre de Rome, 1624-1633 (architecture).
- Le Bernin : *L'Extase de Sainte Thérèse*, 1647-1652 (sculpture).
- Jean-Baptiste Lully : *Marche pour la cérémonie des Turcs*, 1670 (musique).
- Henry Purcell : *Didon et Énée*, 1689 (musique).

Le classicisme (1640-1700)

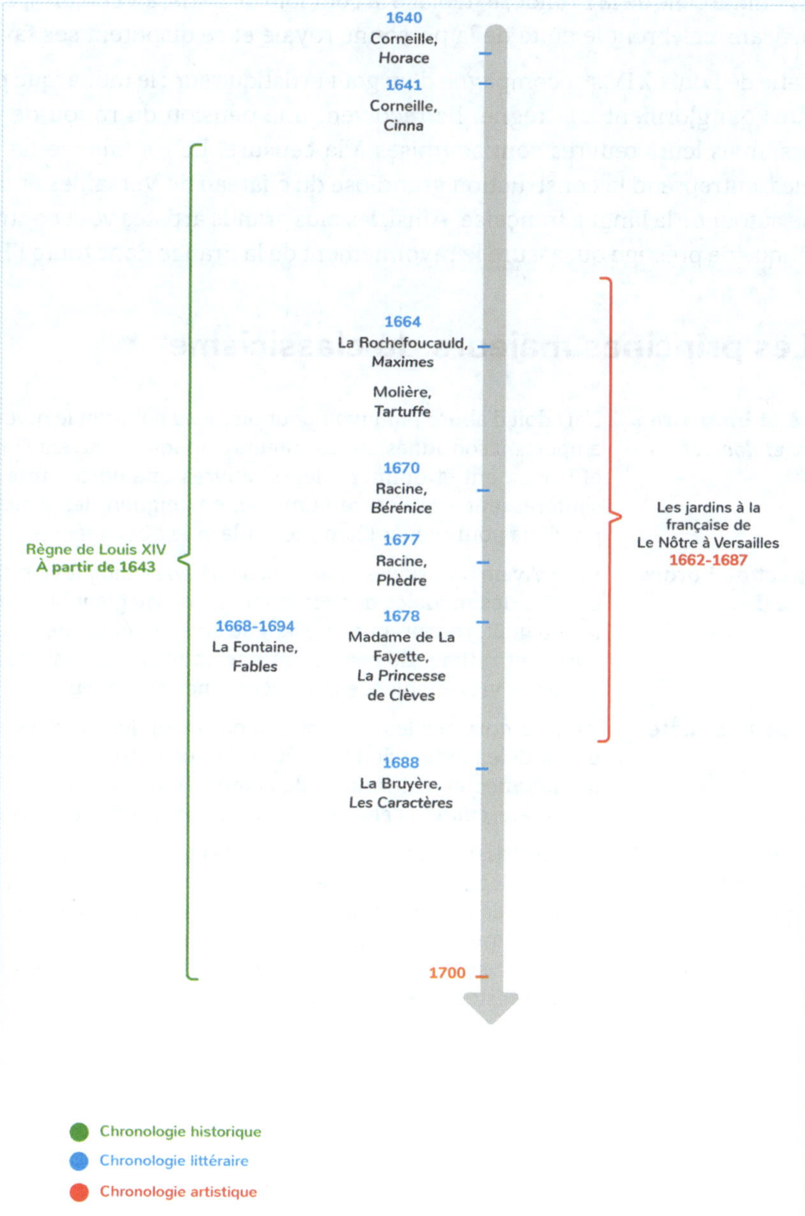

I Le contexte historique et les origines du classicisme

Le classicisme se développe dans la seconde moitié du XVIIe siècle et correspond au règne de Louis XIV (1643-1715). Après la mort de Mazarin, le roi exerce seul les responsabilités du pouvoir : la monarchie devient absolue. Pour renforcer son autorité, il réduit les avantages des aristocrates afin de mieux les contrôler. Pour éviter des révoltes comme celle de la Fronde, il déplace la cour loin de Paris, à Versailles, en 1682. Les courtisans célèbrent le culte de la personne royale et se disputent ses faveurs.

L'autocratie de Louis XIV s'accompagne d'un goût artistique sûr : le monarque protège les artistes qui glorifient son règne. Ils reçoivent une pension du roi ou de grands seigneurs, mais leurs œuvres sont soumises à la censure. Le roi finance de grands spectacles, entreprend la construction grandiose du château de Versailles et unifie le royaume autour de la langue française. Ainsi, les plus grands artistes vont contribuer à une politique de prestige qui assure le rayonnement de la France dans toute l'Europe.

II Les principes majeurs du classicisme

« Plaire et instruire » (*placere et docere*)	L'art doit d'abord émouvoir pour plaire au public et le divertir. En emportant son adhésion, les auteurs classiques peuvent l'instruire efficacement et donner à leurs œuvres une portée morale. Ils s'intéressent à la nature humaine, en peignent les vices et les passions pour mener l'homme sur la voie de la sagesse.
Le respect de l'ordre et des règles	Les écrivains classiques s'inspirent des œuvres antiques considérées comme des modèles de perfection. Ils privilégient la sobriété et le bon goût, recourent à une langue claire et élégante, à un style concis et raffiné. Ils respectent une codification rigoureuse qui assure la vraisemblance et la bienséance de rigueur.
L'idéal de l'honnête homme	Afin de corriger les travers des hommes, les auteurs érigent un modèle : l'idéal de l'honnête homme. Il doit faire preuve de tempérance et s'affranchir de l'emprise des passions. Aimable en société, cultivé et éloquent, il sait agir avec mesure et générosité.
Phénomène de cour et phénomène littéraire	Les courtisans ont remplacé les héros des romans du siècle précédent. La nouvelle société de cour multiplie intrigues, jalousies, mensonges et hypocrisie : on ne peut y vivre que masqué, à la merci d'ennemis sournois. L'être humain se détourne de la vertu par un égoïsme inhérent à sa nature que fustigent les dramaturges, les moralistes et les fabulistes.

III Les œuvres littéraires et auteurs essentiels

- Pierre Corneille : *Horace*, 1640 (théâtre – tragédie) ; *Cinna*, 1641 (théâtre – tragédie).
- François de La Rochefoucauld : *Maximes*, 1664.
- Jean de La Fontaine : *Fables*, 1668-1694.
- Molière : *Tartuffe*, 1664 (théâtre – comédie), *Le Misanthrope*, 1666 (théâtre – comédie).
- Jean Racine : *Bérénice*, 1670 (théâtre – tragédie) ; *Phèdre*, 1677 (théâtre – tragédie).
- Madame de La Fayette : *La Princesse de Clèves*, 1678 (roman).
- Jean de La Bruyère : *Les Caractères*, 1688.

IV Histoire des arts

L'art classique est intimement lié au règne de Louis XIV. Le souverain influence les artistes et leur impose son autorité. Les peintures, sculptures et monuments réalisés le sont à la gloire du Roi-Soleil tout comme les spectacles donnés à la cour de France. Cette esthétique classique s'épanouit partout en Europe à partir de 1750.

L'esthétique classique est celle de la raison, de l'ordre et de la sobriété. On l'oppose en cela à l'esthétique baroque. L'art classique privilégie des lignes droites, une composition claire et ordonnée afin que le sujet soit distinctement représenté. L'exaltation des valeurs morales est un sujet privilégié.

Remarque

On ne parle de musique classique qu'à partir de 1750. Au XVIIe siècle, la musique reste de style baroque.

Œuvres d'art-clés

- Nicolas Poussin : *L'Enlèvement des Sabines*, 1637-1638 (peinture).
- André Le Nôtre : Les jardins à la française du château de Versailles, 1662-1687 (architecture).
- Jacques-Louis David : *Le Serment des Horaces*, 1784 (peinture).

Les Lumières (1715-1789)

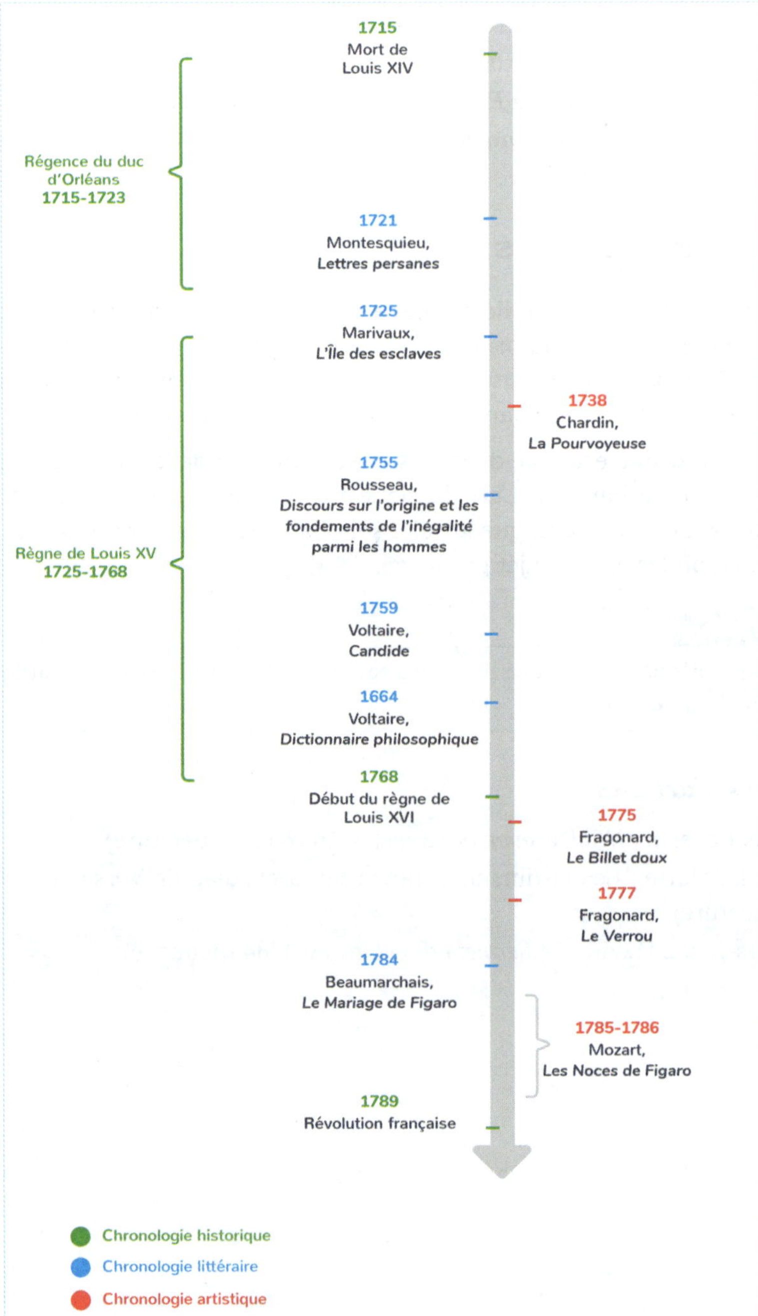

I Le contexte historique et les origines des Lumières

Le mouvement des Lumières couvre une bonne partie du XVIIIe siècle de la mort de Louis XIV en 1715 à la Révolution française en 1789. Le XVIIIe siècle connaît des bouleversements majeurs sur le plan politique, dans l'histoire des idées et des civilisations.

Sur le plan politique, la mort de Louis XIV place sur le trône le duc d'Orléans qui assure la régence pendant huit ans car Louis XV est trop jeune pour régner. Ces huit années sont marquées par une politique plus libérale et un relâchement des mœurs qui attire les plus vives critiques des intellectuels. En 1723, Louis XV monte sur le trône. Ses choix politiques et sociaux sont également très vite contestés. Louis XVI ne parvient pas à résoudre les difficultés économiques qui découlent des décisions de son prédécesseur. Par ailleurs, en protégeant les privilèges de la noblesse et du clergé, il attise la colère du tiers état qui revendique une société plus égalitaire. C'est dans ce contexte qu'éclate la Révolution française en 1789.

Guidés par les lumières de la raison, les penseurs du XVIIIe siècle examinent le monde qui les entoure de façon rationnelle et non plus religieuse. Ils exploitent toutes les ressources littéraires au service de leurs idées et de la diffusion du savoir. Ils se réunissent dans des salons pour partager leurs idées. Certains auteurs sont contraints à l'exil pour éviter la prison, leurs ouvrages sont jugés trop critiques et polémiques. Plusieurs textes sont alors publiés anonymement ou uniquement à l'étranger.

De nombreuses découvertes scientifiques et techniques favorisent l'idée de progrès. Les voyages permettent de découvrir de nouvelles civilisations et invitent à considérer le monde, le fonctionnement des sociétés et les mœurs des populations sous un nouveau jour.

II Les principes majeurs des Lumières

A Les grands combats des Lumières

- **Les auteurs combattent toute forme d'injustice.** Ils refusent le modèle monarchique de droit divin qu'ils aspirent à remplacer par un gouvernement éclairé de nature constitutionnelle comme en Angleterre. Ils remettent en question les privilèges aristocratiques et réclament l'abolition de l'esclavage.
- **Les auteurs combattent l'obscurantisme, le fanatisme et les superstitions.** Ils dénoncent tous les faux savoirs et toutes les intolérances, en particulier dans le domaine religieux. La conception d'un dieu omnipotent et rédempteur est remplacée par l'image déiste d'un créateur.

B Les fondements de la philosophie des Lumières

La raison	Les penseurs des Lumières s'appuient sur la raison.
L'expérience	Les auteurs procèdent avec prudence et rigueur. Ils s'appuient sur l'observation et l'expérimentation en soumettant l'Univers à un examen critique.
La nature	Les penseurs des Lumières veulent décrire l'Univers, comprendre les comportements humains sans recourir à la religion. Ils cherchent à percer les mystères de la nature autour d'eux.
Le bonheur	Les auteurs donnent un sens laïque au bonheur, on peut le rapprocher de « plaisir ». Ils aspirent collectivement à ce que tous les hommes vivent mieux. Pour eux, c'est un des fondements de la dignité humaine.

C Le triomphe de la littérature d'idées

Les auteurs des Lumières veulent vulgariser les connaissances : ils pensent que le progrès et l'éducation permettront d'établir une société où l'homme vivra plus heureux et plus libre.

C'est le but de l'*Encyclopédie*, œuvre qui réunit scientifiques, philosophes, économistes et techniciens.

Citation

« Le but d'une encyclopédie est de rassembler les connaissances éparses sur la surface de la terre, d'en exposer le système général aux hommes avec qui nous vivons [...].

Denis Diderot, article « Encyclopédie », *Encyclopédie*, 1751-1772

L'*Encyclopédie* est aussi une œuvre de combat politique et idéologique : la bourgeoisie se bat au nom de la science et de la raison contre un pouvoir lié à l'Église catholique.

Les auteurs exploitent des genres au goût du public pour diffuser leurs idées :

- le théâtre offre une tribune idéale ;
- le conte philosophique est inventé par Voltaire ;
- la polyphonie du roman épistolaire permet une réflexion nuancée.

III Œuvres littéraires et auteurs essentiels

- Montesquieu : *Lettres persanes*, 1721 (roman épistolaire).
- Marivaux : *L'Île des esclaves*, 1725 (théâtre comédie).
- Jean-Jacques Rousseau : *Discours sur l'origine et les fondements de l'inégalité parmi les hommes*, 1755 (essai).

- Voltaire : *Candide ou l'optimisme*, 1759 (conte philosophique) ; *Dictionnaire philosophique*, 1764.
- Beaumarchais : *Le Mariage de Figaro*, 1784 (théâtre comédie).

IV Histoire des arts

À la mort de Louis XIV, l'art s'affranchit de l'autocratie du monarque et de l'esthétique classique au profit d'un style et de sujet plus frivoles, à l'image des mœurs sous la régence de Philippe d'Orléans. Le style rocaille, puis rococo, est caractérisé par :

- la ligne courbe et serpentine ;
- la présence fréquente d'animaux comme le dragon ou le dauphin ;
- une ornementation ostentatoire faite de végétaux et de coquillages.

Le XVIIIe siècle est également marqué par la naissance de la critique d'art et de l'analyse des œuvres artistiques. Les critiques s'intéressent à l'expression des sensations engendrées par une œuvre d'art et aux techniques artistiques.

Remarque

Denis Diderot est le premier à s'inscrire dans une démarche de critique artistique.

Les artistes peuvent désormais exposer leurs œuvres dans des salons où se pressent les intellectuels et les collectionneurs.

Le marché de l'art fait son apparition. Des collectionneurs permettent aux artistes de vivre de leur art sans être assujettis à l'autorité du roi ou à celle de l'Église. De nouveaux sujets apparaissent alors :

- les motifs galants voire libertins ;
- le thème de l'Arcadie ;
- les paysages exotiques.

Contrairement aux époques précédentes, les peintres représentent toutes les classes de la société : l'aristocratie, la bourgeoisie mais aussi le peuple.

■ *Œuvres d'art-clés*

- Chardin : *La Pourvoyeuse*, 1738 (peinture).
- Fragonard : *Le Billet doux*, 1775 ; *Le Verrou*, 1777 (peinture).
- Wolfgang Amadeus Mozart : *Les Noces de Figaro*, 1785-1786 ; *Petite musique de nuit*, 1787 (musique).

Le romantisme (1800-1850)

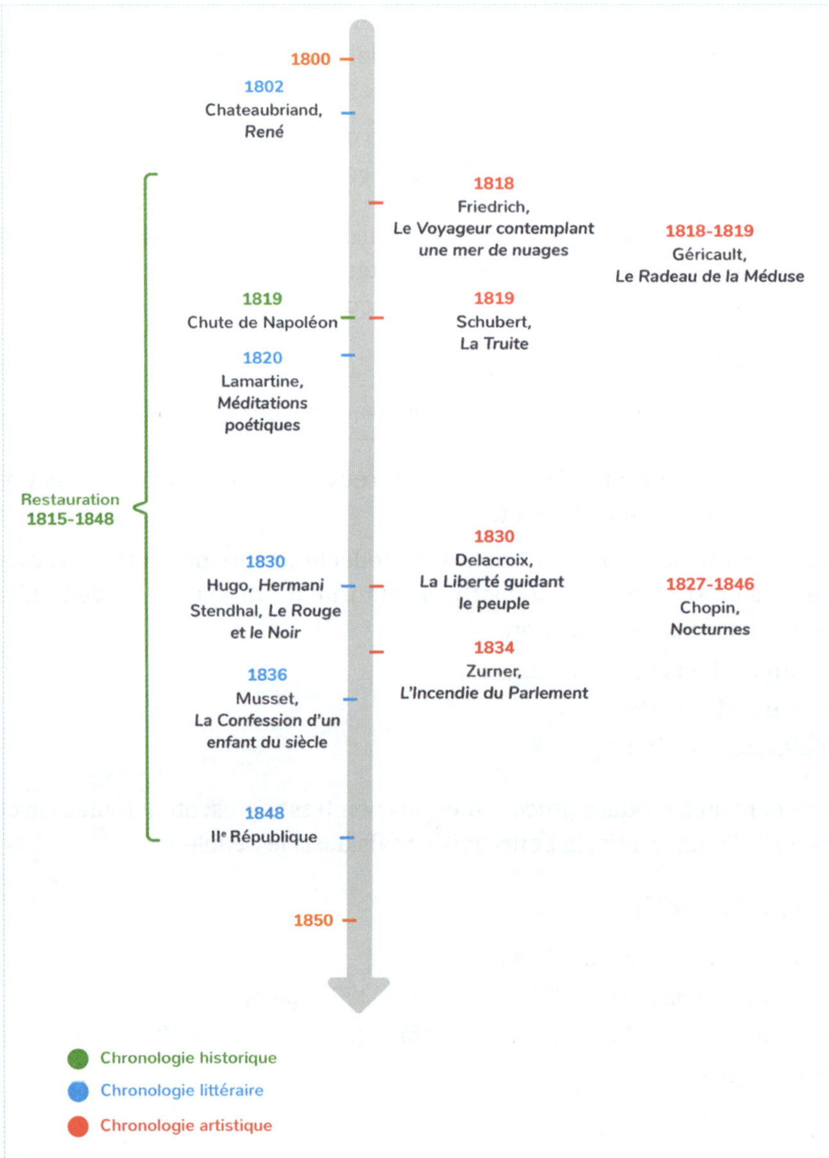

I Le contexte historique et les origines du romantisme

Le mouvement romantique trouve sa source dans les littératures du Nord, ouvertes à la liberté, à la sensibilité et moins imprégnées du classicisme que la littérature française. Le romantisme domine les arts pendant toute la première moitié du XIXe.

Ce siècle voit l'avènement difficile de la démocratie : à la chute de Napoléon en 1815, la monarchie constitutionnelle de Louis XVIII se met en place. Charles X qui lui succède accorde quelques droits démocratiques. En 1830, une révolution populaire porte Louis-Philippe au pouvoir. En 1848, une autre révolution instaure la IIe République mais en 1851, Louis-Napoléon Bonaparte s'empare du pouvoir et impose par la force le Second Empire.

Cette instabilité politique entraîne un profond malaise que les artistes romantiques nomment « le mal du siècle », « le vague des passions » ou encore « le spleen ». Ils ont le sentiment d'être nés trop tôt ou trop tard et d'appartenir à une génération maudite. Après le règne de la raison au XVIIIe siècle, c'est celui du cœur, de la sensibilité et de l'imagination qui va dominer la première partie du XIXe siècle.

II Les principes majeurs du romantisme

L'affirmation du « moi » et l'expression du lyrisme	La crise des valeurs entraîne un repli de l'individu sur lui-même et le conduit à l'expression lyrique de ses sentiments personnels. Les auteurs romantiques créent un héros à leur image. Souvent solitaire, marginal ou révolté, il se caractérise par sa sensibilité et son tempérament exalté. Son introspection révèle son désenchantement mais aussi ses rêves et ses ambitions. Les genres autobiographique et poétique sont le support privilégié des épanchements lyriques du héros romantique.
Le refuge dans la nature	Le héros romantique cherche à fuir la médiocrité du quotidien. La nature sauvage, les régions lointaines et exotiques, les époques anciennes lui offrent un refuge, un cadre propice à sa rêverie, un miroir de ses états d'âme. Parce qu'il défend des valeurs esthétiques et spirituelles, il fuit loin de la société bourgeoise et matérialiste.
L'engagement social et la révolte politique	Les auteurs romantiques s'impliquent parfois dans la vie politique de leur époque : Chateaubriand est ministre ; Hugo et Lamartine sont plusieurs fois députés. Ils trouvent dans l'engagement une manière d'exprimer leurs attentes et de mettre en application leurs idéaux sociaux et politiques. En rupture avec les idéologies du passé, ils réclament plus de liberté et plus de justice. Ils s'insurgent contre la misère, les inégalités sociales, le travail des enfants et la peine de mort.

La remise en question des règles formelles et des thématiques classiques	Revendiquant leur liberté créatrice, les auteurs romantiques s'affranchissent des genres existants. Ils sont en quête de nouveaux modèles comme Shakespeare qui inspire à Hugo la forme théâtrale du drame romantique. Les images du Moyen Âge ou celles venues d'Orient sont une source d'inspiration poétique et romanesque pour de nombreux auteurs.

III Œuvres littéraires et auteurs essentiels

- François-René de Chateaubriand : *René*, 1802 (roman).
- Alphonse de Lamartine : *Méditations poétiques*, 1820 (recueil poétique).
- Victor Hugo : *Hernani*, 1830 (théâtre – drame romantique) ; *Les Châtiments*, 1852 (recueil poétique) ; *Les Misérables*, 1862 (roman).
- Stendhal : *Le Rouge et le Noir*, 1830 (roman).
- Alfred de Musset : *La Confession d'un enfant du siècle*, 1836 (roman).

IV Histoire des arts

Le romantisme est un mouvement littéraire et musical avant de devenir un mouvement pictural.

Si le début du XIXe siècle est marqué par une certaine instabilité politique, c'est une période de calme relatif car il n'y a pas de guerres en Europe et pas d'épidémies de maladies. Les sujets historiques plaisent donc moins au public. En musique comme en peinture, l'amour, la passion, la rêverie et les états d'âme sont au cœur des questionnements. Ce goût pour l'introspection aboutit à mettre l'individu au centre de l'œuvre d'art. En peinture, une grande place est également accordée aux paysages grandioses parfois empreints d'une atmosphère mystérieuse voire surnaturelle.

Cette évolution du sujet artistique va de pair avec une évolution des techniques utilisées. En musique, les formes privilégiées sont la symphonie, le lied, le concerto et l'opéra romantique. En peinture, la prouesse de la perspective et le réalisme académique intéressent moins les peintres qui s'attachent davantage aux nuances de couleurs, à la représentation du mouvement. L'œuvre d'art tend à exprimer les émotions de l'artiste, sa vision personnelle du monde, plutôt qu'à répondre à une commande.

■ *Œuvres d'art-clés*

- Franz Schubert : *La Truite*, 1819 (musique).
- Caspar David Friedrich : *Le Voyageur contemplant une mer de nuages*, 1818 (peinture).
- Théodore Géricault : *Le Radeau de la Méduse*, 1818-1819 (peinture).
- Frédéric Chopin : *Nocturnes*, 1827-1846 (musique).
- Eugène Delacroix : *La Liberté guidant le peuple*, 1830 (peinture).
- Turner : *L'Incendie du parlement*, 1834 (peinture).

Le réalisme (1830-1880)

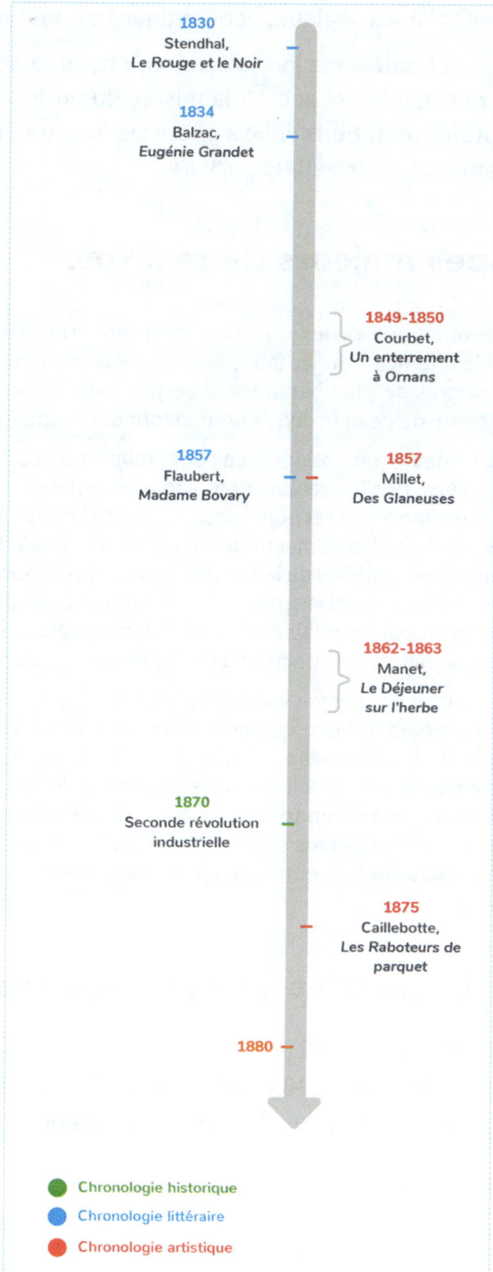

I Le contexte historique et les origines du réalisme

Le mouvement réaliste se développe dans la deuxième moitié du XIXe siècle en réaction à l'idéalisme de certains auteurs romantiques. Les auteurs réalistes les accusent de fuir la réalité. Ils veulent au contraire représenter le réel sans l'embellir et l'analyser pour rendre compte des mécanismes sociaux, économiques et politiques de leur époque.

La révolution industrielle bouleverse la vie économique et la société française. Elle assure le succès de la bourgeoisie et accroît la misère du prolétariat. La littérature se fait le reflet de ces brutales mutations : elle s'intéresse aux nouveaux domaines de la vie moderne et en montre aussi les effets pervers.

II Les principes majeurs du réalisme

Les historiens du temps présent	Les auteurs réalistes se fixent comme ambition d'être les témoins fidèles de leur temps. Pour ce faire, ils peignent la vie quotidienne dans ce qu'elle a parfois de plus banal voire de plus laid. Ils s'inspirent de l'histoire récente ou de faits divers pour façonner des intrigues contemporaines.
Une peinture fidèle de la réalité	Les auteurs romantiques ont pour ambition d'étudier les comportements humains. Ils s'intéressent donc à tous les milieux sociaux : ils peignent les classes moyennes et populaires, les bourgeois, les aristocrates mais aussi les paysans, les domestiques, les artisans. Ils s'attachent à représenter leurs personnages de la façon la plus réaliste possible en leur donnant une identité précise, un métier, des caractéristiques physiques, morales et psychologiques. Ils racontent leur parcours, souvent ordinaire, dans une société où ils peinent à atteindre leurs objectifs.
Le souci de l'objectivité	Le terme « réalisme » vient du latin *res* qui signifie « la chose ». Cette étymologie indique que ce mouvement se veut objectif et s'attache à peindre la nature sans idéalisation. Les auteurs mettent les méthodes journalistiques et scientifiques au service de leur création et préparent souvent leurs romans grâce à de vastes enquêtes. Selon Flaubert, afin de rester le plus objectif possible, le romancier ne doit pas laisser transparaître ses sentiments personnels ni intervenir dans la narration.

III Œuvres littéraires et auteurs essentiels

- Stendhal : *Le Rouge et le Noir*, 1830 (roman).
- Honoré Balzac : *Eugénie Grandet*, 1834 (roman) ; *Le Père Goriot*, 1835 (roman).
- Gustave Flaubert : *Madame Bovary*, 1857 (roman) ; *L'Éducation sentimentale*, 1869 (roman).

IV Histoire des arts

L'esthétique picturale qui va dominer la seconde moitié du XIXe siècle se détourne des sujets historiques au profit de sujets contemporains. Dès 1830, les artistes ont le désir de représenter la vie quotidienne, de questionner l'évolution de la société, de créer un art moderne. Édouard Manet en résume le principe : « Il faut être de son temps et faire ce qu'on voit [...].» Ils s'éloignent de la représentation des états d'âme romantiques pour peindre l'homme comme un être humain. La recherche de la sincérité prime sur la perfection de la forme. Le souci du détail explique le choix de très grands formats et la précision du trait qui sont caractéristiques de la peinture réaliste.

Les artistes décrètent que tout événement, être ou objet est digne d'être un sujet pictural : paysans ou citadins, bourgeois ou prolétaires, intérieurs pauvres ou aisés. Les tableaux réalistes proposent une image non idéalisée. Ce parti pris heurte le goût du public et de certains critiques qui considèrent ces œuvres trop vulgaires.

■ *Œuvres d'art-clés*

- Gustave Courbet : *Un enterrement à Ornans*, 1849-1850 (peinture).
- Jean-François Millet : *Des Glaneuses*, 1857 (peinture).
- Édouard Manet : *Le Déjeuner sur l'herbe*, 1862-1863 (peinture).
- Gustave Caillebotte : *Les Raboteurs de parquet*, 1875 (peinture).

Le naturalisme (1870-1900)

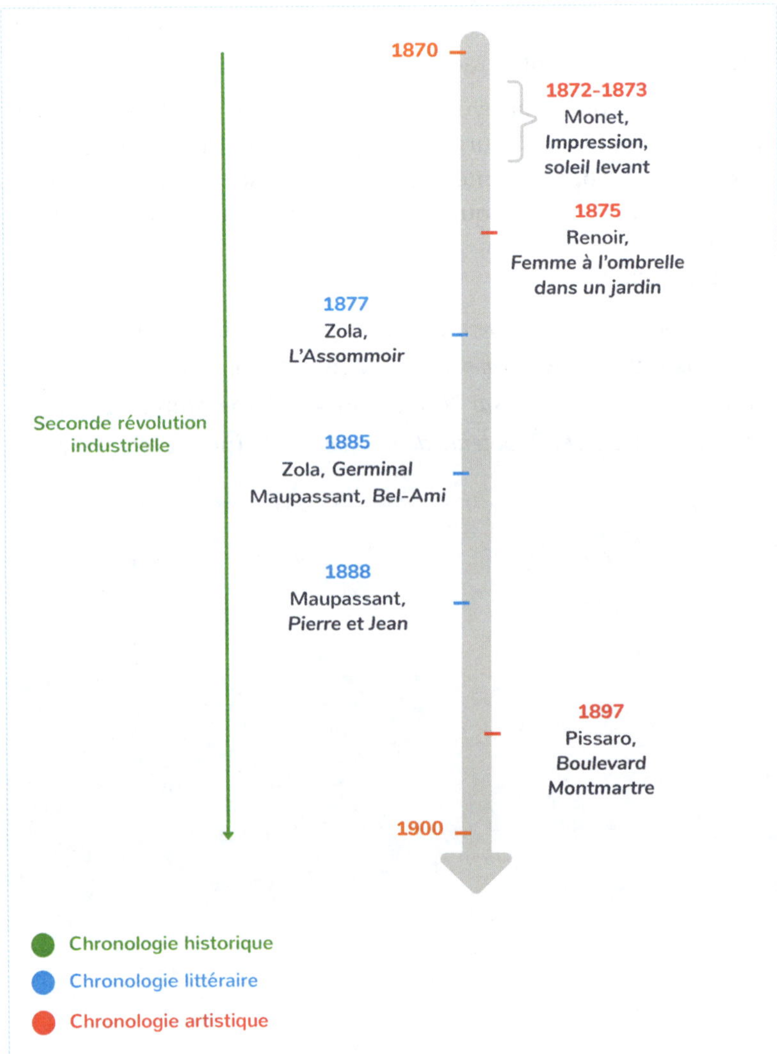

I Le contexte historique et les origines du naturalisme

Le naturalisme se développe dans la seconde moitié du XIXe siècle, après 1870. Ce mouvement s'inscrit dans la continuité du réalisme dont il reprend un certain nombre de principes.

Le contexte social et économique de l'époque influence les auteurs naturalistes : la révolution industrielle favorise l'urbanisation et les villes de plus en plus grandes deviennent de grands centres économiques et financiers où se pressent industriels et banquiers. Le capitalisme se développe tout comme le prolétariat. Les auteurs naturalistes s'intéressent à la classe bourgeoise mais surtout à la classe ouvrière, à ses conditions de vie indigentes et aux souffrances qu'elle endure.

Les progrès scientifiques influencent également les auteurs naturalistes qui étudient les travaux de Darwin sur l'évolution des espèces et la sélection naturelle. Ils étudient également ceux de Claude Bernard, fondateur de la médecine expérimentale et de la médecine moderne. Ils s'inspirent de son processus en trois étapes :
– l'observation ;
– l'expérimentation ;
– la confirmation/l'infirmation.

II Les principes majeurs du naturalisme

Le mouvement naturaliste se structure et se développe autour d'Émile Zola et suit deux principes majeurs :

L'observation des faits	Les romanciers naturalistes se considèrent comme des observateurs et des expérimentateurs. Ils rapprochent leur démarche de celle du biologiste, travaillent à partir d'une abondante documentation et de d'enquêtes approfondies. Puis, partant d'une situation, ils observent l'évolution des personnages pour en tirer des conclusions. L'objectif est de comprendre leur comportement dans un milieu particulier pour en tirer une loi générale.
L'interaction de l'homme et du milieu	Les auteurs naturalistes observent les faits sociaux comme des phénomènes cliniques obéissant à des lois de lutte et de sélection. Selon eux, l'hérédité et le milieu social jouent un rôle essentiel dans la trajectoire d'un individu. La théorie du déterminisme leur fait envisager l'homme comme le produit de son milieu. Pour les besoins de sa démonstration, Zola imagine une famille, les Rougon-Macquart, dont chaque membre incarne une pathologie.

III Œuvres littéraires et auteurs essentiels

- Les frères Goncourt : *Germinie Lacerteux*, 1865 (roman).
- Émile Zola : *L'Assommoir*, 1877 (roman), *Germinal*, 1885 (roman).
- Guy de Maupassant : *Bel-Ami*, 1885 (roman) ; *Pierre et Jean*, 1888 (roman).

IV Histoire des arts

Dès 1866, Zola s'intéresse à la peinture de Manet et c'est à partir de l'œuvre du peintre qu'il conçoit les principes du naturalisme : l'art s'intéresse à la réalité immédiate, au monde qui l'entoure. Le romancier soutient ainsi les débuts des peintres impressionnistes.

C'est entre 1860 et 1890, que naît ce nouveau courant pictural qui prend le nom d'« impressionnisme » en 1874. Il est considéré aujourd'hui comme le mouvement le plus populaire de l'histoire de la peinture. Les peintres sont unis autour d'une nouvelle manière de peindre. Ils délaissent les techniques académiques qu'ils jugent trop strictes pour s'intéresser à la représentation d'impressions prises sur le vif. Afin de les traduire, de nombreux artistes peignent d'après nature, hors de leurs ateliers. Ils privilégient les effets de lumière, utilisent des couleurs chatoyantes, des coups de pinceau vifs ou au contraire un peu flous. Les personnages sont esquissés, leur silhouette s'estompe.

Les impressionnistes veulent représenter le monde contemporain comme un monde vivant. Ils puisent leurs sources d'inspiration dans les paysages naturels ou urbains, des scènes de la vie moderne ou familiale. La ville devient un sujet central qui permet de rendre compte de l'évolution de la société.

Ces sujets et cette manière de peindre choquent l'Académie des beaux-arts qui refuse d'exposer ces œuvres dans ses salons. Elle n'accorde de place qu'aux tableaux représentant des sujets historiques ou religieux, dont le trait est net et précis.

■ *Œuvres d'art-clés*

- Claude Monet : *Impression, soleil levant*, 1872-1873 (peinture) ; *La Gare Saint-Lazare*, 1877 (peinture).
- Auguste Renoir : *Femme à l'ombrelle dans un jardin*, 1875 (peinture).
- Camille Pissarro : *Boulevard Montmartre*, 1897 (peinture).

Le Parnasse (1830-1900)

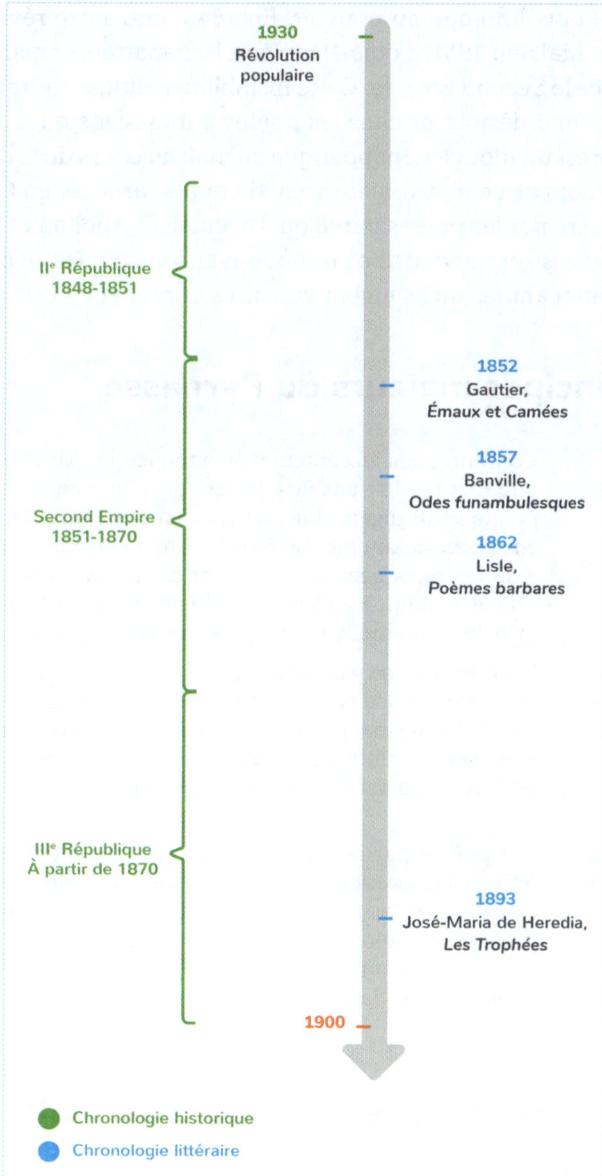

I Le contexte historique et les origines du Parnasse

Le XIXe siècle voit l'avènement difficile de la démocratie : après la chute de Napoléon en 1815, la monarchie constitutionnelle de Louis XVIII se met en place. Charles X, qui lui succède, accorde quelques droits démocratiques. En 1830, une révolution populaire porte Louis-Philippe au pouvoir. En 1848, une autre révolution instaure la IIe République. Mais en 1851, Louis-Napoléon Bonaparte s'empare du pouvoir et impose par la force le Second Empire. Cette instabilité politique entraîne une réaction de rejet et un profond désintérêt chez les poètes parnassiens qui se réfugient dans l'art. Le Parnasse est un mouvement poétique qui naît au cours de la deuxième moitié du XIXe siècle. Le nom de ce mouvement vient du mont Parnasse en Grèce, considéré comme un lieu sacré par les poètes parce qu'il accueillait Apollon et ses neuf Muses. Les poètes du Parnasse éprouvent une profonde aversion pour les valeurs bourgeoises matérialistes et mercantiles qu'ils jugent vulgaires et prônent « l'art pour l'art ».

II Les principes majeurs du Parnasse

L'opposition au romantisme	Contrairement aux auteurs romantiques, les parnassiens considèrent que l'art ne doit pas être le support d'une contestation sociale ou politique. Ils jugent ridicules les épanchements mélancoliques et les confidences autobiographiques. Théophile Gautier écrit qu'« Il n'y a de vraiment beau que ce qui ne peut servir à rien ; tout ce qui est utile est laid [...]. » (*Mademoiselle de Maupin*, 1835). Il fonde ainsi le principe d'un mouvement qui s'intéresse à « l'art pour l'art ».
Un idéal de beauté et de perfection formelle	Selon les auteurs parnassiens, l'art est réservé à une élite intellectuelle, seule à même de comprendre le sens de leurs poèmes. Ils accordent à l'esthétique une place fondamentale. Ils cultivent donc un lyrisme impersonnel, s'attachent à la richesse du vers et de la rime et exploitent les formes anciennes du Moyen Âge et celle du sonnet.
Un intérêt accru pour les mythes et les légendes	Les poètes parnassiens puisent leur inspiration dans les mythes antiques et exotiques, dans l'histoire des civilisations anciennes ou encore dans les paysages lointains. Ces sujets sont propices à une méditation philosophique. Ils louent la beauté à travers des figures mythiques comme les déesses de l'Antiquité ou les héroïnes célèbres comme celles de Shakespeare.

III Œuvres littéraires et auteurs essentiels

- Théophile Gautier : *Émaux et Camées*, 1852 (recueil poétique).
- Théodore de Banville : *Odes funambulesques*, 1857 (recueil poétique).
- Leconte de Lisle : *Poèmes barbares*, 1862 (recueil poétique).
- José Maria de Heredia : *Les Trophées*, 1893 (recueil poétique).

Le surréalisme (1924-1960)

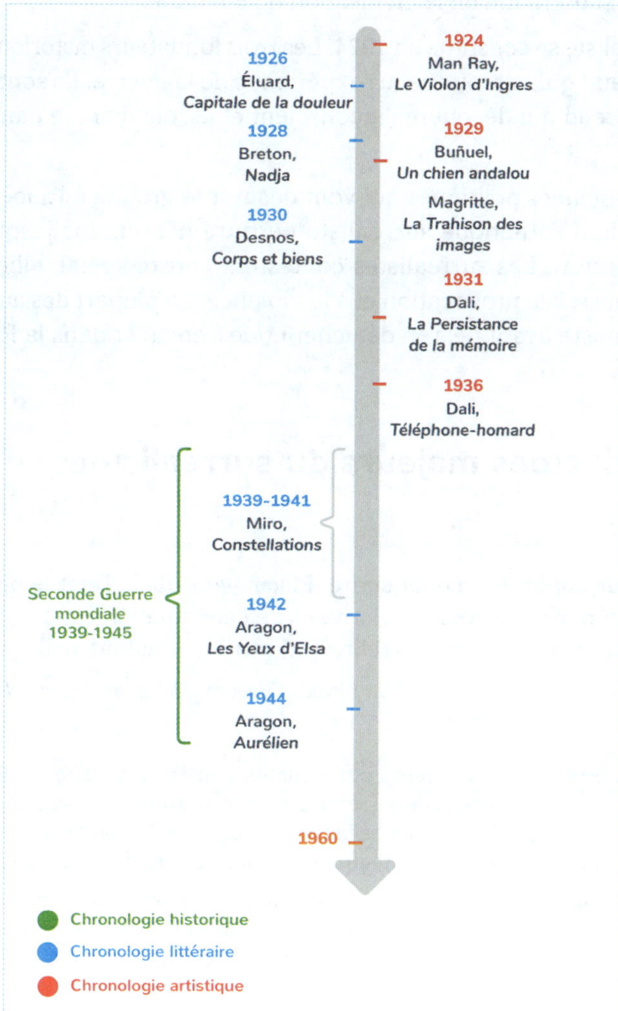

I Le contexte historique et les origines du surréalisme

De 1914 à 1918, la France et l'Allemagne s'opposent dans un conflit où sont entraînés la plupart des pays d'Europe. La guerre de tranchées fait des millions de morts. Les horreurs de ce conflit mondial suscitent un sentiment de dégoût et de révolte qui s'exprime par le rejet des idées et de l'art du XIXe siècle. Les intellectuels questionnent les valeurs et la suprématie de la civilisation occidentale.

Le groupe surréaliste se constitue en 1924. Les trois fondateurs historiques sont Breton, Aragon et Soupault qui ont tous vécu l'expérience de la guerre. Ils sont influencés par les travaux de Freud qui découvre l'inconscient et le rôle du rêve dans le psychisme humain.

Ce sont les divergences politiques qui vont désunir le groupe à l'aube de la Seconde Guerre mondiale. L'esthétique surréaliste perdure néanmoins jusqu'en 1966, à la mort d'André Breton. Les surréalistes contestent l'ordre social, allient la révolte à l'humour mais aussi à la provocation et à la violence. La plupart des auteurs adhèrent au parti communiste avant de s'en détacher et de s'engager dans la Résistance dans les années 1940.

II Les principes majeurs du surréalisme

Citation

« Faites-vous apporter de quoi écrire. Placez-vous dans l'état le plus passif ou réceptif que vous pourrez. Écrivez vite sans sujet préconçu, assez vite pour ne pas être tenté de vous relire. [...] continuez autant qu'il vous plaira.

André Breton, *Manifeste du surréalisme*, 1924

L'étude de l'inconscient, du rêve, de la folie	Les auteurs surréalistes veulent s'affranchir de la logique de la pensée et remonter aux sources secrètes de la création. Ils s'intéressent à la psychanalyse qui explore l'inconscient. Le rêve stimule l'imagination et leur ouvre des voies inédites.
Le renouvellement du lyrisme et l'importance de l'amour	Pour les auteurs surréalistes, la femme est un objet de désir, une source de bonheur, une muse qui offre à l'homme un refuge contre les atrocités du monde moderne.

De nouvelles formes de création	Pour les auteurs surréalistes, l'art est un instrument de libération et de révolte. Ils préconisent une création spontanée, hasardeuse et inconsciente. L'écriture automatique leur offre cette possibilité. De même, les jeux collectifs désarment la logique et favorisent les capacités poétiques (cadavres exquis, calligrammes, collages, etc.). Le poème en prose, le vers libre, le récit poétique et le roman sont leurs formes de prédilection.

III Œuvres littéraires et auteurs essentiels

- Paul Éluard : *Capitale de la douleur*, 1926 (recueil poétique).
- André Breton : *Nadja*, 1928 (recueil poétique).
- Robert Desnos : *Corps et bien*, 1930 (recueil poétique).
- Louis Aragon : *Les Yeux d'Elsa*, 1942 (recueil poétique).
- Louis Aragon : *Aurélien*, 1944 (roman).

IV Histoire des arts

Le surréalisme est le courant artistique le plus important du xxe siècle. Il regroupe poètes, romanciers, peintres, sculpteurs, photographes et cinéastes qui s'influencent mutuellement et parfois collaborent (roman-photo ; roman-collage ; poème-photo).

Pour les surréalistes, la création artistique est un moyen d'interroger les énigmes du monde et les secrets de la nature humaine. Le peintre René Magritte affirme que « toute chose ne saurait exister sans son mystère ». Les œuvres d'art tendent à exprimer le fonctionnement de la pensée.

L'art surréaliste rejette toutes les formes académiques pour laisser libre cours à l'imagination et à l'inconscient. Les artistes s'essayent à de nouvelles techniques : leurs œuvres sont souvent surprenantes, fantaisistes voire provocatrices. Certaines productions sont franchement inquiétantes et déstabilisantes. Elles rendent compte de la complexité de l'esprit, inspirent des questionnements métaphysiques.

■ *Œuvres d'art-clés*

- Man Ray : *Le Violon d'Ingres*, 1924 (photographie).
- Luis Buñuel : *Un chien andalou*, 1929 (cinéma).
- René Magritte : *La Trahison des images*, 1929 (peinture).
- Salvador Dali : *La Persistance de la mémoire*, 1931 (peinture).
- Joan Miro : *Constellations*, 1939-1941 (peinture).
- Salvador Dali : *Le Téléphone aphrodisiaque* ou *Le Téléphone homard*, 1936 (ready-made).

Le symbolisme (1880-1900)

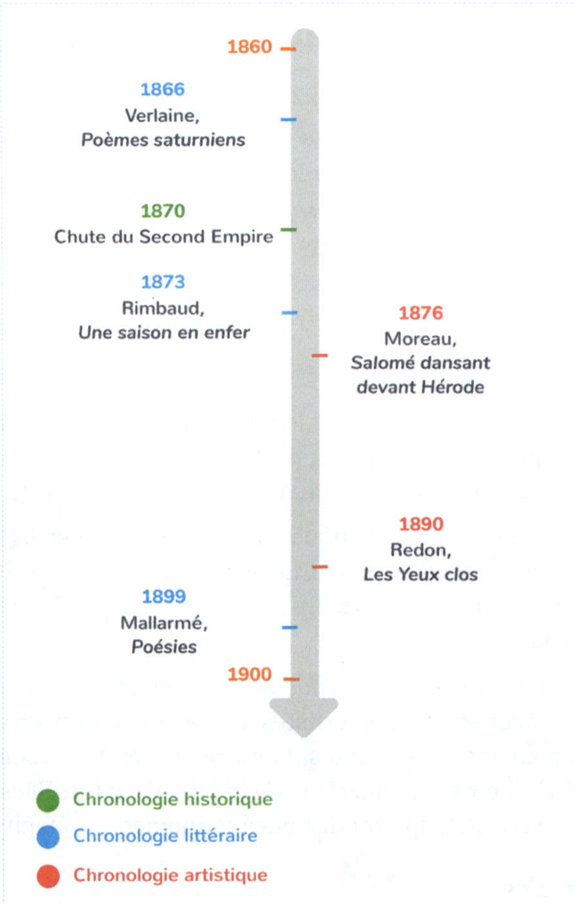

I Le contexte historique et les origines du symbolisme

Depuis la chute du Second Empire, survenue le 4 septembre 1870, le gouvernement français est démocratique. La IIIe République instaure des libertés fondamentales et favorisent l'émergence de nouveaux courants de pensée. Cette époque est également marquée par les progrès scientifiques et techniques qui préparent l'avènement d'un mode de vie moderne et du règne de la machine. Le positivisme, qui prône une approche scientifique, se développe.

Le symbolisme naît en réaction au positivisme. Les symbolistes s'opposent à une vision mécaniste de l'homme et de l'Univers. Ils rejettent le naturalisme et sa description objective de l'Univers. À l'expérience et à la raison, ils préfèrent la suggestion, l'irrationnel, la dérision. Ils ne sont pas non plus convaincus par les recherches formelles des Parnassiens.

II Les principes majeurs du symbolisme

Un esprit de contestation	Les auteurs symbolistes veulent s'affranchir de toute autorité, des valeurs bourgeoises et des contraintes formelles. Ils développent un pessimisme mélancolique. Ils utilisent des images morbides qui côtoient parfois l'ironie et la parodie.
Le pouvoir des mots et des images	Le mot « symbolisme » signifie ici « jeter ensemble ». Les auteurs souhaitent établir une analogie entre l'idée abstraite et l'image chargée de l'exprimer. L'évocation d'un paysage permet par exemple d'exprimer un état d'âme, d'amener le lecteur à la rêverie ou à la réflexion.
La théorie des correspondances	Pour les symbolistes, le monde ne se limite pas à une apparence concrète et rationnelle. Il est un mystère à déchiffrer par les correspondances ou synesthésies (lien entre les différents sens : le toucher, la vue, l'odorat, l'ouïe et le goût). Le poète symboliste est une sorte de mage qui saisit ce que les autres hommes ne voient pas.
De la liberté de la forme à l'hermétique du sens	Les poètes symbolistes jouent sur le rythme et la musicalité du vers, ils emploient des termes rares. Ils cherchent à créer des **impressions** plus que du sens, notamment par l'harmonie musicale. Verlaine privilégie le vers impair, Rimbaud, la forme du poème en prose, Mallarmé, le vers libre. Le langage des symbolistes devient peu à peu obscur et énigmatique.

III Œuvres littéraires et auteurs essentiels

- Paul Verlaine : *Poèmes saturniens*, 1866 ; *Jadis et naguère*, 1884 (recueils de poèmes).
- Arthur Rimbaud : *Une saison en enfer*, 1873 ; *Illuminations*, 1886-1895 (recueils de poèmes).
- Joris-Karl Huysmans, *À Rebours*, 1884 (roman).
- Stéphane Mallarmé : *Poésies*, 1899 (recueil de poèmes).
- Maurice Maeterlinck : *Pelléas et Mélisande*, 1893 (théâtre).

IV Histoire des arts

Le symbolisme littéraire est à l'origine d'un mouvement pictural à la fin du XIXe siècle. Le symbolisme pictural s'intéresse à l'imagination de son créateur et à celle du spectateur. Ce n'est plus le regard qui prime. L'œuvre poétique et critique de Baudelaire (précurseur du symbolisme) les influence considérablement.

Les sujets de prédilection des artistes symbolistes sont mythologiques, bibliques ou légendaires. L'univers qu'ils représentent est souvent onirique, étrange voire fantastique. Il s'agit de représenter un monde intérieur subjectif et non une réalité, de montrer ce qui se cache derrière les apparences. La femme est un de leur sujet central : fascinante, changeante et mystérieuse, elle peut devenir dangereuse.

Les peintres symbolistes rejettent les techniques académiques et cultivent un certain goût pour la provocation. En quête d'harmonie esthétique, on trouve une certaine sensualité dans leurs œuvres : les formes sont floues et les tons feutrés, les traits sont estompés.

■ *Œuvres d'art-clés*

- Gustave Moreau : *Salomé dansant devant Hérode*, 1876 (peinture).
- Odilon Redon : *Les Yeux clos*, 1890 (peinture).

L'absurde (1940-1960)

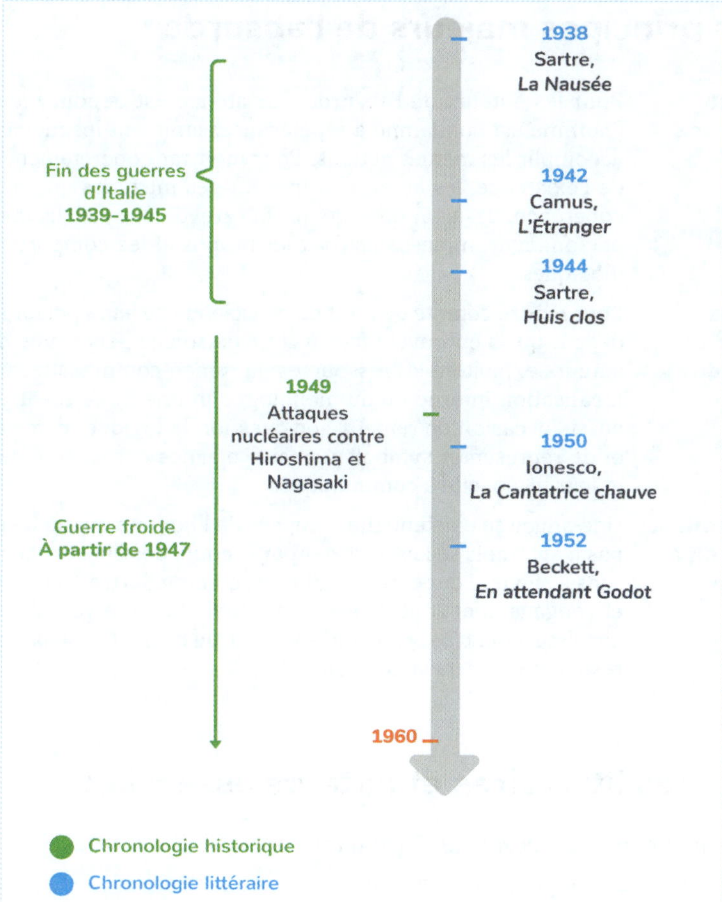

I Le contexte historique et les origines de l'absurde

Après la Seconde Guerre mondiale, les intellectuels remettent en cause les philosophies idéalistes et s'interrogent sur leur propre rôle. Les héritiers de l'humanisme et des Lumières qui pensaient que le XXe siècle serait celui de la civilisation constatent qu'il est celui de la barbarie dans sa forme la plus insoutenable. Cette prise de conscience se traduit par des œuvres de révolte et par la naissance de philosophies de la condition humaine.

Le monde moderne, avec ses progrès techniques et scientifiques, son économie croissante mais instable, ses divergences idéologiques, apparaît comme un univers menaçant où la paix semble bien fragile. La guerre froide (1945-1989) et l'invention de l'arme nucléaire accentuent ce climat d'inquiétude.

II Les principes majeurs de l'absurde

L'absurdité de l'existence	Pour les auteurs de l'absurde, l'existence est dépourvue de sens et l'homme est condamné à répéter incessamment les mêmes gestes, à accomplir les mêmes actions. Pour montrer concrètement l'absurdité de l'existence, les auteurs proposent des intrigues qui manquent de cohérence, des situations qui parfois n'évoluent pas. Ils inventent des personnages impuissants dont les propos et les comportements sont illogiques.
Les formes littéraires de l'absurde	Pour rendre compte de l'état de conscience de leurs personnages et du dégoût qu'ils éprouvent face à cette existence dépourvue de sens, les auteurs exploitent les ressources du roman comme la technique de la focalisation interne ou du monologue intérieur. Le théâtre leur offre aussi l'occasion de remettre en question la logique même du langage et de représenter symboliquement l'errance désespérée des hommes et leur incapacité à communiquer.
De l'absurdité à la révolte ou à la dérision	Une angoisse existentielle s'empare de l'homme quand il ne se décide pas à agir mais se laisse porter par le cours des choses sans donner de sens à sa vie. Pour certains auteurs, comme Sartre ou Camus, l'action et l'engagement sont donc essentiels si l'homme veut dépasser cette angoisse. Pour d'autres, comme Ionesco ou Beckett, la seule échappatoire reste l'humour ou la dérision.

III Œuvres littéraires et auteurs essentiels

- Jean-Paul Sartre : *La Nausée*, 1938 (roman).
- Albert Camus : *L'Étranger*, 1942 (roman).
- Jean-Paul Sartre : *Huis clos*, 1944 (pièce de théâtre).
- Eugène Ionesco : *La Cantatrice chauve*, 1950 (pièce de théâtre).
- Samuel Beckett : *En attendant Godot*, 1952 (pièce de théâtre).

Le nouveau roman (1950-1980)

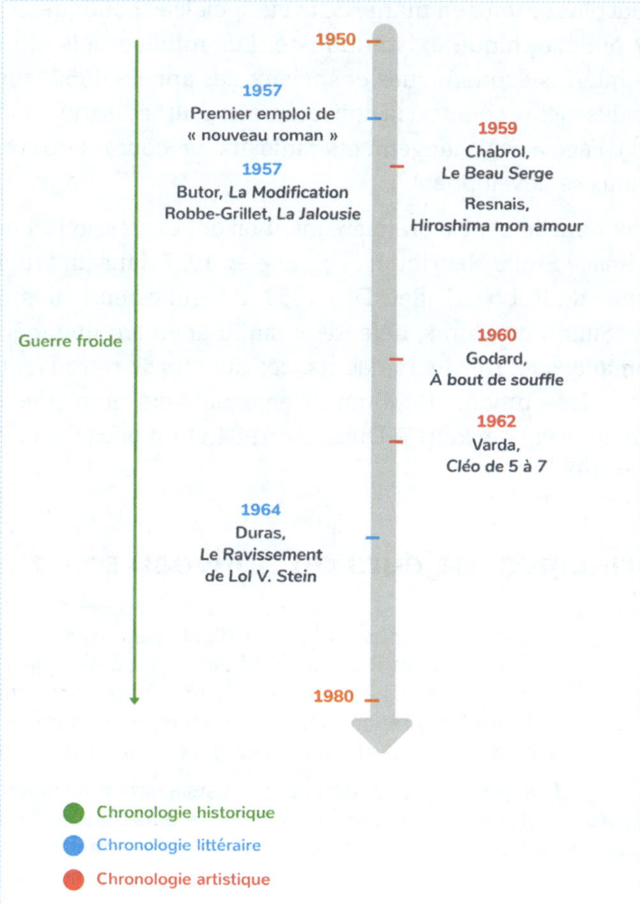

I Le contexte historique et les origines du nouveau roman

Avec la fin de la Seconde Guerre mondiale, la France entre dans une nouvelle phase de civilisation dont on retrouve les échos dans la vie culturelle. Il faut rebâtir le pays, redonner de l'importance à l'art et à la création. Il faut aussi dépasser le Mal, le génocide, la monstruosité du nazisme.

L'écrivain ne peut plus se tenir en marge de la vie sociale et politique, ce que démontre le mouvement philosophique existentialiste. Les intellectuels ont le désir de se démarquer des intérêts économiques et sociaux des années 1950 (augmentation de la production industrielle, course à la consommation, urbanisation, montée de l'individualisme, etc.). Face à ces changements radicaux, un courant de contestation, une littérature du refus se développent.

On attribue traditionnellement la première mention de l'expression « nouveau roman » au critique du *Monde* Émile Henriot. Il l'emploie en 1957 dans un article consacré au roman *La Jalousie* de Robbe-Grillet. Dès 1953, de jeunes écrivains, Robbe-Grillet, Butor, Sarraute, Simon ou Duras, défendent simultanément une même conception de l'écriture romanesque. Dès leurs débuts, ces auteurs se retrouvent au sein d'une maison d'édition : les Éditions de Minuit. L'ensemble du mouvement est consacré par l'attribution du prix Goncourt à Duras en 1984 et du prix Nobel de littérature à Claude Simon en 1985.

II Les principes majeurs du nouveau roman

La fin de l'intrigue	Le roman n'est plus « l'écriture d'une aventure mais l'aventure d'une écriture » (Jean Ricardou). L'histoire racontée par le livre devient accessoire. Elle ne respecte plus un déroulement chronologique et ordonné mais repose sur des jeux temporels, sur une impression de décousu. Le récit est froid et neutre, il n'a plus un rôle moral ou politique.
L'effacement du personnage au profit des objets	Les romanciers remettent en cause la notion de héros traditionnel et préfèrent donner une image floue de leurs personnages. Le lecteur les identifie mal, ils n'ont pas de qualité ou de caractéristique particulière. Cette dissolution du personnage est associée à une prolifération d'objets qui imposent leur présence menaçante dans un univers déshumanisé. Ainsi, ils sont souvent décrits de façon extrêmement méticuleuse.
Une énonciation problématique	Les romanciers brouillent les marques de l'énonciation et de la focalisation. Les pronoms sujets utilisés sont nombreux, changeants, indéterminés. Les phrases sont polyphoniques. Le point de vue narratif adopté peut être changeant ou être celui d'un personnage mêlant le temps présent et le temps du souvenir.

III Œuvres littéraires et auteurs essentiels

- Nathalie Sarraute : *Tropismes*, 1939 (recueil de récits).
- Michel Butor : *La Modification*, 1957 (roman).
- Alain Robbe-Grillet : *La Jalousie*, 1957 (roman).
- Marguerite Duras : *Le Ravissement de Lol V. Stein*, 1964 (roman).
- Marguerite Duras : *L'Amant*, 1984 (roman).

IV Histoire des arts

Comme les auteurs du nouveau roman ont réinventé le genre romanesque, les jeunes cinéastes de la nouvelle vague (souvent critiques aux *Cahiers du cinéma*) révolutionnent le cinéma français dans les années 1960. Ils adoptent des techniques de tournage et d'écriture novatrices. Romanciers et réalisateurs vont parfois collaborer le temps d'un film ou de l'adaptation d'un roman. Ils ont en commun de vouloir renouveler les formes et les processus de création existants.

La nouvelle vague revendique l'idée que le cinéaste est un artiste, un auteur et non un technicien ou un artisan. Elle s'affranchit des règles d'écriture et des formes traditionnelles :

- les histoires sont simples ;
- les héros ordinaires sont joués par des acteurs inconnus ;
- les dialogues sont rudimentaires et parfois improvisés.

■ *Œuvres d'art-clés*

- Claude Chabrol : *Le Beau Serge*, 1959 (film).
- Alain Resnais : *Hiroshima mon amour*, 1959 (film adapté du roman de Duras).
- Jean-Luc Godard : *À bout de souffle*, 1960 (film).
- Agnès Varda : *Cléo de 5 à 7*, 1962 (film).

PARTIE II

ÉTUDE DE LA LANGUE

SOMMAIRE

Les classes et les fonctions grammaticales

I Les classes grammaticales

Définition **La classe grammaticale (ou nature d'un mot)** est la catégorie à laquelle un mot appartient.

A Les classes grammaticales ou natures de mots variables

Il existe **5 classes de mots variables.**

1. Le nom

Définition **Le nom** désigne un être, une chose ou une idée.

■ Exemple
L'**écrivain** ne dit que par une **habitude** prise dans le **langage** insincère des **préfaces** et des **dédicaces** : « mon **lecteur** ».

Marcel Proust, *Le Temps retrouvé*, 1927

2. Le verbe

Définition **Le verbe** exprime une action ou un état.

Verbe	**Exemple**
Verbe transitif direct (+ COD)	Je **lis** un livre.
Verbe transitif indirect (+ COI)	Je **téléphone** à Paul. /Je **rêve** de voyager.
Verbe intransitif (sans complément essentiel)	Je **dors**.
Verbe d'état (+ attribut du sujet)	Je **suis** impatient.

Les verbes d'état sont : être, paraître, sembler, demeurer, avoir l'air, passer pour, devenir, rester, mourir, naître.

3. L'adjectif qualificatif

Définition **L'adjectif qualificatif** enrichit le nom avec lequel il s'accorde, ou précise une propriété.

■ Exemple

La **véritable** tragédie, c'est qu'il n'y a pas de diable pour vous acheter votre âme.

Romain Gary, *La Promesse de l'aube*, 1960

4. Le déterminant

Définition **Le déterminant** précède le nom pour former un groupe nominal.

Déterminant	**Exemple**
Article défini	le, la, les
Article indéfini	un, une, des
Article partitif	du, de l', de la
Déterminant démonstratif	ce, cette, cet, ces
Déterminant possessif	mon, ton, son/ma, ta, sa/mes, tes, ses/ notre, votre, leur(s)
Déterminant indéfini	certains, chaque, tout(e), tous, aucun, etc.
Déterminant cardinal	un, deux, trois, etc.
Déterminant ordinal	premier, deuxième, etc.
Déterminant interrogatif/exclamatif	quel, quelle, quels, quelles

5. Le pronom

Définition **Le pronom** tient la place d'un nom. Il le remplace, notamment pour éviter les répétitions.

Pronom	**Exemple**
Pronom personnel	je, me, moi, etc.
Pronom adverbial	en, y
Pronom indéfini	on, tous, aucun, etc.
Pronom relatif	qui, que, quoi, dont, où, lequel (et ses composés)
Pronom démonstratif	celui, celle, ceux, celles, ce, celui-ci, celle-là, ceci, cela
Pronom possessif	le mien, les miennes, le(s) nôtre(s), le(s) vôtre(s), le(s) leur(s), etc.
Pronom ordinal	le premier, le deuxième, etc.
Pronom interrogatif	qui, que, quoi, lequel (et ses composés)

B Les classes grammaticales ou natures de mots invariables

Il existe **5 classes de mots invariables**.

1. La préposition

Définition **La préposition** est un mot de liaison qui introduit un complément indirect (COI, complément du nom, complément d'agent, complément circonstanciel). On ne peut pas la supprimer. Les mots suivants sont des prépositions : à, dans, sur, chez, par, pour, en, vers, avec, de, sans, sous, etc.

■ Exemple

Sous le pont Mirabeau coule la Seine

Guillaume Apollinaire, « Le Pont Mirabeau », *Alcools* 1913

2. L'adverbe

Définition **L'adverbe** est un mot qui modifie le sens d'un autre mot ou qui apporte une nuance. On peut généralement l'enlever, le remplacer par un autre ou le déplacer.

Adverbe	**Exemple**
Adverbe de manière	bien, mieux, vite, debout, ainsi, ensemble, exprès, lentement, gentiment, soudainement (tous les adverbes en –ment), etc.
Adverbe de lieu	ici, là, ailleurs, dedans, dehors, dessus, dessous, partout, autour, devant, derrière, etc.
Adverbe de fréquence ou de temps	hier, demain, aujourd'hui, enfin, déjà, après, depuis, longtemps, toujours, maintenant, jamais, souvent, etc.
Adverbe de quantité ou d'intensité	peu, très, trop, si, assez, autant, beaucoup, davantage, environ, moins, fort, etc.
Adverbe d'affirmation	oui, soit, volontiers, absolument, vraiment, etc.
Adverbe de négation	non, ne, point, pas
Adverbe interrogatif	où, quand, comment, pourquoi, combien, etc.
Adverbe exclamatif	quand, que, etc.

3. La conjonction de coordination

Définition **La conjonction de coordination** est un mot qui relie deux éléments de même nature et de même fonction. Il en existe sept : mais, ou, et, donc, or, ni, car.

■ Exemple

Mais Paris est un véritable océan. Jetez-y la sonde, vous n'en connaîtrez jamais la profondeur.

Honoré de Balzac, *Le Père Goriot*, 1835

4. La conjonction de subordination

Définition **La conjonction de subordination** est un mot qui introduit une proposition subordonnée. Les mots suivants sont des conjonctions de subordination : que, parce que, bien que, si, comme, pour que, avant que, etc.

■ Exemple

La beauté on sait **que** ça meurt, et comme ça on sait **que** ça existe

Louis-Ferdinand Céline, *L'Église*, 1933

5. L'interjection

Définition **L'interjection** est un mot qui rend compte d'un sentiment vif (plaisir, soulagement, déception, etc.), d'un ordre ou d'un appel. Les mots suivants sont des interjections : Ah ! Oh ! Hein ! Hélas ! Halte ! Hé ! Ouf !

■ Exemple

Hélas ! Et qu'ai-je fait que de vous trop aimer ?

Jean Racine, *Bérénice*, 1670

II Les fonctions grammaticales

Définition **La fonction grammaticale** est le rôle que joue un mot ou un groupe de mots dans la phrase. Elle peut être en rapport avec le verbe, le nom, l'adjectif ou la phrase.

A Les fonctions liées au verbe

1. Le sujet

Définition **Le sujet** est un constituant obligatoire de la phrase (sauf quand le verbe est à l'impératif). Il régit le verbe qui s'accorde avec lui en personne, en genre et en nombre.

■ **Exemple**

Tchen tenterait-il de lever la moustiquaire ?

André Malraux, *La Condition humaine*, 1933

■ **Exemple**

Depuis cinq ans entiers, chaque jour **je** la vois,
Et crois toujours la voir pour la première fois.

Jean Racine, *Bérénice*, 1670

■ **Exemple**

Et **le combat** cessa faute de combattants.

Pierre Corneille, *Le Cid*, 1637

■ **Exemple**

Aimer est le grand point, qu'importe la maîtresse ?
Qu'importe le flacon pourvu qu'on ait l'ivresse.

Alfred de Musset, *La Coupe et les Lèvres*, 1831

2. Le complément d'objet direct

Définition **Le complément d'objet direct** est le complément essentiel d'un verbe transitif direct, à la voix active :

- il désigne ce sur quoi porte l'action.
- il répond à la question : « Quoi ? »

■ **Exemple**

Ô temps, suspends **ton vol** !

Alphonse de Lamartine, « Le Lac », *Les Méditations poétiques*, 1820

3. Le complément d'objet indirect

Définition **Le complément d'objet indirect** est le complément essentiel d'un verbe transitif indirect, à la voix active :

- il est introduit par une préposition.
- il désigne ce sur quoi porte l'action ou son destinataire.
- il répond à l'une de ces questions : « À qui/quoi ? », « De qui/quoi ? »

■ Exemple

Et l'amour se rira **de l'Enfer et du Ciel** !

Charles Baudelaire, « Lesbos », *Les Fleurs du Mal*, 1857

4. Le complément d'objet second

Définition **Le complément d'objet second** est le deuxième complément essentiel d'un verbe transitif direct, à la voix active :

- il est donc toujours associé à un COD et il est introduit par une préposition.
- il désigne le destinataire de l'action.

■ Exemple

Le matin, Mme de Tourvel, en partant, a remis une lettre **au Concierge du Château**.

Pierre Choderlos de Laclos, *Les Liaisons dangereuses*, 1782

5. L'attribut du sujet

Définition **L'attribut du sujet** se trouve après un verbe d'état, il exprime une qualité ou une propriété du sujet.

■ Exemple

Ce voyageur ailé, comme il est **gauche** et **veule** !
Lui, naguère si beau, qu'il est **comique** et **laid** !

Charles Baudelaire, « L'Albatros », *Les Fleurs du Mal*, 1861

6. L'attribut du COD

Définition **L'attribut du COD** exprime une qualité ou une propriété du COD. On le trouve après les verbes exprimant le jugement, l'appréciation, le changement d'état ou permettant de nommer.

■ Exemple

Selon que vous serez puissant ou misérable,
Les jugements de Cour vous rendront **blanc** ou **noir**.

Jean de La Fontaine, « Les Animaux malades de la peste », *Fables*, 1678

7. Le complément d'agent

Définition Dans une phrase passive, **le complément d'agent** désigne celui qui fait l'action, l'agent de l'action. Il est introduit par les prépositions **par** ou **de** et exprime une qualité ou une propriété du COD. On le trouve après les verbes exprimant le jugement, l'appréciation, le changement d'état ou permettant de nommer.

■ **Exemple**

M. de Nemours fut tellement surpris **de sa beauté** que, lorsqu'il fut proche d'elle, et qu'elle lui fit la révérence, il ne put s'empêcher de donner des marques de son admiration.

Madame de La Fayette, *La Princesse de Clèves*, 1678

Certains compléments peuvent être **essentiels** au groupe verbal. Ils ne peuvent être ni supprimés ni déplacés :

– complément **essentiel de lieu** ;

■ **Exemple**

… elle regarda **tout autour d'elle**, lentement, comme quelqu'un qui se réveille d'un songe.

Gustave Flaubert, *Madame Bovary*, 1857

– complément **essentiel de temps** ;

■ **Exemple**

Le mari travaillait, le soir, à mettre au net les comptes d'un commerçant, et la nuit, souvent, il faisait de la copie à cinq sous la page. Et cette vie dura **dix ans**.

Guy de Maupassant, « La Parure », 1884

– complément **essentiel de mesure** (poids, distance).

■ **Exemple**

Sa perte à ses vainqueurs coûtera **bien des larmes**.

Jean Racine, *Iphigénie*, 1674

B Les fonctions liées au nom

1. L'épithète liée ou détachée

Définition **L'épithète liée** est un adjectif qui exprime une qualité ou une propriété du nom. Elle est collée au nom.

■ Exemple

Il lança sur cette ruche bourdonnant un regard qui semblait par avance en pomper le miel, et dit ces mots **grandioses** : « À nous deux maintenant ! »

Honoré de Balzac, *Le Père Goriot*, 1835

Définition **L'épithète détachée** est un adjectif qui exprime une qualité ou une propriété du nom. Elle est séparée du nom par une virgule.

■ Exemple

Je m'en irai bientôt, au milieu de la fête,
Sans que rien manque au monde, **immense et radieux** !

Victor Hugo, « Les Feuilles d'automne », 1831

2. Le complément du nom

Définition **Le complément du nom** peut être un nom ou un équivalent du nom (groupe nominal, pronom, infinitif, etc.). Il se construit le plus souvent avec les prépositions **à** ou **de**.

■ Exemple

Et il en venait à penser qu'il payait pour les autres, les pères, les grands-pères, qui avaient bu, les générations **d'ivrognes** dont il était le sang gâté, un lent empoisonnement, une sauvagerie qui le ramenait avec les loups mangeurs de femmes, au fond des bois.

Émile Zola, *La Bête humaine*, 1890

3. L'apposition

Définition **L'apposition** peut être un nom ou un équivalent du nom (groupe nominal, pronom, infinitif, etc.), qui apporte une précision sur le nom qu'il complète.

■ Exemple

Souvent, pour s'amuser, les hommes d'équipage
Prennent des albatros, **vastes oiseaux des mers**.

Charles Baudelaire, « L'Albatros », *Les Fleurs du Mal*, 1861

C La fonction liée à l'adjectif : le complément de l'adjectif

Définition **Le complément de l'adjectif** apporte des précisions sur l'adjectif. Ce peut être un nom, un équivalent du nom (groupe nominal ; pronom ; infinitif ; etc.). Il est généralement introduit par une préposition.

■ Exemple

Tous ces galants de cour, dont les femmes sont folles,
Sont bruyant dans leurs faits et vains dans leurs paroles.

Molière, *Tartuffe*, 1664

D Les fonctions liées à la phrase : les compléments circonstanciels

Définition **Le complément circonstanciel** enrichit la phrase et précise les circonstances d'une action ou d'un état. Il n'est pas essentiel à la phrase et peut être déplacé ou supprimé.

Il existe plusieurs types de compléments circonstanciels :

– le complément **circonstanciel de lieu** ;

■ Exemple

Je ne sens pas cette livrée infâme,
Car j'ai **dans ma poitrine** une hydre aux dents de flamme
Qui me serre le cœur dans ses replis ardents.

Victor Hugo, *Ruy Blas*, 1838

– le complément **circonstanciel de temps** ;

■ Exemple

Longtemps, je me suis couché de bonne heure.

Marcel Proust, *Du côté de chez Swann*, 1913

– le complément **circonstanciel d'accompagnement** ;

■ **Exemple**

Venez au bal **avec mon frère**, ajouta-t-elle d'un ton fort sec.

Stendhal, *Le Rouge et le Noir*, 1830

– le complément **circonstanciel de moyen** ;

■ **Exemple**

Je reconnus Vénus et ses feux redoutables,
D'un sang qu'elle poursuit, tourments inévitables.
Par des vœux assidus je crus les détourner.

Jean Racine, *Phèdre*, 1677

– le complément **circonstanciel de manière** ;

■ **Exemple**

L'orchestre cessa de jouer. Une danse se terminait. La piste s'était vidée **lentement**.

Marguerite Duras, *Le Ravissement de Lol V. Stein*, 1964

– le complément **circonstanciel d'opposition** ;

■ **Exemple**

Oui, Cinna, **contre moi**, moi-même je m'irrite
Quand je songe aux dangers où je te précipite.

Pierre Corneille, *Cinna*, 1641

– le complément **circonstanciel de cause** ;

■ **Exemple**

J'étouffe **de fureur**.

Beaumarchais, *Le Barbier de Séville*, 1775

– le complément **circonstanciel de conséquence** ;

■ **Exemple**

Moi qui frémissais
Toujours je ne sais
De quelle colère
Deux bras ont suffi
Pour faire à ma vie
Un grand collier d'air

Louis Aragon, *Le Roman inachevé*, 1956

– le complément **circonstanciel de condition** ;

■ **Exemple**

Il ne sert à rien d'être jeune **sans être belle**, ni d'être belle **sans être jeune.**

François de La Rochefoucauld, *Les Maximes*, 1664

– le complément **circonstanciel de comparaison** ;

■ **Exemple**

… étrange exception à la règle éternelle qui veut que la force, **comme la beauté**, résulte de l'harmonie.

Victor Hugo, *Notre-Dame de Paris*, 1831

– le complément **circonstanciel de concession** ;

■ **Exemple**

Comme à mon ennemi je t'ai donné la vie,
Et **malgré la fureur de ton lâche dessein,**
Je te la donne encore comme à mon assassin…

Pierre Corneille, *Cinna*, 1641

– le complément **circonstanciel de but**

■ **Exemple**

Elle alla crier famine
Chez la fourmi sa voisine,
La priant de lui prêter
Quelque grain **pour subsister**
Jusqu'à la saison nouvelle.

Jean de La Fontaine, « La Cigale et la Fourmi », *Fables*, 1668

Les accords

I L'accord dans le groupe nominal

A L'accord de l'adjectif qualificatif avec le nom : règle générale

– L'adjectif qualificatif s'accorde **en genre et en nombre avec le nom** auquel il se rapporte.

■ Exemple

Le ciel si **pâle** et les arbres si **grêles**
Semblent sourire à nos costumes **clairs**

Paul Verlaine, *Fêtes galantes*, 1869

– L'adjectif qualificatif s'accorde au **masculin pluriel** lorsqu'il se rapporte à **deux noms**, même si l'un d'entre eux est féminin.

■ Exemple

Leurs idées et leurs principes **communs**

B L'accord de l'adjectif de couleur

– L'adjectif de couleur **s'accorde avec le nom** s'il est employé seul.

■ Exemple

La Terre est **bleue** comme une orange.

Paul Éluard, « La Terre est bleue comme une orange », *L'Amour la poésie*, 1929

– L'adjectif de couleur reste **invariable** s'il est **suivi d'un complément**.

■ Exemple

Et quand vous êtes en robe bleu pâlissant
Vous semblez Notre-Dame des fleurs ô voisine

Guillaume Apollinaire, « Poèmes à Yvonne », *Œuvres poétiques*, 1903

– La plupart des **adjectifs de couleur issus d'un nom** sont **invariables** (marron, turquoise, orange).

■ Exemple

Elles retrouvèrent un petit chapeau de peluche, à longs poils, couleur **marron**.

Gustave Flaubert, « Un cœur simple », *Trois contes*, 1877

C L'accord de l'adjectif composé

– Lorsque l'adjectif composé est formé de deux adjectifs, ceux-ci s'accordent avec le nom.

■ Exemple

Les réprimandes, d'abord **aigres-douces**, devinrent vives et dures.

Honoré de Balzac, *Pierrette*, 1840

– Lorsque l'adjectif composé est formé d'un adverbe ou d'une préposition et d'un adjectif, seul l'adjectif s'accorde avec le nom.

■ Exemple

Les paupières **entre-closes**, elle se tordait la taille, balançait son ventre avec des ondulations de houle.

Gustave Flaubert, « Hérodias », *Trois contes*, 1877

II L'accord entre le sujet et le verbe

A L'accord du verbe avec le sujet : règle générale

Le verbe s'accorde en **genre et en nombre avec son sujet**.

B L'accord du verbe avec plusieurs sujets

Lorsque le verbe a plusieurs sujets coordonnés ou juxtaposés, il s'accorde généralement au **pluriel**.

■ Exemple

Et le regard de vos femmes, et le teint de vos filles **sont** les seuls qui ne suscitent en nous ni la brutalité ni le désir, mais cette angoisse du cœur et de la joie qui est l'horizon de la guerre.

Jean Giraudoux, *La guerre de Troie n'aura pas lieu*, 1935

C L'accord du verbe avec le sujet : cas particuliers

– Le verbe est toujours au **singulier** avec les **indéfinis chacun(e), aucun(e), pas un(e)**, même lorsqu'ils sont suivis d'un nom au pluriel.

■ Exemple

Chacun des trois hommes **était enfoncé** dans ses réflexions.

Émile Zola, *Pot-Bouille*, 1882

– Le verbe est toujours au **pluriel** avec un sujet commençant par **la plupart de**.

■ Exemple

La plupart des femmes n'**ont** guère de principes ; elles se conduisent par le cœur, et dépendent pour leurs mœurs de ceux qu'elles aiment.

Jean de La Bruyère, *Les Caractères*, 1688

– Le verbe s'accorde **généralement au pluriel** (mais parfois au singulier) avec un sujet commençant par **une foule de, un groupe de, un certain nombre de, une multitude de**, etc.

■ Exemple

Une foule d'écrivains, pendant dix ans, n'**ont cessé** de commenter les ouvrages de Kant.

Madame de Staël, *De l'Allemagne*, 1813

■ Exemple

Les uns courent se jeter dans la rivière de Narva, et une foule de soldats y **fut noyée**.

Voltaire, *De l'Empire de Russie sous Pierre Le Grand*, 1759-1763

III L'accord du participe passé

A L'accord du participe passé avec l'auxiliaire « être »

Lorsqu'il est employé avec l'auxiliaire « être », le participe passé s'accorde **en genre et en nombre avec le sujet**.

■ Exemple

S'étaient-ils **reconnus** lorsqu'elle était passée près de lui ?

Marguerite Duras, *Le Ravissement de Lol V. Stein*, 1964

B L'accord du participe passé avec l'auxiliaire « avoir »

Lorsqu'il est employé avec l'auxiliaire « avoir », le participe passé ne s'accorde **jamais avec le sujet**. En revanche, il s'accorde **avec le COD** lorsque celui-ci est **placé avant** le verbe.

■ Exemple

Il n'aima pas comment elle était habillée. Une étoffe qu'il n'**aurait** pas **choisie**. Il avait des idées sur les étoffes.

Louis Aragon, *Aurélien*, 1944

■ Exemple

Notre vie tu l'**as faite** elle est ensevelie

Paul Éluard, *Le temps déborde*, 1947

Récapitulatif

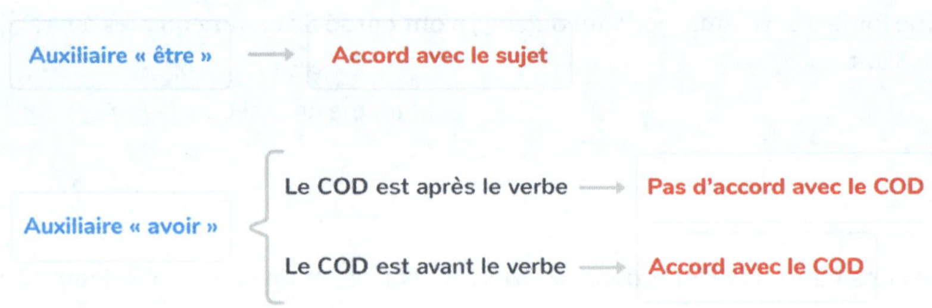

L'accord du participe passé avec les auxiliaires « être » et « avoir »

C L'accord du participe passé avec un verbe pronominal

1. L'accord du participe passé avec un verbe essentiellement pronominal

Définition **Un verbe essentiellement pronominal** est un verbe qui **n'existe que sous la forme pronominale**. Les verbes suivants sont pronominaux : se souvenir, s'évanouir, se méfier, etc.

■ Exemple

La preuve que la liberté est l'idéal divin de l'homme, c'est qu'elle est le premier rêve de la jeunesse, et qu'elle ne **s'évanouit** dans notre âme que quand le cœur se flétrit et que l'esprit s'avilit ou se décourage.

Alphonse de Lamartine, *Graziella*, 1852

Lorsqu'il est employé avec un verbe essentiellement pronominal, le participe passé **s'accorde toujours avec le sujet**.

■ Exemple

Et pour sa voix, lointaine, et calme, et grave, elle a
L'inflexion des voix chères qui **se sont tues**.

Paul Verlaine, *Poèmes saturniens*, 1866

2. L'accord du participe passé avec un verbe occasionnellement pronominal

Définition **Un verbe occasionnellement pronominal** est un verbe **qui existe sous la forme pronominale et sous la forme non pronominale**. Les verbes suivants sont pronominaux : se rappeler, se demander, demander, etc.

■ Exemple

Je **me souviens** du moins d'une grande fille magnifique qui avait dansé tout l'après-midi. Elle portait un collier de jasmin sur sa robe bleue collante, que la sueur mouillait depuis les reins jusqu'aux jambes.

Albert Camus, *Noces*, 1938

Lorsque le participe passé est employé avec un verbe occasionnellement pronominal, il **s'accorde avec le pronom réfléchi si celui-ci est un COD** placé avant le verbe.

■ **Exemple**

Dire juste ça, nous nous sommes **détruits** l'un l'autre, **annulés**, le mot que je cherche, **annulés** l'un l'autre, **empêchés**.

Jean-Luc Lagarce, *Le Pays lointain*, 1995

Piège

Le pronom réfléchi n'est pas toujours COD. Il peut être COI ou COS.

■ **Exemple**

Ils **se** sont écrit des lettres pendant des années.

Interprétation

Le pronom réfléchi **se** est COI donc le participe passé reste au singulier.

Récapitulatif

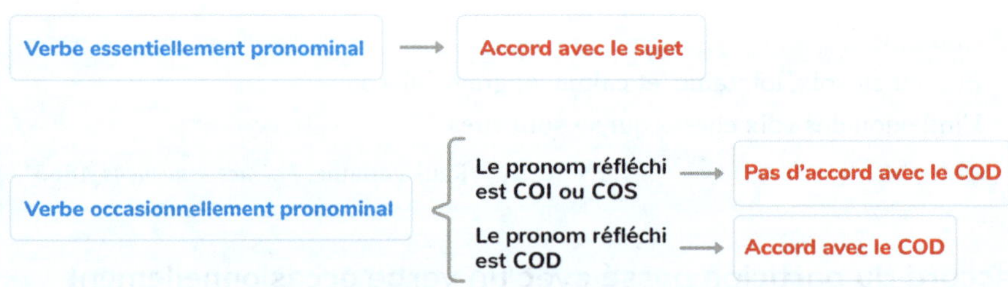

L'accord du participe passé avec un verbe pronominal

Le verbe : emplois et valeurs

I Introduction : les principales valeurs verbales

Les formes verbales peuvent avoir trois valeurs.

A La valeur temporelle

La valeur temporelle est la valeur de base de la plupart des formes verbales. Elle situe le fait ou l'action sur la ligne du temps : **avant** (antériorité), **pendant** (simultanéité) ou **après** (postériorité) le moment de référence.

■ **Exemple**

Quand mes parents **décidèrent** que j'**irais** faire mon droit à Paris, de longues discussions eurent lieu pour régler toutes choses. Le chiffre de ma pension **avait** d'abord **été fixé** à deux mille cinq cent francs.

Guy de Maupassant, « La Patronne », 1884

Interprétation

Dans cet extrait, le moment de référence est évoqué au passé simple (**décidèrent**). Le conditionnel (**irais**) exprime le futur dans le passé (postériorité) et le plus-que-parfait (**avait été fixé**) évoque un passé antérieur au moment de référence.

Récapitulatif

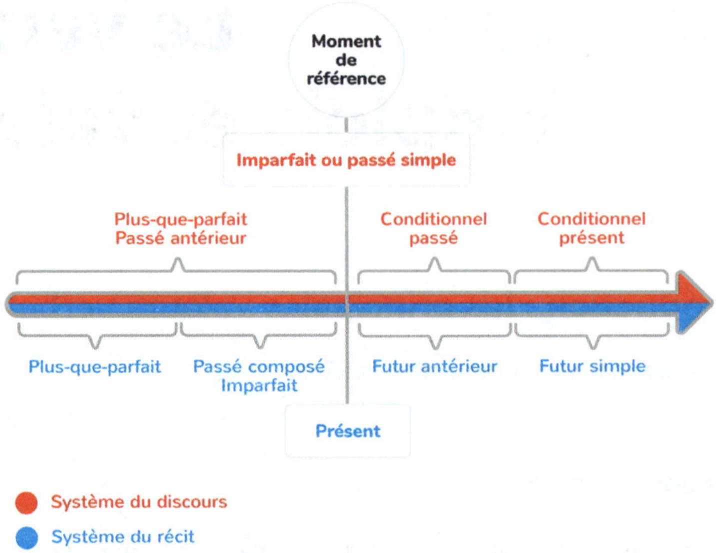

Les systèmes du récit et du discours

B La valeur aspectuelle

La valeur aspectuelle indique si le fait ou l'action est accompli(e) ou non accompli(e). Les formes simples de l'indicatif ont toutes une valeur aspectuelle d'accompli et les formes composées de l'indicatif une valeur aspectuelle d'inaccompli.

Exemple

Lol V. Stein **est née** ici, à S. Tahla, et elle y **a vécu** une grande partie de sa jeunesse. [...] Elle a un frère plus âgé qu'elle de neuf ans [...].

Marguerite Duras, *Le Ravissement de Lol V. Stein*, 1964

Interprétation

Dans cet extrait, les verbes au passé composé (**est née**, **a vécu**) évoquent des faits accomplis, révolus, et le verbe au présent (**a**) évoque un fait inaccompli, inachevé car appartenant à un présent encore en cours.

C La valeur modale

La valeur modale traduit le degré de certitude ou d'incertitude. On distingue trois valeurs modales :

- **le potentiel** : le fait est présenté comme possible ;
- **l'irréel du présent** : le fait est présenté comme irréel ou impossible au moment présent ;
- **l'irréel du passé** : le fait est présenté comme possible dans le passé mais non réalisé.

■ Exemple

Je **serais** très heureux que tu viennes.

Interprétation

Ici, la venue est possible (potentiel).

■ Exemple

Si tu n'étais pas malade, je **serais** heureux que tu viennes.

Interprétation

La venue est impossible au moment présent en raison de la maladie (irréel du présent).

■ Exemple

J'**aurais été** très heureux que tu viennes.

Interprétation

La venue était possible dans le passé mais n'a pas été réalisée (irréel du passé).

■ Exemple

Ce que je veux dire, ce que je voulais dire, c'est que tout va bien
et **tu aurais tort**, tu aurais eu tort, en effet, de t'inquiéter pour nous.

Jean-Luc Lagarce, *Le Pays lointain*, 1995

Interprétation

Dans cette phrase, le personnage se corrige et remplace le conditionnel présent (tu aurais tort) par un conditionnel passé (tu aurais eu tort) : le personnage passe ainsi du potentiel à l'irréel du passé pour suggérer que l'interlocuteur ne s'est en fait pas inquiété.

II L'indicatif

A Les formes simples de l'indicatif

Les formes simples de l'indicatif ont toutes une **valeur aspectuelle d'inaccompli**.

1. Le présent

a. Les valeurs temporelles du présent

Présent d'énonciation : il renvoie au moment où l'énoncé est prononcé.	Je **suis** aujourd'hui toute seule dans ma chambre par l'excès de ma mauvaise humeur. Madame de Sévigné, *Lettre à Madame de Grignan*, 1671
Présent de vérité générale : il renvoie à un temps indéfini et permet d'exprimer une généralité ou un fait valable de tout temps.	La raison du plus fort **est** toujours la meilleure. Jean de La Fontaine, « Le Loup et l'Agneau » *Fables*, 1668
Présent de description : il sert à caractériser quelque chose ou quelqu'un.	Phédon **a** les yeux creux, le teint échauffé, le corps sec et le visage maigre ; il **dort** peu, et d'un sommeil fort léger. Jean de La Bruyère, *Les Caractères*, 1688
Présent d'habitude ou de répétition : il évoque un fait ou une action qui se reproduit.	Souvent, pour s'amuser, les hommes d'équipage **Prennent** des albatros, vastes oiseaux des mers Charles Baudelaire, « L'Albatros » *Les Fleurs du Mal*, 1861

b. Les valeurs modales du présent

Ordre : il remplace l'impératif.	Tu **vas** le dire tout de suite, hurla la dame. Marguerite Duras, *Moderato Cantabile*, 1958.
Potentiel : il évoque un fait présenté comme possible, dans une proposition subordonnée d'hypothèse introduite par « si ».	L'homme, quelque plein de tristesse qu'il soit, si on **peut** gagner sur lui de le faire entrer en quelque divertissement, le voilà heureux pendant ce temps-là. Blaise Pascal, *Pensées*, 1670

c. Autre valeur du présent

Le présent peut être employé ponctuellement dans un récit à la place d'un passé simple : on l'appelle dans ce cas **présent de narration**.

■ Exemple

Il ne me restait plus qu'à voler ; je me **fais** banquier de pharaon : alors, bonnes gens, je **soupe** en ville, et les personnes dites *comme il faut* m'**ouvrent** poliment leur maison.

Beaumarchais, *Le Mariage de Figaro*, 1784

2. L'imparfait

a. Les valeurs temporelles de l'imparfait

Durée : il évoque un fait ou une action ayant lieu dans le passé et dont la durée est indéterminée.	La nuit **tombait**, la plaine était froide et vague, de grandes brumes **montaient** dans la clarté crépusculaire. Victor Hugo, *Les Misérables*, 1862
Action de second plan : il évoque les circonstances secondaires sur lesquelles se détachent les faits principaux du récit, racontés au passé simple.	Le temps **commençait** à changer lorsqu'ils arrivèrent à Naples. Madame de Staël, *Corinne ou l'Italie*, 1807
Description : il sert à caractériser quelque chose ou quelqu'un dans le passé.	Le nouveau **était** un gars de la campagne, d'une quinzaine d'années environ, et plus haut de taille qu'aucun de nous tous. Il **avait** les cheveux coupés droit sur le front, [...] l'air raisonnable et fort embarrassé. Gustave Flaubert, *Madame Bovary*, 1857
Habitude ou répétition : il évoque un fait qui se reproduit dans le passé.	Quelquefois elle **ouvrait** la bouche, sans avoir la force d'achever quelques mots qu'elle **commençait**. L'Abbé Prévost, *Manon Lescaut*, 1731

b. La valeur modale de l'imparfait

L'imparfait peut également avoir une valeur modale d'**irréel du présent**. Dans ce cas, il évoque un fait présenté comme irréel au moment présent, dans une proposition subordonnée d'hypothèse introduite par **si**.

■ Exemple

Si nous n'**avions** point d'orgueil, nous ne nous plaindrions pas de celui des autres.

François de La Rochefoucauld, *Maximes*, 1665

3. Le passé simple

Le passé simple n'a qu'**une valeur temporelle, celle d'action de premier plan**. Il évoque les faits principaux, les actions ponctuelles du récit, par opposition à l'imparfait.

■ Exemple

Il **parut** alors une beauté à la cour qui **attira** les yeux de tout le monde.

Madame de La Fayette, *La Princesse de Clèves*, 1678

4. Le futur simple

a. Les valeurs temporelles du futur simple

Certitude : il évoque un fait à venir présenté comme certain.	Je **vivrai**, je **suivrai** vos ordres absolus. Adieu, Seigneur, régnez, vous ne me **verrez** plus. Jean Racine, *Bérénice*, 1670
Vérité générale : il évoque un fait valable de tout temps.	Selon que vous **serez** puissant ou misérable, Les jugements de cour vous **rendront** blanc ou noir. Jean de La Fontaine, « Les Animaux malades de la peste » *Fables*, 1678

b. La valeur modale du futur simple

Le futur simple peut également avoir une valeur modale d'**ordre**. Il remplace l'impératif dans certains contextes.

■ Exemple

Vous m'**attendrez** demain toute la matinée
Chez vous, dans la maison que je vous ai donnée.

Victor Hugo, *Ruy Blas*, 1838

5. Le conditionnel présent

a. La valeur temporelle du conditionnel présent

Le conditionnel présent peut avoir une valeur temporelle, celle de **futur dans le passé**. Dans un contexte passé, il évoque un fait à venir.

■ Exemple

Elle souhaitait un fils ; il **serait** fort et brun, elle l'**appellerait** Georges.

Gustave Flaubert, *Madame Bovary*, 1857

b. Les valeurs modales du conditionnel présent

Potentiel : il évoque un fait présenté comme possible.	C'est peut-être la seule au monde Dont le cœur au mien **répondrait**, Qui venant dans ma nuit profonde D'un seul regard l'**éclaircirait** !... Gérard de Nerval, *Odelettes*, 1853

Irréel du présent : il évoque un fait présenté comme irréel ou impossible dans le présent.	Du meilleur de mon cœur je **voudrais** vous complaire : Que me **coûterait**-il, si je le pouvais faire ? Molière, *L'École des femmes*, 1662
Atténuation : il est utilisé pour exprimer une demande ou un souhait de manière polie.	Que vous **seriez** bon, Monsieur, dit la dame, de vouloir bien ramasser mon éventail, qui est derrière ce canapé ! Gustave Flaubert, *Madame Bovary*, 1857

B Les formes composées de l'indicatif

Les formes composées de l'indicatif ont toutes une **valeur aspectuelle d'accompli**.

1. Le passé composé

Le passé composé a une valeur d'**accompli et/ou d'antériorité par rapport au présent**.

■ Exemple

Aujourd'hui, maman **est morte**. Ou peut-être hier, je ne sais pas.

Albert Camus, *L'Étranger*, 1942

2. Le plus-que-parfait

a. La valeur temporelle

Le plus-que-parfait a une valeur d'**accompli et/ou d'antériorité par rapport à l'imparfait**.

■ Exemple

Dantès toucha l'obstacle avec ses mains et reconnut qu'il **avait atteint** une poutre. Cette poutre traversait ou plutôt barrait entièrement le trou qu'**avait commencé** Dantès.

Alexandre Dumas, *Le Comte de Monte-Cristo*, 1844-1846

b. La valeur modale

Le plus-que-parfait peut avoir une valeur modale d'**irréel du passé**. Il évoque dans ce cas un fait présenté comme possible dans le passé mais non réalisé, dans une proposition subordonnée d'hypothèse introduite par **si**.

■ Exemple

S'ils m'**avaient regardé**, je crois que j'aurais lancé la bombe. Pour éteindre au moins ce regard triste. Mais ils regardaient toujours devant eux.

Albert Camus, *Les Justes*, 1949

3. Le passé antérieur

Le passé antérieur a une valeur d'**accompli et/ou d'antériorité par rapport au passé simple ou à l'imparfait**.

■ Exemple

Quand la caissière lui **eut rendu** la monnaie de sa pièce de cent sous, Georges Duroy sortit du restaurant.

Guy de Maupassant, *Bel-Ami*, 1885

4. Le futur antérieur

Le futur antérieur a une valeur d'**accompli et/ou d'antériorité par rapport au futur**.

■ Exemple

La guerre sera bientôt finie et bientôt tu pourras retourner en Algérie [...]. Et ce temps d'incertitude dans laquelle nous sommes tous, tu l'**auras traversé** ici.

Bernard-Marie Koltès, *Retour au désert*, 1988

5. Le conditionnel passé

a. La valeur temporelle

Le conditionnel passé a une valeur d'**accompli et/ou d'antériorité par rapport au conditionnel présent**.

■ Exemple

On m'avait promis que je ne mourrais que lorsque je l'**aurais décidé** moi-même.

Eugène Ionesco, *Le roi se meurt*, 1963

b. La valeur modale

Le conditionnel passé peut avoir une valeur modale d'**irréel du passé** : il évoque un fait qui aurait été possible dans le passé mais qui ne s'est pas réalisé.

■ Exemple

Je t'aimais inconstant, qu'**aurais**-je **fait** fidèle ?

Jean Racine, *Andromaque*, 1667

III L'impératif

L'impératif n'a **pas de valeur temporelle**, il a **uniquement une valeur modale**. Il exprime l'**ordre**, le **souhait** ou le **conseil**.

> ■ Exemple
>
> Femme, **réveille-toi** ; le tocsin de la raison se fait entendre dans tout l'univers ; reconnais tes droits.
>
> Olympe de Gouges, *Déclaration des droits de la femme et de la citoyenne*, 1791

IV Le subjonctif

Le subjonctif n'a **pas de valeur temporelle** car il ne permet pas de situer l'action chronologiquement par rapport au moment de l'énonciation.

La distinction entre le subjonctif présent et le subjonctif passé n'est pas temporelle mais **aspectuelle** :

- le subjonctif présent évoque un fait **non accompli** ;
- le subjonctif passé un fait envisagé **comme accompli**.

Toutes les formes du subjonctif ont une **valeur modale** : le subjonctif est employé dès lors que le fait évoqué est présenté comme appartenant non pas à la réalité mais au **monde des possibles** (potentiel, irréel du présent, irréel du passé).

Récapitulatif

Règle de concordance des temps dans la langue littéraire :

- on utilise **le subjonctif présent ou passé** dans une subordonnée, quand le verbe de la principale est au **présent**, au **passé composé** ou au **futur**.
- on utilise le **subjonctif imparfait ou plus-que-parfait** dans une subordonnée, quand le verbe de la principale est à l'**imparfait**, au **plus-que-parfait**, au **futur antérieur** ou au **conditionnel**.

Toutefois, dans la langue courante, les subjonctifs imparfait et plus-que-parfait ne sont plus employés et sont remplacés par les subjonctifs présent et passé.

A Le subjonctif employé dans une proposition indépendante ou principale

Le subjonctif employé dans une proposition indépendante peut avoir diverses valeurs modales.

Souhait	**Puissent** tous les hommes se souvenir qu'ils sont frères ! Voltaire, *Traité sur la tolérance*, 1763
Ordre	Que le plus coupable de nous **Se sacrifie** aux traits du céleste courroux Jean de La Fontaine, « Les Animaux malades de la peste », *Fables*, 1678
Indignation	moi Héron que je **fasse** Une si pauvre chère ? Et pour qui me prend-on ? Jean de La Fontaine, « Le Héron », *Fables*, 1678
Irréel du passé : dans la langue littéraire, le subjonctif plus-que-parfait peut être utilisé à la place du conditionnel passé.	Ma sœur du fil fatal **eût armé** votre main. Mais non, dans ce dessein je l'aurais devancée. L'amour m'en **eût** d'abord **inspiré** la pensée. Jean Racine, *Phèdre*, 1677

B Le subjonctif employé dans une proposition subordonnée complétive

Le subjonctif est employé dans la subordonnée complétive lorsque la proposition principale exprime :

La volonté, le souhait (vouloir que, demander que, exiger que, souhaiter que, attendre que)	Je voudrais que cette assemblée n'**eût** qu'une seule âme pour marcher à ce grand but, à ce but magnifique, à ce but sublime, l'abolition de la misère ! Victor Hugo, « Discours sur la misère », 1849
L'obligation (il faut que, il est nécessaire que)	Non, puisque vous voulez me suivre, faible femme, Il faut que vous **sachiez** quel nom, quel rang, quelle âme, Quel destin est caché dans le pâtre Hernani. Victor Hugo, *Hernani*, 1830
La permission ou l'interdiction (permettre que, accepter que, empêcher que)	Je me les sers moi-même, avec assez de verve Mais je ne permets pas qu'un autre me les **serve**. Edmond Rostand, *Cyrano de Bergerac*, 1897

La possibilité, l'éventualité (il se peut que, il arrive que, il est possible que) **ou le doute, l'incertitude,** (douter que, il est impossible que)	Elle fut étonnée de n'avoir point encore pensé combien il était peu vraisemblable qu'un homme comme M. de Nemours, qui avait toujours fait paraître tant de légèreté avec les femmes, **fût** capable d'un attachement sincère et durable. Elle trouva qu'il était presque impossible qu'elle **pût** être contente de sa passion. Madame de La Fayette, *La Princesse de Clèves*, 1678
La crainte (craindre que)	Vous l'accusiez pourtant, quand votre âme alarmée Craignait qu'en expirant ce fils vous **eût nommée** Pierre Corneille, *Rodogune*, 1647
L'appréciation personnelle (préférer que, aimer que, se réjouir que, déplorer que, s'étonner que)	Je m'étonne, Messieurs, a-t-il ajouté, qu'on **ait mené** si grand bruit autour de cet asile. Albert Camus, *L'Étranger*, 1942

C Le subjonctif employé dans une proposition subordonnée circonstancielle

Le subjonctif est employé dans les propositions subordonnées circonstancielles exprimant :

Le but (afin que, pour que, de façon que)	pour que ce **fût** plus champêtre, la famille s'installa sur l'herbe sans table ni sièges. Guy de Maupassant, « Une partie de campagne », 1881
La concession (bien que, quoique)	Ne me contraignez point, lui dit-elle, à vous avouer une chose que je n'ai pas la force de vous avouer, quoique j'en **aie eu** plusieurs fois le dessein. Madame de La Fayette, *La Princesse de Clèves*, 1678
La condition, l'hypothèse (à condition que, à moins que, pourvu que, soit que… soit que…)	soit qu'elle **essayât** de la dégager ou bien qu'elle **répondît** à cette pression, elle fit un mouvement des doigts Gustave Flaubert, *Madame Bovary*, 1857
Le temps (antériorité) (avant que, jusqu'à ce que)	La vue de la petite madeleine ne m'avait rien rappelé avant que je n'y **eusse goûté** Marcel Proust, *Du côté de chez Swann*, 1913
La manière niée (sans que)	Dans un mois, dans un an, comment souffrirons-nous, […] Que le jour recommence et que le jour finisse, Sans que jamais Titus **puisse** voir Bérénice, Sans que de tout le jour je **puisse** voir Titus ! Jean Racine, *Bérénice*, 1670
La cause niée (non que)	Non que je **veuille** à Rome imputer quelque crime : Du grand art de régner elle suit la maxime ; […] Mais ne permettez pas qu'elle vous y contraigne Pierre Corneille, *Nicomède*, 1651

Piège

Après que est toujours suivi de l'indicatif.

■ **Exemple**

Une année après que **je meurs**, que je suis mort ?

Jean-Luc Lagarce, *Le Pays lointain*, 1995

D Le subjonctif employé dans une proposition subordonnée relative

Le subjonctif est employé dans les propositions subordonnées relatives :

– lorsque l'antécédent renvoie à quelqu'un ou quelque chose dont l'existence est niée ou présentée comme non avérée ;

■ **Exemple**

Quant aux ingrats, il n'en est point
Qui ne **meure** enfin misérable.

Jean de La Fontaine, *Fables*, 1668

– lorsque l'antécédent comporte un superlatif ;

■ **Exemple**

Dépositaire de tous les secrets de mon cœur, je vais vous confier le plus grand projet que j'**aie** jamais **formé**.

Pierre Choderlos de Laclos, *Les Liaisons dangereuses*, 1782

– lorsque l'antécédent est un pronom indéfini (qui que, quoi que, où que).

■ **Exemple**

J'ai donné ordre à mon coureur de vous chercher où que vous soyez […].

Jean-Jacques Rousseau, *La Nouvelle Héloïse*, 1761

Les relations au sein de la phrase complexe

Phrase **simple**	**Un seul verbe conjugué**
Phrase **complexe**	**Plusieurs verbes conjugués**

Astuce

Pour savoir si une phrase est simple ou complexe, on repère les verbes conjugués. Si la phrase en contient plusieurs, elle est complexe.

Exemple

Leurs yeux se **rencontrèrent**.

Gustave Flaubert, *L'Éducation sentimentale*, 1869

Interprétation

C'est une phrase simple.

Exemple

L'homme n'**est** qu'un roseau, le plus faible de la nature, mais c'**est** un roseau pensant.

Blaise Pascal, *Pensées*, 1670

Interprétation

C'est une phrase complexe.

I La structure d'une phrase complexe

Définition **Une phrase complexe** contient plusieurs propositions.

Définition **Une proposition** est une structure grammaticale qui contient au moins **un sujet et un verbe conjugué** à un mode personnel.

Piège

Une proposition peut prendre place, être enchâssée, à l'intérieur d'une autre.

■ **Exemple**

[Après un dernier moment d'attente et d'anxiété, [**pendant lequel l'excès de l'émotion mettait Julien comme hors de lui**], dix heures sonnèrent à l'horloge] [qui était au-dessus de sa tête].

Stendhal, *Le Rouge et le Noir*, 1830

Pour analyser la structure d'une phrase complexe, on procède en deux temps.

1. On compte le nombre de propositions que contient la phrase en s'aidant des verbes conjugués.

■ **Exemple**

[Elle était assise au milieu d'un banc, toute seule] ; [ou du moins il ne distingua personne dans l'éblouissement] [que lui envoyèrent ses yeux].

Gustave Flaubert, *L'Éducation sentimentale*, 1869

Interprétation

Il y a 3 verbes conjugués, donc 3 propositions.

2. On détermine comment les propositions sont reliées :

– **juxtaposition** (présence de signes de ponctuation [,], [;], [:]) ;

■ **Exemple**

Jusqu'à ma douzième année à peu près, mon histoire tient en quelques lignes ; j'ai perdu mon père à quatre ans, ma mère à six ; j'ai passé la guerre dans diverses pensions de Villard-de-Lans.

Georges Perec, *W ou le Souvenir d'enfance*, 1975

– **coordination** (présence d'une conjonction de coordination ou d'un adverbe de liaison) ;

■ **Exemple**

Monsieur le baron était un des plus puissants seigneurs de Westphalie **car** son château avait une porte et des fenêtres.

Voltaire, *Candide*, 1759

– **subordination** (présence d'un pronom relatif ou d'une conjonction de subordination).

■ Exemple

Je forme une entreprise **qui** n'eut jamais d'exemple et **dont** l'exécution n'aura point d'imitateur.

Jean-Jacques Rousseau, *Les Confessions*, 1765

II Les types de propositions dans une phrase complexe

Remarque

Tous les types de propositions peuvent cohabiter dans une phrase complexe.

A La proposition indépendante

Définition **La proposition indépendante** ne dépend d'aucune proposition et aucune proposition ne dépend d'elle.

■ Exemple

L'automne me surprit au milieu de mes incertitudes ; j'entrais avec ravissement dans le mois des tempêtes.

François-René de Chateaubriand, *René*, 1802

B La proposition principale

Définition **La proposition principale** est la proposition dont dépend une (ou plusieurs) autre proposition qui ne peut pas exister sans elle.

■ Exemple

Mme de Rênal regardait les grosses larmes qui s'étaient arrêtées sur les joues si pâles d'abord et maintenant si roses de ce jeune paysan.

Stendhal, *Le Rouge et le Noir*, 1830

C La proposition subordonnée

Définition **La proposition subordonnée** dépend d'une autre proposition (la principale) et ne peut exister sans elle.

■ **Exemple**

Mme de Rênal regardait les grosses larmes qui s'étaient arrêtées sur les joues si pâles d'abord et maintenant si roses de ce jeune paysan.

Stendhal, *Le Rouge et le Noir*, 1830

III La nature d'une proposition subordonnée

On distingue la nature des propositions subordonnées en fonction de la **classe grammaticale** de l'outil subordonnant **qui les introduit**.

A La proposition subordonnée relative

La proposition subordonnée relative est introduite par **un pronom relatif** (qui, que, quoi, dont, où, lequel et ses composés).

La relative joue souvent le rôle d'adjectif.

■ **Exemple**

Dépositaire de tous les secrets de mon cœur, je vais vous confier le plus grand **projet** que j'aie jamais formé.

Pierre Choderlos de Laclos, *Les Liaisons dangereuses*, 1782

Interprétation

Ici, la relative joue le rôle d'adjectif, elle est complément de l'antécédent « projet ».

B La proposition subordonnée conjonctive

1. La proposition subordonnée conjonctive complétive

La proposition subordonnée conjonctive complétive est introduite par une **conjonction de subordination** (que, à ce que, de ce que, en ce que). Elle est essentielle pour le sens de la phrase, elle complète le verbe de la proposition principale et peut être COD ou COI.

La complétive est souvent l'équivalent d'un groupe nominal.

■ **Exemple**

Le corbeau, honteux et confus
Jura, mais un peu tard, qu'on ne l'y prendrait plus.

Jean de La Fontaine, « Le Corbeau et le Renard », *Fables*, 1668

Interprétation

Si l'on supprime la proposition subordonnée conjonctive complétive, la phrase n'a plus de sens. Ici, elle est COD du verbe **jura**.

2. La proposition subordonnée conjonctive circonstancielle

La proposition subordonnée conjonctive circonstancielle est introduite par **une conjonction de subordination** (quand, bien que, comme, pour que, si bien que). Elle n'est pas essentielle pour le sens de la phrase.

La circonstancielle joue souvent le rôle d'adverbe.

■ **Exemple**

Ah ! Seigneur ! Songez-vous-en vous-même
Combien ce mot cruel est affreux quand on aime.

Jean Racine, *Bérénice*, 1670

Interprétation

Si l'on supprime la proposition subordonnée conjonctive circonstancielle, la phrase a toujours du sens. Ici, elle est complément de temps.

Récapitulatif

La proposition subordonnée
- **La subordonnée relative** – **Pronom relatif** (qui, que, quoi, dont, où, etc.)
- **La subordonnée conjonctive** – **Conjonction de subordination**
  - **Complétive** (que, à ce que, de ce que, en ce que)
  - **Circonstancielle** (quand, bien que, comme pour que, si bien que)

Cas particulier

La proposition infinitive se distingue des autres propositions parce que son verbe est à l'infinitif (contrairement aux autres dont le verbe est conjugué à un mode personnel) :

- elle a toujours un sujet propre, différent du verbe de la principale ;
- elle n'est pas introduite par un outil de subordination ;
- elle fonctionne comme un complément du verbe ;
- elle est le plus souvent introduite par un verbe de perception : écouter, entendre, voir, regarder, etc.

Exemple

Et le ciel regardait **la carcasse** superbe
Comme une fleur s'épanouir.

Charles Baudelaire, « Une charogne », *Les Fleurs du Mal*, 1857

Les propositions subordonnées relatives

I Définition : la proposition subordonnée relative

Définition **La proposition subordonnée relative** est toujours **introduite** par un **pronom relatif** : qui, que, quoi, dont, où, lequel et ses composés.

Remarque

Le pronom relatif a toujours **une fonction** dans la subordonnée : sujet, COD, COI, complément de lieu, etc.

■ Exemple

Car j'ai dans la poitrine une hydre aux dents de flamme
Qui me serre le cœur dans ses replis ardents.

Victor Hugo, *Ruy Blas*, 1838

Interprétation

Ici, **qui** reprend « une hydre aux dents de flamme ». Le pronom relatif est donc sujet du verbe **serre**.

■ Exemple

Pour d'injustes lois que vous pouvez changer,
En d'éternels chagrins vous-même vous plonger !

Jean Racine, *Bérénice*, 1670

Interprétation

Ici, **que** reprend « d'injustes lois ». Le pronom relatif est donc COD du verbe **changer**.

Il existe **deux catégories** de subordonnées relatives :

- la proposition **subordonnée relative adjective (a un antécédent)** ;
- la proposition **subordonnée relative substantive (n'a pas d'antécédent)**.

II La proposition subordonnée relative adjective

A Les caractéristiques

- Elle est introduite par un pronom relatif : **qui, que, quoi, dont, où**.
- Elle est l'équivalent d'un **adjectif qualificatif épithète**.
- Elle est le plus souvent **complément de l'antécédent**.

Exemple

Un homme qui s'aimait sans avoir de rivaux
Passait dans son esprit pour le plus beau du monde.

Jean de La Fontaine, « L'Homme et son image », *Fables*, 1668

Interprétation

Ici, **homme** est l'antécédent de la proposition relative « qui s'aimait sans avoir de rivaux ».

B Les valeurs

1. La valeur explicative

- Elle n'est pas nécessaire au sens de la phrase et peut être supprimée.
- Elle est généralement séparée de la proposition principale par une virgule.

Exemple

L'épouvante m'en est restée, qui me fait encore frissonner.

Guy de Maupassant, *Le Horla*, 1887

2. La valeur déterminative

- Elle est nécessaire au sens de la phrase et ne peut pas être supprimée.
- Elle n'est pas séparée de la principale par une virgule.

Exemple

Les habitants de Paris sont d'une curiosité qui va jusqu'à l'extravagance.

Montesquieu, *Lettres persanes*, 1721

III La proposition subordonnée relative substantive

A Les caractéristiques

- Elle est introduite par un pronom relatif : **qui, quiconque, où, quoi.**
- Elle est l'équivalent d'un **adjectif qualificatif épithète.**
- Elle **n'a pas d'antécédent.**
- Elle est l'équivalent d'un **nom commun** (aussi appelé substantif).
- Elle est introduite par :
  - **un pronom relatif** : qui, quiconque, où, quoi.
  - **une locution relative** : ce que, ce qui, celui qui, etc.

■ Exemple

Mais qui peut vivre infâme est indigne du jour.

Pierre Corneille, *Le Cid*, 1637

B Les fonctions

La proposition subordonnée relative substantive peut prendre **toutes les fonctions** du nom commun ou du groupe nominal :

Sujet	Ainsi reçoive un châtiment soudain Quiconque ose pleurer un ennemi romain ! Pierre Corneille, *Horace*, 1640
COD	Il se rangea derrière une des fenêtres, qui servait de porte, pour voir ce que faisait Mme de Clèves. Madame de La Fayette, *La Princesse de Clèves*, 1678
Attribut du sujet	Je suis ce qui renaît quand le monde est détruit. Victor Hugo, *Les Châtiments*, 1852

Cas particulier

La proposition relative à valeur CONCESSIVE :

- elle est introduite par : qui, que, quoi que, quel… que, où que, quelque… que, tout… que ;
- elle a la même fonction qu'une subordonnée circonstancielle de concession.

■ **Exemple**

Quelque découverte qu'on ait faite dans le pays de l'amour-propre, il reste encore bien des terres inconnues.

François de La Rochefoucauld, *Maximes*, 1665

Cas particulier

La proposition relative à valeur ATTRIBUTIVE :

- elle est introduite par qui ;
- elle a la même fonction qu'un attribut ;
- elle est difficilement supprimable ;
- elle se trouve après un verbe de perception (voir, apercevoir, etc.) ou le verbe avoir.

■ **Exemple**

Je l'ai vu qui venait à notre rencontre.

Les propositions subordonnées conjonctives complétives

Définition **La proposition subordonnée conjonctive** complétive fonctionne **comme un nom**. Elle occupe une **fonction essentielle** dans la phrase. **Elle ne peut donc pas être supprimée** ou **déplacée**.

Conseil

Pour trouver la fonction de la proposition subordonnée conjonctive complétive, il faut toujours l'analyser par rapport à la proposition principale.

■ **Exemple**

Nous avouerons que notre héros était fort peu héros en ce moment.

Stendhal, *La Chartreuse de Parme*, 1839

Ici, la proposition subordonnée est COD du verbe de la proposition principale **avouerons**.

Astuce

Pour ne pas confondre la proposition subordonnée conjonctive complétive (introduite par une conjonction de subordination) et une subordonnée relative (introduite par un pronom relatif), il faut se rappeler que la conjonction de subordination n'a qu'un rôle d'outil de liaison mais aucune fonction dans la proposition subordonnée contrairement au pronom relatif qui reprend l'antécédent et qui a une fonction dans la subordonnée.

■ **Exemple**

Pour d'injustes lois que vous pouvez changer,
En d'éternels chagrins vous-même vous plonger !

Jean Racine, *Bérénice*, 1670

Ici, la proposition subordonnée relative est introduite par un pronom relatif. Ce pronom reprend l'antécédent « d'injustes lois ». Dans la subordonnée relative, le pronom est COD du verbe « changer » = « vous pouvez changer d'injustes lois ».

I La proposition subordonnée conjonctive complétive introduite par que, à ce que ou de ce que

La proposition subordonnée conjonctive complétive est introduite par une conjonction de subordination : **que** et **à ce que** ou **de ce que**.

Elle peut avoir différentes fonctions par rapport à la proposition principale :

Fonctions	Exemples
Sujet	Que Serge ait acheté ce tableau me dépasse, m'inquiète et provoque en moi une angoisse indéfinie. Yasmina Reza, *« Art »*, 1994
COD	Vois-tu, je sais que tu m'attends. Victor Hugo, « Demain dès l'aube », *Les Contemplations*, 1856
COI	Tu ne te doutes pas, mon ami, de ce que c'est que Venise. George Sand, *Lettres d'un voyageur*, 1837
Terme complétif d'un verbe impersonnel	Avec cela, il me semble que je ne me porte pas bien. Marivaux, *La Surprise de l'amour*, 1722
Complément du nom	Cette conviction que l'homme-en-tant-qu'espèce s'améliore avec le temps vient sans doute d'une confusion inconsciente avec l'homme-en-tant-qu'individu. René Barjavel, *La Nuit des temps*, 1968
Complément de l'adjectif	il est probable qu'il avait la fièvre Victor Hugo, *Les Misérables*, 1862
Complément d'un présentatif	Je les ai fait combattre, et voilà qu'ils sont morts ! Victor Hugo, *Hernani*, 1830

II La proposition subordonnée conjonctive complétive interrogative indirecte

La proposition subordonnée conjonctive complétive interrogative indirecte est introduite par un mot interrogatif : si, quel, qui, que, quoi, quel, ce que, comment, où, pourquoi.

- Elle est toujours COD ou COI du verbe de la proposition principale.
- Elle correspond à une interrogation mais est incluse dans une phrase affirmative donc elle ne s'achève pas par un point d'interrogation.

■ Exemple

On lui demanda juridiquement ce qu'il aimait le mieux d'être fustigé trente-six fois par tout le régiment, ou de recevoir à la fois douze balles de plomb dans la cervelle.

Voltaire, *Candide*, 1759

III La proposition subordonnée conjonctive complétive infinitive

La proposition subordonnée conjonctive complétive infinitive se distingue des autres propositions parce que son verbe est **à l'infinitif** (contrairement aux autres propositions dont le verbe est conjugué à un mode personnel) :

- Elle a toujours un **sujet propre, différent** du verbe de la proposition principale.
- Elle n'est pas introduite par un outil de subordination.
- Elle fonctionne **comme un complément du verbe**.
- Elle est le plus souvent introduite par un **verbe de perception** : écouter, entendre, voir, regarder, etc.

■ Exemple

Et le ciel regardait **la carcasse** superbe
Comme une fleur s'épanouir.

Charles Baudelaire, « Une charogne », *Les Fleurs du Mal*, 1857

Interprétation

Ici, la proposition subordonnée infinitive est COD du verbe de la proposition principale « regardait ».

Les propositions subordonnées conjonctives circonstancielles

I Les différentes propositions subordonnées conjonctives circonstancielles

Définition

Proposition subordonnée conjonctive circonstancielle. **La proposition subordonnée conjonctive circonstancielle apporte des précisions sur les circonstances** dans lesquelles a lieu la proposition principale. Elle joue le rôle de **complément circonstanciel.** Elle est introduite par une conjonction de subordination (quand, si, comme, etc.) ou une locution conjonctive (si bien que, avant que, même si, etc.).

Astuce

La proposition subordonnée conjonctive circonstancielle est **facultative**. La plupart du temps, elle peut être déplacée ou supprimée sans que la phrase soit incorrecte grammaticalement.

A La subordonnée conjonctive circonstancielle de temps

Définition

La subordonnée conjonctive circonstancielle de temps précise à quel moment se situent les actions de la proposition principale et de la proposition subordonnée : simultanément, avant ou après.

Piège

C'est toujours la proposition principale qui donne le repère.

– La subordonnée conjonctive circonstancielle de temps et la proposition principale peuvent avoir lieu **simultanément**.

■ Exemple

Nous étions à l'étude, quand le Proviseur entra suivi d'un nouveau habillé en bourgeois et d'un garçon de classe qui portait un grand pupitre.

Gustave Flaubert, *Madame Bovary*, 1857

– La proposition principale peut évoquer un fait **postérieur** à celui de la proposition subordonnée.

■ Exemple

Remuez votre champ dès qu'on aura fait l'août.

Jean de La Fontaine, « Le Laboureur et ses enfants », *Fables*, 1668

– La proposition principale peut évoquer un fait **antérieur** à celui de la proposition subordonnée.

■ Exemple

Elle parvint à rentrer dans la cuisine quelques moments avant qu'Orso ne parût.

Prosper Mérimée, *Colomba*, 1840

B La subordonnée conjonctive circonstancielle de cause et de conséquence

1. La subordonnée conjonctive circonstancielle de cause

Définition

La subordonnée conjonctive circonstancielle de cause indique le fait qui est à l'origine de celui de la proposition principale. Elle est introduite par puisque, sous prétexte que, parce que, vu que, étant donné que, du moment que, comme, etc.

■ Exemple

Il n'est point mort, puisqu'il respire en vous.

Jean Racine, *Phèdre*, 1677

2. La subordonnée conjonctive circonstancielle de conséquence

Définition **La subordonnée conjonctive circonstancielle de conséquence** indique le résultat du fait présenté dans la proposition principale. Elle est introduite par *de* telle sorte que, si bien que, si… que, tant que, pour… que, etc.

■ Exemple

Mme de Clèves n'était pas moins interdite, de sorte qu'ils gardèrent assez longtemps le silence.

Madame de La Fayette, *La Princesse de Clèves*, 1678

Astuce

Si la proposition subordonnée exprime une cause, sa conséquence sera exprimée dans la proposition principale.

■ Exemple

Il n'est point mort, puisqu'il respire en vous.

Jean Racine, *Phèdre*, 1677

La proposition principale « Il n'est point mort » exprime la conséquence et la proposition subordonnée « puisqu'il respire en vous » exprime la cause.

Astuce

Si la proposition subordonnée exprime une conséquence, sa cause sera exprimée dans la proposition principale.

■ Exemple

Mme de Clèves n'était pas moins interdite, de sorte qu'ils gardèrent assez longtemps le silence.

Madame de La Fayette, *La Princesse de Clèves*, 1678

La proposition principale « Mme de Clèves n'était pas moins interdite » exprime la cause et la proposition subordonnée « de sorte qu'ils gardèrent assez longtemps le silence » exprime la conséquence.

C La subordonnée conjonctive circonstancielle de but

Définition **La subordonnée conjonctive circonstancielle de but** indique dans quelle intention se fait l'action de la proposition principale. Elle exprime un projet, un souhait, une crainte qui peut ou non se réaliser. Elle est introduite par pour que, afin que, de peur que, etc.

■ Exemple

Dis quelquefois la vérité afin qu'on te croie quand tu mentiras.

Jules Renard, *Journal 1887-1910*, 1925-1927

Astuce

Pour distinguer le but de la conséquence il faut tenter de transformer la conséquence en cause. Si c'est impossible c'est un but.

■ Exemple

Mme de Clèves n'était pas moins interdite, de sorte qu'ils gardèrent assez longtemps le silence.

Madame de La Fayette, *La Princesse de Clèves*, 1678

Il est faux de dire « Mme de Clèves n'était pas moins interdite afin qu'ils gardent assez longtemps le silence. », donc la subordonnée exprime bien un but et non une conséquence.

D La subordonnée conjonctive circonstancielle de concession ou opposition

Définition **La subordonnée conjonctive circonstancielle de concession ou opposition** fonctionne sur un paradoxe : elle exprime une cause qui n'entraîne pas la conséquence prévue. Elle est introduite par bien que, quoique, pour… que, si… que, quelque… que, tout… que.

■ Exemple

Pour grands que soient les rois, ils sont ce que nous sommes.

Pierre Corneille, *Suréna*, 1674

E La subordonnée conjonctive circonstancielle de comparaison

Définition **La subordonnée conjonctive circonstancielle de comparaison** établit une analogie entre la proposition principale et la proposition subordonnée. Elle est introduite par **comme**.

■ Exemple

J'ai commencé ma vie comme je la finirai sans doute : au milieu des livres.

Jean-Paul Sartre, *Les Mots*, 1964

F La subordonnée conjonctive circonstancielle d'hypothèse ou de condition

Définition **La proposition subordonnée conjonctive circonstancielle d'hypothèse ou de condition** présente un fait qui doit se réaliser pour que la proposition principale se réalise.

- **L'hypothèse éventuelle** : elle propose une supposition pure et simple concernant le présent ou l'avenir.

■ Exemple

Écoute, Hugo, je n'ai pas reçu d'ordre à ton sujet. Mais si j'en reçois, tu dois savoir que je ferai ce qu'on me commandera.

Jean-Paul Sartre, *Les Mains sales*, 1948

- **L'hypothèse potentielle** : le fait proposé dans la proposition subordonnée d'hypothèse n'est pas encore réalisé mais il est possible qu'il le soit.

■ Exemple

Si l'émeute approche et gagne, il ferme précipitamment sa boutique et endosse rapidement son uniforme.

Victor Hugo, *Les Misérables*, 1862

– **L'irréel du présent** : le fait est présenté dans la proposition subordonnée comme irréel ou impossible au moment présent.

■ Exemple

Si j'habitais chez Madeleine ou si j'y venais davantage, je gagnerais la partie.

Jean Cocteau, *Les Parents terribles*, 1938

– **L'irréel du passé** : le fait est présenté comme possible dans le passé mais non réalisé.

■ Exemple

Si on m'avait demandé ce qu'était l'existence, j'aurais répondu de bonne foi que ça n'était rien.

Jean-Paul Sartre, *La Nausée*, 1938

G Les cas particuliers

Définition **La subordonnée conjonctive hypothético-concessive** exprime à la fois une hypothèse et une concession. Elle est introduite par quand bien même, quand même, même si.

■ Exemple

Mais bien entendu, les journaux diraient la même chose, même si tout allait mal.

Valery Larbaud, *Journal*, 1955

Définition **La subordonnée conjonctive hypothético-comparative** établit une comparaison avec un fait qui n'a pas eu lieu. Elle est introduite par comme si.

■ Exemple

Elle ne se levait pas pourtant, le tenait sur ses genoux, les regards perdus, rêvant, comme si les paroles du jeune ouvrier éveillaient en elle des pensées lointaines d'existence.

Émile Zola, *L'Assommoir*, 1877

II La proposition subordonnée participiale

Définition **La proposition subordonnée participiale** n'est pas introduite par un outil subordonnant :

- elle contient un verbe au participe présent ou passé ;
- elle a toujours un **sujet propre**, **différent** du verbe de la proposition principale ;
- elle apporte des nuances de **cause**, de **temps** ou de **condition**.

Exemple

Aussi espère-t-il bien, Dieu aidant, ne développer jamais sur la scène [...] que des choses pleines de leçons et de conseils.

Victor Hugo, préface de *Lucrèce Borgia*, 1833

Ici, la proposition subordonnée participiale apporte une nuance de condition.

L'interrogation : syntaxe, sémantique et pragmatique

I L'interrogation : définition et distinction

Définition Une interrogation est une proposition qui permet de poser une question, afin d'obtenir une information.

A L'interrogation totale

Définition **L'interrogation totale** est une interrogation qui porte sur **l'ensemble de la phrase**. La réponse attendue est nécessairement **oui ou non**.

■ **Exemple**

Tu es venu ; **nous sommes-nous jetés sur ta personne ? avons-nous pillé ton vaisseau ? t'avons-nous saisi et exposé aux flèches de nos ennemis ? t'avons-nous associé dans nos champs au travail de nos animaux ?**

Denis Diderot, *Supplément au voyage de Bougainville*, 1772

Ces questions attendent une réponse qui soit « oui » ou « non ». Pour chacune d'entre elles, c'est l'ensemble de la phrase qui fait l'objet de l'interrogation.

Remarque

Lorsque l'interrogation totale est indirecte, c'est-à-dire formulée dans une proposition subordonnée, elle est introduite par la conjonction de subordination **si**.

■ **Exemple**

Il a détourné les yeux et, toujours sans changer de position, m'a demandé **si** je ne parlais pas ainsi par excès de désespoir.

Albert Camus, *L'Étranger*, 1942

B L'interrogation partielle

Définition **L'interrogation partielle** est une interrogation qui ne porte que sur **un élément particulier de la phrase**. La réponse attendue n'est pas oui ou non.

■ **Exemple**

Eh ! mon dieu ! lui dit Candide en hollandais, que fais-tu là, mon ami, dans l'état horrible où je te vois ?

Voltaire, *Candide*, 1759

Interprétation

On ne peut pas répondre à cette question par « oui » ou par « non ». L'interrogation ne porte que sur la situation de l'interlocuteur.

L'interrogation partielle est introduite par un **mot interrogatif** qui peut être :

– un **pronom** : qui, que, quoi, lequel (et ses composés), ce qui (interrogative indirecte uniquement) ;

■ **Exemple**

Que répondre à un homme qui vous dit qu'il aime mieux obéir à Dieu qu'aux hommes, et qui en conséquence est sûr de mériter le ciel en vous égorgeant ?

Voltaire, *Dictionnaire philosophique*, 1764

– un **adverbe** : où, quand, comment, pourquoi, combien, etc. ;

■ **Exemple**

Pourquoi donc donner au diable son prochain ?

Denis Diderot, *Jacques le Fataliste*, 1796

– un **déterminant** : quel, quelle, quels, quelles.

■ **Exemple**

Quel transport me saisit ? **Quel** chagrin me dévore ?

Jean Racine, *Andromaque*, 1667

II La syntaxe de l'interrogation

A L'interrogation directe

L'interrogation directe est une **proposition indépendante**. Elle se caractérise par la présence d'un **point d'interrogation** final et une **inversion sujet-verbe**.

■ Exemple

Éternité, néant, passé, sombres abîmes,
Que **faites-vous** des jours que vous engloutissez ?

Alphonse de Lamartine, « Le Lac », *Méditations poétiques*, 1820

Selon les cas, **l'inversion sujet-verbe** est :

– soit une **inversion simple** : le verbe est placé avant le sujet ;

■ Exemple

Est-elle brune, blonde ou rousse ?

Paul Verlaine, *Poèmes saturniens*, 1866

– soit une **inversion complexe** : le sujet est placé avant le verbe, mais il est repris après le verbe par un pronom personnel.

■ Exemple

Tchen tenterait-il de lever la moustiquaire ?

André Malraux, *La Condition humaine*, 1933

Remarque

Dans le **langage courant**, l'inversion sujet-verbe est souvent remplacée par « **est-ce que** » en début de phrase.

■ Exemple

Est-ce que vous vous tairez ?

Jean-Paul Sartre, *Huis clos*, 1944

B L'interrogation indirecte

L'interrogation indirecte s'inscrit dans une **proposition subordonnée interrogative indirecte**, dépendant d'une proposition principale. Dans la mesure où elle est **intégrée à une phrase affirmative**, elle ne comporte **ni point d'interrogation ni inversion sujet-verbe**.

■ Exemple

Je lui demandai ce qui l'amenait à Amiens et **si elle y avait quelques personnes de connaissance.**

L'abbé Prévost, *Manon Lescaut*, 1731

III Les cas particuliers

L'interrogation peut être utilisée pour **formuler un ordre ou une demande implicite**.

■ Exemple

Pourriez-vous fermer la fenêtre ?

L'interrogation peut être utilisée pour formuler une **affirmation implicite.** Elle est alors appelée **question rhétorique** (ou oratoire).

■ Exemple

Ah ! ce oui se peut-il supporter ?
Et sans un mal de cœur saurait-on l'écouter ?

Molière, *Les Femmes savantes*, 1672

L'expression de la négation

I La négation lexicale

Au niveau du mot, la négation peut être exprimée par :

– **un préfixe négatif** (a-, dé(s)-, il-, im-, in-, ir-, mal-) ;

■ Exemple

La première fois qu'Aurélien vit Bérénice, il la trouva franchement laide. Elle lui **déplut**, enfin.

Louis Aragon, *Aurélien*, 1944

– **l'adverbe « non »** ;

■ Exemple

– Ton cœur bat-il toujours à mon seul nom ?
Toujours vois-tu mon âme en rêve ? – **Non**.

Paul Verlaine, « Colloque sentimental », *Fêtes galantes*, 1869

– **la préposition « sans »** ;

■ Exemple

Que serais-je **sans** toi qui vins à ma rencontre.

Louis Aragon, *Le Roman inachevé*, 1956

– **les antonymes**.

■ Exemple

J'ai dit le **bien** et le **mal** avec la même franchise.

Jean-Jacques Rousseau, *Les Confessions*, 1782

II La négation syntaxique

Au niveau syntaxique, la négation s'exprime dans une **phrase négative**.

Remarque

La négation peut être combinée avec tous les types de phrases (assertive, interrogative, injonctive).

■ Exemple

Types de phrases	**Exemples**
Phrase interrogative	Ne te verrai-je plus que dans l'éternité ? Charles Baudelaire, « À une passante », Les Fleurs du Mal, 1857
Phrase injonctive	N'écris pas. Je suis triste, et je voudrais m'éteindre. Marceline Desbordes-Valmore, « Les Séparés », Poésies inédites, 1860

A La négation totale

Définition **La négation est totale** lorsqu'**elle porte sur l'ensemble de la phrase**. Elle est exprimée par « **ne… pas** » (ou « ne… point » dans le langage littéraire).

■ Exemple

L'homme **n'**a **point** de port, le temps **n'**a **point** de rive […].

Alphonse de Lamartine, « Le Lac », *Méditations poétiques*, 1820

Remarque

Dans la langue littéraire, « ne » peut suffire à exprimer la négation.

■ Exemple

Je **ne** sais ce que j'éprouve ; il me semble que mes mains sont couvertes de sang.

Alfred de Musset, *On ne badine pas avec l'amour*, 1834

Remarque

Lorsque deux éléments sont coordonnés dans une négation totale, la conjonction de coordination « **ni** » est employée en lien avec « ne ».

■ Exemple

Je ne regarderai **ni** l'or du soir qui tombe
Ni les voiles au loin descendant vers Harfleur [...].

Victor Hugo, « Demain, dès l'aube... », *Les Contemplations*, 1856

B La négation partielle

Définition La négation est partielle lorsqu'elle porte sur une partie de la phrase.

Elle peut être exprimée par :

– « **ne... rien** » ;

■ Exemple

Ce sont des rivales qui **ne** se pardonnent **rien**.

Montesquieu, *Lettres persanes*, 1721

– « **ne... jamais** » ;

■ Exemple

Savez-vous, Vicomte, pourquoi je **ne** me suis **jamais** mariée ?

Pierre Choderlos de Laclos, *Les Liaisons dangereuses*, 1782

– « **ne... plus** » ;

■ Exemple

Je vous perds, mes enfants ; mais Jason vous perdra ;
Il **ne** vous verra **plus**...

Pierre Corneille, *Médée*, 1635

– « **ne... aucun(e)** » ;

■ Exemple

Il **ne** laissait échapper **aucune** occasion de voir Mme de Clèves [...].

Madame de La Fayette, *La Princesse de Clèves*, 1678

– « **ne… nul(le)** ».

■ Exemple

Je **n'**y ai eu **nulle** considération de ton service, ni de ma gloire.

Michel de Montaigne, « Au lecteur », *Essais*, 1580-1595

C Les cas particuliers

Définition **La négation restrictive**, exprimée par « ne… que », n'est pas réellement une négation : elle excepte de la négation l'élément qui suit le mot « que ».

■ Exemple

Tu n'aimes pas les hommes, Hugo. Tu **n'**aimes **que** les principes.

Jean-Paul Sartre, *Les Mains sales*, 1948

Interprétation

Le mot « principes » est exclu de la négation par « ne… que ».

Le mot « ne » peut être utilisé hors de la négation : c'est **le « ne » explétif**. Il est employé après certains verbes (craindre que, attendre que) et après certaines locutions (de peur que, à moins que, avant que etc.).

■ Exemple

La vue de la petite madeleine ne m'avait rien rappelé avant que je **n'**y eusse goûté […].

Marcel Proust, *Du côté de chez Swann*, 1913

Les connecteurs

Définition **Les connecteurs** sont des liens logiques qui permettent de relier les idées entre elles dans un texte.

I Les connecteurs d'organisation

Les connecteurs d'organisation permettent de hiérarchiser, classer les idées selon leur importance.

Connecteurs reliant deux phrases	• d'une part… d'autre part • tout d'abord… ensuite… enfin • en premier lieu… en deuxième lieu
Connecteurs reliant deux propositions	• non seulement… mais encore

II Les connecteurs d'addition

Les connecteurs d'addition permettent d'ajouter une nouvelle idée.

Connecteurs reliant deux phrases	• en outre • par ailleurs • de plus • de surcroît • de même
Connecteurs au sein de la phrase	• outre que • en plus de

III Les connecteurs d'illustration

Les connecteurs d'illustration permettent d'apporter un exemple illustrant une idée.

Connecteurs reliant deux phrases	• en effet • ainsi (+ inversion sujet-verbe) • notamment

IV Les connecteurs d'opposition

Les connecteurs d'opposition permettent d'opposer une idée à la précédente, de confronter, de réfuter.

Connecteurs reliant deux phrases	• cependant • toutefois • en revanche • néanmoins • au contraire • au rebours
Connecteurs au sein de la phrase	• en dépit de • malgré (+ nom) • nonobstant (+ nom) • tandis que • alors que • bien que (+ sub) • quoique (+ sub)

V Les connecteurs de cause

Les connecteurs de cause permettent de présenter la cause logique.

Connecteurs reliant deux phrases	• en effet
Connecteurs au sein de la phrase	• car • parce que • puisque • étant donné que • dans la mesure où

VI Les connecteurs de conséquence

Ils permettent de présenter la conséquence logique, le résultat, la conclusion.

Connecteurs reliant deux phrases	• par conséquent • en conséquence • c'est pourquoi • aussi (+ inversion sujet-verbe) • de là vient que
Connecteurs au sein de la phrase	• donc • si bien que • de sorte que • si… que • tellement… que

■ **Exemple**

Je m'examinai moi-même, et je vis qu'**en effet** je n'aurais pas voulu être heureux à condition d'être imbécile.

Je proposai la chose à des philosophes, et ils furent de mon avis. « Il y a **pourtant**, disais-je, une furieuse contradiction dans cette manière de penser ; **car**, enfin, de quoi s'agit-il ? d'être heureux. Qu'importe d'avoir de l'esprit ou d'être sot ? Il y a **bien plus** : ceux qui sont contents de leur être sont bien sûrs d'être contents ; ceux qui raisonnent ne sont pas si sûrs de bien raisonner. Il est **donc** clair, disais-je, qu'il faudrait choisir de n'avoir pas le sens commun, pour peu que ce sens commun contribue à notre mal-être. » Tout le monde fut de mon avis ; et **cependant** je ne trouvai personne qui voulût accepter le marché de devenir imbécile pour devenir content. **De là je conclus que**, si nous faisons cas du bonheur, nous faisons encore plus cas de la raison.

Voltaire, *Histoire d'un bon bramin*, 1761

Lexique

I Le sens des mots

A Le sens étymologique

Définition **Le sens étymologique** est l'origine du mot.

■ Exemple

Et le farouche aspect de ses **fiers** ravisseurs

Jean Racine, *Britannicus*, 1669

Interprétation

Ici, l'adjectif **fier** prend le sens de l'adjectif latin *ferus* qui signifie « féroce ».

B Le sens propre et le sens figuré

Sens propre	Sens du mot le plus couramment utilisé dans la langue
Sens figuré	Sens plus métaphorique

■ Exemple

Le Lion tint conseil et dit : […] J'ai **dévoré** force moutons.

Jean de La Fontaine, « Les Animaux malades de la peste », *Fables*, 1678

Interprétation

Ici, le verbe **dévorer** signifie « manger de façon vorace ».

■ Exemple

Rien ne peut-il charmer l'ennui qui me **dévore**.

Jean Racine, *Bérénice*, 1670

Interprétation

Ici, le verbe **dévorer** désigne les tourments de la passion.

II Les familles de mots et le champ lexical

A Les familles de mots

Définition **Une famille de mots** est un regroupement de mots qui sont construits sur le même radical.

■ Exemple

Madame se meurt, Madame est morte !

Jacques-Bénigne Bossuet, *Oraison funèbre d'Henriette-Anne d'Angleterre, Duchesse d'Orléans*, 1670

B Le champ lexical

Définition **Le champ lexical** est un regroupement de mots de **sens voisins** qui ne tient pas compte de leur morphologie.

■ Exemple

Quand on m'aura jeté, vieux flacon désolé,
Décrépit, poudreux, **sale**, **abject**, **visqueux**, fêlé.

Charles Baudelaire, « Le Flacon », *Les Fleurs du Mal*, 1857

III La dénotation et la connotation

Dénotation	Ensemble des significations d'un mot qui se trouvent dans les dictionnaires.
Connotation	Ensemble des sous-entendus, des images, des émotions qu'un mot évoque. Les connotations varient en fonction des personnes et du contexte dans lequel elles se trouvent.

■ Exemple

Il est des parfums frais comme des chairs d'enfants,
Doux comme les hautbois, **verts** comme les prairies

Charles Baudelaire, « Correspondances », *Les Fleurs du Mal*, 1857

Interprétation

Ici l'adjectif **vert** désigne la couleur des éléments naturels, leur vivacité, leur fraîcheur.

■ Exemple

Il portait un chapeau de feutre noir, roussi, déformé et se boutonnait au fond d'un immense paletot, jadis marron tendre, que les pluies avaient déteint en larges traînées **verdâtres**.

Émile Zola, *Le Ventre de Paris*, 1873

Interprétation

Ici l'adjectif **verdâtre** suggère l'usure et la décrépitude du vêtement.

IV Les niveaux de langage

A Le registre familier

Le registre familier manifeste un relâchement du langage. On le reconnaît à :

- des phrases aux constructions grammaticalement incorrectes ;
- la présence de mots issus de langues populaires (comme l'argot ou le verlan) régionales ou étrangères ;
- des analogies en lien avec des éléments matériels ;
- un vocabulaire connoté.

■ Exemple

Y a d'la **flotte**. Rien à faire !

L'équipe où est Mélusson a creusé plus profond, et c'est de l'eau. On arrive à une mare.

Henri Barbusse, *Le Feu*, 1916

B Le registre courant

Le registre courant correspond à une utilisation correcte et quotidienne du discours. On le reconnaît à :

- des phrases simples, mais bien construites ;
- un vocabulaire neutre et courant ;
- l'absence de figures de style.

■ **Exemple**

Les éléments, le feu, l'air, et la terre, et l'**eau**

Jean Racine, *Les Plaideurs*, 1668

C Le registre soutenu

Le registre soutenu manifeste une recherche esthétique dans la construction du discours. Celui-ci se reconnaît à :

- des phrases longues, souvent complexes ;
- un vocabulaire spécialisé, technique, spécifique ou imagé ;
- des figures de style.

■ **Exemple**

Sur l'**onde** calme et noire où dorment les étoiles
La blanche Ophélia flotte comme un grand lys

Arthur Rimbaud, « Ophélie », *Poésies*, 1869

V La formation des mots ou néologie

Les mots qui forment le vocabulaire français ont différentes origines :

- ils peuvent être composés selon différents procédés ;
- ils peuvent dériver d'un mot déjà existant ;
- ils peuvent être empruntés à une autre langue.

A La composition

Un mot composé est formé de **mots autonomes déjà existants** et appartenant à une classe grammaticale déterminée.

Noms composés	**Exemples**
nom + nom	oiseau-mouche
nom + préposition + nom	tête-à-tête
nom + adjectif	amour-propre
adjectif + nom	franc-jeu
adverbe + nom	arrière-saison
verbe + nom	souffre-douleur
verbe + verbe	cache-cache
préposition + nom	après-midi

Verbes composés	**Exemples**
verbe + nom	avoir confiance
verbe + article + nom	prendre l'air
pronom + verbe	s'en mêler

Adjectifs composés	**Exemples**
adjectif + adjectif	rose pâle
adjectif + nom	bleu nuit
adverbe + adjectif	non conventionnel
adverbe + participe	bien portant

Adverbes composés	**Exemples**
préposition + adverbe	à bas
préposition + adjectif	en vain
préposition + nom	par chance
préposition + déterminant + nom	à l'instant

Prépositions composées	**Exemples**
nom + préposition	vis-à-vis de
préposition + nom + préposition	à l'aide de

Conjonctions de subordination composées	**Exemples**
préposition suivie de **que**	pour que
adverbe suivi de **que**	bien que

B La dérivation

Un mot dérivé est formé d'un **radical** auquel on ajoute un ou plusieurs **affixes** (**préfixe** ou **suffixe**).

Préfixe	Radical	Suffixe
dé- en-	-courag-	-er -ement

1. Les principaux préfixes

Préfixes d'origine latine		
Préfixe	**Signification**	**Exemple**
ab-	loin de, absence	abnégation
a- ad-	vers, rapprochement	amener admettre
bi-	deux	bicyclette
circon-	autour	circonscrire
cis-	en-deçà	cisalpin
co-	avec, ensemble	coauteur
dé-	négation, privation, séparation	débrancher
ex- hor-	hors de	expatrier hormis
in-	négation	inégal
im-	dans	immersion
mal-	mal	malheur
mé-	mal/mauvais	médisance
mi-	moitié	milieu
par- per-	à travers	parachever percer
post-	après	postérieur
pré-	avant	préavis
semi-	moitié	semi-obscurité
sous- sou-	hiérarchie, quantité, intensité, position	sous-chef souterrain
sub-	sous	subodorer
trans-	à travers	transpercer
vice- vi-	à la place de	vice-présidente vicomte

Préfixes d'origine grecque		
Préfixe	**Signification**	**Exemple**
a-	privation	aporie
amphi-	double	amphibien
ana-	renversement	anagramme
anti-	opposition	antithèse
arch-	au-dessus de	architecte
cata-	changement	catastrophe
di- dis-	double	dichotomie dissemblance
dys-	difficulté	dysfonctionnement
épi-	sur	épiderme
eu-	positif	euphorie
hémi-	moitié	hémisphère
hyper-	au-dessus, grand	hypermarché
hypo-	en dessous	hypoglycémie
méta-	changement	métaphore
para-	à côté	paradoxe
péri-	autour	périphérique
syn-	avec	synchrone

2. Les principaux suffixes

Suffixes qui forment des noms	
Suffixe	**Exemple**
-iste	dentiste
-isme	naturalisme
-ite	bronchite
-age	chantage
-ation	agrégation
-eur	chanteur
-té	aparté
-ance	mouvance
-et -ette	jouet maisonnette
-ot	cheminot
-otte	bougeotte
-oir	plongeoir

Suffixes qui forment des adjectifs	
Suffixe	**Exemple**
-ique	artistique
-able	défendable
-ible	admissible
-ain	certain
-al	banal
-esque	grotesque
-iste	fantaisiste
-et -ette	rondelet rondelette
-ot -otte	vieillot vieillotte
-oire -atoire	dérisoire obligatoire

Suffixes qui forment des verbes	
Suffixe	**Exemple**
-er	donner
-ir	dormir
-oir	falloir
-re	admettre
-ailler	travailler

Suffixes qui forment des adverbes	
Suffixe	**Exemple**
-ment	gentiment
-emment	patiemment
-amment	bruyamment

C L'emprunt

Un grand nombre de mots utilisés dans la langue française sont **empruntés** à d'autres langues **sans modification** ou en les **francisant**.

Mots empruntés à des langues anciennes	
Langue	**Exemple**
grec ancien	géométrie
latin	animal
langues germaniques	guerre

Mots empruntés à des langues vivantes	
Langue	**Exemple**
anglais	budget
hébreu	cabale
langues scandinaves	vague
persan	bazar
russe	goulag

VI Les relations lexicales

A La synonymie

Définition **La synonymie** désigne des mots **différents** de sens **voisins** mais jamais identiques.

■ Exemple

Il est **morne**, il est **taciturne**,
Il préside aux choses du temps

Georges Brassens, « Saturne », 1964

B L'antonymie

Définition **L'antonymie** désigne des mots **différents** et de sens **opposés**.

■ Exemple

Que le jour **recommence** et que le jour **finisse**
Sans que jamais Titus puisse voir Bérénice

Jean Racine, *Bérénice*, 1670

C L'homonymie

Définition **L'homonymie** désigne des mots en tout point identiques :

- phonétiquement (on parle d'**homophones**) ;

> ■ **Exemple**
>
> Un port retentissant où mon âme peut boire
> À grands flots le parfum, le **son** et la couleur
>
> Charles Baudelaire, « La Chevelure », *Les Fleurs du Mal*, 1857

- du point de vue graphique (on parle d'**homographes**).

> ■ **Exemple**
>
> Je cherche des hommes et non des mannequins, des hommes de chair et d'os, se confessant à nous, et non des menteurs qui n'ont que du **son** dans le ventre.
>
> Émile Zola, *Mes haines*, 1866

D Le paronyme

Définition **Le paronyme** désigne **des mots proches** phonétiquement et du point de vue graphique mais **dont le sens est différent**.

> ■ **Exemple**
>
> Sans rien en lui qui **pèse** ou qui **pose**
>
> Paul Verlaine, « Art poétique », *Jadis et Naguère*, 1884

E L'hyperonymie

Définition **L'hyperonymie** désigne un mot dont **le sens est général** et qui regroupe des mots plus spécialisés.

> ■ **Exemple**
>
> Et qui m'empêchera de mettre en notre étable,
> Vu le prix dont il est, une vache et son veau,
> Que je verrai sauter au milieu du **troupeau** ?
>
> Jean de La Fontaine, « La Laitière et le Pot au lait », *Fables*, 1678

Partie III

PRÉPARATION AU BAC

SOMMAIRE

Le commentaire

Programme officiel

Descriptif de l'épreuve

« Le commentaire porte sur un texte littéraire, en lien avec un des objets d'étude du programme de la classe de première. Le candidat compose un devoir qui présente de manière organisée ce qu'il a retenu de sa lecture et justifie par des analyses précises son interprétation et ses jugements personnels. Le texte proposé pour le commentaire n'est pas extrait d'une des œuvres au programme. »

- Le commentaire porte sur un texte inconnu, correspondant à l'un des quatre objets d'étude du programme et s'inscrivant dans les bornes chronologiques de cet objet d'étude.
  - Exemple : Pour la poésie, le texte proposé s'inscrit dans les bornes chronologiques indiquées dans le programme, à savoir du XIXe siècle au XXIe siècle.
- Le candidat doit proposer une interprétation personnelle du texte et la justifier par des analyses.
- Le candidat doit produire un devoir structuré, argumenté, appuyé sur des procédés précis.

Critères de réussite

- Pertinence du projet de lecture ou de l'interprétation.
- Capacité à convoquer les notions littéraires et outils d'analyse appropriés.
- Capacité à produire une étude du texte organisée et progressive.
- Qualité de la langue.

Exercice 1 Rattacher un texte à l'objet d'étude correspondant

1. À quel objet d'étude du programme le texte suivant se rattache-t-il ?

- ❒ La poésie du XIXe siècle au XXIe siècle
- ❒ La littérature d'idées du XVIe siècle au XVIIIe siècle
- ❒ Le roman et le récit du Moyen Âge au XXIe siècle
- ❒ Le théâtre du XVIIe siècle au XXIe siècle

2. Quelles connaissances liées à cet objet d'étude pouvez-vous convoquer pour étudier le texte ?

Pendant la grève, des bourgeoises en promenade, qui font halte dans une ferme pour boire du lait, voient passer, réfugiées derrière la porte de l'étable, la horde des mineurs.

Les femmes avaient paru, près d'un millier de femmes, aux cheveux épars, dépeignés par la course, aux guenilles montrant la peau nue, des nudités de femelles lasses d'enfanter des meurt-de-faim. Quelques-unes tenaient leur petit entre les bras, le soulevaient, l'agitaient, ainsi qu'un drapeau de deuil et de vengeance. D'autres, plus jeunes, avec des gorges gonflées de guerrières, brandissaient des bâtons ; tandis que les vieilles, affreuses, hurlaient si fort, que les cordes de leurs cous décharnés semblaient se rompre. Et les hommes déboulèrent ensuite, deux mille furieux, des galibots, des haveurs, des raccommodeurs[1], une masse compacte qui roulait d'un seul bloc, serrée, confondue, au point qu'on ne distinguait ni les culottes déteintes, ni les tricots de laine en loques, effacés dans la même uniformité terreuse. Les yeux brûlaient, on voyait seulement les trous des bouches noires, chantant *La Marseillaise*, dont les strophes se perdaient en un mugissement confus, accompagné par le claquement des sabots sur la terre dure.

Émile Zola, *Germinal*, 1885

« Galibots », « haveurs » et « raccommodeurs » désignent des métiers de la mine.

Exercice 2 Étudier la construction d'un texte pour en cerner les principaux enjeux

1. Déterminez les différentes parties qui composent le texte.
2. Donnez un titre à chaque partie qui rende compte de son principal enjeu.

Je regardai ma voisine, et fus plus ébloui par elle que je ne l'avais été par la fête ; elle devint toute ma fête. Si vous avez bien compris ma vie antérieure, vous devinerez les sentiments qui sourdirent en mon cœur. Mes yeux furent tout à coup frappés par de blanches épaules rebondies sur lesquelles j'aurais voulu pouvoir me rouler, des épaules légèrement rosées qui semblaient rougir comme si elles se trouvaient nues pour la première fois, de pudiques épaules qui avaient une âme, et dont la peau satinée éclatait à la lumière comme un tissu de soie. Ces épaules étaient partagées par une raie, le long de laquelle coula mon regard, plus hardi que ma main. Je me haussai tout palpitant pour voir le corsage et fus complètement fasciné par une gorge chastement couverte d'une gaze, mais dont les globes azurés et d'une rondeur parfaite étaient douillettement couchés dans des flots de dentelle. Les plus légers détails de cette tête furent des amorces qui réveillèrent en moi des jouissances infinies : le brillant des cheveux lissés au-dessus d'un cou velouté comme celui d'une petite fille, les lignes blanches que le peigne y avait dessinées et où mon imagination courut comme en de frais sentiers, tout me fit perdre l'esprit. Après m'être assuré que personne ne me voyait, je me plongeai dans ce dos comme un enfant qui se jette dans le sein de sa mère, et je baisai toutes ces épaules en y roulant ma tête. Cette femme poussa un cri perçant, que la musique empêcha d'entendre ; elle se retourna, me vit et me dit : « Monsieur ? » Ah ! si elle avait dit : « Mon petit bonhomme, qu'est-ce qui vous prend donc ? » je l'aurais tuée peut-être mais à ce monsieur ! des larmes chaudes jaillirent de mes yeux. Je fus pétrifié par un regard animé d'une sainte colère, par une tête sublime couronnée d'un diadème de cheveux cendrés, en harmonie avec ce dos d'amour. Le pourpre de la pudeur offensée étincela sur son visage que désarmait déjà le pardon de la femme qui comprend une frénésie quand elle en est le principe, et devine des adorations infinies dans les larmes du repentir. Elle s'en alla par un mouvement de reine. Je sentis alors le ridicule de ma position ; alors seulement je compris que j'étais fagoté comme le singe d'un Savoyard. J'eus honte de moi. Je restai tout hébété, savourant la pomme que je venais de voler, gardant sur mes lèvres la chaleur de ce sang que j'avais aspiré, ne me repentant de rien, et suivant du regard cette femme descendue des cieux. Saisi par le premier accès charnel de la grande fièvre du cœur, j'errai dans le bal devenu désert, sans pouvoir y retrouver mon inconnue. Je revins me coucher métamorphosé.

Honoré de Balzac, *Le Lys dans la vallée*, 1836

Exercice 3 Proposer une piste de lecture et rédiger un plan

1. Quel est l'enjeu majeur de cet extrait ?
2. Formulez cet enjeu sous forme de question.
3. Organisez vos idées/vos axes de lecture en veillant à ce que cette organisation éclaire le projet de lecture formulé dans la question précédente.

Tandis que les crachats rouges de la mitraille
Sifflent tout le jour par l'infini du ciel bleu ;
Qu'écarlates ou verts, près du Roi qui les raille,
Croulent les bataillons en masse dans le feu ;

Tandis qu'une folie épouvantable, broie
Et fait de cent milliers d'hommes un tas fumant ;
– Pauvres morts ! dans l'été, dans l'herbe, dans ta joie,
Nature ! ô toi qui fis ces hommes saintement !...

– Il est un Dieu, qui rit aux nappes damassées[1]
Des autels, à l'encens, aux grands calices d'or ;
Qui dans le bercement des hosannah s'endort,

Et se réveille, quand des mères, ramassées
Dans l'angoisse, et pleurant sous leur vieux bonnet noir,
Lui donnent un gros sou lié dans leur mouchoir !

Arthur Rimbaud, « Le Mal », *Les Cahiers de Douai*, 1870

1. Damassées : couvertes de dessins.

Exercice 4 Type bac

Vous ferez le commentaire du texte suivant, extrait de *Candide* de Voltaire.

Le jeune Candide parcourt le monde, allant de mésaventures en mésaventures, qui l'amènent progressivementà remettre en question l'optimisme que lui a inculqué son maître Pangloss.

En approchant de la ville, ils rencontrèrent un nègre étendu par terre, n'ayant plus que la moitié de son habit, c'est-à-dire d'un caleçon de toile bleue ; il manquait à ce pauvre homme la jambe gauche et la main droite.

« Eh ! mon Dieu ! lui dit Candide en hollandais, que fais-tu là, mon ami, dans l'état horrible où je te vois ?

– J'attends mon maître, M. Vanderdendur, le fameux négociant, répondit le nègre.

– Est-ce M. Vanderdendur, dit Candide, qui t'a traité ainsi ?

– Oui, Monsieur, dit le nègre, c'est l'usage. On nous donne un caleçon de toile pour tout vêtement deux fois l'année. Quand nous travaillons aux sucreries, et que la meule nous attrape le doigt, on nous coupe la main ; quand nous voulons nous enfuir, on nous coupe la jambe : je me suis trouvé dans les deux cas. C'est à ce prix que vous mangez du sucre en Europe. Cependant, lorsque ma mère me vendit dix écus patagons sur la côte de Guinée, elle me disait : "Mon cher enfant, bénis nos fétiches[1], adore-les toujours, ils te feront vivre heureux ; tu as l'honneur d'être esclave de nos seigneurs les blancs, et tu fais par là la fortune de ton père et de ta mère." Hélas ! je ne sais pas si j'ai fait leur fortune, mais ils n'ont pas fait la mienne.

Les chiens, les singes et les perroquets sont mille fois moins malheureux que nous ; les fétiches hollandais qui m'ont converti me disent tous les dimanches que nous sommes tous enfants d'Adam, blancs et noirs. Je ne suis pas généalogiste ; mais si ces prêcheurs disent vrai, nous sommes tous cousins issus de germain. Or vous m'avouerez qu'on ne peut pas en user avec ses parents d'une manière plus horrible.

– Ô Pangloss ! s'écria Candide, tu n'avais pas deviné cette abomination ; c'en est fait, il faudra qu'à la fin je renonce à ton optimisme.

– Qu'est-ce qu'optimisme ? disait Cacambo[2].

– Hélas ! dit Candide, c'est la rage de soutenir que tout est bien quand on est mal » ; et il versait des larmes en regardant son nègre ; et en pleurant, il entra dans Surinam.

Voltaire, *Candide*, Chapitre XIX, 1759

1. Fétiches : personne ou objet auxquels on attribue un pouvoir magique.
2. Cacambo est le valet de Candide.:

Exercice 5 Type bac

Vous ferez le commentaire du texte suivant, extrait de *Dom Juan* de Molière.

Dom Juan est un libertin qui ne cesse d'offenser la religion, malgré les mises en garde de son valet Sganarelle. Pour ne plus avoir d'ennuis, Dom Juan décide à la fin de la pièce d'adopter le ton et l'attitude des dévots de manière hypocrite. Cela précipite le dénouement de la pièce.

Scène IV

Dom Juan, Sganarelle.

SGANARELLE.
Monsieur, quel diable de style prenez-vous là ? Ceci est bien pis que le reste, et je vous aimerais bien mieux encore comme vous étiez auparavant. J'espérais toujours de votre salut ; mais c'est maintenant que j'en désespère ; et je crois que le Ciel, qui vous a souffert jusques ici, ne pourra souffrir du tout cette dernière horreur.

DOM JUAN.
Va, va, le Ciel n'est pas si exact que tu penses ; et si toutes les fois que les hommes…

SGANARELLE.
Ah ! Monsieur, c'est le Ciel qui vous parle, et c'est un avis qu'il vous donne.

DOM JUAN.
Si le Ciel me donne un avis, il faut qu'il parle un peu plus clairement, s'il veut que je l'entende.

Scène V

Dom Juan, un spectre en femme voilée, Sganarelle.

LE SPECTRE, *en femme voilée.*
Dom Juan n'a plus qu'un moment à pouvoir profiter de la miséricorde du Ciel ; et s'il ne se repent ici, sa perte est résolue.

SGANARELLE.
Entendez-vous, Monsieur ?

DOM JUAN.
Qui ose tenir ces paroles ? Je crois connaître cette voix.

SGANARELLE.
Ah ! Monsieur, c'est un spectre : je le reconnais au marcher.

DOM JUAN.
Spectre, fantôme, ou diable, je veux voir ce que c'est.

Le Spectre change de figure, et représente le Temps avec sa faux à la main.

SGANARELLE.
Ô Ciel ! voyez-vous, Monsieur, ce changement de figure ?

DOM JUAN.
Non, non, rien n'est capable de m'imprimer de la terreur, et je veux éprouver avec mon épée si c'est un corps ou un esprit.

Le Spectre s'envole dans le temps que Dom Juan le veut frapper.

SGANARELLE.
Ah ! Monsieur, rendez-vous à tant de preuves, et jetez-vous vite dans le repentir.

DOM JUAN.
Non, non, il ne sera pas dit, quoi qu'il arrive, que je sois capable de me repentir. Allons, suis-moi.

Scène VI

La statue, Dom Juan, Sganarelle.

LA STATUE.
Arrêtez, Dom Juan : vous m'avez hier donné parole de venir manger avec moi.

DOM JUAN.
Oui. Où faut-il aller ?

LA STATUE.
Donnez-moi la main.

DOM JUAN.
La voilà.

LA STATUE.
Dom Juan, l'endurcissement au péché traîne une mort funeste, et les grâces du Ciel que l'on renvoie ouvrent un chemin à sa foudre.

DOM JUAN.
Ô Ciel ! que sens-je ? Un feu invisible me brûle, je n'en puis plus, et tout mon corps devient un brasier ardent. Ah !

Le tonnerre tombe avec un grand bruit et de grands éclairs sur Dom Juan ; la terre s'ouvre et l'abîme ; et il sort de grands feux de l'endroit où il est tombé.

SGANARELLE.
Ah ! mes gages ! mes gages ! Voilà par sa mort un chacun satisfait : Ciel offensé, lois violées, filles séduites, familles déshonorées, parents outragés, femmes mises à mal, maris poussés à bout, tout le monde est content. Il n'y a que moi seul de malheureux. Mes gages ! Mes gages ! Mes gages !

Molière, *Dom Juan*, Acte V, scènes IV à VI, 1665

La dissertation

Programme officiel

Descriptif de l'épreuve

« La dissertation consiste à produire une réflexion personnelle organisée sur une question littéraire portant sur l'une des œuvres et sur le parcours associé figurant dans le programme d'œuvres. Le candidat choisit l'un des trois sujets de dissertation, chacun étant en rapport avec l'une des œuvres du programme et son parcours associé. Pour développer son argumentation, le candidat s'appuie sur sa connaissance de l'œuvre et des textes étudiés dans le cadre de l'objet d'étude concerné, ainsi que sur ses lectures et sa culture personnelles. Cette production écrite est notée sur 20. »

- La dissertation repose sur une « question littéraire », c'est-à-dire une question nécessitant de convoquer des connaissances littéraires (notions, mouvements, genres, etc.).
- La dissertation porte toujours sur les œuvres et parcours associés définis dans le programme officiel.
- Le candidat doit choisir le sujet de dissertation correspondant à l'œuvre qu'il a étudiée dans l'année.
- Le candidat doit produire un devoir structuré, argumenté, appuyé sur des références à l'œuvre et aux divers textes étudiés.

Critères de réussite

- Capacité à tenir compte de la spécificité d'un sujet et à le problématiser.
- Connaissance de l'œuvre au programme et du parcours associé.
- Capacité à produire une réflexion organisée et argumentée.
- Qualité de la langue.

Exercice 1 Identifier les mots-clés d'un sujet

Vous appuierez votre réflexion sur les *Lettres persanes* de Montesquieu au programme et les textes du parcours associé étudiés en classe.

1. **Repérez tous les mots-clés de ce sujet.**
2. **Définissez chacun d'entre d'eux pour vous assurer de bien comprendre le sujet.**

Sujet : Quels enseignements le « regard éloigné » peut-il nous apporter sur notre société et notre culture ?

Exercice 2 Étudier une citation dans un sujet

Vous appuierez votre réflexion sur la pièce *Phèdre* de Jean Racine au programme et les textes du parcours associé étudiés en classe.

1. **Repérez les mots-clés de la citation de Racine.**
2. **Définissez chacun d'entre d'eux pour vous assurer de bien comprendre la citation.**

Sujet : Dans la préface de *Phèdre*, Racine dit que « les passions n'y sont présentées aux yeux que pour montrer tout le désordre dont elles sont cause ».

La tragédie est-elle nécessairement moralisatrice ?

Exercice 3 Reformuler un sujet et le problématiser

Vous appuierez votre réflexion sur la pièce *Oh ! les beaux jours* de Samuel Beckett au programme et les textes du parcours associé étudiés en classe.

1. **Identifiez et définissez les mots-clés de ce sujet.**
2. **Expliquez le sens de la citation de Beckett.**
3. **Formulez plusieurs questions que ce sujet invite à se poser.**
4. **Essayez de formuler la problématique sous-jacente à ce sujet.**

Sujet : Dans *Fin de partie*, Samuel Beckett fait dire à l'un de ses personnages : « Rien n'est plus drôle que le malheur [...]. »

Cette phrase vous semble-t-elle correspondre à l'image de la condition humaine qu'offre le théâtre de Samuel Beckett ?

Exercice 4 Rédiger un plan

Vous appuierez votre réflexion sur *Le Rouge et le Noir* de Stendhal au programme et les textes du parcours associé étudiés en classe.

1. **Identifiez et définissez les mots-clés de ce sujet.**
2. **Expliquez le sens du sujet.**

3. **Formulez la thèse et l'antithèse du sujet.**

4. **Formulez la synthèse qui permet de dépasser l'antagonisme de la thèse et de l'antithèse.**

Sujet : Le personnage principal d'un roman doit-il nécessairement être un héros ?

Exercice 5 Type bac

Vous traiterez le sujet suivant. Vous appuierez votre réflexion sur *La Princesse de Clèves* de Madame de La Fayette et les textes du parcours associé étudiés en classe

Sujet : Dans *Le Récit* (1990, éditions STH), Louis Baladier écrit à propos de *La Princesse de Clèves* : « Ce roman d'analyse [...] s'attache à décrire les variations et contradictions des sentiments, à les lier à des notations morales et à en induire les mécanismes de la psychologie humaine. »

Votre lecture du roman confirme-t-elle cette affirmation ?

Exercice 6 Type bac

Vous traiterez le sujet suivant. Vous appuierez votre réflexion sur *Alcools* de Guillaume Apollinaire et les textes du parcours associé étudiés en classe.

Sujet : Dans sa conférence « L'Esprit nouveau et les poètes » en 1917, Guillaume Apollinaire déclare : « On peut partir d'un fait quotidien : un mouchoir qui tombe peut être pour le poète le levier avec lequel il soulèvera tout un univers. »

Votre lecture du recueil confirme-t-elle cette affirmation ?

THÈME LITTÉRAIRE LE ROMAN

QUIZ 1 – Histoire du roman

1. Une chanson de geste est un texte narratif de tonalité épique écrit en vers, qui relate des exploits guerriers collectifs.
2. La Chanson de Roland est une chanson de geste médiévale.
3. À l'origine, le mot « roman » désigne la langue romane.
4. Le roi Arthur est au cœur de ce que l'on appelle la « matière de Bretagne ».
5. Chrétien de Troyes s'inspire tout particulièrement de la « matière de Bretagne ».
6. Perceval ou le Conte du Graal est un roman inspiré de la « matière de Bretagne ».
7. *Gargantua* et *Pantagruel* sont des romans de Rabelais.
8. On peut rattacher Rabelais au mouvement de l'humanisme.
9. Un roman pastoral est un roman qui met en scène des bergers se consacrant à l'amour.
10. Honoré d'Urfé a écrit le roman *L'Astrée.*
11. *Clélie, histoire romaine* est un roman de Madeleine de Scudéry.
12. Le roman *La Princesse de Clèves* de Madame de La Fayette a donné naissance au sous-genre du roman d'analyse.
13. Au XVIIIe siècle, on reproche au roman son invraisemblance et son immoralité.
14. Les romanciers du XVIIIe siècle donnent l'illusion de l'authenticité à leurs romans en publiant des textes faussement réels : correspondances ou mémoires.
15. *Manon Lescaut* de l'abbé Prévost et *Les Liaisons dangereuses* de Laclos font partie des romans majeurs du XVIIIe siècle, parmi d'autres.
16. Le « roman du moi » est un roman apparu à l'époque romantique dans lequel l'auteur transpose sa vie personnelle.
17. Musset a transposé son histoire d'amour avec George Sand dans un roman.
18. Dumas écrit des romans d'aventures et des romans historiques.
19. Stendhal est l'auteur des romans *Le Rouge et le Noir* et *La Chartreuse de Parme.*
20. L'œuvre de Balzac dans son ensemble se nomme *La Comédie humaine.*
21. L'auteur doit être absent et impassible dans son œuvre, d'après Flaubert.
22. Flaubert est l'auteur de *Madame Bovary* et de *L'Éducation sentimentale.*
23. Le naturalisme est un mouvement littéraire qui se situe dans le prolongement du réalisme et qui assigne au roman un caractère scientifique, expérimental.
24. Zola raconte l'histoire de la famille des Rougon-Macquart.
25. Maupassant est l'auteur de *Bel-Ami*, mais aussi d'*Une vie* et de *Pierre et Jean.*
26. Proust donne à son œuvre le titre général *À La recherche du temps perdu.*
27. L'oralité caractérise le style de Céline.
28. Un « roman à thèse » est un roman qui permet à l'auteur de développer et illustrer ses idées philosophiques ou morales.
29. On parle d'« ère du soupçon » à propos du nouveau roman parce que tous les fondements du roman (intrigue, personnages, linéarité, omniscience du narrateur) sont remis en question.
30. Robbe-Grillet, Nathalie Sarraute, Claude Simon sont des auteurs du nouveau roman.
31. Echenoz, Guignard, Ernaux, Gaudé sont des romanciers contemporains.

QUIZ 2 – La focalisation

1. Réponse c.
2. Réponse a (ou b dans un récit de type autobiographique).
3. Réponse b.
4. Réponse b.
5. Réponse a.

QUIZ 3 – Les discours

1. Réponse b.
2. Réponses b et c.
3. Réponse a.
4. Réponse c.

Exercices d'entraînement 1 La focalisation

1. La narratrice est Marianne, qui raconte sa vie d'après le titre et la première phrase du texte. Elle utilise la 1re personne du singulier et est narratrice-personnage. Elle s'adresse à l'une de ses amies (« ma chère amie ») à la 2e personne du pluriel.
2. Le narrateur n'est pas identifié mais il utilise le pronom « nous » pour commenter le récit et se présente comme l'auteur (1re phrase du texte). Il est donc narrateur extérieur. Le destinataire n'est pas identifié non plus, mais il est désigné par le pronom « vous » (« dont vous connaissez déjà… ») car le narrateur s'adresse parfois à lui. Il s'agit d'un lecteur anonyme.
3. Le passage est en focalisation interne, comme le montrent les verbes de perception relatifs dont Gervaise est le sujet : « Elle regardait », « elle suivait » (du regard), « elle fouillait » (du regard), « elle levait les yeux », « elle apercevait ». De plus, la description est organisée en fonction de son point d'observation avec les indicateurs spatiaux « à droite », « à gauche ».
4. Le passage est en focalisation zéro, car le narrateur a une vision d'ensemble : il connaît les habitudes du personnage (imparfait d'habitude « parlait-il rarement », « prenait-il toujours »), son passé (plus que parfait « ne s'était jamais mêlé », « n'avait mis », « n'avait jamais lu »).
5. Le passage est en focalisation externe, car le personnage dont il est question n'est pas identifié : il est appelé « le nouveau » et son âge n'est indiqué qu'approximativement. Il est décrit de l'extérieur.

Exercices d'entraînement 2 Les discours

1. a. Discours direct.
   b. Discours indirect libre.
   c. Discours narrativisé.
2. Le passage au discours indirect libre est : « Mais quel but ? Cacher son nom ? tromper la police ? Était-ce pour une chose si petite qu'il avait fait tout ce qu'il avait fait ? Est-ce qu'il n'avait pas un autre but, qui était le grand, qui était le vrai ? Sauver, non sa personne, mais son âme. Redevenir honnête et bon. Être un juste ! Est-ce que ce n'était pas là surtout, là uniquement, ce qu'il avait toujours voulu, ce que l'évêque lui avait ordonné ? »
3. Identification des discours rapportés :
   - bleu = direct
   - rouge = indirect
   - orange = indirect libre
   - vert = narrativisé

Claude garda Sandoz dans la salle, pendant que Christine révolutionnait la maison pour le déjeuner. En deux mots, il lui conta leur histoire, qui elle était, comment il l'avait connue, quelles circonstances les avaient fait se mettre en ménage ; et il parut s'étonner, lorsque son ami voulut savoir pourquoi ils ne se mariaient pas. Mon Dieu ! pourquoi ? parce qu'ils n'en avaient même jamais causé, parce qu'elle ne semblait pas y tenir, et qu'ils n'en seraient certainement ni plus ni moins heureux. Enfin, c'était une chose sans conséquence.

— Bon ! dit l'autre. Moi, ça ne me gêne point... Tu l'as eue honnête, tu devrais l'épouser.

— Mais quand elle voudra, mon vieux ! Bien sûr que je ne songe pas à la planter là, avec un enfant.

Ensuite, Sandoz s'émerveilla des études pendues aux murs. Ah ! le gaillard avait joliment employé son temps ! Quelle justesse de ton, quel coup de vrai soleil ! Et Claude, qui l'écoutait, ravi, avec des rires d'orgueil, allait le questionner sur les camarades, sur ce qu'ils faisaient tous, lorsque Christine rentra, en criant :

— Venez vite, les œufs sont sur la table.

Émile Zola, *L'Œuvre*, 1886

4. Identification des discours rapportés dans le texte :

- bleu = direct
- rouge = indirect
- orange = indirect libre
- vert = narrativisé

On parla d'abord d'un cancan qui courait les rues, l'histoire d'une femme du monde surprise, par un ami de son mari, soupant avec un prince étranger en cabinet particulier.

Forestier riait beaucoup de l'aventure ; les deux femmes déclaraient que le bavard indiscret n'était qu'un goujat et qu'un lâche. Duroy fut de leur avis et proclama bien haut qu'un homme a le devoir d'apporter en ces sortes d'affaires, qu'il soit acteur, confident ou simple témoin, un silence de tombeau. Il ajouta :

— Comme la vie serait pleine de choses charmantes si nous pouvions compter sur la discrétion absolue les uns des autres. Ce qui arrête souvent, bien souvent, presque toujours les femmes, c'est la peur du secret dévoilé.

Puis il ajouta, souriant :

— Voyons, n'est-ce pas vrai ? Combien y en a-t-il qui s'abandonneraient à un rapide désir, au caprice brusque et violent d'une heure, à une fantaisie d'amour, si elles ne craignaient de payer par un scandale irrémédiable et par des larmes douloureuses un court et léger bonheur !

Il parlait avec une conviction contagieuse, comme s'il avait plaidé une cause, sa cause, comme s'il eût dit :

— Ce n'est pas avec moi qu'on aurait à craindre de pareils dangers. Essayez pour voir.

Elles le contemplaient toutes les deux, l'approuvant du regard, trouvant qu'il parlait bien et juste, confessant par leur silence ami que leur morale inflexible de Parisiennes n'aurait pas tenu longtemps devant la certitude du secret.

Et Forestier, presque couché sur le canapé, une jambe repliée sous lui, la serviette glissée dans son gilet pour ne point maculer son habit, déclara tout à coup, avec un rire convaincu de sceptique :

— Sacristi oui, on s'en paierait si on était sûr du silence. Bigre de bigre ! les pauvres maris !

Et on se mit à parler d'amour. Sans l'admettre éternel, Duroy le comprenait durable, créant un lien, une amitié tendre, une confiance ! L'union des sens n'était qu'un sceau à l'union des cœurs. Mais il s'indignait des jalousies harcelantes, des drames, des scènes, des misères qui, presque toujours, accompagnent les ruptures.

Quand il se tut, Mme de Marelle soupira :

— Oui, c'est la seule bonne chose de la vie, et nous la gâtons souvent par des exigences impossibles.

Mme Forestier, qui jouait avec un couteau, ajouta :

— Oui… oui… c'est bon d'être aimée…

Guy de Maupassant, *Bel-Ami*, 1885

5. Les paroles rapportées au discours direct sont : « Que voulez-vous ici, mon enfant ? » et « Je viens pour être précepteur, Madame ».

Transposition au discours indirect :

- Il tressaillit quand une voix douce lui demanda tout près de son oreille ce qu'il voulait.
- Il dit qu'il venait pour être précepteur, tout honteux de ses larmes qu'il essuyait de son mieux.

Transposition au discours indirect libre :

- Il tressaillit en entendant une voix douce tout près de son oreille. Que voulait-il ici ? Julien se tourna vivement…
- Mme de Rênal avait répété sa question. Il venait pour être précepteur. Il essuyait de son mieux ses larmes.

Exercice d'entraînement 3 – Le schéma narratif

Les cinq étapes du schéma narratif dans la fable sont :

Deux coqs vivaient en paix : une poule survint, **Situation initiale**
Et voilà la guerre allumée. **Élément perturbateur**
Amour, tu perdis Troie ; et c'est de toi que vint
Cette querelle envenimée
Où du sang des Dieux même on vit le Xanthe teint.
Longtemps entre nos coqs le combat se maintint. **Péripéties**
Le bruit s'en répandit par tout le voisinage,
La gent qui porte crête au spectacle accourut.
Plus d'une Hélène au beau plumage
Fut le prix du vainqueur. Le vaincu disparut :
Il alla se cacher au fond de sa retraite,
Pleura sa gloire et ses amours,
Ses amours qu'un rival, tout fier de sa défaite
Possédait à ses yeux. Il voyait tous les jours
Cet objet rallumer sa haine et son courage ;
Il aiguisait son bec, battait l'air et ses flancs,
Et, s'exerçant contre les vents,

S'armait d'une jalouse rage.
Il n'en eut pas besoin. Son vainqueur sur les toits **Élément de résolution**
S'alla percher, et chanter sa victoire.
Un vautour entendit sa voix :
Adieu les amours et la gloire ;
Tout cet orgueil périt sous l'ongle du vautour
Enfin, par un fatal retour **Dénouement**
Son rival autour de la poule
S'en revint faire le coquet :
Je laisse à penser quel caquet ;
Car il eut des femmes en foule. **Situation finale**
La fortune se plaît à faire de ces coups ;
Tout vainqueur insolent à sa perte travaille.
Défions-nous du Sort, et prenons garde à nous
Après le gain d'une bataille.

Jean de La Fontaine, « Les Deux Coqs », *Fables*, 1678

Analyse de texte

1. • **La beauté** est la première caractéristique de Duroy. Les détails positifs saturent son portrait : il « portait beau », son « élégance tapageuse », son aspect « grand [et] bien fait » de « joli garçon ». Les regards de convoitise de l'ouvrière et de la bourgeoise du restaurant en témoignent.
   • Duroy est aussi présenté comme **un séducteur** : son regard, comparé à « des coups d'épervier » trahit son âme le prédateur. Lorsqu'il sort du restaurant, au tout début du roman, les femmes lèvent d'ailleurs toutes intuitivement « la tête vers lui », comme pour témoigner de leur fascination. Une deuxième comparaison « il marchait ainsi… qu'il portait l'uniforme des hussards » tend à souligner sa volonté, son énergie toute naturelle. La référence aux hussards associée à l'adverbe « brutalement » renvoie là encore à la soudaineté de l'attaque du rapace.
   • L'incipit insiste aussi sur **son ambition** : le champ lexical de l'argent et du calcul (« se demandant » ; « il l'attendait depuis trois mois » ; « cent sous » ; « boni ») le montre. La gradation ascendante « défier les passants, les maisons, la ville entière » révèle clairement que son ambition ne se limitera pas longtemps à de pauvres appétits et la métaphore « il avait envie de gagner Paris » le confirme.
2. • **L'envie** ressentie par Georges Duroy au milieu cet univers parisien est le moteur de sa marche. Le champ lexical de la convoitise (« désir » ; « sang bouillant » ; « envie de boire ») ne laisse aucun doute à ce sujet ainsi que les verbes de mouvements qui parsèment l'incipit « il marchait », « il avançait brutalement » ; « il battait le pavé ». Même sa poitrine est en mouvement, puisqu'elle est « bombée ». Il compense le peu de moyens qu'il a par une volonté sans faille.
   • Cette marche ne pourra être que **triomphale**. On peut voir dans la déambulation de Duroy, qui passe en quelques pages des boulevards populaires aux milieux chics, une annonce prophétique de ce que sera son parcours social dans le roman.

3. • Le **cadre spatio-temporel** de la scène est détaillé : le narrateur en précise la date dans « On était au 28 juin ». Les toponymes participent également à son réalisme : « il se mit à descendre la rue Notre-Dame-de-Lorette » ; « les Champs-Élysées et l'avenue du bois de Boulogne ».

• Cet épisode rend compte d'**un aspect de la vie parisienne** ; il se déroule un soir d'été, près d'un boulevard, avec ses « gargotes à prix fixes », ses « concierges » et ses « bocks de bière ». Le désordre de la ville est souligné par la parataxe « Il aimait cependant les lieux, leurs bals, leurs cafés, leurs rues ». Il est caractéristique d'un milieu populaire.

• Les **personnifications** « les égouts soufflaient leur haleine empestée », « les cuisines jetaient à la rue leurs miasmes infâmes », ce « flot » de passants montrent un Paris menaçant, dangereux, où seuls les forts pourront survivre. La comparaison avec « l'étuve » et le caractère étouffant maintes fois évoqué achève bel et bien d'en faire une « jungle urbaine » au climat malsain et insalubre.

THÈME LITTÉRAIRE LE THÉÂTRE

Quiz – L'histoire du théâtre

1. La règle des trois unités caractérise le théâtre classique.
2. Pierre Corneille est l'auteur du *Cid*.
3. La bataille d'*Hernani* oppose les partisans du théâtre classique aux partisans du drame romantique.
4. *L'Art poétique* est le titre de l'ouvrage théorique écrit par Boileau au XVIIe siècle.
5. Vladimir et Estragon sont les protagonistes d'*En attendant Godot* de Samuel Beckett.
6. Denis Diderot théorise le drame bourgeois.
7. *Dom Juan* de Molière dénonce principalement l'hypocrisie.
8. C'est par un dénouement funeste, le plus souvent sanglant, que s'achève une tragédie.
9. Beaumarchais est l'auteur de comédie qui s'inscrit dans le mouvement des Lumières.
10. Le théâtre de l'absurde apparaît au milieu du XXe siècle.
11. La tragédie fait naître chez le spectateur la terreur et la pitié.
12. Marivaux s'intéresse à l'analyse psychologique des désordres amoureux.
13. La reprise des mythes antiques et les allusions à l'histoire contemporaine sont les principales caractéristiques du théâtre de l'entre-deux-guerres.
14. Jean-Paul Sartre et Albert Camus sont les principaux auteurs du théâtre engagé au XXe siècle.
15. La préface de *Cromwell* est le manifeste du drame romantique.
16. Les principaux auteurs de tragédies classiques au XVIIe siècle sont Pierre Corneille et Jean Racine.
17. Marivaux s'inspire de la *commedia dell'arte* pour composer ses comédies.
18. Le genre du drame apparaît au XVIIIe siècle
19. La « purgation des passions » est la traduction française du grec *catharsis*.
20. Victor Hugo est le chef de file des romantiques.

Exercices d'entraînement

1. a. • Elmire est sa bru, c'est-à-dire sa belle-fille.
   • Damis est son petit-fils (le fils de son fils).
   • Mariane est sa petite-fille (la fille de son fils).
   • Dorine est la servante de la maison.
   • Cléante est le frère d'Elmire.

   b. Madame Pernelle coupe la parole aux autres personnages et monopolise la parole.
2. Rosine profite que Bartholo ait le dos tourné pour échanger les lettres et ainsi le duper. Le spectateur sait ainsi que tout ce qu'elle fait par la suite n'est que comédie pour se jouer de son tuteur.
3. • 1re réplique de la reine : Elle questionne Ruy Blas et il lui répond.
   • 2e réplique de la reine : Elle l'invite à parler, ce qu'il fait, et il l'invite à son tour à poursuivre son propos : « Achevez ».
   • 3e réplique de la reine : Elle consent à poursuivre son propos et fait son aveu : « Oui, je vais tout lui dire ».

Analyse de texte

1. • Tartuffe exprime des **sentiments passionnés** pour Elmire. Il raconte le coup de foudre amoureux qu'il a ressenti. La proposition subordonnée circonstancielle de temps « Dès que j'en vis briller la splendeur plus qu'humaine » en souligne la soudaineté et la brutalité.
   • Tartuffe dit éprouver un **profond ravissement** : il ressent un bonheur intense mais il est aussi ravi à lui-même, c'est-à-dire incapable de maîtriser ses sentiments, comme le montre l'antithèse « Un cœur se laisse prendre, et ne raisonne pas. » Il raconte également la lutte qu'il a menée pour tenter d'étouffer ce qu'il ressentait. L'énumération « Elle surmonta tout, jeûnes, prières, larmes » met en évidence les nombreux efforts qu'il a faits en vain autant qu'elle montre l'intensité de l'attirance qu'il éprouve.
   • Il se place **en position de victime** : pour justifier ce qu'il décrit comme une faiblesse, il rappelle d'emblée sa nature humaine dans « pour être dévot je n'en suis pas moins homme » ; l'idée est reprise quelques vers plus loin avec la litote « je ne suis pas un ange ». Pour se désigner, il utilise aussi la périphrase « votre esclave indigne » et pour désigner Elmire le substantif « souveraine » qui souligne ainsi l'empire qu'elle exerce lui.
2. • Tartuffe décrit Elmire comme **une femme d'une grande beauté** par les termes « appas », « attraits », « charmes » qui sont mis en valeur à la rime. Il vante ses qualités féminines comme son « ineffable douceur ».
   • Il la décrit également comme **un être divin** : deux adjectifs épithètes renvoient à cette idée, en l'occurrence « regards divins » et « célestes appas » ainsi que l'hyperbole méliorative « la splendeur plus qu'humaine ». Il lui demande d'ailleurs de s'abaisser jusqu'à lui : « si vous contemplez d'une âme un peu bénigne », ce qui est également une manière de la valoriser.

3. • Sachant qu'Elmire se méfie de lui, Tartuffe envisage **les arguments qu'elle pourrait lui opposer** : « Je sais qu'un tel discours de moi paraît étrange », « Et, si vous condamnez l'aveu que je vous fais ». Puis il insiste sur sa sincérité. Par l'hyperbole « Mes yeux et mes soupirs vous l'ont dit mille fois », il proclame que ses attitudes sont un gage d'authenticité et qu'elles corroborent son discours.

- Il valorise aussi **sa discrétion**. L'oxymore « feu discret » indique qu'elle n'aurait pas à craindre que leur relation secrète soit divulguée tout en rappelant l'intensité de ses sentiments. Il avance qu'il tient à sa réputation comme le montre l'emploi du terme « renommée ». Il aurait autant intérêt qu'elle à ce que personne ne soit au courant. Les deux compléments de manière « De l'amour sans scandale, et du plaisir sans peur » concluent sa tirade sur ce point essentiel.
- Il **discrédite les amants bavards** ce qui contribue à faire de lui un potentiel amant fiable par effet de contraste. Leur portrait s'oppose au sien. Ainsi, Tartuffe les décrit comme « bruyants » avec une « langue indiscrète » alors que lui est « sûr » et « discret ». Quand ils vont « se targuer » ou « divulguer », il sait se montrer prudent pour préserver son image et par là même celle d'Elmire.

THÈME LITTÉRAIRE LA POÉSIE

QUIZ 1 – L'histoire de la poésie

1. Ils sont influencés par les romantiques allemands et anglais.
2. Les poètes romantiques expriment leur refus de la tradition en assouplissant la versification et en abandonnant les formes fixes.
3. Lamartine a écrit les Méditations poétiques.
4. Lamartine a été candidat à l'élection présidentielle.
5. Le cercle littéraire qui se réunit autour de Hugo se nomme le Cénacle.
6. Le recueil *Les Contemplations* de Hugo est inspiré par la mort de sa fille.
7. Napoléon III est critiqué dans *Les Châtiments* de Hugo.
8. Le recueil de poèmes en vers de Baudelaire s'intitule *Les Fleurs du Mal.*
9. Le spleen, selon Baudelaire, est un état d'angoisse profond, qui se manifeste à la fois moralement et physiquement.
10. Baudelaire emprunte la forme du poème en prose à Aloysius Bertrand.
11. La phrase de Gautier est : « Il n'y a de vraiment beau que ce qui ne peut servir à rien. »
12. La notion de « l'art pour l'art » est associée au mouvement du Parnasse.
13. Verlaine recommande « de la musique avant toute chose ».
14. Pour Rimbaud, le poète doit se faire voyant.
15. Les poètes qui ont abandonné la ponctuation sont Cendrars et Apollinaire.
16. Le principal recueil d'Apollinaire s'intitule *Alcools.*
17. C'est André Breton qui a écrit le *Manifeste du surréalisme.*
18. Freud a inspiré les surréalistes.
19. Desnos, Breton, Aragon, Éluard, Soupault sont des poètes surréalistes.
20. Ponge a choisi le « parti pris des choses ».
21. La tendance du retour au lyrisme se manifeste dans la poésie de la fin du xxe siècle.

QUIZ 2 – Les caractéristiques du texte poétique

1. On appelle « diérèse » la prononciation d'une diphtongue en deux syllabes.
2. Une rime reposant sur un seul son commun est une rime pauvre.
3. Le schéma ABAB correspond aux rimes croisées.
4. Le rejet consiste à rejeter un mot ou un groupe de mots bref au début d'un vers alors qu'il dépend syntaxiquement du vers précédent.
5. On appelle « synérèse » la prononciation d'une diphtongue en une seule syllabe.
6. Un hexasyllabe comporte 6 syllabes.
7. Une rime féminine est une rime qui se termine par un « e » muet.
8. La répétition d'un son consonantique est une allitération.
9. La césure est la coupe qui se situe au milieu d'un vers.
10. Une rime reposant sur deux sons communs est une rime suffisante.

Exercices d'entraînement

1. a. Le poème est en octosyllabes.
   b. Le poème est en alexandrins.
   c. Le poème est en décasyllabes.
   d. Le poème est en alexandrins.
2. Les « e » muets qui ne doivent pas être prononcés sont entre parenthèses et ceux qui doivent l'être sont soulignés.

Poème a.

Il est un air pour qui je donnerais
Tout Rossini, tout Mozart et tout Weber,
Un air très vieux, languissant et funèbr(e),
Qui pour moi seul a des charmes secrets.

Gérard de Nerval, « Fantaisie », *Odelettes*, 1853

Poème b.

Mon cœur, lassé de tout, même de l'espéranc(e),
N'ira plus de ses vœux importuner le sort ;
Prêtez-moi seulement, vallon de mon enfanc(e),
Un asile d'un jour pour attendre la mort.

Alphonse de Lamartine, « Le Vallon », *Méditations poétiques*, 1820

Poème c.

L'Océan sonor(e)
Palpite sous l'œil
De la lun(e) en deuil
Et palpit(e) encor(e)

Paul Verlaine, « Marine », *Poèmes saturniens*, 1866

Poème d.

Juin ton soleil ardente lyr(e)
Brûle mes doigts endoloris
Trist(e) et mélodieux délir(e)
J'err(e) à travers mon beau Paris
Sans avoir le cœur d'y mourir

Guillaume Apollinaire, « La Chanson du mal-aimé », *Alcools*, 1913

3.
a. Les rimes sont embrassées. La rime « voyelles / cruelles » est suffisante et féminine. La rime « latentes / éclatantes » est riche et féminine.
b. Les rimes sont croisées. La rime « couvercle / cercle » est riche et féminine. La rime « ennuis / nuits » est riche et masculine.
c. Les rimes sont suivies. La rime « pleurs / fleurs » est riche et masculine. La rime « violes / corolles » est suffisante et féminine.

4. Les rejets sont indiqués en bleu.

Il neigeait. Les blessés s'abritaient dans le ventre
Des chevaux morts ; au seuil des bivouacs désolés
On voyait des clairons à leur poste gelés,
Restés debout, en selle et muets, blancs de givre,
Collant leur bouche en pierre aux trompettes de cuivre.
Boulets, mitraille, obus, mêlés aux flocons blancs,
Pleuvaient ; les grenadiers, surpris d'être tremblants,
Marchaient pensifs, la glace à leur moustache grise.
Il neigeait, il neigeait toujours ! La froide bise
Sifflait ; sur le verglas, dans des lieux inconnus,
On n'avait pas de pain et l'on allait pieds nus.

Victor Hugo, « L'Expiation », *Les Châtiments*, 1852

THÈME LITTÉRAIRE L'ARGUMENTATION

QUIZ – L'histoire de la littérature d'idées

1. Il s'agit de François Ier.
2. Il s'agit du massacre de la Saint-Barthélemy.
3. La Renaissance est née en Italie.
4. Le mot « humaniste » signifie à l'origine : « qui a fait ses humanités ».
5. Les penseurs humanistes s'intéressent à tous les domaines du savoir.
6. Le personnage principal de Gargantua est un géant.
7. Montaigne donne à son œuvre le titre Essais.
8. Il s'agit de Louis XIV.
9. Il s'agit du jansénisme.

10. Le projet de Pascal est de réaliser une « apologie de la religion chrétienne ».
11. Il fonde son système philosophique sur l'affirmation : « Je pense donc je suis. »
12. Cyrano de Bergerac
13. Le précepte classique majeur est « plaire et instruire ».
14. On les appelle des moralistes.
15. Il s'agit de La Fontaine.
16. Ils prônent l'idéal de l'honnête homme.
17. Il critique l'amour-propre.
18. Elle s'intitule Les Caractères.
19. La phrase de La Bruyère est : « On ne doit parler, on ne doit écrire que pour l'instruction. »
20. On l'appelle « siècle des Lumières ».
21. Il s'agit de l'Encyclopédie.
22. Diderot est à l'initiative de cette œuvre.
23. Montesquieu, Voltaire, Rousseau et Diderot sont des penseurs des Lumières.
24. Non, les auteurs des Lumières sont soumis à la censure.
25. Il relève du conte philosophique.
26. Il s'agit de Montesquieu.
27. Il s'intéresse à l'inégalité entre les hommes.
28. Il s'agit de l'affaire Calas.

Exercices d'entraînement

1. Le thème est l'efficacité des peines, comme en témoigne le titre du chapitre « De la puissance des peines », ainsi que le champ lexical du crime et de la justice : « peines », « corriger », « lois », « supplice », « crimes ».
   La thèse de l'auteur est que les peines les plus sévères (comme la peine de mort ou la torture) ne sont pas plus efficaces que les peines plus légères. Cette thèse est énoncée dans une phrase catégorique : « Il ne faut point mener les hommes par les voies extrêmes ; on doit être ménager des moyens que la nature nous donne pour les conduire. » Celle-ci présente toutes les marques d'une vérité générale : formule impersonnelle « il ne faut point », pronom indéfini « on », pluriels.
2. a. La Rochefoucauld utilise un raisonnement par analogie, en établissant un rapprochement entre la nouveauté de l'amour et la fleur des arbres fruitiers.
   b. Montaigne développe un raisonnement inductif, car il part du cas concret de Pyrrhus et en dégage une loi générale formulée à la fin.
   c. Madame du Châtelet emploie un raisonnement concessif, car elle admet dans un premier temps que les passions puissent faire souffrir (« supposons que… ») pour ensuite montrer que, même s'il en est ainsi, elles sont tout de même désirables car elles sont aussi sources de plaisir.
   d. Voltaire utilise un raisonnement par l'absurde, car il fait semblant d'adopter et défendre la thèse de ceux qui interdisent ou censurent les livres, pour montrer que leur argumentation est incohérente et absurde. Le raisonnement par l'absurde est ici au service de l'ironie.

3. a. Montaigne utilise un argument d'expérience car il se réfère à un fait dont il a été témoin peu de temps auparavant et qui lui permet de développer une réflexion générale sur ce que l'on appelle la monstruosité.
   b. La Bruyère emploie un argument ad hominem en s'attaquant aux hommes qui se prétendent supérieurs aux animaux.
   c. Le personnage de Molière utilise un argument d'autorité (sans doute fantaisiste) en se référant à Aristote.
   d. Descartes utilise un argument logique pour démontrer le fait que les animaux ne soient pas doués de raison, car il s'appuie sur leur incapacité à développer un langage articulé.

THÈME LITTÉRAIRE LES OUTILS D'ANALYSE

Exercice d'entraînement 1 – Les fonctions du langage

a. Fonction informative
b. Fonction impressive
c. Fonction poétique et expressive

Exercices d'entraînement 2 – L'énonciation

1. Dans ce texte, l'énonciatrice est Cécile Volanges et la destinataire est Sophie Carnay, désignée comme une « bonne amie » de Cécile. La lettre est écrite peu avant « cinq heures », alors que Cécile a un moment de liberté. Elle écrit cette lettre dans sa chambre particulière, et plus précisément « à un secrétaire très joli ».
2. L'énonciateur marque sa présence par l'emploi de la 1re personne du singulier (« me ») et du pluriel (« allons »), ainsi que par l'usage de l'interjection « hélas » qui traduit sa déception, sa tristesse. La destinatrice est présente avec l'apostrophe « Mignonne » et l'emploi de la 2e personne du pluriel.
3. L'incertitude du narrateur est exprimée par le modalisateur « sembla/semblait », les subordonnées circonstancielles de comparaison-hypothèse commençant par « comme si » et comportant un verbe au subjonctif plus-que-parfait. Cette incertitude est caractéristique du registre fantastique.
4. Le personnage modalise son propos en exprimant tantôt son incertitude (verbes à valeur de modalisateurs « il peut », « il pourrait », l'adverbe modalisateur « probablement », l'emploi du conditionnel présent), tantôt sa certitude (modalisateur « certainement », verbe à valeur de modalisateur « il ne devait pas »/« vous devez »). Cette oscillation entre incertitude et certitude traduit la difficulté du personnage à affirmer sa pensée, sa réticence à se montrer catégorique.

Exercices d'entraînement 3 – Les figures de style

1. La prison est évoquée par un euphémisme : « des appartements d'une extrême fraîcheur, dans lesquels on n'était jamais incommodé du soleil ».
2. On trouve :
   - Au 1er vers, une personnification et une hyperbole : « Ce nez d'un quart d'heure en tous lieux qui me précède »
   - Au 2e vers, une antithèse : « Elle fait de la grâce avec rien, elle fait / Tenir tout le divin dans un geste quelconque »
   - Au 3e vers, une prosopopée « Et tu ne saurais pas, Vénus, monter en conque, / Ni toi, Diane, marcher dans les grands bois fleuris » et une comparaison « Comme elle monte en chaise et marche dans Paris ! »
   - Au 4e vers, une allégorie : « Rire un peu le bonheur »
   - Au 5e vers, une accumulation : « Je vous aime, j'étouffe, je t'aime, je suis fou, / Je n'en peux plus, c'est trop »
   - Au 6e vers, une comparaison : « comme dans un grelot », qui devient une métaphore filée avec ensuite la reprise de l'image du grelot dans « chaque fois le grelot ».
3.
   - Parallélisme : « Maître Corbeau, sur un arbre perché, / Tenait en son bec un fromage. / Maître Renard, par l'odeur alléché »
   - Périphrase : « Vous êtes le Phénix des hôtes de ces bois. »
   - Litote : « À ces mots le Corbeau ne se sent pas de joie »
   - Métaphore : « Il ouvre un large bec, laisse tomber sa proie. »
4.
   - Prosopopée : « Qui te rend si hardi de troubler mon breuvage ? »
   - Périphrase : « Dit cet animal plein de rage : »
   - Métonymie : « Je ne puis troubler sa boisson. »
   - Périphrase : « Tu la troubles, reprit cette bête cruelle, »
   - Parallélisme : « Si ce n'est toi, c'est donc ton frère. »
   - Accumulation : « Je n'en ai point. C'est donc quelqu'un des tiens : / Vous, vos Bergers et vos Chiens. »
5.
   - La comparaison « comme un couvercle » traduit une sensation d'enfermement, de claustration.
   - L'oxymore « jour noir » traduit l'accablement du poète mélancolique qui voit le jour comme une nuit. Il conçoit son existence comme une longue nuit interminable.

Exercices d'entraînement 4 – Les registres et tonalités

1. a. Faux
   b. Vrai
   c. Faux
   d. Vrai
   e. Faux
   f. Vrai

2. Procédés caractéristiques du registre tragique dans le texte :
   - Indications chiffrées : « tous les trois pas », « d'une cinquantaine d'ares », « deux kilomètres », « dix lieues »
   - Expansions du nom (adjectifs) : « bleue », « brune », « vieilles », « vaste », « nues, jaunes et fortes », « grands », « de labour », « vertes », « nette et ronde »
   - Termes techniques : « semoir », « semoir mécanique », « labour »
   - Noms propres réels ou réalistes : « lieu-dit des Cornailles », « Hourdequin », « la Borderie », « Beauce », « Chartres »
3. Procédés caractéristiques du registre réaliste dans le texte :
   - Répétitions : « Ne m'en parlez point », « Un mari »
   - Hyperboles : « colère épouvantable », « Je la déteste. […] Et la renonce pour ma fille. », « Je l'abandonne »
   - Niveau de langue familier : « coquine », « friponne », « ingrate »
   - Situation comique : personnages qui parlent en même temps ; personnage qui fait semblant de ne pas entendre.
4. Victor Hugo utilise d'abord le registre pathétique (exclamation, interjection « hélas ! », champ lexical de la misère et de la souffrance, discours direct des enfants, métaphore), puis le registre polémique (exclamations, vocabulaire péjoratif voire violent, syntaxe accumulative, gradation).
5. Le texte de Pierre de Ronsard relève du registre élégiaque (champ lexical de la mort, du deuil, de la plainte, question rhétorique, hyperbole).
6. Le texte de Honoré de Balzac relève du registre satirique (vocabulaire péjoratif, métaphores et comparaisons dévalorisantes, hyperboles).

PARTIE III PRÉPARATION AU BAC

Le commentaire

Exercice 1

1. Le texte se rattache à l'objet d'étude : « Le roman et le récit du Moyen Âge au XXIᵉ siècle ».
2. Il faudra rattacher le texte au réalisme, étudier le point de vue narratif employé, percevoir le registre épique.

Exercice 2

Je regardai ma voisine, et fus plus ébloui par elle que je ne l'avais été par la fête ; elle devint toute ma fête. Si vous avez bien compris ma vie antérieure, vous devinerez les sentiments qui sourdirent en mon cœur. Mes yeux furent tout à coup frappés par de blanches épaules rebondies sur lesquelles j'aurais voulu pouvoir me rouler, des épaules légèrement rosées qui semblaient rougir comme si elles se trouvaient nues pour la première fois, de pudiques épaules qui avaient une âme, et dont la peau satinée éclatait à la lumière comme un tissu de soie. Ces épaules étaient partagées par une raie, le long de laquelle coula mon regard, plus hardi que ma main. Je me haussai tout palpitant pour voir le corsage et fus complètement fasciné par une gorge chastement couverte d'une gaze, mais dont les globes azurés et d'une rondeur parfaite étaient douillettement couchés dans des flots de dentelle. Les plus légers détails de cette tête furent des amorces qui réveillèrent en moi des jouissances infinies: le brillant des cheveux lissés au-dessus d'un cou velouté comme celui d'une petite fille, les lignes blanches que le peigne y avait dessinées et où mon imagination courut comme en de frais sentiers, tout me fit perdre l'esprit. Après m'être assuré que personne ne me voyait, je me plongeai dans ce dos comme un enfant qui se jette dans le sein de sa mère, et je baisai toutes ces épaules en y roulant ma tête. Cette femme poussa un cri perçant, que la musique empêcha d'entendre ; elle se retourna, me vit et me dit : « Monsieur ? » Ah ! si elle avait dit : « Mon petit bonhomme, qu'est-ce qui vous prend donc ? » je l'aurais tuée peut-être mais à ce monsieur ! des larmes chaudes jaillirent de mes yeux. Je fus pétrifié par un regard animé d'une sainte colère, par une tête sublime couronnée d'un diadème de cheveux cendrés, en harmonie avec ce dos d'amour. Le pourpre de la pudeur offensée étincela sur son visage que désarmait déjà le pardon de la femme qui comprend une frénésie quand elle en est le principe, et devine des adorations infinies dans les larmes du repentir. Elle s'en alla par un mouvement de reine. Je sentis alors le ridicule de ma position ; alors seulement je compris que j'étais fagoté comme le singe d'un Savoyard. J'eus honte de moi. Je restai tout hébété, savourant la pomme que je venais de voler, gardant sur mes lèvres la chaleur de ce sang que j'avais aspiré, ne me repentant de rien, et suivant du regard cette femme descendue des cieux. Saisi par le premier accès charnel de la grande fièvre du cœur, j'errai dans le bal devenu désert, sans pouvoir y retrouver mon inconnue. Je revins me coucher métamorphosé.

BALZAC, *Le Lys dans la vallée* (1836)

1. Il y a six parties
2. • 1re partie : le regard et le coup de foudre du personnage narrateur.
   • 2e partie : les fantasmes du narrateur qui propose une vision très sensuelle de Mme de Mortsauf.
   • 3e partie : suite du portrait de Mme de Mortsauf et sentiments passionnés du narrateur.
   • 4e partie : récit d'un geste fou qui rend compte des égarements de la passion. Réaction offusquée de Mme de Mortsauf.
   • 5e partie : suite du portrait de Mme de Mortsauf : intérêt porté sur son visage.
   • 6e partie : honte du narrateur et analyse de la situation.

Exercice 3

1. La condamnation de la guerre est l'enjeu majeur de ce poème.
2. Comment Rimbaud met-il la poésie au service de la dénonciation de la guerre ? En quoi ce poème est-il engagé ? Que dénonce Rimbaud dans ce poème ?
3. Proposition de plan :
   I. Un tableau infernal de la guerre
   II. La révolte du poète contre la folie des hommes

Exercice 4

Proposition de plan :

I. Une rencontre pathétique

[Cette partie montrera que cette rencontre donne lieu à une description pathétique qui suscite la compassion de Candide, et d'étudier le discours direct de l'esclave qui contribue aussi à l'émotion.]

II. La réflexion sur l'esclavage et la remise en question de l'optimisme

[Cette partie montrera que le texte constitue une dénonciation implicite de l'esclavage, par le biais de l'ironie, et que cette rencontre est déterminante dans le parcours du personnage car elle l'amène à s'interroger sur l'enseignement qu'il a reçu de son maître, à remettre en question la vision du monde qu'il lui a inculquée.]

Exercice 5

Proposition de plan :

I. Un dénouement tragique

[Cette partie montrera que la fatalité est à l'œuvre dans ce dénouement et qu'elle aboutit à la mort du personnage principal.]

II. La manifestation du divin

[Cette partie étudiera les divers éléments surnaturels du dénouement, interprétés comme des manifestations du divin par Sganarelle. Il s'agira également de montrer que le dénouement rétablit la justice divine en punissant Dom Juan.]

III. Un dénouement scandaleux

[Cette partie étudiera l'obstination de Dom Juan dans son refus de se repentir et l'attitude scandaleuse de Sganarelle qui réclame « ses gages » et rétablit donc le comique dans un dénouement supposé tragique.]

La dissertation

Exercice 1

1. Les mots-clés du sujet sont : « enseignements », « regard éloigné », « apporter », « société », « culture ».
2. Définition des mots-clés :
   - « enseignements » : leçons, sujets de réflexion.
   - « regard éloigné » : titre donné au parcours ; renvoie au regard porté par l'étranger, celui qui ignore une culture et la découvre.
   - « apporter » : délivrer, donner.
   - « société » : le mot renvoie aux institutions et à l'organisation sociale ; il recouvre les domaines politique, économique, éducatif.

- « culture » : le mot renvoie aux coutumes, aux mœurs, aux codes sociaux et moraux.

Exercice 2

1. Les mots-clés de la citation sont : « passions », « n'... que », « aux yeux », « désordre ».
2. Définition des mots-clés :
   - « passions » : titre donné au parcours ; renvoie aux souffrances, aux émotions extrêmes, à la démesure des héros.
   - « n'... que » : la négation restrictive indique que c'est la principale fonction de la tragédie selon Racine.
   - « aux yeux » : le complément indique que le spectacle tragique doit purger le spectateur de ses propres passions selon le principe de la catharsis. Il a une fonction édifiante.
   - « désordre » : perturbation ; chaos ; situations inextricables.

Exercice 3

1. Les mots-clés du sujet sont :
   - « drôle » : comique, qui provoque le rire ou le sourire.
   - « malheur » : tristesse, désespoir, souffrance.
   - « condition humaine » : l'expression renvoie au titre du parcours « Un théâtre de la condition humaine » ; elle désigne la condition mortelle de l'homme et les conséquences de cette condition (souffrance, ennui, vanité de l'existence).
2. Dans cette citation, Beckett formule un paradoxe, puisque « drôle » et « malheur » sont *a priori* antithétiques. Il invite à percevoir le malheur, la souffrance comme source de rire, contrairement aux idées reçues, à percevoir le caractère absurde des malheurs humains.
3. Voici quelques questions que ce sujet invite à se poser :
   - Peut-on rire du malheur ?
   - La condition humaine est-elle tragique, comique, absurde ?
   - Les souffrances peuvent-elles faire sourire et si oui de quelle nature ce sourire est-il ?
   - Le malheur est-il nécessairement source de tragique ?
4. Voici quelle pourrait être la problématique correspondant à ce sujet : « Dans le théâtre de Beckett, le caractère tragique de la condition humaine est-il mis en scène de manière à faire sourire ou rire le spectateur ? »

Exercice 4

1. Les mots-clés du sujet sont : « personnage principal », « doit-il», «héros ».
   Définition des mots-clés :
   - « personnage principal » : renvoie au titre du parcours ; il s'agit du personnage central d'une intrigue, celui dont le lecteur suit les aventures et autour duquel gravitent les personnages secondaires (opposants et adjuvants).

- « doit-il » : l'emploi du verbe « devoir » signale qu'une discussion est possible, qu'il faut envisager cette thèse et des alternatives.
- « héros » : terme polysémique dont la définition évolue de demi-dieu à personnage extraordinaire (brave, généreux, etc.) pour désigner plus généralement un personnage qui occupe le premier rang d'une histoire.

2. Le sujet invite à s'interroger sur les caractéristiques du personnage central d'un roman. Quelles sont ses qualités, les valeurs qu'il véhicule ? Son comportement évolue-t-il au cours du roman ? Est-il ou devient-il ambigu et complexe ?
3. La première partie explique la thèse du sujet : il s'agit d'expliquer ce qu'est un héros, de quelles qualités il se pare, en quoi ses actions sont admirables et propres à susciter l'admiration du lecteur. La deuxième partie **(l'antithèse)** explique la **thèse** qui complète la première thèse nécessairement excessive : le personnage principal d'un roman peut être ordinaire, suivre un destin banal voire tragique et susciter l'intérêt du lecteur car il est plus attachant, plus réaliste…
4. La **synthèse** s'attache à montrer que les deux premières thèses ne sont pas contradictoires : le romancier peut retracer le destin d'un personnage médiocre pour montrer son évolution et rendre son parcours exemplaire. Un personnage peut évoluer au cours du récit, se montrer ambigu, s'avérer d'une grande complexité.

Exercice 5

Pistes de réflexion :

- Il faut prendre en compte dans le sujet le fait que l'auteur désigne *La Princesse de Clèves* comme un « roman d'analyse » et définir cette expression.
- Il convient d'analyser et d'interroger les trois caractéristiques de ce roman déclinées par l'auteur : « décrire les variations et contradictions des sentiments », « les lier à des notations morales », « en induire les mécanismes de la psychologie humaine ». Le sujet invite à étudier l'analyse des sentiments individuels mais aussi le poids de la morale et enfin la manière dont le roman dépasse les considérations individuelles pour peindre le cœur humain en général.

Proposition de plan :

I. La peinture de l'individu en proie aux passions

[Cette partie montrera que le roman analyse de l'intérieur les émotions et passions : amour, jalousie, sentiment de culpabilité. Il conviendra de rendre compte des procédés narratifs utilisés pour décrire ces émotions intérieures, notamment le point de vue interne.]

II. Le conflit entre les passions individuelles et la morale

[Cette partie montrera que le roman permet de confronter les sentiments individuels et les principes moraux à l'œuvre dans une société, la façon dont ils s'imposent à l'individu et le conflit intérieur qu'ils occasionnent.]

III. Une étude de la psychologie humaine

[Cette partie ira plus loin en montrant qu'au-delà du personnage saisi dans son individualité, le roman peint la psychologie humaine en général : les mécanismes psychologiques, le conflit entre volonté et passion, la difficulté à vaincre ses pulsions, etc.]

Exercice 6

Pistes de réflexion :

Il faut prendre en compte dans le sujet le fait que l'auteur conçoit que le poète peut trouver des sources d'inspiration dans le quotidien le plus ordinaire ou dans les sujets les plus banals.

Il convient d'analyser et d'interroger les métaphores qu'il emploie, « un mouchoir qui tombe » et « le levier », dont le prosaïsme est révélateur de la démarche de l'auteur.

Proposition de plan :

I. La banalité du quotidien offre une source d'inspiration aux poètes.
[Cette partie montrera que la poésie peut s'intéresser à des sujets apoétiques ou anecdotiques jugés vulgaires. Les poètes romantiques et plus tard les poètes symbolistes avant les poètes du xxe siècle ont emprunté leurs sujets à la vie quotidienne.]

II. Cependant, le poète peut s'inspirer de sujets extraordinaires et universels.
[Cette partie montrera que la poésie s'inspire majoritairement de grands sujets universels comme le sentiment amoureux, la réflexion métaphysique inspirée du temps qui passe ou de la mort, la dénonciation de la violence, de la guerre, de la misère.

III. La poésie révèle le regard que le poète porte sur ses sujets quels qu'ils soient.
[Cette partie ira plus loin en montrant qu'au-delà du sujet choisi, la démarche du poète consiste à le regarder autrement. La démarche peut être esthétique, ironique, provocatrice. Ce faisant, le poète interroge notre rapport au monde et propose une réflexion sur le processus de création.]

Aubin
IMPRIMEUR

Achevé d'imprimer en octobre 2019
N° d'impression 1907.0341
Dépôt légal, octobre 2019
Imprimé en France